전쟁은 어떻게 기억되는가

러시아의 제2차 세계대전 경험과 유산

일러두기

1. 러시아어와 우크라이나어 표기는 국립국어원의 외래어표기법을 준용했다.
2. 날짜 표기는 년·월·일 순서로 표기했다(예: 1946년 3월 15일 → 1946. 3. 15)
3. 도서는 『 』, 글은 「 」, 신문·잡지는 ≪ ≫, 강조한 부분은 ' ', 인용한 부분은 " "로 표기했다.
4. 주요인물의 이름을 한글로 표기한 경우, 이름과 성을 모두 표기했으며 잘 알려진 인물의 경우
   성만 표기했다.

러시아의
제2차 세계대전
경험과 유산

송준서 지음

전쟁은
어떻게
기억되는가

한울
아카데미

차 례

책을 내며

이 책은 러시아의 제2차 세계대전 경험이 전쟁 이후 소련과 소련 붕괴 이후 러시아에 미친 영향에 관한 것이다. 이 책의 집필 목적은 '전쟁'이라는 틀을 통해 러시아를 이해하기 위함이다. 제2차 세계대전은 나치독일이 1939년 8월 소련과 상호불가침조약을 체결한 직후인 9월 1일 폴란드를 침공하면서 시작되었고, 1945년 9월 2일 일본이 연합군에 항복하면서 종결되었다. 러시아 (당시 소련)는 제2차 세계대전(1939.9.1~1945.9.2) 동안 두 개의 전쟁을 치러야 했다. 첫 번째 전쟁은 독일-소련전쟁(1941.6.22~1945.5.9)으로 1941년 6월 나치독일이 1939년 8월 소련과 체결했던 상호불가침조약을 파기하고 소련을 침공하면서 시작되었다. 4년간 지속된 이 전쟁은 1945년 5월 8일(시차로 인해 소련 날짜로는 5월 9일) 소련군이 베를린을 점령하고 나치독일을 패배시키면서 종결되었다. 두 번째 전쟁은 소련-일본전쟁(1945.8.9~9.2)이었다. 소련은 연합국의 일원으로 1945년 2월 얄타회담에서 영국, 미국과 합의한 바대로 독-소전쟁이 종결된 후에 일본에 대한 공격을 개시했다. 그해 8월 8일 소련은 일본에 선전포고를 하고 다음 날 새벽부터 극동지역의 만주와 한반도 북부에서 전투를 개시해서 3주 동안 일본군과 싸워 일본군을 패퇴시켰다. 결국 일본이 9월 2일 항복문서에 서명함으로써 제2차 세계대전이 종식되었다. 이렇게 소련은 제2차 세계대전 동안 서부 전선에서는 나치독일과 싸우고, 극동지역에서는 일본과 전투를 벌인 것이다.

소련은 독일-소련전쟁을 '대조국전쟁(Великая Отечественная война)'으로 불렀으며, 그 명칭은 오늘날까지 그대로 사용되고 있다. 러시아는 1812년 나폴레옹이 러시아를 침략함으로써 시작된 전쟁을 '조국전쟁'으로 부르는데, 이 전쟁과 20세기 나치독일과의 전쟁은 다음과 같은 공통점을 지니고 있기 때문이다. 첫째, 두 전쟁 모두 러시아 근현대사에서 러시아의 영토, 즉 '조국'이 외적의 직접 침공 대상이 된 전쟁이었다. 둘째, 나폴레옹전쟁 동안 러시아에서는 군인들뿐만 아니라 귀족과 농민들도 파르티잔으로 조국 수호를 위해 싸웠고, 마찬가지로 독-소전쟁 동안에도 전선의 군인들은 물론 후방의 주민들도 군수공장에서 노동자로 총동원되어 전쟁수행에 임했다. 이렇게 두 전쟁은 외적에 의해 침략당한 조국의 수호를 위해서 군인들뿐만 아니라 온 국민이 참여하여 싸운 전쟁이기에 러시아 역사에서 '조국전쟁'으로 불리고 있다. 다만 독-소전쟁은 전쟁의 기간이나 전투가 벌어진 지역의 규모, 그리고 전쟁에 관여한 인구수 등이 129년 전에 벌어진 '조국전쟁'에 비해 막대했기 때문에 '대(大)조국전쟁'으로 불리고 있다.

 이 책의 용어 표기에 관해서 설명하면, 소련 및 소련 붕괴 이후의 포스트소비에트 러시아에 관한 장에서는 독-소전쟁을 '대조국전쟁'으로 기술하였으며, 소련에서 독립한 신생독립국 에스토니아, 조지아(소련 시기 명칭: 그루지야), 우크라이나에 관한 장에서는 문맥에 따라 소비에트 시기와 관련 있는 내용에 대해서는 '대조국전쟁'으로, 신생독립국의 입장에서 설명할 때는 '독-소전쟁'으로 표기함으로써 해당 국가들의 관행을 따랐다. 같은 맥락에서 지명에 대해서도 해당 국가의 관행을 따랐다. 우크라이나와 같은 신생독립국은 독립 이후 러시아식으로 표기된 지명을 우크라이나식으로 변경하였는데(예: 키예프→키이우, 크림→크름, 하리코프→하르키우 등), 이 책에서는 소련 시기와 포스트소비에트 러시아를 다룬 제1부, 제2부에서는 지명을 러시아식으로 표기했고, 포스트소비에트 신생독립국을 다룬 제3부에서는 독립 당사국의 표기를 준용했음을 밝힌다.

내가 조우한 러시아의 제2차 세계대전의 경험과 유산, 기억

러시아의 제2차 세계대전 경험, 그중에서도 특히 독-소전쟁에 관해서 내가 처음 관심을 갖게 된 것은 대학생이었던 1990년이었다. 당시 '러시아 역사' 수업을 들으면서 기말고사 준비를 할 때 국내에 처음 번역되어 소개된 영국 역사학자 제프리 호스킹(Jeffrey Hosking)이 집필한『소련사(A History of the Soviet Union)』를 읽고 충격을 받았던 기억이 아직도 선하다. 당시까지는 냉전의 영향으로 국내에서 소련 역사에 관한 책은 접할 일이 흔치 않았다. 다만 1985년 고르바초프 서기장의 집권 이후부터 소련이 개혁·개방 정책을 추진하면서 냉전의 분위기가 수그러들기 시작했고, 국내에서는 1988년 서울올림픽에 소련이 참가 결정을 내림으로써 소련에 대한 관심이 일기 시작했다. 그와 함께 소련 사회 및 역사 관련 번역서들이 서서히 발간되기 시작했는데, 호스킹의『소련사』도 그 같은 분위기 속에서 1988년 올림픽 개최 직전인 8월 말에 출간된 책이었다.

이 책을 읽으면서 내가 적잖이 놀랐던 점은 4년 동안 전개된 독-소전쟁의 소련 측 사망자(민간인, 군인 포함)가 최소 2,000만 명에 달했다는 설명이었다. 비록 이후 역사가들은 문서고 자료를 토대로 보다 정확한 사망자 수를 2,700만 명 정도로 추산하고 있지만 그때까지만 해도 소련을 한국전쟁 때 북한군에 탱크를 제공했던 공산주의국가의 수장이자 미국과 군비경쟁을 벌이는 군사대국으로 알고 있었던 나는 그런 막강한 국가에서 어떻게 나치독일과의 전쟁에서 서울 인구의 두 배가 넘는 수의 국민들이 사망하고 엄청난 물적 피해를 입을 수 있었는지 놀라움을 금할 수 없었다. 그즈음 마침 서울올림픽에 소련이 참가하면서 올림픽을 전후하여 소련 영화 몇 편이 일시적으로 국내에 소개되었는데, 그중 〈캄.앤.씨(Come and See)〉라는 제목으로 개봉되었던 독-소전쟁 당시 전쟁의 참상을 그린 영화를 보고 소련 민중이 경험한 전쟁의 비극에 대해 어렴풋이나마 상상해 볼 기회를 가질 수 있었다.

이후 1995년 미국 유학 중에 그루지야 출신의 도도나 키지리아(Dodona Kiziria) 교수가 가르치는 '러시아 영화' 수업을 통해 30여 편의 러시아 및 소비에트 영화를 보고 배울 기회가 있었다. 그때 독-소전쟁 관련 영화인 〈날개〉, 〈내 이름은 이반〉, 〈병사의 발라드〉 등을 보고 전쟁의 암울한 이미지와 전쟁이 평범한 소련 인민들에게 어떤 후유증을 가져왔는지를 보고 배울 수 있었다. 그리고 1996년 여름에는 난생 처음 러시아를 방문했다. 당시 모스크바 외곽의 '승리공원'을 방문해서 그곳의 거대한 전쟁기념관을 둘러볼 기회가 있었는데, 거기서 바로 독-소전쟁에서 입은 부상으로 얼굴이 흉측하게 일그러진 상이용사를 묘사한 그림을 보고 적잖이 충격을 받았다. 그즈음 '20세기 유럽' 수업의 과제를 준비하면서 독일 역사학자 위르겐 코카(Jürgen Kocka)가 저술한 제1차 세계대전 시기 독일 사회의 양상을 기술한 *Facing Total War*를 읽을 기회가 있었는데, 그때까지만 해도 전쟁사라면 정부나 군대가 어떻게 전쟁을 수행했는가와 같이 '위로부터의 시각'에만 익숙해 있었던 나에게 그 책은 평범한 독일 민중들이 제1차 세계대전을 어떻게 경험했는가를 보여줌으로써 전쟁 중 평범한 시민들의 삶과 행동에 대해 큰 관심을 갖게 만들었다.

이후 독-소전쟁이 소련 병사와 시민에게 미친 영향에 대해 관심을 갖게 된 결정적 계기가 생겼다. 1997년 '20세기 러시아사' 수업의 과제를 준비하다가 독-소전쟁 때 부상당해 두 다리를 절단한 소련군 상이용사의 운명을 다룬 소비에트 소설의 줄거리를 접할 기회가 있었다. 그 내용이 너무나 내 심금을 울렸기에 여기에 간략히 소개하고자 한다.

한 젊은 연인은 독일군 침공으로 전쟁이 발발하자 남자가 전선으로 떠나면서 갑작스러운 이별을 맞이했다. 치열한 전투 중에 이 남자는 중상을 입고 두 다리를 모두 잃게 되었다. 그는 큰 수술 후에 가까스로 목숨을 건졌으나 애인에게 돌아가지 않았다. 정상인들 사이에서 살아갈 용기가 나지 않았기 때문이었다. 대신 길거리에서 구걸도 하고 부랑아 생활을 하면서 그날그날을 살아갔다. 애인을 전장으로 떠나보낸 이 여인은 돌아오지 않는 그를 찾아 전국을 헤맸지만 그를 찾을 수 없었다. 결국 그녀는 돌아오지 않는 자기 애인의 절친과 결혼했다. 그 후 수십 년이 흘렀다. 어느 여름날 이 여인은 남편과 호수 휴양지 섬으로 놀러갔는데 그곳은 공교롭게도 독-소전쟁의 상이용사들이 근근히 생계를 유지하며 살아가는 군락촌이 있는 곳이었다. 그곳에서 그녀는 옛 애인과 맞닥뜨렸다. 그녀는 잃어버린 자기 인생을 돌려달라며 울부짖었고 두 사람은 그동안의 기구한 삶에 대한 이야기로 밤을 지샜다. 다음 날 그녀는 옛 애인에게 함께 가자고 했지만 그는 끝내 거절했다. 그녀는 하는 수 없이 뭍으로 돌아가는 배에 몸을 실었다. 하지만 배가 호수 중간쯤 다다랐을 때 그녀는 갑자기 배에서 뛰어내렸다. 그토록 사랑했던 옛 애인에게 돌아가기 위해서였다. 그러나 그녀는 얼마 헤엄치지 못하고 익사하고 말았다. …

이 소설의 줄거리를 읽고 나는 모스크바의 전쟁기념관에서 본 흉측한 얼굴의 상이용사와 함께 수업 시간에 본 영화 〈병사의 발라드〉에 나오는 한쪽 다리를 잃은 상이용사의 이야기가 떠오르면서 추후 무언가 전쟁과 관한, 그중에서도 소련 민중이 경험한 독-소전쟁과 연관된 주제에 대해 연구를 해보겠다는 생각을 하게 되었다. 결국 나는 독-소전쟁이 후방에 위치한 산업도시 노동자들의 일상생활과 의식에 미친 영향에 대해 박사학위 논문을 집필했다.

이후 한국외대 러시아연구소에서 HK연구사업의 일환으로 러시아 지방 정체성에 대해 연구하면서 2010년 여름 상트페테르부르크에서 버스를 타고 프스코프 현지조사를 수행하러 가게 되었다. 총 5시간의 여정 중간에 버스는 인구 4만 명이 채 안 되는 소도시 루가(Jlyra)에 잠시 정차했는데, 그때 터미널 부근에 서 있는 독특한 모양의 기념비와 맞닥뜨리게 되었다. 다가가서 보니 10m쯤 되는 높이의 붉은 대리석 원주 위에 러시아 국가문장인 쌍두독수리 형상이 올려진 모습이었고, 원주 주변에 2m 높이의 사각형 돌기둥에 독-

소전쟁 당시 이 마을이 어떤 역할을 했는지에 대해 묘사한 그림 동판이 부착되어 있었다. '이렇게 작은 마을에 상당히 잘 정비된 기념비구나'라는 생각을 하고 다시 버스에 올랐다. 현지조사를 마치고 귀국 후 러시아 지방 도시에 대해 인터넷 검색을 하는 중에 내가 루가에서 목격한 기념비와 똑같이 생긴 기념비가 지방 여러 도시에 세워져 있는 사진을 보고 깜짝 놀라 도대체 이 기념비가 무엇인가 하고 검색을 해보았다. 그 기념비는 다름 아니라, 러시아 정부가 외적에 맞서 싸운 전쟁에서 공훈을 세운 도시에 대해 '군사명예의 도시(Город воинской славы)'로 선정하는 일종의 '전쟁기억' 프로젝트를 2006년부터 시작했는데, 그 칭호를 받은 도시에 징표로 세워지는 기념비였던 것이다.

이때부터 러시아의 독-소전쟁에 대한 나의 관심은 독-소전쟁이 소련에 미친 영향에서 오늘날 러시아에서 독-소전쟁을 어떻게 기억하고 추모하는가 그리고 러시아 정부는 그 전쟁의 기억을 어떻게 활용하는지에 대한 '전쟁기억의 정치'로 확장되었다. 이 과정에서 우연히 러시아의 소련-일본전쟁 기억에 대해 관심을 갖게 되었다. 그 이유는 군사명예의 도시 프로젝트를 시작한 이래 러시아 정부가 처음으로 2010년부터 2012년에 걸쳐 블라디보스토크를 비롯한 세 개의 극동지역 도시에 군사명예의 도시 칭호를 수여했기 때문이다. 이는 상당히 이례적인 것인데, 그때까지 군사명예의 도시 칭호를 받은 27개 도시는 모두 독-소전쟁 때 공훈을 세운 서부 국경지대에 위치한 도시들이었기 때문이다. 이때부터 나는 어떤 연유에서 극동의 도시들이 '군사명예의 도시' 칭호를 받게 되었는지 의문이 들었고 그 과정에서 러시아의 독-소전쟁의 경험과 기억에 더해 소련-일본전쟁의 경험과 기억에 대해 관심을 갖고 살펴보기 시작했다. 이 책은 바로 러시아의 제2차 세계대전에 대한 나의 이러한 오랜 관심을 기반으로 한 연구 결과물이다.

스탈린 시기 제2차 세계대전의 경험과 유산

이 책에서 나는 러시아의 제2차 세계대전 경험과 유산 그리고 기억에 관해 다면적이고 다층적인 접근법을 사용하여 입체적이고 균형 잡힌 분석을 시도하였다. 분석 시기로는 소련 시기와 소련 붕괴 이후의 포스트소비에트 시기를 살펴보았고 전쟁의 경험과 유산에 대해서는 '위'로부터의 관점뿐만 아니라 '아래'로부터의 관점, 즉 국가나 중앙정부의 입장뿐만 아니라 일반 민중, 시민, 지방정부 등의 입장에서 바라본 전쟁경험과 기억에 대해 고찰함으로써 '위', '아래' 입장 간의 상이성과 마찰, 긴장을 살펴보았고 전쟁의 다양한 유산에 관해서 살펴보았다. 지리적·공간적으로는 전방지역은 물론 후방지역도 살펴보았으며, 전쟁의 기억에 대해서는 러시아뿐만 아니라 '타자', 즉 소련 붕괴 이후 신생독립국이 된 에스토니아, 조지아, 우크라이나의 입장에서 바라본 제2차 세계대전에 대한 기억과 러시아의 기억 간 괴리와 충돌에 대해서도 살펴보았다.

소련 시기에 관해서는 전쟁 이후 스탈린 시기(1945~1953)를 중점적으로 살펴보았다. 이 시기 동안 '위', 즉 소련 정부는 4년 동안 나치독일과의 치열한 전쟁으로 인한 막대한 인적·물적 피해를 극복하고 국가를 재건해야 하는 임무는 물론 인민들의 사상교육, 정치교육도 강화해야 했다. 왜냐하면 전쟁 전 스탈린 정부는 1936년 '스탈린헌법'을 발표하면서 소비에트 민주주의와 사회주의가 완성되었다고 대대적으로 선전했고 인민들의 생활이 점점 좋아지고 있다고 선전하면서 소련을 "자본가의 착취 아래 고통받고 있는" 시민이 사는 자본주의 국가와 대비하면서 '지상낙원'으로 선전했는데, 나치독일과 전쟁을 치르면서 소련 국경을 넘어 서유럽으로 진격한 수백만 명의 소련 병사들, 그리고 나치독일이 점령한 소련 영토에서 강제 노동력으로 차출되어 독일 및 독일 점령하의 서유럽 지역으로 끌려간 수백만 명의 소련 시민들은 그 선전이 거짓이었음을 알게 되었기 때문이다. 이런 상황에서 스탈린 정부로서는 한 세기 전에 벌어진 프랑스와의 전쟁에서 당시의 '바깥세상'인 파리의 자유주의를 목격한 러시아 청년 장교들이 전쟁 후 조국에 돌아와 러시아의 전제주의에 실망하고 일으켰던 쿠데타인 '데카브리스트 봉기'(1825)와 같은 사건의 발발 가능성에 대해 걱정할 수밖에 없었다.

따라서 전쟁 후 스탈린 정부는 전쟁의 이미지를 비극과 희생이 아닌 애국과 영웅심으로 표현하기 위해 대중잡지에 그에 부합하는 병사의 이미지를 게재해 대중들에게 선전했다. 이를 통해 전쟁의 기억을 통제하고 미화하고자 했다. 그런가 하면 스탈린 정부는 전쟁 동안 느슨해진 중앙집권적 통제를 강화하기 위해 전쟁 동안 수 년간 독일군에 포위되어 중앙정부의 지원 없이 독자생존해야 했던 레닌그라드와 같은 전방 도시 주민들이 전쟁 이후 자신들의 역할을 강조한 전쟁기억을 추모하는 것을 억압하기도 했다. 또한 스탈린 정부는 전쟁 동안 나치독일의 점령지역에서 홀로코스트 희생자가 되었던 소련 유대인들의 전쟁기억도 통제했다. 그 이유는 스탈린 지도부 내에 뿌리 깊게 내재되어 있던 반유대주의에 더해 소련 내 특정 소수민족이 아닌 소련 인민 전체가 나치 침략에 의해 고통받았고 궁극적으로 소련을 구성하는 민족 전체가 단합하여 적을 물리쳤다는 소비에트 애국신화를 만들어내기 위해서였다.

스탈린 정부는 전쟁의 기억을 통제하는 강제적인 방법만 사용하지는 않았다. 전후에 어려운 처지에 놓인 인민들을 보살피는 온정주의 정책도 시행했다. 스탈린 정부는 전쟁으로 폐허가 된 서부 국경지역의 전후 복구라는 시급한 과업을 추진하면서 동시에 부족한 재원을 쪼개서 사회적 약자들을 보살피는 복지지원 정책을 마련하여 시행하고 선전하였다. 당 기관지에 전후 힘든 생활에 허덕이는 인민들의 민심을 보살피기 위해 관료주의에 물든 당·정부 관리들을 꾸짖는 사설과 기사를 자주 내보냄으로써 정부의 온정주의적 면모를 선전하였고, 전후 복구에 집중하느라 여력이 없는 정부를 대신하여 지역사회가 상이군인, 전몰가족 등 전쟁으로 생겨난 사회약자를 돕는 장치를 마련하게 하고 정부 차원에서도 제한적인 지원제도를 마련했다. 이러한 정부의 온정주의 정책과 그에 대한 선전은 분명 제2차 세계대전의 '데카브리스트 봉기'를 막는 데 기여했던 것이다.

그럼 이러한 '위'의 태도와 입장에 대해 '아래', 즉 민중과 지방정부는 어떻게 반응했는가? 한편으로는 스탈린 정부의 온정주의 정책은 소련 인민들이 정부와 소비에트 체제를 신뢰할 수 있게 만들었다. 하지만 모든 시민이 그러한 태도를 지닌 것은 아니었다. 전쟁 전과 후의 소련 인민의 태도는 동일하지 않았다. 전쟁의 경험이 그들을 바꿔놓았던 것이다. 특히 청소년기에 전쟁을 경험한 세대는 분명 부모 세대와는 달랐다. 전쟁 직후 10대 후반~20대 초반이 된 그들은 전쟁 전에는 너무 어려서 1930년대 후반 스탈린 정부가 행한 테러정치의 공포를 실감하지 못했고, 대신 전쟁 동안의 힘들고 급박한 상황 속에서 독립심을 키우고 독자적으로 결정을 내리고 행동에 옮기는 습성을 터득해 나갔다. 따라서 전후에 소련 정부의 선전과 현실의 궁핍한 삶 간의 괴리를 목격하고 그대로 넘어가지 않았다. 비록 많은 수는 아니지만 일부 청년들은 비밀리에 반정부 활동을 했던 것이다.

그런가 하면 전후에 지방의 주민들도 자신들의 이익을 관철하기 위해 중앙정부에 불만을 표출하며 목소리를 내기도 했다. 전쟁 중 후방에서 중공업 노동자로 전쟁 물자 생산에 헌신했던 노동자들은 전후에 그들의 희생적인 노동의 대가에 대한 권리의식을 갖게 되었고, 그를 바탕으로 정부에 불만을 표출하며 지원을 요구하기도 했다. 전후 복구가 전방지역 중심으로 지원이 이루어지자 후방지역의 시민들, 특히 전쟁 중에 물자 배급 등에 우선권을 지녔던 노동자들이 전후의 변화된 상황에 대한 불만을 표출한 것이다. 그런가 하면 전후에 전방지역의 파괴된 도시 재건 과정에서 소비에트 이데올로기와 스탈린 우상화를 강조한 중앙정부의 도시 재건 계획에 반발하여 지방 관리들이 지방정체성 수호를 위해 중앙정부의 시책을 교묘하게 활용하여 지방의 이해관계를 수호하는 경우도 있었다. 전쟁의 경험이 상이했던 전방지역과 후방지역은 전후에 이해관계도 상이했던 것이다. 또한 지방은 무조건적으로 중앙에 복종한 것은 아니고 나름의 전략으로 지방의 이해관계를 수호하고자 했다.

이렇게 러시아의 제2차 세계대전의 경험과 유산은 결코 단일하거나 동일하지 않았다. 이 책에서는 그동안 잘 알려지지 않았던 전후 소련 사회의 약자, 소수민족의 경험은 물론 정부와 일반 민중들 간, 그리고 중앙정부와 지방정부 간의 전쟁 유산에 대한 인식의 괴리와 마찰 그리고 타협에 대해 살펴봄으로써 전쟁 경험과 유산, 기억의 다층적·다면적인 모습을 입체적으로 고찰했다.

포스트소비에트 러시아의 제2차 세계대전의 기억

나는 그동안 러시아의 제2차 세계대전, 특히 독-소전쟁의 경험과 기억에 대해 연구해 오면서 러시아의 공식 서사를 균형 잡힌 시각에서 분석하고자 노력해 왔다. 그 과정에서 소련군과 소련 인민들이 당시 엄청난 희생을 무릅쓰고 인류 역사상 엄청난 해악을 불러일으킨 나치 세력을 궤멸시킨 것은 도덕적 승리임을 믿어 의심치 않았다. 따라서 러시아는 독-소전쟁의 승리에 대해 자부심을 갖고 만방에 자랑할 자격이 있다고 확신했다. 그래서 매년 5월 9일 모스크바 붉은광장에서 행해지는 독-소전쟁 전승 퍼레이드에 관심을 가지고 유튜브를 통해 시청하곤 했다. 적어도 2022년 2월 러시아의 우크라이나 침공 이전까지는 그랬다.

하지만 나의 이러한 신념은 우크라이나 전쟁으로 한순간에 바뀌었다. 자국의 이익을 위해서는 일개 주권국가를 침공해도 된다는 논리로 행동한 러시아를 보면서 그동안 내가 지녔던 독-소전쟁으로 인한 러시아인들의 고통에 대한 애처로움과 연민, 그리고 그 고통을 극복하고 나치세력에 대해 거둔 영광스러운 승리에 대한 공감은 거의 사라지고 중단되었다. 러시아는 그들이 독-소전쟁 때 겪었던 엄청난 고통을 80여 년이 흐른 이 시점에서 과연 잊어버렸는지, 국익을 위해서라면 그러한 고통을 이웃에게 가하는 것이 정당화

될 수 있는지 묻고 싶다. 혹자는 이러한 질문이 국익 우선주의의 냉엄한 국제 정치의 작동원리를 모르고 던지는 순진한 질문이라고 비판할 수 있을 것이다. 하지만 나는 인도주의 입장에서 이러한 질문을 던지는 것이다. 왜냐하면 그것이 바로 내가 30여 년 전 러시아(소련)의 독-소전쟁 경험에 대해 관심을 갖게 된 계기였고, 또 한편으로는 오늘날 일국의 지정학적 이해관계와 영토 확장 야욕에 의해 무고한 인명이 희생당해야 하는 상황이 너무 안타깝기 때문이다.

오늘날 러시아-우크라이나전쟁이 지속되고 있는 상황에서 우리는 왜 러시아의 제2차 세계대전의 경험과 유산 그리고 전쟁의 기억에 대해서 알아야 할까? 일견 이 질문에 대한 대답은 쉽지 않다. 특히 인도주의적 측면에서 제2차 세계대전에서 소련의 역할과 오늘날 우크라이나전쟁에서 러시아의 역할을 비교·평가한다면 80여 년 전에 발생한 독-소전쟁 당시 러시아는 피침국이었 지만 오늘날 우크라이나전쟁에서는 침략국이기에 더더욱 그렇다.

하지만 러시아의 제2차 세계대전 경험과 유산, 기억은 우리에게 다음의 두 가지 사항에 대한 이해에 도움을 줄 것이다. 첫째, 오늘날 러시아의 국가 이념에 대해서, 둘째, 현재 벌어지고 있는 우크라이나전쟁 이후 러시아 정부, 사회, 국민들이 맞닥뜨릴 국내 문제들과 전쟁의 유산에 관해서이다.

첫째 사항에 대해 알아보자. "전쟁이 국가를 만든다"라는 명제가 있다. 이는 곧 국가가 전쟁을 수행하는 과정에서 국가의 대내외적 틀을 만들어나가게 된다는 의미이다.[1] 나는 이 명제를 오늘날 러시아에 적용하여 소련의 제2차 세계대전의 경험과 기억은 소련 붕괴 이후 포스트소비에트 러시아를 어떠한 나라로 재탄생시켰는지 보여주고자 했다.[2] 대한민국은 한국전쟁 이후 반공을 국시로 삼는 국가로 재탄생했다. 소련의 경우 제2차 세계대전 종결 이후 아이러니하게도 한동안 제2차 세계대전의 승리에 큰 의미를 부여하지 않았다. 왜냐하면 전쟁으로 인한 인적·물적 희생이 너무나 컸기 때문이다. 그러한 피해는 소련 민중들의 뇌리에도 너무 선명하게 남아 있어서 소련 정부가 쉽게 전쟁의 승리만을 강조하기에는 무리가 있었고, 따라서 전쟁의 기억을 되살리는 것을 피하고자 했다. 그래서 스탈린 정부는 전쟁 이후 국가공휴일로 지정되었던 5월 9일 독-소전쟁 승전일을 1947년에 평일로 전환했다. 하지만 종전 20여 년 후 소련의 경제성장이 한계점에 다다르면서 공산주의사회 건설이라는 소비에트 사회주의의 이상이 점차 희미해지자 1965년 브레즈네프 정부는 스탈린 정부가 평일로 전환했던 5월 9일을 공휴일로 재지정하고 국가 차원에서 기념하기 시작했다. 소련 국민들에게 소련이 달성한 승리를 되뇌게 하면서 소비에트 애국심을 강화하고 소비에트 체제에 대한 신뢰와 희망을 불어넣기 위해서였다. 그러나 소련이 붕괴하는 1991년까지 독-소전쟁 승리의 가치와 중요도는 소련의 국가 이데올로기인 마르크스-레닌주의에 기초한 소비에트 사회주의 이데올로기의 위상을 넘어설 수는 없었다. 즉, 소련의 국시는 소비에트 사회주의 이데올로기였고 독-소전쟁의 승리는 그 이데올로기를 정당화하기 위한 수단으로 활용된 것이었다.

소련 말기에 이르러서는 독-소전쟁 승리의 위상은 더욱 하락했다. 소련 말기인 1980년대 후반 고르바초프의 페레스트로이카와 글라스노스트로 일컬어지는 개혁·개방 정책이 시작되면서 나치독일을 궤멸시킨 정의롭고 영광스러운 수사로 점철되었던 소련의 제2차 세계대전의 신화가 무너지기 시작했기 때문이다. 1989년 소련 정부는 50년 전 나치독일과의 상호불가침조약 체결(1939) 사실을 공식 시인했고, 이듬해인 1990년에는 소련 정부가 그동안 나치독일군의 소행으로 비판해 왔던 '카틴 숲 학살' 사건(1940년 4월~5월에 걸쳐 1만 4,000명의 폴란드 장교, 경찰관 및 포로들이 처형된 사건)을 소련 비밀경찰이 자행했음을 시인했다. 소련 정부의 이러한 나치독일이라는 '악의 세력과의 타협'과 소비에트 국가기관이 행한 '전쟁범죄'에 관한 시인은 그동안 나치의 인종주의와 파시즘에 대한 소비에트사회주의 이데올로기의 도덕적 승리로 선전되어 왔던 '독-소전쟁 승리 신화'의 몰락을 의미했다.

그러나 소련 붕괴 이후 이러한 상황은 반전되었다. 소련 시기 국시로 간주되었던 소비에트 사회주의 이데올로기는 사라졌고 그 빈자리를 제2차 세계대전, 특히 독-소전쟁의 승리라는 역사적 경험과 그에 대한 기억이 차지하게 되었다. 1990년대 포스트소비에트 정부의 과제는 새로운 국가 이데올로기와 정체성을 확립하고 탈소비에트 이행기 과정에서 심화된 국론 분열을 극복하고 국가·국민 통합을 이루는 것이었는바, 이 목적을 달성하기 위해 가장 용이한 것이 바로 20세기 러시아 현대사에서 가장 흠잡을 것 없는 역사적 사건인 '독-소전쟁의 승리'였기 때문이다. 따라서 옐친 정부는 소련 시절 내내 모스크바 붉은광장의 레닌 묘를 지키던 위병을 독-소전쟁의 무명용사 무덤으로 이동시켰고, 소련 시절에도 매년 개최하지 않았던 독-소전쟁 승전기념일 군사 퍼레이드를 1995년 승전 50주년을 맞이하여 개최한 이래 매년 개최하기 시작했다. 옐친 정부 시기에는 다소 상징적 차원에서 독-소전쟁의 기억이 소환되었지만, 옐친 정부를 이어 2000년에 출범한 푸틴 정부는 본격적으로 독-소전쟁의 승리 기억을 애국심 고취를 통한 국가 및 국민 통합이라는 정치적 도구로 적극 사용하기 시작하면서 독-소전쟁 승리의 신화는 부활했고, 21세기 러시아의 '국시' 격으로 부상하게 되었다.

이 과정에서 푸틴 정부는 2006년부터 '군사명예의 도시'라는 전쟁기억 프로젝트를 시작했다. 즉, 지방의 전쟁기억을 중앙과 연결하고 통합·관리하면서 옐친 시기 심화된 지방분권화 현상을 억누르고 2000년대 초부터 추진해 온 국가 통합을 가속화하고자 했다. 이렇게 '위'로부터의 전쟁기억 정책에 러시아의 지방정부들은 적극 호응했다. 소련 붕괴와 함께 계획경제 체제가 함께 무너진 후 중앙정부로부터 지원이 대폭 줄어든 상황에서 힘든 시기를 보내던 지방은 중앙정부가 국시로 내세운 전쟁기억, 특히 독-소전쟁의 기억을 포함한 자기 지역의 전쟁기억을 활용하여 중앙으로부터의 관심과 지원을 받을 수 있고 동시에 자기 지역에 대한 전국적인 홍보를 통해 지방정체성을 새롭게 수립할 수 있는 기회를 가질 수 있었기 때문이다. 러시아 정부의 전쟁기억 정치는 소련 붕괴 이후 느슨해졌던 중앙-지방 연결을 강화함으로써 '공간 통합'을 이룬 21세기 러시아로 거듭나게 했다.

러시아 정부의 이러한 전쟁기억의 정치, 특히 제2차 세계대전과 연관된 기억정치는 대내적으로는 국가 통합에 기여했지만, 대외적으로는 이웃의 신생독립국가들과의 긴장을 불러일으키고 있다. 에스토니아, 조지아, 우크라이나 등 신생독립국가들은 모두 제정러시아의 일부였으나 1917년 볼셰비키 혁명 발발 직후 잠시나마 독립국가를 수립할 기회를 가졌었다. 하지만 독립의 기회는 오래 지속되지 못하고 그루지야와 우크라이나는 1920년대 초에 그리고 에스토니아는 1939년에 병합당하는 운명을 맞이했다. 이러한 과거를 지닌 신생독립국들은 소련 붕괴 이후 각자 국민국가를 새롭게 건설하고 자신들의 국민/국가정체성을 수립해 나가는 과정에서 역시 동일한 상황에 놓였던 러시아와 제2차 세계대전, 특히 러시아가 신성시하는 독-소전쟁 승리의 기억을 놓고 충돌했다. 이들 국가에게 소련은 자주권을 박탈한 '점령자'에 지나지 않았기 때문이다. 결국 러시아와 이들 신생독립국 간의 독-소전쟁의 기억을 둘러싼 '기억전쟁'은 신생독립국들이 자국에 위치한 소련 시기 건립된 독-소전쟁 승리 기념비를 이전하거나 파괴 또는 훼손(변경)하는 기념비 전쟁으로 치닫게 되었다.

그런가 하면 러시아는 오늘날 일본과 소련-일본전쟁의 기억을 둘러싼 기억전쟁을 치르고 있다. 사실 소-일전쟁은 독-소전쟁에 비하면 전쟁 기간도 짧고, 소련군의 사상자 수도 월등히 적으며 자국 영토가 적에게 침공당하지도 않았기에 소련 시기는 물론 포스트소비에트 시기에도 러시아에서 거의 존재감이 없었다. 하지만 2010년경부터 일본이 러시아가 제2차 세계대전 말기 쿠릴열도 남단 네 개 도서(일본명: 북방영토)를 무단 점령했다고 주장하면서 해당 지역에 대한 영유권 문제로 양국 간 논쟁이 오갔고, 러시아가 그 지역 점유의 합법성을 강조하기 위해 소-일전쟁의 기억을 소환하면서 일본과 기억전쟁을 치르기 시작했다. 일본과의 기억전쟁 양상은 2022년 우크라이나전쟁 발발 직후 일본이 러시아에 대한 제재 조치에 가담하면서 최근 더 악화되었다.

러시아-우크라이나전쟁의 유산에 대한 시사점

그럼 이제 마지막으로 앞서 언급한 두 번째 사항에 대해 살펴보자. 소련과 포스트소비에트 러시아의 제2차 세계대전의 경험과 유산, 기억에 대한 이해는 러시아-우크라이나전쟁 이후 러시아 정부와 사회, 민중들이 맞닥뜨릴 전쟁의 유산을 예측하는 데 도움을 줄 수 있을 것이다. 즉, 우크라이나전쟁 이후 러시아 정부와 국민들은 그 전쟁을 어떻게 기억하고 추모할지, 전쟁 이후 러시아 정부는 러시아-우크라이나전쟁에서 싸운 병사들을 어떻게 선전하고 묘사할지, 그리고 러시아 내 비슬라브 민족으로 전쟁에 동원된 소수민족 출신 병사들의 입장은 무엇인지 대해서도 분석 방법을 제시해 줄 수 있을 것이다. 아울러 러시아-우크라이나전쟁 초기에 반전운동을 조직했던 러시아 젊은이들의 전쟁에 대한 태도 그리고 전쟁 기간 동안 증가된 군수물자 생산으로 인해 혜택을 받게 된 해당 분야 노동자들의 전쟁에 대한 인식 또한 연구주제가 될 수 있을 것이다. 그리고 지리적 측면과 지역정체성 측면에서는 현 전쟁에서 러시아의 서부 전방지역, 특히 우크라이나로부터 빈번한 공격을 받고 있는 쿠르스크, 벨고로드 지역의 전쟁기억은 어떠하며 여타 지역과는 어떠한 차이점을 지닐지에 대해서도 접근법을 제시해 줄 수 있을 것이다.

즉, 이 책에서 다루고 있는 내용은 현재 벌어지고 있는 러시아-우크라이나전쟁의 후유증이 러시아 국내 정치와 사회에 미치는 광범위하고 다양한 영향에 대해 연구의 주제와 접근 방법을 제시해 줄 수 있다는 점에서도 이 책의 의의를 찾을 수 있을 것이다.

2024년 11월
송 준 서

제1부

스탈린 시기
전쟁경험과 유산

제1장

소비에트 병사
이미지 만들기

1945년 5월 대조국전쟁(독-소전쟁)에서 나치독일에 대한 소련의 승리는 엄청 난 인명 희생을 수반한 것이었다. 전쟁 이듬해인 1946년 3월 스탈린은 전쟁 의 사망자를 약 700만 명으로 발표했으나 1961년 흐루쇼프는 사망자 수를 약 2,000만 명으로 밝혔다. 그러나 1990년 5월 대조국전쟁 전승기념일 45주 년 연설에서 고르바초프는 군인과 민간인의 희생자 수를 "거의 2,700만 명" 이라고 밝혔다. 그중 군인의 사망자 수는 약 870만 명에 이르렀다.[1] 소련은 전쟁에 승리는 했지만 패전국인 나치독일보다 다섯 배나 많은 사상자를 남겼 다.[2] 참전국 중 최대의 인명 피해를 입었던 것이다. 이런 이유로 나치독일을 물리친 소비에트 인민들에게 전쟁의 경험은 분명 그들 생애에서 가장 힘들었 던 기억 중 하나로 남게 되었다.

이런 비참한 전쟁의 결과로 인해 종전 후 스탈린 정부는 전쟁의 기억을 재 구성하려 했다. 그 이유는 무엇보다도 스탈린 지도부는 전쟁이 가져온 아픔을 시민들이 오래 기억하지 않기를 바랐기 때문이다. 따라서 전쟁의 흔적을 사람들의 기억 속에서 가급적이면 빨리 지워버리려 했다. 예를 들어 제4장에서 살펴보겠지만 스탈린 정부는 전쟁 동안 나치독일군에게 900일(약 2년 5개월) 동안 포위되어 있었던 레닌그라드 시민들의 고충을 되새기게 하는 어떠한 기념물이나 상징물을 만드는 것도 허용하지 않았다. 레닌그라드시 정부는 시민들이 전후에 전쟁기념관을 짓자고 건의했으나 허락하지 않았고, 기념관 부지로 선정된 곳에 대신 커다란 공원을 짓고자 했다.[3] 스탈린은 또 전후에 상이군인들이 노상에서 개피 담배 등을 팔면서 힘든 삶을 살아가고 있을 때 이들의 비참한 모습이 일반 시민들에게 전쟁의 아픈 상처를 떠올리게 한다는 이유로 상이군인들을 특별수용소로 보냄으로써 일반인들의 머릿속에서 전쟁의 기억을 지우려 했다.[4]

스탈린은 또한 전후에 인민들이 전쟁 영웅으로 떠오르는 것을 달가워하지 않았다. 그는 다양한 이유로 전쟁 동안에 약화된 지도자로서의 지위를 부활시키고 강화할 목적으로 군인이나 인민들이 전쟁 영웅으로 조명받는 것을 견제했다. 이런 이유로 전후에 스탈린은 전쟁의 승리가 개인의 영웅적인 투쟁의 결과라기보다는 소비에트사회주의 체제와 궁극적으로는 그 체제를 이끄는 '최고지도자' 덕분에 이룩된 것으로 인식되게끔 힘썼다.[5]

이 장에서는 이 같은 맥락에서 대조국전쟁 동안과 전쟁 이후 소련 대중잡지에 등장하는 소비에트 병사 이미지를 분석함으로써 스탈린 지도부가 소련 인민들의 전쟁기억을 어떻게 통제하고 조종하려 했는지에 대해 살펴보겠다. 이를 위해 전쟁 말기인 1944년부터 스탈린 사망 해인 1953년까지 당시 소련의 대표 대중잡지였던 ≪오고뇨크(Огонёк)≫에 실린 소비에트 병사 이미지가 담긴 회화 40장을 분석하여 그 이미지의 특성을 살펴보고 또 병사의 이미지가 전쟁 시기에서 전후 시기로 옮겨가면서 어떻게 변해갔는지 추적하고 그 변화의 요인도 살펴보겠다.

≪오고뇨크≫는 '불꽃'이라는 의미로 1899년 12월 러시아 최초의 화보

잡지로 창간되었고 이후 약 한 세기 동안 러시아 유일의 주간지였다. 잡지의 3분의 1이 화보로 꾸며진 ≪오고뇨크≫는 1902년경 12만 부를 발간하면서 당시 인기 월간지 ≪니바(Нива)≫ 다음으로 많은 부수를 찍어낼 만큼 급속히 인기를 얻었다. 그러나 러시아 내전(1918~1921) 동안 발간이 중단되었다가 소비에트 정부 수립 이후인 1923년 정부 견해를 충실히 대변하는 잡지로 재창간되었다.[6] 다만 대조국전쟁 기간과 전쟁 직후에는 종이 등 물자 부족과 편집인, 기자 등의 징집으로 인력이 부족하며 매주 발행되지 못하고 격주에 한 번씩 발행되는 경우가 많았다.[7] 그럼에도 불구하고 ≪오고뇨크≫를 분석 대상으로 선정한 이유는 이 잡지가 미국 잡지 ≪라이프(LIFE)≫처럼 화보를 많이 실었으며, 딱딱하고 난해한 이데올로기 문제나 당 이론 등을 다룬 잡지와는 달리 독자의 나이, 성별, 교육수준에 관계없이 폭넓은 독자층을 지닌 소련의 대표적 대중잡지였기 때문이다.[8] 이처럼 대중매체에 소개된 회화는 특정 가이드라인에 의해 선별된 것으로, 소련 당국이 전하려 했던 정치적 메시지, 즉 스탈린 정부의 전쟁기억에 대한 조종 의도를 보다 선명히 내포하고 있다 하겠다.

병사 이미지 분석은 주로 매년 2월과 5월에 실린 사진이나 회화를 많이 분석했는데, 그 이유는 전후 스탈린 시기(1945~1953) 동안 ≪오고뇨크≫에 병사 이미지가 주로 등장하는 시기가 붉은군대 창설 기념일인 2월과 대조국전쟁 전승기념일인 5월이기 때문이다. 이 장에서는 병사 이미지에 대한 미학적 분석보다는 그 이미지가 내포하고 있는 정치적·사회적 의미와 배경 분석에 주안점을 두었다.

그럼 먼저 전쟁 기간 동안 등장한 병사 이미지의 특성을 간략히 살펴본 후 전쟁 이후 ≪오고뇨크≫에 나타난 병사의 이미지를 살펴보도록 하겠다.

조국 수호자, 해방자로서의 병사

1944~1945년 중반

대조국전쟁 기간 중 수많은 전쟁 포스터에 등장하는 병사들의 이미지는 전쟁 전에 제작된 포스터에 등장하는 병사의 모습과 많은 유사점이 있다. 예를 들어 러시아 내전기(1918~1921)에 제작된 포스터에 등장하는 소비에트 병사는 혁명의 수호자나(그림 1) 공산당의 적극 지지 세력으로 묘사되었고(그림 2), 1930년의 포스터에는 충실한 소비에트 국경 수호자로(그림 3) 묘사되었다.[9] 이렇듯 전쟁 전에는 소비에트 병사들이 대체적으로 국가 정책을 충실히, 용맹스럽게, 또는 묵묵히 수행하는 모습으로 묘사되었는데, 1944년 ≪오고뇨크≫에 등장하는 병사의 이미지는 이와 유사한 병사의 이미지가 대조국전쟁 동안에도 지속적으로 표출되었음을 보여준다.

1944년 ≪오고뇨크≫에 게재된 회화에 나타난 소비에트 병사 이미지는 크게 두 가지 유형으로 분류할 수 있다. 첫째, 결연한 표정의 소비에트 병사들이 침략자에 맞서 필사적으로 싸우는 모습이다. 그해 5월 ≪오고뇨크≫의 표지를 장식한 인물은 가슴에 훈장을 달고 주먹을 불끈 쥔 채 결연한 표정으로 철조망 앞으로 돌격하는 병사이다(그림 4). 1945년 2월의 표지에 등장한 병사도 비슷한 모습을 보여준다. 1944년 5월 ≪오고뇨크≫는 "위대한 인민들의 영웅적 위업"이라는 제목하에 수도를 방어하는 붉은군대 병사들을 묘사한 회화들을 소개하고 있다.[10] 그중 하나는 데이네카(А. Дейнека)의 1942년 작 〈세바스토폴의 방어〉로, 진격해 오는 독일군에 맞서 수류탄과 총검을 들고 대항하는 소련 수병의 영웅적인 이미지를 묘사한 것이다(그림 5).[11] 또한 말리코프 외 다수의 화가들이 그린 〈모스크바 근교에서 독일군의 괴멸〉이라는 작품도 같은 호에 게재되었는데, 이 회화에 등장한 소비에트 병사의 이미지도 독일군에 맞서 용맹스럽게 싸우는 전투 장면을 묘사하고 있다.[12]

두 번째 유형은 전투에서 이긴 '승리자' 그리고 나치 군대를 무찌르고 소

그림 1 〈페트로그라드 방어를 위해 물러서지 말자!〉 아프시트(А. Апсит) 작(1919)

자료: https://www.spb.kp.ru/daily/26276.7/3153104/

그림 2 〈공산당에 가입하러 갑시다!〉 작자미상(1920)

자료: https://cdn1.ozone.ru/s3/multimedia-c/6148204236.jpg

그림 3 〈붉은군대는 소비에트 국가의 충실한 수호자이다〉
얀크(И. Янг) 작(1930)

자료: https://cdn1.ozone.ru/s3/multimedia -9/ c600/6141177717.jpg

그림 4 ≪오고뇨크(Огонёк)≫ 1944년 5월호 표지

자료: https://www.piteroldbook.ru/auc ti on.2741/Auction_Number_20.2761/ ogonek _%E2%84%96_20-21_za_1944 _g.11299. html

그림 5 〈세바스토폴의 방어〉 데이네카(А. Дейнека) 작 *Огонёк* (1944)

자료: https://ru.wikipedia.org/wikiОборона_Севастополя_%28картина_Дейнеки%29#/media/
　　Файл:Дейнека_оборона_Севастополя.jpg

비에트 인민을 구해낸 '해방자'로서의 병사의 모습이다. 이 같은 이미지는 앞서 언급한 결연한 모습의 병사 이미지에 이어 ≪오고뇨크≫에 두 번째로 자주 등장하는 것이다. 이 같은 예로 1944년 게재된 레닌그라드 소재 화가들이 그린 〈봉쇄의 붕괴〉라는 제목의 회화를 들 수 있다. 이 그림은 소비에트 병사들이 나치독일군의 레닌그라드 포위망을 돌파한 후 해방된 시민들과 함께 승리의 환호를 외치는 모습을 묘사하고 있다(그림 6).[13]

　결국 전쟁 기간 동안 대중잡지 ≪오고뇨크≫에 등장한 병사의 모습을 통해 우리는 스탈린 지도부가 대중들에게 전하고자 했던 메시지를 파악할 수 있다. 한편으로는 소비에트 인민들에게 회화에 등장하는 병사들처럼 조국 방어에 영웅적·애국적으로 나서 달라는 것이며, 해방자로서의 병사의 모습을 실은 그림을 통해서는 나치독일이 점령했던 지역이 점차 소비에트 군인들에 의해 해방되어 회복되어 가고 있음을 선전하기 위한 의도 또한 보여주는 것이다.

그림 6 〈봉쇄의 붕괴(1943년 1월 18일)〉 세롭(В. Серов),
세레브랸니(И. Серебрянный), 카잔체프(А. Казанцев) 작, *Огонёк* (1944)

자료: https://pro100-mica.livejournal.com/727219.html

과도기의 병사 이미지: 영웅, 희생자, 치유자
1945년 중반 이후~1946년 중반

대조국전쟁이 끝난 1945년 5월부터 1년간 ≪오고뇨크≫에 등장한 병사의
이미지는 전쟁 기간 등장한 이미지와 상당 부분 공통점이 있다. 전쟁의 승자
로서, 적으로부터 소련 인민을 구해낸 해방자로서의 용맹스럽고, 긴장되어 있
고, 강인하며, 영웅적인 병사의 이미지였다. 그 예로 1946년 2월의 ≪오고
뇨크≫의 표지는 "우리는 조국을 수호했다. 우리는 승리했다"라는 구호와 함
께 소련군 병사들이 질서정연하게 철모와 군복을 입고 행진하는 모습을 싣고
있다. 또한 그 호에는 에스토니아 출신 화가 오카스 에발드의 작품 〈1944년
9월 22일 탈린에서 에스토니아 수비대의 만남〉이 게재되었는데, 이 작품은
에스토니아의 수도 탈린을 적으로부터 탈환한 소비에트 병사가 에스토니아
전통의상을 입은 현지 여성들의 환영을 받는 모습을 묘사한 것이다(**그림 7**).[14]

그림 7 〈1944년 9월 22일 탈린에서 에스토니아 수비대의 만남〉
오카스 에발드(Окас Эвальд) 작, *Огонёк* (1946. 2)

자료: https://ajapaik.ee/photo/1171817/foto-evald-okase-maalist-eesti-kaardivae/

이 그림에서 소비에트 병사는 앞서 보았던 〈봉쇄의 붕괴〉처럼 '해방자'로 묘사되고 있다.

한 가지 아이러니한 점은 에스토니아는 라트비아, 리투아니아 등과 함께 1940년 소련에 의해 반강제로 합병된 발트지역 국가라는 점이다. 에스토니아는 이듬해인 1941년에는 독일의 소련 침공으로 나치독일의 점령하에 있다가 1944년 9월 소련군에 의해 '재점령'된 지역이었다. 비록 나치독일 치하에서는 벗어났지만 에스토니아 입장에서는 소련에 재병합됨으로써 진정한 해방을 맞이한 것은 아니었다. 하지만 당시 ≪오고뇨크≫에 실린 그림은 소수민족 에스토니아의 입장이 아닌 소련의 시각을 묘사한 선전용 그림이었다.

이렇게 전후 1년간 ≪오고뇨크≫에 등장한 병사의 이미지가 전쟁 기간 중 소개된 병사의 이미지와 대부분 유사했지만 한 가지 다른 점이 있다면 그것

그림 8 〈세 개의 명예훈장 보유자 모탸 네취포르추코바〉

클리마시나(B. Климашина) 작, *Огонёк* (1946. 2)

자료: https://bga32.ru/uploads/2020/
04/bga32-ru-Klimashin-V.S.-La
skovye-ruki.-Polnyj-kavaler-or
dena-Slavy- M.S.-Nichiporukova.
-1944.jpg

은 부상당하거나 죽은 병사 이미지의 등장이었다. 전쟁 기간 중 출판된 ≪오고뇨크≫에는 나치독일군에 의해 학살당한 민간인들의 처참한 모습을 담은 사진들이 종종 게재되었는데,[15] 이는 독자들에게 적에 대한 증오심과 복수심을 불러일으키기 위한 목적으로 게재한 것이었다. 다만 병사의 희생을 다룬 작품은 거의 찾아볼 수 없다. 그러나 전쟁 직후에는 이러한 이미지들이 등장하고 있다. 예를 들어 1946년 2월 제7호에 소개된 종군화가 클리마시나의 그림은 전쟁 동안 간호병의 임무를 헌신적으로 수행하여 세 개의 훈장을 탄 네취포르추코바를 주인공으로 묘사하고 있는데, 그 그림에는 머리에 붕대를 감고 있는 부상당한 병사가 등장한다(그림 8).[16] 같은 달 출간된 제5호에는 "소비에트 예술의 경축일"이라는 제목의 기사에 전연방 예술전시회에 출품된 회화를 소개하고 있는데, 그중 보고로드스키의 〈전사한 영웅에게 영광을〉이라는 작품은 커다란 별이 그려진 휘장 앞에 전사한 병사가 누워 있고 그 옆에서 가슴에 훈장을 가득 매단 군인이 무릎을 꿇고 조의를 표하고 있는 장면을 묘사하고 있다(그림 9).[17] 이 그림은 주인공 병사가 전쟁의 영웅이자

그림 9 〈전사한 영웅에게 영광을〉

보고로드스키(Ф. С. Богородски) 작, *Огонёк* (1946. 2)

자료: https://etoretro.ru/pic186131.htm

동시에 희생자임을 명확히 암시해 주고 있다. 같은 호에 실린 우크라이나 화가 베르코비치의 〈증오심의 탄생〉이라는 제목의 회화도 병사가 죽음과 연계되어 등장한다는 점에 있어 앞의 회화와 유사한 성격을 지닌다.[18] 이 그림에서 나치독일군에 의해 학살당한 들판의 시신 앞에 모자를 벗고 두 손을 모아 기도하는 듯한 자세로 무릎을 꿇고 죽은 자에 대한 조의를 표하는 병사의 모습은 전쟁의 비극을 여과 없이 보여주고 있다.

앞에서 살펴보았듯이 ≪오고뇨크≫ 잡지의 편집부가 전쟁의 상처를 일깨우는 병사의 이미지들을 게재한 의도는 어떻게 설명할 수 있을까? 그것은 무엇보다도 '치유'라는 측면에서 적절히 설명할 수 있을 것이다. 죽은 소비에트 병사를 영웅화한 회화의 경우, 병사들의 희생이 결코 헛되지 않았음을 강조하려는 의도로 볼 수 있다. 전쟁이 끝난 시점에서 수많은 사람들이 희생되었다는 것은 숨길 수 없는 사실이었고, 당 지도부가 할 수 있는 일은 그들의 죽음이 헛되지 않았음을 보여주는 것이었다. 그렇게 함으로써 전쟁의 상처를 그나마 치유해 주는 것이었다. 이는 전쟁 직후 소비에트 소설에 등장한 새로운 소비에트 인간이 "육체적으로 심리적으로 부상당한" 병사였음을 고려한다면[19] 전후 ≪오고뇨크≫에 등장한 부상당하고 사망한 병사의 모습이 당시에 예외적인 것이 아님을 의미한다. 크릴로바(Anna Krylova)는 당시 소비에트 작가들은 전쟁으로 인한 육체적·정신적 외상을 입은 병사들을 소설의 주제로 다뤄 집중 조명하는 것을 수백만 퇴역 군인들이 입은 마음의 상처를 치유하는 임무로 간주했다고 지적한다.[20] ≪오고뇨크≫에 게재된 부상당하거나 죽은 시신 앞에 서 있는 병사들의 모습을 담은 회화도 바로 이 같은 맥락에서 이해될 수 있다. 그 이미지는 바로 전쟁으로 가족을 잃었거나 또는 부상당하고 불구가 된 수백, 수천만 이들의 정신적·육체적 상처를 이해한다는 동병상련의 표시였고, 그에 대한 치유의 목적으로 등장했던 것이다.

전후에 ≪오고뇨크≫에 등장한 병사의 이미지에서 또 다른 변화는 여성 병사의 이미지에서 나타난다. 전쟁 동안 약 80만 명의 소비에트 여성들이 각종 임무를 띠고 직접 전투에 참여해서 적과 싸웠다.[21] 1943년에 발간된 ≪오고뇨크≫는 종종 전장에서 공훈을 세운 여성 병사들의 사진과 그들에 대한 기사를 싣고 있다. 사진 속에서 그들은 기관총을 들고 있거나,[22] 위장복을 입은 저격수로,[23] 또 비행기를 정비하고,[24] 어깨에 총을 멘 채 최근에 소련군이 해방시킨 도시에서 교통정리를 하는 군인으로,[25] 그리고 전투기 조종사[26]로서 등장하고 있다. 과연 이들의 이미지는 전쟁 이후에 어떻게 변화하였나? 전후의 여성 병사의 이미지는 어떠한 사회적·정치적 함의를 지니고 있는가?

전후에 발간된 ≪오고뇨크≫에 실린 여성 군인의 모습은 대체로 전투와는 무관한 모습들이다. 대신 아내로서, 어머니로서 전통적인 여성의 임무를 수행하는 모습을 싣고 있다. 전술한 간호장교의 이미지가 그러하며(그림 8), 1946년 2월 제8호에 실린 여성 병사의 모습 또한 마찬가지이다. 그림 10은

그림 10
〈평온 속의 마르소프 들판에서〉
파호모프(А.Ф. Пахомов) 작,
Огонёк (1946.2)

자료: https://triptonkosti.ru/2-foto/aleksandr-
paho mov-kartiny-97-foto.html

파호모프의 〈평온 속의 마르소프 들판에서〉인데, 전쟁이 소강상태에 빠진 틈을 타 눈 덮인 도시의 방공포를 배경으로 빨랫감을 줄에 널고 있는 여성 병사를 묘사한 것이다.[27] 이 젊은 여성 병사 역시 전 호에 소개된 간호장교처럼 가슴에 훈장을 달고 있는 전쟁 영웅이다. 하지만 이 두 그림에 등장하는 여성 병사는 둘 다 영웅임에도 불구하고 하고 있는 일은 남성 병사처럼 적과 싸우고 도시를 방어하는 것이 아니라 부상자를 돌보거나, 가사를 하는 여성으로 묘사되어 있다. 부상병을 조용히 돌보는 간호장교 네취포르추코바와 눈 내린 대공포 진지 주변의 정막이 감도는 분위기 속에서 조용히 빨래를 널고 있는 정중동의 상황 속에 묘사된 이들의 표정은 같은 기간에 ≪오고뇨크≫에 등장하는 남자 병사의 이미지와는 지극히 대조적으로 차분하며, 평온하고, 부드럽고, 온화하기까지 하다. 이러한 그림은 군복을 입은 모습이 상징하듯이 소비에트 여성이 국가를 위한 봉사는 물론, 집안일도 책임지고 육체적·정신적으로 깊은 상처를 입고 돌아온 남편, 아들을 아내로서 어머니로서 어루만져 주어야 하는 치유자로서의 임무도 수행해야 함을 암시하는 것이다.

새로운 스탈린의 병사
1946년 중반 이후~1953년

1946년 중반 이후부터 ≪오고뇨크≫에 등장하는 소비에트 병사의 이미지를 면밀히 관찰해 보면 앞에서 살펴본 전쟁 기간과 전쟁이 끝난 직후 약 1년 동안 등장한 병사의 모습과는 확연히 다른 점을 발견할 수 있다. 주요 상이점은 첫째, 더 이상 병사들이 전쟁을 승리로 이끈, 그리고 전쟁 중 혁혁한 공을 세운 영웅으로 묘사되고 있지 않으며, 둘째, 더 이상 병사들의 이미지가 전쟁이 낳은 비극적인 에피소드, 즉 죽음, 부상 등과 연관되지 않는다는 점이다.

대신 1946년 중반 이후부터 등장하는 병사의 이미지를 한마디로 특징짓는다면 평화롭고, 인간적이며, 낙관적인 '스탈린의' 병사로 묘사할 수 있다. 이는 1946년 중반까지 자주 등장한 병사의 모습, 즉 비장한 얼굴을 하고 피를 흘리며 나치독일군과 싸우거나, 부상당하고, 장렬히 전사하는 영웅적인 모습, 또는 해방자로서의 병사 이미지와는 분명 다른 모습이다. 이러한 병사 이미지의 변화 배경은 무엇인가? 대중매체에 대한 어떠한 가이드라인이 ≪오고뇨크≫에 게재되는 전쟁 관련 에피소드나 소비에트 병사의 이미지에 영향을 주었을까? 이에 답하기 위해서는 한 가지 원인보다는 전후의 정치·사회·이데올로기의 변화 상황을 복합적으로 고려해야 한다.

첫째, 1946년 중반부터 스탈린 정권의 전쟁기억 재편 노력이 시작되었고, ≪오고뇨크≫의 병사 이미지의 변화는 정부의 노력이 궁극적으로 ≪오고뇨크≫의 전쟁 관련 이미지 선별 기준에까지 영향을 끼쳤음을 의미한다. 앞에서 언급했듯이 전후 스탈린 정권이 전쟁에 대한 기억을 바꾸려고 노력했던 것은 다음과 같은 두 가지 이유로 설명될 수 있다. ① 스탈린 개인숭배, ② 스탈린 정권이 전쟁 초기 저지른 실수와 그로 인한 엄청난 물적·인적 피해의 은폐이다. 스탈린이 전쟁 승리의 공을 당과 자신의 것으로 만들려는 의도를 가지고 있었다는 사실은 당시 영국 ≪선데이 타임즈(Sunday Times)≫ 및 BBC 특파원으로 1941~1948년까지 소련에 머물면서 전후 상황에 대한 통찰력 있는 분석으로 명성을 얻은 워스(Alexander Werth)는 물론 스탈린 사후 소련 지도부에 의해서도 공식 확인된 것이었다. 워스는 스탈린이 전후에 전쟁을 승리로 이끄는 데 혁혁한 공을 세운 게오르기 주코프(Г.К. Жуков) 장군과 군대의 인기가 올라가는 것을 매우 민감하게 의식하고 있었다고 지적한다.[28]

또한 흐루쇼프는 스탈린 사후 3년 만인 1956년 제20차 전당대회 마지막 날인 2월 25일 비공개 회의에서 한 연설 "개인숭배와 그 결과에 대하여(О культе личность и его последствиях)"를 통해 스탈린이 전후에 위대한 지휘관으로서 자신을 알리는 데 매우 적극적이었고 "모든 수단을 다해서 사람들의 의식 속에… 대조국전쟁 때 소련 국민이 거둔 모든 승리가 오직 한 사람 스탈린의 용기와 대담성, 천재성의 결과였다"라는 점을 각인시키려고 각별한 노력을 기울였다고 지적했다.[29] 전쟁 이후 스탈린 숭배 정책이 극에 달하면서 전쟁의 승리는 스탈린의 선견지명 덕분에 가능했던 것으로 공식적으로 강조되기 시작했다. 1947년 전승기념일인 5월 9일, 당 기관지 ≪프라브다(Правда)≫는 전쟁 영웅 주코프 원수에 대해서는 한마디 언급도 없이, 현명하고 선견지명이 있는 스탈린의 정책 덕분에 승리했다는 것을 강조하면서, 스탈린의 산업화와 농업집단화가 조국의 방어에 크게 기여했음을 강조했다.[30] 사실 스탈린의 주코프에 대한 의심과 경계는 종전 직후부터 시작되었다. 1945년 6월 주코프 원수가 베를린에 있는 본인의 관저에서 외국 언론과 가진 기자회견에서 주요 전투의 승리를 자신의 공으로 치켜세운 것은 스탈린의 심기를 건드리기에 충분했고, 그러한 태도는 그렇지 않아도 소비에트 인민들로부터 전쟁 영웅으로 추앙받던 주코프에 대한 스탈린의 시기심을 불러일으켰고, 주코프의 오만함을 비난할 수 있는 구실을 마련했던 것이다. 그 결과 주코프는 1946년 당 중앙위원회와 정부에 적대적인 태도를 보인다고 비난받고 지방의 한직으로 '귀양살이' 보내졌다.[31]

이렇게 전쟁 승리의 원인을 스탈린의 선견지명으로 돌리는 추세 속에서 자기희생적인 영웅으로서의 병사 이미지는 분명 양립하기 힘든 것이었다. 아울러 스탈린은 전쟁 초기에 정부의 미흡한 대응으로 엄청난 인적·물적 손실이 난 것을 누구보다도 잘 알고 있었다. 그 사실은 전쟁 직후인 1945년 5월 24일 스탈린이 소련군 사령관들에게 행한 연설에서 잘 나타난다.

> 우리 정부는 많은 실수를 저질렀고 우리 군대가 퇴각하고 있었던 1941~42년 동안 절망적인 어려움에 처해 있었다. 우리는 우크라이나, 벨라루스, 몰다비아, 그리고 레닌그라드 지역과 발트공화국 그리고 카렐리야-핀란드공화국의 도시와 마을들을 할 수 없이 포기해야 했다.[32]

그는 개전 초기 이 같은 정부의 실수를 인민들이 자꾸 되새기는 것을 원치 않았다. 전쟁의 진실이 드러나는 것을 두려워했던 것이다. 이러한 태도를 뒷받침하는 예로 스탈린은 알렉산드르 바실렙스키 육군 원수가 종전 후 전쟁의 경험을 토대로 집필한 두 권짜리 자서전『베를린 공격』과『스탈린그라드에서 빈으로: 제24군단의 영웅적 행보』를 출간하려 했을 때 "[전쟁이 끝난 직후인] 지금 자서전을 쓰기에는 너무 이르다. 지금은 열정이 너무 앞서 있어 그 자서전은 객관성을 결여할 수 있다"라는 이유로 출판을 허락하지 않았다.[33] 더구나 스탈린 정부는 공휴일로 지정되었던 전승기념일(5월 9일)을 1947년부터 평일로 바꿔버렸고, 1945년 이래 대대적으로 치러왔던 전승기념일 행사도 비공식 행사로 전환했다.[34] 이에 따라 전쟁의 비참한 결과를 상징하는 부상당한 병사나 죽음은 더 이상 회화에 등장해서는 안 되는 소재가 되었던 것이다.

≪오고뇨크≫의 병사 이미지 변화의 두 번째 이유로는 1946년 중반부터 시작된 이데올로기 강화 정책을 들 수 있다. 전쟁 동안 많은 소비에트 시민들이 여러 경로를 통해 소련의 '바깥세상'을 접할 기회를 갖게 되면서 스탈린 정부는 전쟁 직후부터 소비에트 시민들의 사상교육 문제에 촉각을 곤두세웠다. 소련 군인들은 베를린까지 진격하면서 소련 국경 밖의 세계를 난생 처음 볼 기회를 가졌는가 하면, 전쟁 중 나치 점령하에 있었던 벨라루스, 우크라이나 지역의 소비에트 시민들은 나치에 의해 소위 '오스트아르바이터(Ostarbeiter)', 즉 '동쪽에서 온 노동자'라는 강제 노동력으로 나치독일 점령하의 유럽 지역 공장 등으로 끌려감으로써 바깥세상 구경을 하게 되었다. 전쟁 이후 스탈린 지도부는 전쟁 기간 동안 유럽을 둘러볼 기회를 가졌던 이들이 마치 120여 년 전의 조국전쟁 동안 서유럽을 둘러볼 기회를 갖고 서구의 자유주의 사상에 영향을 받아 러시아에 돌아와 전제정에 반대하는 봉기를 일으켰던 '데카브리스트(Декабрист)'와 같은 이들이 될까봐 전전긍긍했던 것이다.[35]

특히 전쟁 중 약식으로 공산당에 가입한 수많은 젊은 병사들에 대한 사상 강화교육은 시급한 문제였다. 전쟁 중 엄청난 인명 피해로 당원이 줄면서 군대에서 많은 수의 공산당원이 충원되었는데, 당원이 되는 조건은 전쟁 전과 비교하면 훨씬 간단해서, 단지 '전투에서 공훈을 세운 자'는 누구나 당원 후보가 될 자격을 얻을 수 있었고, 약 3개월간의 후보 기간을 채우고 나면 최소한의 의례를 거쳐 당원이 될 수 있었다.[36] 전쟁이 끝날 무렵 전체 당원의 거의 절반에 해당되는 300만 명이 이 같은 약식 절차를 통해 군대에서 충원이 되었다.[37] 문제는 이들이 사상교육을 철저히 받을 수 있는 시간이 없었으며, 더구나 이들 군인 출신의 젊은 당원들은 정치적으로 자유롭고, 경제적으로 부유하게 살고 있는 '바깥세계'를 직접 목격했던 자들이라는 점이었다.

외부로부터의 '불순한' 사상 확산에 대한 스탈린 정부의 우려는 문화·예술계에 대해서도 마찬가지였다. 스탈린 시기의 저명한 작곡가 쇼스타코비치(Д.Д. Шостакович)와 소설가 파스테르나크(Б.Л. Пастернак)가 후에 고백했듯이 아이러니하게도 대조국전쟁의 발발은 1930년대 스탈린 정부의 대숙청 등 공포정치로 인해 숨 쉬기 힘들 정도로 소련 사회에 팽배했던 긴장감을 이완해 주는 역할을 했다. 전쟁수행에 몰두해야만 했던 정부는 시민들 일상생활의 많은 부문에 간섭할 수 없었으며, 이런 상황에서 시민들은 자율적으로 모든 것을 해내야 했다. 이러한 상황이 많은 인민들에게 예상치 못했던 해방감을 가져다주었다. 예술가들에게도 전쟁 시기는 창작과 표현에 있어 1930년대와 비교해 상대적으로 해방감이 더 충만했던 시기였다.[38] 이와 함께 힘든 전쟁 동안 생존해 온 소비에트 인민들에게서 전쟁 말기쯤에는 전쟁 중 겪은 고통과 전쟁 승리를 위해 각자 나름대로 국가에 봉사한 노고를 보상받아야 한다는 감정이 일어나게 되면서 정부에 대해 더욱 떳떳이 의견을 개진하는 경향이 생겨났다.[39]

이렇게 전쟁 시기의 상대적으로 자유로운 분위기 속에서 급기야 일부 예술가들은 '표현의 자유'에 기반하여 상당히 대담한 결정을 내리거나 급진적인 의견을 개진하는 상황에 이르렀다. 1945년 5월에 소집된 예술가 회의에서 몇몇 연사들은 회화 장르를 혁신하는 것에 대한 문제를 논의했고, 전후 처음으로 열리는 전연방 예술가 대회는 프랑스에서 막 귀국한 화가 로베르트 팔리크(P.P. Фальк)의 작품을 선정하기도 했는데, 팔리크는 서구식 예술관을 가진 화가로, 예술은 사회적 활동이라기보다는 개인적 활동이라는 믿음을 표명했던 화가였다.[40] 또 다른 사례로 1946년 4월 예술가 니콜라이 푸닌(H.H. Пунин)은 레닌그라드 예술가 연맹 모임에서 행한 연설에서 사회주의 리얼리즘의 원칙을 거부하면서 소비에트 화가들이 기본으로 삼아야 할 장르로 인상파주의를 택할 것을 주장했다.[41]

그러나 이러한 예술에 있어서의 사회주의 리얼리즘 원칙의 거부와 서구 화풍 도입을 강조하는 논의는 계속될 수 없었다. 1946년 8~9월 사이 당 중앙위원회는 세 개의 법령을 공포하면서 문학, 극장 드라마, 영화에서의 비정치적이고, 이데올로기가 결여된 "예술을 위한 예술 작품" 생산을 강력히 비난했던 것이다.[42] 이는 곧 전쟁 중 상대적으로 느슨해졌던 문학계, 공연계, 영화계에 대한 통제를 복원하겠다는 신호탄이었다. 스탈린이 문화정책을 관장하는 임무를 맡긴 안드레이 즈다노프(А.А. Жданов)는 이 법령을 발표하면서 당시 인기 작가이자 풍자 작가였던 미하일 조셴코(М.М. Зощенко)와 시인 안나 아흐마토바(А.А. Ахматова)를 비정치적이고, 이데올로기가 결여된 공허하며 회의적인 글을 쓰는 작가로 강력히 비판했다.[43] 비록 즈다노프는 당시 미술계에 대해서는 어떠한 구체적 언급은 하지 않았지만 모든 분야의 예술가들은 그 법령이 바로 자신들에게도 적용된다는 것을 너무나도 잘 알고 있었다. 전후 1년 동안의 짧았던 예술 분야에서의 '해빙기'는 이렇게 끝나고 예술가들은 다시 사회주의 리얼리즘 원칙에 입각해 당의 메시지를 충실히 반영하는 예술 작품을 만들어야 했다.

이는 소비에트 시민들에게 '밝은 미래가 가까이 와 있다'라는 낙관적인 메시지를 전달할 수 있는 작품을 만들어야 한다는 것을 의미했고,[44] 또한 당 지도부의, 즉 스탈린의 정치적 메시지를 반영하는 작품을 만들어야 함을 의미했다. 이런 점에서 전쟁터에서의 결사적인 전투, 병사의 죽음과 부상 등 어둡고 암울한 분위기는 대중매체가 부각시켜서는 안 될 주제였다. 전쟁을 테마로 하여 작품을 만들 경우, 당 지도부가 제시한 가장 중요한 가이드라인의 하나는 바로 '낙관주의'였다.[45]

이런 점에서 1946년 이후 《오고뇨크》에 등장하는 전쟁 관련 에피소드나 병사의 이미지는 전쟁 기간이라도 평화롭고, 즐거우며, 미래에 대한 희망적인 분위기 속에서 묘사되어야 했던 것이다. 당시 문학 작품에서는 죽음, 병, 곤궁스러움, 마음을 근심스럽게 만드는 것 등은 거의 금기시된 소재였고, 심지어는 나쁜 날씨를 배경으로 삼는 것도 피해야만 했다.[46] 즉, 사회주의 리얼리즘의 '삶의 진실성' 원칙에 따라 "윤색된 삶의 현실을 의무적으로 묘사"하는 것이 강조되었고, 이는 현실을 있는 그대로 묘사하는 것이 아니라 "그렇게 되어야 하는" 방식으로 묘사하는 것을 의미했다.[47] 다음 절에서 우리가 살펴볼 전쟁 관련 회화는 바로 이러한 원칙이 그대로 반영되었음을 보여준다.

평화롭고, 인간적이며, 낙관적인 스탈린의 병사

1952년의 2월 17일 자 ≪오고뇨크≫에 게재된 "익숙한 모습의 병사들"이라는 제목의 기사는 전후, 특히 1946년 중반 이후 병사 이미지에 대한 가이드라인이 어떤 것인가를 여실히 보여준다. 이 기사는 전선의 병사 모습을 많이 그렸던 화가들을 소개하면서 이들 화가들이 독자들에게 전선에서 흔히 만날 수 있는 "평범한" 병사들의 이미지를 잘 묘사한다고 칭찬하고 있다. 이 기사가 묘사한 전선에서 흔히 볼 수 있는 평범한 병사는 "아주 기막힌 농담으로 사람들을 쾌활하게 만들고, 힘든 순간에 격려해 줄 수 있는 병사"라고 규정짓는다.[48] 전장에서 과연 이러한 모습이 대다수 병사들의 모습이었을까 생각해 보면 결코 수용하기 쉽지 않은 주장이다. 이는 전후 스탈린 지도부가 병사의 이미지를 사회주의 리얼리즘의 원칙에 의해 어떻게 재정의하려 했는가를 보여주는 것이다. 이 기사는 두 화가가 묘사한 병사들의 대표적 이미지를 보여주고 있는데, 병사들 모두 입가에 미소를 띠고 여유롭고 부드러운 표정을 짓고 있는 모습이다.[49]

마찬가지로 1951년 3월 ≪오고뇨크≫에 게재된 〈저를 보내주십시오, 연대장 동지!〉(**그림 11**)와 〈가라!〉(**그림 12**)는 군 병원 병실을 소재로 한 것으로 부상당했던 병사가 회복되어 군의관에게 다시 전선으로 돌아가게끔 허락해 달라는 상황을 묘사한 것이다. 그림에 등장하는 의료진은 물론 부상병들까지도 모두 쾌활하게 웃고 있는 모습을 묘사한 그림이다.[50] 이 그림에 등장하는 부상병들은 앞에서 본 간호장교 네취포르추코바를 묘사한 그림에 등장하는 움푹 파이고 그늘진 뺨의 부상병과는 상반된 모습을 하고 있다. 1952년 2월

좌) 그림 11 〈저를 보내주십시오, 연대장 동지!〉
우) 그림 12 〈가라!〉 주코프(Н. Н. Жуков) 작, *Огонёк* (1951. 3)

자료: https://dzen.ru/a/WrYdM1gWaVFhYy QG

자료: https://vk.com/wall-199943427_24467?la ng=en&z=photo-16880142_457255719%2F wall-199943427_24467

그림 13 〈전투 후의 휴식〉 네프린체프(Ю. Непринцев) 작, *Огонёк* (1952. 2)

자료: https://www.vao-mos.info/territoriya-goroda/ideya-duhovnogo-edinstva-naroda-pere dana-hudozhnikom-talantlivo.html

그림 14 〈전선에서 온 편지〉
락티코프(А. И. Лактиков) 작, *Огонёк* (1948.4)

자료: https://ru.wikipedia.org/wiki/Письмосфро
нта

≪오고뇨크≫에 실린 병사의 이미지는 이와 같은 '유쾌한 병사' 이미지의 절정을 이룬다. 네프린체프의 〈전투 후의 휴식〉이라는 그림에 묘사된 병사들은 전투에서 지친 모습이 아니고 눈 덮인 숲 한가운데에 둘러앉아 파안대소하고 있는 무척이나 유쾌한 모습이다(그림 13).[51]

즐거운 병사의 이미지와 함께 평온한 분위기의 병사의 이미지 또한 1946년 중반 이후 ≪오고뇨크≫에 자주 등장하기 시작한 이미지이다. 1948년 4월 ≪오고뇨크≫는 락티코프의 〈전선에서 온 편지〉라는 그림을 게재했는데, 이 그림에서 병사는 비록 부상은 당했지만 담배를 입에 문 편안한 표정으로 한 아이가 읽어주는 전선의 동료로부터 온 편지 내용을 듣고 있다(그림 14).[52] 1948년 '스탈린상'을 받은 이 유명한 그림은 전체적으로 밝고 평온한 분위기 속에서 등장인물들이 입가에 미소를 띠고 있는 모습을 묘사함으로써 앞서 살펴본 전쟁 중이나 전쟁 직후의 회화에서 등장하는 긴장감, 애도의 모습은 전혀 찾아볼 수 없다. 전쟁으로 인한 비극과 고통스러움은 이 그림에 나타나지 않고 심지어 밝은 햇살이 따스하게 내리쬐는 정원의 모습은 목가적인 분위기마저 나타내고 있다.

또한 앞에서 언급한 "익숙한 모습의 병사들"의 기사는 "러시아 병사들에게는 휴머니즘이 본연적으로 깃들어 있다"라고 밝히면서 네멘스키의 〈멀리

그림 15 〈멀리 있는 자와 가까이 있는 자들〉

네멘스키(Б. Неменский) 작, *Огонёк* (1952. 2)

자료: https://pikabu.ru/story/o_dalekikh_i_blizkikh_1949_11055594

있는 자와 가까이 있는 자들〉이라는 그림을 게재하고 있는데, 이 그림은 전장에 고요한 밤이 찾아온 뒤 한 병사가 동료들에게 가족사진을 보여주면서 설명하고 있고 동료들은 그를 둘러싸고 앉아 조용히 설명을 듣고 있는 모습을 묘사하고 있다(그림 15).[53] 이 회화는 전쟁이 한창 진행 중인 상황이라기보다는 마치 평화 시에 친구들과 숲에 놀려와 야영을 하며 정다운 시간을 보내고 있는 것으로 착각할 수 있을 정도로 전쟁의 에피소드를 평안한 모습의 병사들의 이미지로 치환하여 묘사하고 있다.

이 외에도 같은 페이지에 〈파르티잔의 노래〉라는 그림이 실려 있는데, 이 그림은 전투가 한가한 틈을 타 파르티잔들이 숲속에서 동료의 아코디언 연주에 맞추어 평화롭게 노래를 부르는 모습을 묘사하고 있다.[54] ≪오고뇨크≫의 기사는 이 그림의 화가 소콜로프가 전쟁 전에 미술대학 학생이었고 전쟁이 끝난 후 다시 학교로 돌아갈 것이라고 소개하면서, 파르티잔들이 이 노래를 부르면서 분명히 전쟁이 끝난 후에는 "아름다운 생활"이 도래할 거라고 기대

그림 16 〈평화의 친구〉 겔베르그스(С. А. Гельбергс) 작, *Огонёк* (1951. 1)

자료: https://dzen.ru/a/ZHn1OXJ4Bnr8g6ne

하고 있을 것이라고 적고 있다.[55] 1951년 1월 14일 자 ≪오고뇨크≫는 또 다른 평온한 병사의 이미지를 묘사한 그림을 게재했는데, 그것은 〈평화의 친구〉라는 그림이다(그림 16).[56] 이 그림은 몇 달 후인 1951년 4월호에 다시 게재되기도 할 만큼 중요한 의미를 내포한 그림이다. 이 그림의 전반적 분위기는 〈전선에서 온 편지〉와 비슷하게 따스한 햇볕이 내리쬐는 화창하고 평화로운 여름날, 공원 벤치에 공군 조종사들이 비둘기에게 모이를 주는 모습을 묘사하고 있다. 그들 옆에는 한 여인과 어린아이가 이 광경을 지켜보고 있고 한가로운 여름날의 군인들이 목가적으로 묘사되어 있다. 바로 사회주의 리얼리즘 원칙이 명확히 드러나는 그림이다. 햇살이 내리쬐는 밝은 분위기, 미래에 대한 낙관적인 태도, 어떠한 근심도 찾아볼 수 없는 군인들의 모습, 즉 현실을 있는 그대로 묘사하는 것이 아니라 미래에 다가올 긍정적인 모습으로 묘사한다는 원칙이 잘 드러나 있다.

이 시기 ≪오고뇨크≫에 등장하는 병사 이미지의 또 다른 특징은 1940년대 중반 이후 점증하기 시작한 스탈린 개인숭배와 연관된다. 1950년 1월 1일

그림 17 〈그들은 스탈린을 보았다〉 모찰스키(Д. Мочальский) 작, *Огонёк* (1950.1).

자료: https://otkritka-reprodukzija.blogspot.com/2015/12/blog-post_21.html

자 ≪오고뇨크≫에 실린 그림 〈그들은 스탈린을 보았다〉는 어린 학생들이 퍼레이드를 마치고 돌아오는 모습을 묘사하고 있는데, 이 그림의 제목이 암시하듯이 그것은 평범한 퍼레이드가 아니라 스탈린이 참관한 퍼레이드였고, 학생들은 스탈린을 직접 보고 난 후 흥분되고 들떠 있는 모습이다(**그림 17**).[57] 이 그림에서 아이들을 인솔하고 있는 여군의 이미지는 전쟁 시기의 그림에 묘사된, 가슴에 훈장을 단 여군 간호사의 차분한 모습과는 달리 아이들과 마찬가지로 즐겁고 들떠 있는 모습으로 묘사되면서, 스탈린을 본 것이 얼마나 흥분되는 경험이었는지를 간접적으로 암시해 준다. 여군의 이미지가 스탈린의 영향력을 선전하는 데 이용되고 있음을 보여주는 것이다.

같은 해 3월 19일 자 ≪오고뇨크≫에 게재된 〈콤소몰 입단〉이라는 그림 역시 군인의 이미지가 스탈린 우상화에 이용되고 있음을 보여준다. 그림의

그림 18 〈콤소몰 입단〉 그리고리예프(С. Григорьев) 작, *Огонёк* (1949).

자료: https://ru.wikipedia.org/wiki/Приём в комсомол(картина)

주인공은 콤소몰 입단을 위해 면접을 치르는 소녀이지만 바로 옆에 아버지로 보이는 군복을 입은 퇴역 군인의 모습이 보이고 그 뒤에는 스탈린 흉상이 보인다. 소련군 최고사령관인 대원수 군복을 입은 스탈린의 흉상 앞에 앉아 있는 퇴역 군인의 모습은 스탈린에게 종속된 군인의 이미지를 간접적으로 보여주고 있는 것이다(그림 18).[58] 이 같은 모습은 전쟁 동안과 전후의 짧은 해빙기 동안 전쟁 영웅으로 묘사된 군인의 모습과는 상당히 색다른 모습이다. 이 그림에 등장하는 스탈린 흉상은 스탈린 사후 흐루쇼프에 의한 스탈린의 개인숭배 비난과 함께 시작된 탈스탈린 운동의 전개 과정에서 지워졌는데, 이는 역설적으로 이 그림이 스탈린 우상화의 메시지를 담고 있음을 보여주는 것이다.[59]

*　*　*

대조국전쟁 말기와 전후 스탈린 시기 대중매체에 소개된 병사 이미지의 특성 및 그 이미지가 가지고 있는 정치적 함의에 대한 분석을 통해 우리가 알 수 있는 점은 대조국전쟁 직후부터 약 1년간은 스탈린 정부의 전쟁기억 통제에 대한 새로운 가이드라인이 등장하기 전으로 일종의 과도기였음을 보여준다. 그 과도기는 짧고 불완전한 '해빙기'였다. 대조국전쟁은 1930년대 창작 활동에 대한 정부의 엄격한 통제하에서 수동적·피동적으로 되어버린 예술가나 지식인들에게 다시 한 번 활력을 불어넣는 계기를 가져왔다. 하지만 이러한 자율성은 오래 지속될 수 없었다. 1946년 중반부터 스탈린 정권의 '전쟁기억 재구성' 노력이 적극적으로 시작되면서 병사의 이미지도 변하게 되었던 것이다. 전후 스탈린 시기 대중매체에 등장한 전쟁 관련 주제를 다룬 회화를 면밀히 검토해 보면 스탈린 지도부의 전쟁기억 재구성의 방향을 가늠할 수 있다.

전쟁 기간과 전쟁 직후 스탈린 지도부의 전쟁기억 통제에 대한 계획이 확고히 자리 잡히지 않았던 과도기 동안 ≪오고뇨크≫에 등장한 병사의 이미지는 그들이 바로 전쟁을 승리로 이끈 영웅이자 나치 치하에서 고통받고 있었던 동료 인민들을 구해준 해방자로 묘사되고 있다. 동시에 이 시기 병사의 이미지는 부상, 죽음이라는 소재와 연관되어 묘사되면서 전쟁이 남긴 엄청난 고통을 여과 없이 보여주고 있다. 이들 그림에서는 소련 시민이 입은 육체적·심리적 상처가 솔직하게 묘사되고 있었다. 하지만 이러한 병사의 이미지는 곧 ≪오고뇨크≫에서 사라지거나 재정의되었다. 즉, 새로운 가이드라인이 등장한 1946년 중반 이후의 ≪오고뇨크≫에도 그 이전 시기처럼 부상병의 모습이 계속 등장하지만 그들의 이미지에는 분명 차이가 있다. 전자는 어두운 표정으로 묘사되었지만 후자의 경우는 유쾌하고 웃고 있는, 그리고 근심거리가 하나도 없는, 곧 치유가 될 것을 확신하고 있는 듯한 편안한 마음의 부상병으로 묘사되고 있다.

스탈린 지도부의 새로운 전쟁기억 만들기의 특성은 1946년 중반 이후 ≪오고뇨크≫에 등장하는 병사 이미지에 잘 반영되어 있다. 무엇보다도 이제 병사의 이미지는 더 이상 죽음 등의 어두운 소재와 함께 묘사되지 않았다. 전쟁시기 암울한 모습으로 묘사된 부상자들은 쾌활하며 희망적인 그리고 낙관적인 이미지로 묘사되어야 했다. 전장에서의 병사의 모습도 긴장되어 있고 비장한 각오의 모습보다는 박장대소를 터뜨리는 병사로 묘사되었고, 전쟁의 고난이나 고통보다는 후방의 가족으로부터 온 편지를 읽거나 노래를 부르며 평온한 휴식을 취하는 등 전선에서의 낭만적인 에피소드를 부각한 그림들이 ≪오고뇨크≫에 등장하기 시작했다. 이 과정에서 전선에서 적과 영웅적으로 전투를 벌이는 병사를 묘사한 회화는 거의 자취를 감추게 되었다. 다만 약간의 예외로서 1950년 2월 19일 자 ≪오고뇨크≫는 종군 화가들이 그린 〈스탈린그라드 전투〉 그리고 5월 7일 호에는 스탈린그라드와 세바스토폴 전투에서 싸우고 있는 영웅적 이미지의 병사를 묘사한 그림을 싣고 있다. 하지만 2월 19일 자의 경우 전투 장면을 게재한 바로 다음 페이지에 "소비에트 병사들의 여가 생활"이라는 제목의 기사와 함께 병사들이 연극, 그림, 노래, 그리고 펜싱 클럽에서 즐겁고 쾌활하게 웃는 사진들을 게재하고 있다.[60]

전쟁 승리 이후 스탈린 정부의 메시지, 즉 소련 사회는 사회주의에서 공산주의 사회로 성공적으로 이행하고 있다는 메시지와 부합하기 위해 전쟁의 아픔은 망각되어져야 했다. 1946년 중반 이후 전쟁의 에피소드는 더욱 강화된 사회주의 리얼리즘의 원칙에 맞게 충실하게 그려져야 했다. 병사들은 마치 곧 다가올 승리를 알고 있는 듯 즐겁고, 평화롭게 묘사되어야 했고, 스탈린 우상화가 극에 달한 상황에서 그들은 스탈린의 그늘에 복속된 '스탈린의 병사'로 묘사되어야 했다. 이 때문에 ≪오고뇨크≫의 병사 이미지에서 영웅적 군인의 이미지는 더 이상 찾아보기 힘들어졌다.

제2장

젊은 세대의
전쟁경험과 그 유산

우리 네 명 모두는 열아홉 살이었으며, 같은 학급에서 곧장 군대에 자원입대했다. … 우리들 중 아무도 스무 살을 넘은 자가 없었다. 하지만 우리가 젊다고? 청년들이라고? 그건 이미 오래전의 이야기다. 우리는 모두 늙은이가 되어버렸다. … 우리는 인생의 문턱에 서 있었던 것이다. 전쟁이 우리의 인생을 앗아갔다. 우리보다 나이가 많은 사람들에게는 전쟁은 인생 여정에 잠시 끼어든 방해물 정도였을 뿐이었다. 그래서 그들은 전쟁 이외의 그 무언가를 생각할 수 있었다. 하지만 우리는 전쟁이라는 것에 완전히 포로가 되었고 결국 막판에 가서 우리는 우리 자신이 어떻게 될지 아무도 몰랐다. … 우리는 황무지처럼 되어가고 있었던 것이다.[1]

모든 사람들이 평화와 휴전에 대해 이야기했고 그것을 기다렸다. 만약 이번에 그것이 또 환상으로 끝난다면, 그때는 정말 모든 것이 무너질 것이었다.

평화에 대한 희망은 아주 강했으며 이 희망이 다시 무너진다면 큰 격변이 일
어날 상황이었다. 평화가 오지 않는다면 바로 혁명이 일어날 분위기였던 것이
다.[2]

독일 작가 에리히 레마르크의 자전적 소설 『서부 전선 이상 없다』에 등장
하는 주인공 청년 보이머(Paul Bäumer)의 이 독백은 제1차 세계대전의 경험
이 독일 젊은이들을 완전히 바꿔놓았음을 보여준다. 전쟁이 끝날 무렵 그들
은 더 이상 전쟁 전의 평범한 젊은이들이 아니었던 것이다. 레마르크의 표현
에 의하면 그들은 전쟁 중에 "버림받은 아이처럼 홀로 남겨졌으며, 나이 든
노인처럼 온갖 경험을 다했다."[3] 전쟁의 참혹함을 목격하고 경험했던 그들은
더 이상 젊지 않았고, 윗 세대와도 완전히 다른 사람이 되어 있었다. 그들은
"부모 세대의 세계를 도저히 이해할 수 없는" 그런 사람이 되어 있었던 것이
다.[4] 두 차례에 걸쳐 유럽을 뒤흔들었던 총동원 전쟁인 제1, 2차 세계대전이
유럽 사회에 공통적으로 끼친 영향 중 하나는 바로 청소년에 대한 것이었다.
전쟁은 그들의 의식과 행동을 바꿔놓았다. 대조국전쟁을 경험한 소련 젊은
이들도 예외는 아니었다.

이 장에서는 대조국전쟁의 경험과 전후 스탈린 시기 소련 사회의 특성이
어떻게 소련 젊은이들의 정체성 형성에 영향을 미쳤는가에 대해 살펴보겠
다. 소련 역사가들은 청소년들이 힘든 전쟁 시기에 전방에서는 파르티잔으
로서, 후방에서는 노동자로서 전쟁 승리를 위하여 헌신적으로 소비에트 시
민의 임무를 수행했음을 강조한다.[5] 하지만 전쟁이 끝난 후 이들은 소련 사
회에서 가장 소외되고 주목받지 못했던 부류 중 하나로 남게 되었다. 종전 후
사회에 복귀한 퇴역 군인들은 '영웅'으로 환대받으면서 소련 사회에서 한동
안 영향력을 행사하고 특혜를 받는 집단으로 남았다. 예를 들어 전쟁 직후 몇
년간은 대학에 복학하거나 신입생으로 입학한 퇴역 군인들의 견해가 상당히
존중되었고 영향력도 지니고 있었다. 또한 특혜도 누렸다. 일례로 전후에 반

종교운동이 다시 강화되었을 때 종교 문제로 다수의 당원들이 당에서 축출되었는데, 퇴역 군인들은 예외적으로 당원 자격을 유지할 수 있었던 것이다.[6] 하지만 이들보다 나이가 어린 십 대 청소년들은 일터에서는 미숙련 노동자로, 학교에서는 발언권이나 영향력이 거의 없는 학생 신분으로서 전후 사회에서 주목받지 못하는 집단으로 남아 있었다. 이럼에도 불구하고 소비에트 시기 역사가들은 전후 스탈린 시기 젊은이들에 대해서 그들이 전쟁 동안 전쟁 승리를 위해 헌신한 것만을 주로 강조하고 전후에 그들이 어떻게 생각하고 행동했는가에 대해서는 거의 언급하지 않고 있다.

그러나 소련 말기인 1980년대 말부터 개혁·개방의 바람이 불면서 소련 시민들은 자신의 학창 시절에 대해 입을 열기 시작했고 전후 40~50여 년 동안 마음속에 묻어두었던 자신의 이야기를 대중잡지에 투고하거나 책으로 펴내기 시작했다.[7] 소련 붕괴 이후에는 전후 스탈린 시기 일상생활에 대한 여러 가지 정보가 공개되기 시작하면서 이 시기 청소년들에 관한 다양한 연구들이 발표되었다.[8] 이 과정에서 1980년대 말~1990년대 초부터, 스탈린 시기 탄압을 받은 희생자를 중심으로 '메모리알(Мемориал: 기념비)'이라는 사회단체가 결성되었고, 이 단체는 스탈린 시기를 포함, 소련 시절에 탄압을 받았던 시민들에 대한 기록을 수집해서 방대한 규모의 아카이브를 만들었다.[9]

이 외에도 1990년대 초·중반부터 공개되기 시작한 소련 문서보관소의 자료도 전후 청소년들의 정체성을 이해하는 데 유용한 정보를 제공해 주고 있다. 이러한 자료를 바탕으로 한 연구들은 전후 스탈린 시기 소련 젊은이들의 다양한 가치관, 정치적 태도, 행동 유형, 일상적 삶의 모습 등을 보여준다. 이들 연구는 당시의 소련 젊은이들 중 일부는 정치나 이데올로기 및 소비에트 가치에는 관심 없이 소련 사회에 적극적으로 편입되지 못하고 겉돌며 살아가고 있거나,[10] 물질주의적이고 개인주의적 태도를 견지하면서 당시 쏟아져 들어오기 시작한 서구식 복장, 헤어스타일, 춤 등을 모방하는 데 열중했음을 보여준다.[11] 또한 십 대 불량배들의 문제는 전후 스탈린 시기 소련 사회의 심각한 사회문제로 대두되기도 했다.

이와는 반대로 또 다른 부류의 젊은이들은 소비에트 가치를 내면화하고 소련 사회에서 성공하기 위해 "볼셰비키처럼[즉 소비에트식으로] 말하고" 행동하고 사고한 사례도 있다. 성직자 집안에서 태어나고 아버지가 1937년 체포되었던 레오니드 살티코프는 17세인 1944년 첼랴빈스크 무기 공장에서 첫 직장 생활을 시작했다. 그는 자서전에서 그가 직장을 지원할 때 모든 서류에 아버지가 체포되었다는 사실을 숨기고 대신 1942년 전선에서 사망했다고 기재했음을 고백하고 있다. 당시 그는 정권이 가장 가치 있는 직업으로 인정했던 엔지니어가 되어 자신이 "1급 소비에트 시민"임을 증명해 보이고 싶었다고 회고하고 있다.[12] 이 시기 청소년들의 이러한 다양한 태도는 사실 전후에 새롭게 등장한 것은 아니고, 이미 1920, 1930년대에도 존재했던 것들이었다.[13]

이러한 전쟁 전 청소년들 태도와 공통점 이외에도 전후에 새롭게 대두된 젊은이들의 행동 및 사고 양식도 있었다. 몇몇 연구는 비록 소수이지만 반체제적 성향을 가지고 과감하게 반정부 활동을 행한 청소년 집단이 소련 사회에 존재했었음을 보여준다. 1940년대 후반부터 1950년대 초에 존재한 소련 청소년 반체제 그룹의 정확한 숫자를 파악하는 것은 불가능하지만 당시 소련 당국에 적발된 청소년 반체제 그룹은 약 수십 개 정도로, 회원 수는 수백 명에 이르렀다.[14] 이는 소련 전체 청소년 수에 비하면 결코 많지 않은 숫자이지만, 이 그룹의 존재는 1950~1960년대 탈스탈린주의 운동의 기원으로 간주될 수 있다는 점에서 중요한 역사적 의의를 지닌다.

전후에 일부 청소년들은 자신들의 가치관이 윗 세대나 당국이 요구하는 가치와 일치하지 않을 때 위로부터 강요된 가치를 순순히 받아들이기보다는 용기 있게 저항하고, 심지어 반체제 활동을 조직하는 방향으로 나아갔던 것이다.[15] 과연 어떻게, 그리고 왜 전쟁 동안 조국의 승리를 위해 전선이나 후방에서 헌신적으로 싸우고 일했던 십 대 청소년들이 전후에 반체제 성향을 지닌 젊은이로 변해갔는가? 과연 전쟁의 경험은 어떻게 이들 청소년들을 바꿔놓았는가?

이 질문에 답하기에 앞서 이 장에서 사용된 주요 용어의 의미를 명확히 정의할 필요가 있다. 첫째, 이 장에서 '반체제적'이라 함은 단지 공식 이데올로기와는 상이한 목표와 이상을 추구하는 것에서 그치는 것이 아니라 더 나아가 정치적 성격을 지닌 집단행동(그 예로 단체 모임 결성, 집단 강령 제작, 간행물 발간 등)까지 수행하는 것을 의미한다. 따라서 이 장에서 논의하는 반체제 행동은 소위 "약자들의 무기(weapons of the weak)"라 불리는 소극적이고 간접적인 형태의 저항[16]이 아니라 공개적이든 비공개적이든 직접적으로 반정부 행동을 취하는 정치적 저항 행위를 일컫는다. 참고로 전쟁 전인 1930년대 스탈린 시기 소련 민중들이 사용한 '소극적' 저항의 예로는 식량 배급이나 물품 부족 등과 같은 국가 정책의 문제점에 대해 당·정부 관리들을 개인적 차원에서 비난하거나 농업집단화에 대한 반대의 표현으로 집단농장 가입을 고의로 미루는 것, 그리고 암시장에서의 투기와 같은 비정치적 목적을 지닌 불법 행위 등을 들 수 있다.[17]

둘째, 이 연구의 주 대상인 '젊은이'라 함은 주로 십 대의 나이에 대조국전쟁을 경험했던 청년들을 일컫는 것으로, 이들의 나이대는 전쟁이 끝난 1945년 당시 17, 18세~21, 22세에 해당하는 청년들이다. 이들 연령대의 청년들은 전쟁이 시작된 1941년에 징집 연령이었던 17, 18세로서 전선으로 보내져 전쟁을 경험했거나, 1941년에 아직 연령이 어려 징집이 안 되었더라도 십 대의 나이로 전후방에서 전쟁을 경험했다는 공통점을 지니고 있다. 연구 대상의 나이대를 이렇게 한정한 이유는 전쟁이 소련의 십 대 청소년에게 어떠한 영향을 미쳤는지 알아보기 위함이다. 전쟁이 막바지에 이르렀던 1945년 당시 17, 18세가 되었던 이들 중 다수는 전쟁에 직접 참여하진 않았지만 그들보다 4살 안팎으로 나이가 많은 청년들, 즉 1941년에 17살이 되어 전선으로 징집되었다가 1945년 돌아온 20세 초반의 소위 '프론토비키(фронтовики:

전우들)'와 정신적 측면에서 많은 공통점을 지녔다.[18] 그 이유는 두 집단 간에 몇 년 나이 차는 있어도 다 같이 십 대부터 전쟁을 경험했기 때문이다. 따라서 전후에 십 대 학생들은 전선에서 돌아와 대학교에 입학한 십 대 후반 또는 20대 초반의 세대와 일체감을 형성할 수 있었고, 그들과 여러 가지 활동을 함께했던 동시대인이자 '같은 세대'의 젊은이들이었다.

이 같은 예로서, 다음에서 살펴볼 첼랴빈스크 지역에서 1945년에 조직된 지하 문학서클의 리더 플레베이스키(О.Л. Плебейский)의 경우를 들 수 있다. 그는 대조국전쟁 중 대전차부대 저격병으로 활약하면서 뛰어난 용맹함으로 세 개의 메달을 받았고, 군사작전의 공훈으로 3급 명예훈장까지 받았던 21세의 전쟁 영웅이었는데, 전후에 대학교에 입학하여 동갑내기 브루크(Б.Я. Брук)와 19세인 레비츠키(В.И. Левицкий) 등을 포함한 십 대의 동료 학생들과 지하 문학서클을 만들어 활동했던 것이다.[19]

전쟁경험

전쟁은 분명 소비에트 인민들의 태도를 바꾸어 놓았다. 전쟁 동안 그야말로 갖은 고생을 다 경험한 소련 인민들은 전쟁이 끝난 후 이제는 어떠한 난관도 극복해 낼 수 있다는 상당한 자신감을 갖게 되었다. 필자의 한 러시아인 지인은 자신의 할머니에게 대조국전쟁과 전후 시기에 대해 물어보면 늘 "전쟁의 어려움도 이겨냈는데, 어느 어려움인들 못 이겨내랴"라고 말했다고 한다.

전쟁 기간 동안 학창 시절을 보냈던 학생들도 그 윗 세대, 즉 1941년 전쟁 발발 이전의 스탈린의 대숙청 시기(1937~1938)에 학창 시절을 보냈던 세대와는 분명 다른 사고 및 행동 양식을 가지게 되었다. 대숙청 이전에는 부모 세대 중 어떤 이들은 1930년대에 당·정부 관리에 대한 불만과 적대감을 공공연히 표출하기도 했다. 심지어는 스탈린 개인숭배에 대한 못마땅한 심기를 공공장소에서 표출한 사람도 있었다. 예를 들어 스탈린 정부의 대숙청이 본격적으로 전개되기 전인 1934년, 스탈린의 제17차 당 대회 연설에 대한 설명을 위해 소집된 모임에서 한 노동자는 "모든 사람들이 스탈린을 칭찬하고, 그를 신으로 생각하고 아무도 비난하지 않는다"라고 비꼬았다. 어떤 이들은 1934년 12월 레닌그라드 당서기 세르게이 키로프(С.М. Киров)의 암살 후 그의 장례식에 정부가 너무 많은 비용을 지출하는 것에 분노하기도 했다. 또한 키로프 암살 이후에는 이제는 스탈린이 죽을 차례라는 유행가도 지역 주민들 사이에 한동안 유행하기도 했다.[20] 하지만 1937년 스탈린 정권의 대숙청 시작과 함께 공포 분위기가 확산되면서 대다수 소련 국민들은 입을 다물고 속마음을 감추고 살아갔다. 이런 상황에서 조직적인 반체제 운동을 전개한다는 것은 상상하기 어려운 일이었다. 전후에 반체제 성향을 지닌 청년 그룹의 회원이었던 한 여성은 자신의 부모 세대 중 많은 이들은 전쟁 기간이나 전후의 힘든 상황을 무조건 전쟁 탓으로 돌리면서 소련 사회의 문제점에 대해서 모르는 척하면서 넘어가거나, 체제에 순응하며 살아갔다고 회고했다.[21] 하지만 이 여인은 당시 자기 자신과 동료들은 윗 세대와는 달랐음을 강조한다. 전쟁 중에 파생된 문제들을 단순히 전쟁 탓으로 돌리기보다는 체제 자체에서 문제의 근본 원인을 보았던 것이다.[22]

전쟁 동안의 사회 분위기와 경험 그 자체는 젊은 세대에게 분명 색다른 영향을 미쳤고, 평화 시기에 청소년 시절을 보냈던 세대와는 다른 성향을 지닌, 말 그대로 '독특한 세대'를 만들어냈던 것이다.[23] 이 세대의 특징은 다음과 같이 두 가지로 정의할 수 있다.

첫째, 이들은 전쟁 기간 동안 조국을 위해 헌신했다는 높은 도덕적 순결함과 일종의 영웅심리로 충만해 있는 세대였다.[24] 물론 젊은이들의 '아버지 세대'도 전쟁 중에 조국을 위해 전·후방에서 영웅적으로 싸우고 노동에 종사했지만, 1937~1938년 테러정치의 공포를 직접 피부로 실감한 이들 세대는, 그 시기에 너무 어려서 그 공포를 깨닫지 못했던 '아들 세대'처럼 대담해지는 데에는 한계가 있었다. 이런 이유로 아들 세대는 부모 세대와 비교해 자신감이 충만한 세대였고, 전후에 이러한 자신감을 토대로 자신들의 생각을 좀 더 떳떳하게, 그리고 거리낌 없이 표출하는 세대가 되었다.

사실 이들 젊은이들이 떳떳하게 자신의 생각을 표출하게 된 데에는 정부 당국의 선전도 일정 정도 기여했다. 전쟁 기간과 전후에 당국은 나치독일에 의해 점령당했던 지역 청소년들의 파르티잔 활동을 영웅시하고 적극적으로 미화하고 선전했다. 전후 반체제 그룹에 가담한 청소년들은 당국의 선전에 등장하는 청소년에 자신들을 비유하는 경우가 종종 있었다. 예를 들어 1945년에 발표된 알렉산드르 파데예프(A.A. Фадеев)의 소설 『청년 근위대』는 전쟁 기간 동안 우크라이나 지역의 크라스노돈(Краснодон)에서 나치 점령군에 맞서 지하 저항투쟁을 벌인 콤소몰 단원들의 영웅적 활약상을 그린 작품이다. 이 소설은 영화로도 만들어져서 많은 인기를 모았는데, 그 영화에 등장하는 콤소몰(공산청년동맹) 단원은 당시 많은 소련 젊은이에게 우상으로 자리 잡았고, 이들의 지하투쟁은 하나의 낭만적 저항운동의 상징이 되어 많은 젊은이들이 이들을 모방했다.[25] 모스크바의 반체제 학생 그룹 단원의 수잔나 페추로는 1990년대 초 인터뷰에서 "우리는 그 영화에 나오는 것과 똑같이 하려고 했다"라고 회고했다.[26] 레닌그라드 공예기술학교의 정치토론 그룹의 단원으로 스탈린의 개인숭배 정책에 반대했던 발렌티나 알렉산드로브나도 자신의 그룹이 당시 인기 소설 『청년 근위대』로부터 큰 영향을 받았음을 다음과 같이 회고했다.

우리는 당시 기준으로 보았을 때 정말 애국적이었다. 우리 조국은 위대했고, 우리는 전쟁에서 승리했다. 우리는 스스로를 『청년 근위대』에 등장하는 주인공으로 생각했고 심지어 그 집단의 이름을 따서 우리 모임의 이름을 지었다.[27]

또한, 문서보관소의 자료에 의하면 전후에 학교에서 결성된 많은 불법적인, 하지만 비정치적 성향의 비밀서클들이 『청년 근위대』에 등장하는 비밀 파르티잔 조직처럼 5~6명으로 결성되었고, 각자의 피로 그룹 회원임을 입증하는 서명을 했다. 심지어 어느 비밀단체 회원 카드에는 『청년 근위대』 소설에 나오는 "크라스노돈의 청년처럼 너의 조국을 사랑하라"라는 글귀가 쓰여 있기도 했다.[28] 이 같은 예는 전쟁의 경험 그리고 그 경험을 미화한 당국의 선전이 전후 소련 젊은이들의 정체성 형성 및 행동 규범에 상당한 영향을 미쳤음을 보여준다.

둘째, 전쟁 기간의 힘들고 급박한 상황 속의 삶은 이들 청소년들로 하여금 더 독립적으로 결정을 내리고 행동에 옮기도록 변화시켰다. 전쟁 동안 많은 청소년들은 부모나 일가친척을 잃은 후 독자적으로 결정을 내리고 자신의 인생을 스스로 개척해 나가야 했다. 어떤 청소년들은 노동예비대에 반강제적으로 차출되어 가족과 멀리 떨어져 우랄이나 시베리아 같은 후방지역의 무기 공장이나 건설 현장에 보내져 열악한 환경 속에서 독자적으로 생존하는 방법을 터득해야 했던 것이다.[29] 반면 전방지역의 청소년들은 적과 조우한 위급한 상황에서 독자적으로 결정을 내리고 때로는 적을 직접 살해하기도 했다.[30]

예를 들어 1943년 4월 소련 남부에 위치한 쿠르스크(Курск)주의 스타로스콜로스크(Староколоск) 지역 시마르노예(Шмарное)라는 작은 마을에서 당시 13세로 5학년이었던 세르게이 레비킨이라는 소년이 인근 동네 주민을 총으로 쏴 죽이는 일이 발생했다. 레비킨과 그의 친구 스토로제프는 어느 날 숲속에서 놀다가 소총을 발견했고, 그 총을 가지고 다니다가 우연히 근처를 지나가는 헝가리식 상의를 입은 여성의 뒷모습을 발견했다. 헝가리는 제2차 세계대전 중 나치독일과 협력한 추축국 중 하나로 소련의 적국이었다. 레비킨은 그녀를 스파이로 생각하고 뒤에서 멈추라고 소리쳤다. 하지만 그녀는 못 들었는지 계속 길을 갔고, 레비킨은 그녀를 적의 스파이로 단정하고 사살했다. 그 후 그는 스파이를 죽였다고 인근 경찰서에 신고했다.[31] 하지만 나중에 그녀는 스파이가 아니라 인근 마을에 사는 70세의 가난한 귀머거리 노파로 밝혀졌다. 그 노파는 소년이 뒤에서 외치는 멈추라는 소리를 듣지 못했던 것이다.[32] 레비킨은 마침 학교에서 스파이와의 전쟁에 대한 교육을 받은 터였고,[33] 학교에서 배운 대로 행동에 옮겼던 것이다.[34] 그러나 이 사건으로 1944년 2월 레비킨은 그의 친구와 함께 5년 형을 선고받게 되었다. 이 선고 직후 레비킨의 어머니는 항소를 통해 자기 아들을 변호했는데, 그녀는 레비킨의 아버지는 전선으로 징집되었고 레비킨의 형은 전사했는데 이런 힘든 상황에서 자신의 둘째 아들인 레비킨은 5살 난 여동생을 잘 돌봐주고 자신도 잘 도와주는 성실한 아들이라고 호소하면서 아들이 최고재판소의 판결을 받기 전까지 감옥에서 나와서 학교 수업을 계속 들을 수 있게 해달라고 간청했다.[35] 이런 간청에 의해 그해 8월 최고재판소는 이들이 나쁜 의도로 사람을 죽인 것이 아니므로 이들을 즉시 석방하고 1년간 보호관찰에 둔다고 선고했다.[36] 이후 이들이 실제로 석방된 것은 3개월 정도 후인 11월로 이들 13세 소년들은 사건 발생일부터 약 1년 반 동안 노동교화소에 수감되어 있어야 했다.[37]

이 같은 전쟁 기간 동안의 험한 경험으로 전쟁이 끝날 무렵 청소년들은 독자적으로 결정하고, 자기주장을 강하게 내세우며, 독립적으로 행동하는 성향을 지니게 되었던 것이다.[38] 이러한 경향은 이들의 정치적 태도에도 영향을 미쳤다. 이들은 소비에트 정부의 정치적 선전을 액면 그대로 받아들이기보다는 자기식대로 독자적으로 받아들였고, 정권에 보다 덜 순응적인 태도를 갖게 되었던 것이다.

권위주의적 스탈린 체제에 대한 반항

전쟁의 경험으로 강한 독립심을 갖게 된 이들 청소년들이 전후에 스탈린 정부가 '반소비에트 선동' 또는 '반혁명 범죄', '반역', 심지어는 '테러' 조직으로 규정한 반체제·반정부 성향의 그룹을 형성하게 된 요인은 크게 세 가지로 정리할 수 있다.

첫째, 무엇보다도 당시 젊은 학생들이 중요하게 여긴 가치와 관심 분야를 스탈린 체제가 인정하지 않았기 때문이다. 자신이 표현하고자 했던 감정과 학교에서 배운 것 외에 더 알고자 하는 욕구가 학교나 정부 당국에 의해 제지되었을 때 이들은 반체제 성향의 지하그룹을 결성하는 식으로 대응했다. 이 경우 학생들의 반체제적인 태도는 정치적인 이유에서 나온 것이 아니라 젊은 세대가 중요하게 여기는 가치체계(예를 들어 사랑, 우정 등)가 당국이나 기성세대에 의해 '비(非)소비에트적인 것'으로 무시당하거나 '불법적이고 반(反)소비에트적'인 것으로 금지되었을 때 생겨났다.

예를 들어 모스크바와 우랄지역의 첼랴빈스크에서는 평범한 문학소년·소녀들이 음성적인 불법 문학서클을 결성했는데, 이는 바로 학교 당국이 학생들의 자유로운 문학 활동을 간섭하고 금지했기 때문이었다. 전쟁 후 모스크바 반체제 학생그룹의 단원이었던 페추로는 자신과 친구들이 어떻게 반체제 그룹을 결성하여 모이기 시작했는지를 설명했다. 그들은 중등학교에 다니던 시절 피오네르(пионер: 10~15세를 대상으로 한 '공산소년단') 모임의 문학반 소속이었는데, 하루는 지도교사가 한 소녀가 모임에서 읽으려고 했던 시를 낭송하지 못하도록 제지했다.[39] 그 시는 그 소녀가 자신의 남자친구가 다른 여학생과 춤을 추는 모습을 보고 난 후 슬픈 감정을 묘사한 것으로 다소 음울한 분위기의 시였다. 지도교사는 그러한 감정은 소비에트 젊은이들에게는 쓸모없는 것이라고 지적하면서 낭송을 못하게 했던 것이다.[40] 당시 페추로는 물론 그녀의 친구들도 그 조치에 무척 분개했다. 결국 이 사건이 계기가 되어 그들은 문학반을 탈퇴하고 자신들의 독자적인 문학토론 모임을 만들었다.[41] 이 모임이 훗날 반스탈린적 성향을 띤 반체제 그룹으로 발전하게 된 것이다.

1946년 9월의 첼랴빈스크주의 당 보고서는[42] 우랄지역의 첼랴빈스크에서도 페추로의 모임과 비슷한 경우가 있었음을 보여준다. 1944년경 첼랴빈스크 교육대학 학생들은 학교 당국과는 상관없이 독자적으로 '학생'이라는 제목의 문학선집을 발간하려고 했다. 이 정보를 입수한 학교 당국은 이를 금지했다. 그러자 몇몇 학생들은 1945년 1월 25일 '눈포도주(Снежное вино)'라는 지하서클을 조직하여, 훗날 '사미즈다트(самиздат: 지하출판물)' 같은 『눈포도주』라는 시집을 출판했다.[43] 이 잡지의 성격은 러시아 상징주의 전통을 표방한 것으로 총 2호가 출판되어 첼랴빈스크 교육대학 내에서 음성적으로 회람되었다. 그러나 1946년 제3호 출간을 준비하는 중에 이 서클의 모든 회원들은 당국의 인가 없이 잡지를 유포시킨 죄목으로 체포되었다. 그리고 시집의 출판은 즉각 중단되었다.[44] 당국은 이 서클을 "불법적이고, 반소비에트적 그룹"으로 규정하고 이 서클이 상징주의의 탈을 쓰고 "반혁명 활동"을 수행했다는 판결을 내렸다.[45] 사실 이 서클은 반소비에트 선전을 하거나 불법활동은 하지 않았지만[46] 이 잡지에 수록된 글에는 수사 당국의 심기를 건드릴 만한 내용이 군데군데 실려 있었다. 예를 들어 이 잡지의 편집인은 창간호에 잡지 성격을 설명하면서, "예술을 함에 있어서 아득히 먼 곳에 있지만 반짝이는 뭔가를 추구하는 것은… 자유라는 무한한 바다에 있는 사실로부터 나온다"라고 적고 있다. 특히 단원 중 한 명인 겐나디 소로킨이 쓴 「비평」이라는 글 속에 등장하는 문구인 "불꽃을 발하지 못하고 사느니 불타버려 죽는 것이 더 낫다"와 "현재의 생활은 정말 끔찍하고 고통스럽다"라는 구절은 이들 그룹이 체포될 1946년 3월 당시 소련의 분위기에서 분명 반소비에트적인 표현으로 규정될 만한 것이었다.[47] 실제로 『눈포도주』 시집은 1990년대 초까지 국가보안위원회(КГБ) 문서보관소에 금서로 묶여 있었는데, 문제가 되었던 위의 문구에는 검열관의 밑줄이 그어져 있었다.

　사실 인민들은 전쟁 동안 엄청난 희생을 치렀고 전쟁이 끝난 후에는 그에 대한 보상으로 정부 정책에 변화가 오리라고 기대했다. 농민들은 집단농장 제도가 폐지될 것이라는 희망을 가졌고, 문인들은 창작의 자유가 허락될 것이라는 희망을 가졌다. 어려운 전쟁 시기를 겪은 십 대들도 예외는 아니었다. 그렇지 않아도 윗 세대들보다는 독자적인 사고를 추구했던 이들은 학교에서 지정한 도서, 커리큘럼을 그대로 따르는 데에 거부감을 가지고 있었으며 독자적으로 문학, 철학, 역사 등을 공부하기를 바랐다.

그러나 1946년 2월 종전 이래 처음으로 행해진 스탈린의 국정연설은 전후에 많은 인민들이 바라고 있던 변화는 도래하지 않을 것임을 암시했다. 그 연설에서 스탈린은 전후에 소련은 앞으로 또 있을지 모르는 전쟁에 대한 준비를 위해 긴장을 늦추지 말고 전후 복구에 매진하고 계속 중공업 생산을 중점적으로 육성할 것을 강조했다. 이는 소련 인민들은 쉴 틈 없이 또다시 희생을 감내해야 함을 의미하는 것이었다. 이러한 전후 분위기 속에서 '눈포도주' 서클처럼 창작의 자유를 추구하는 여유롭고 느슨한 태도는 용납될 수 없다. 당시 학생들은 당국의 이러한 억압에 분개했고, 급기야는 반체제 성향을 키워나가게 된 것이다.

이상과 현실의 괴리에 대한 의문 제기

당시 청년 학생들이 반체제 성향을 보이게 된 두 번째의 요인은 아이러니하게도 스탈린 체제의 정치적 선전 때문이었다. 즉 이들 젊은 세대가 학교에서 정치적 선전을 통해 배운 이론과 실제 간의 괴리는 학생들이 반체제 집단을 결성하게 하는 계기를 제공했던 것이다. 기성세대와는 달리 이들은 학교에서 배운 것과 사회에서 그들이 직접 보고 경험한 것과의 차이를 못 본 척하고 넘어가거나 침묵하지 않았다. 전쟁 동안 부쩍 커버린 젊은 학생 세대들에게 전후 소비에트 사회의 현실과 정부의 선전 간의 괴리 그리고 정부가 선전한 무결점의 소련 사회에서 여기저기서 보이는 부조리들은 결코 납득할 수 없는 것이었다. 바로 이것이 이들을 분개하게 만들었고 이런 상황에서 학생들은 정치적 이슈를 진지하게 논의하는 체제 비판적인 반정부 집단을 결성했다.

예를 들어 1947년 소련 남부 도시 보로네시(Воронеж)에서 결성된 회원 수 50명 이상의 보로네시 청년공산당(КПМ)이라는 학생 조직은 스탈린 정부의 선전이 진실을 호도하고 있다고 비판했다.[48] 이 단체 단원인 아나톨리 지굴린은 종전 직후 대기근이 소련 전역, 특히 지방 도시들을 휩쓸었던 상황에서 왜 그들이 반정부적이 되었는가를 다음과 같이 설명하고 있다.

> 1946, 47년 당시 우리는 17, 18살이었다. 당시는 정말 끔직한 시기였다. 사람들은 굶주려서 통통 부어 있었고 시골의 작은 마을에서는 물론 보로네시처럼 전쟁으로 파괴된 도시에서도 죽어가고 있었다. 그들은 떼 지어 몰려다녔는데, 엄마들과 갓난아이 모두 기근으로 부어 있었다. 그들은 마치 옛날 제정 시기에 그랬던 것처럼 구걸하며 자비를 구하고 있었다. 하지만 우리는 그들에게 아무것도 줄 것이 없었다. 사실 우리도 굶주리고 있었기 때문이다. 죽은 자들의 시신은 금방 사라졌기 때문에 겉으로 보기에 별문제가 없는 것처럼 보였다. … 우리는 바로 이런 끔찍한 기근을 경험했다. 그런데 바로 역겨운 점은 신문에서 행복한 소비에트 인민의 생활에 대한 기사를 보는 것이었다. 바로 그것이 우리를 비탄에 잠기게 했다. 왜냐하면 우리는 모든 이들이 잘 먹고, 잘 입고 다녀서 신문에서 더 이상의 거짓말을 보지 않고, 현실과 일치하는 기사를 보기 원했기 때문이다.[49]

현실과 정부 선전 간의 불일치는 바로 젊은 학생들에게 '왜'라는 질문을 던지게 만들었고, 그들이 스탈린 정부에게 속았음을 깨닫게 했던 것이다. 바로 그 불일치가 청년들로 하여금 반정부적 태도를 갖게 했던 것이다.[50]

전쟁 기간과 전쟁 직후 레닌그라드대학의 토론그룹 회원이었던 루드밀라 옐랴쇼바도 자신의 그룹이 당시 스탈린 치하의 정치행태를 비난하는 토론을 많이 했다고 진술한다. 옐랴쇼바는 1940년 레닌그라드대학에 입학했으나 전쟁이 발발하자 남부의 사라토프로 소개되었다가 1941년부터 독일군에 의해 포위된 레닌그라드가 1944년 해방된 후 돌아와 학업을 계속하여 1946년 졸업했다.[51] 그녀는 대학 시절 자신이 참가했던 그룹 토론에서 회원 중 한 명이 '왜 스탈린 정부가 1939년 제18차 당 대회 이후 5년이 넘도록 제19차 대회를 개최하고 있지 않은지' 의문을 제기했고 "이것은 명백히 당 규정 위반이다"라고 말했다고 한다. 당시 그녀의 친구들은 당 대회 개최를 연기하고 있는 것은 명백히 "당 민주주의 원칙에 위배되는 것"이라 생각했는데, 회원 중 한 명이 "바로 스탈린한테 그 책임이 있다"라고 비판한 것을 회고했다.[52]

1947년 당시 레닌그라드의 종합기술학교 학생 발렌티나 알렉산드로브나도 당시 동료들이 소비에트 사회의 부조리와 사회 곳곳에서 목격되는 이론과 실제 간의 괴리에 대해 실망을 넘어 불만을 가지게 되면서 반체제 성향을 띠게 되었다고 회고한다. 알렉산드로브나는 당시 자신과 친구들은 주변의 공부 못하는 학생들이 단지 모범적인 노동자나 엔지니어의 딸이라는 이유로 좋은 점수를 받는 것을 보고 그것은 분명한 사회 부패라고 단정 지었다고 진술한다. 그리고 그녀와 친구들은 그러한 사회 부조리를 눈감고 넘어갈 수 없었다고 회고한다.[53] 알렉산드로브나와 동료들은 콤소몰에 대해서도 당의 선전과는 달리 기회주의자나 출세주의자들의 모임으로 간주했다고 밝히면서 다음과 같이 당시를 회고한다.

> 우리에게 콤소몰은 출세주의자를 위한 집단이었고 그래서 우리는 콤소몰을 멀리했고 우리 자체의 서클을 만들었다. 이 모임에서 우리는 술을 마시면서 정치 상황에 대해 토론하곤 했다. 만약 누군가 우리 대화를 엿들었다면 우리는 모두 체포되었을 것이다. … 스탈린 개인숭배에 대해 반대하는 것이 바로 우리 서클의 회원이라는 징표였다. 우리 모임에서 몇 잔 마셔서 취기가 돌면 우리 중 누군가가 "스탈린 동지를 위해!"라고 비꼬는 투로 건배를 제안하면 우리는 모두 웃곤 했다.[54]

알렉산드로브나는 또한 당시 자신을 비롯하여 친구들이 싫어했던 것은 "의무적으로 수강해야 하는 소련공산당 역사 강의와 연습장 표지에 콤소몰 단원 번호를 적게 강요했던 선생님… 그리고 신실함이 결여된 [정부의] 정치 선전" 등이었다고 고백했다.[55] 당시 또 다른 반스탈린 학생 조직에 가담했던 마주스와 레이프라는 학생은 스탈린에 대한 숭배가 선생님이나 윗사람으로부터 강요된 것이었기 때문에 스탈린에 대해 더 무관심했고 냉정하게 반응했다고 진술하고 있다.[56] 이 같은 사례는 당시 젊은이들이 학교에서 행해진 형식적인 정치적 선전과 그것을 강제로 주입하는 것에 대해 거부감을 갖고 있었음을 보여준다.

1930년대 대숙청의 유산

전후 청년들이 반체제 성향을 갖게 된 세 번째 계기는 전후에 대담해진 청년들이 전쟁 전인 1930년대 후반 대숙청을 통한 공포정치에 반감을 갖게 되면서였다. 1930년대 초반의 농업집단화 시기, 부농으로 몰리거나 1937~1938년의 대숙청 기간 동안 '인민의 적'으로 몰려 부모가 투옥되고 강제 이주를 당하거나 목숨을 뺏긴 십 대들은 분명 정권에 대해 부정적 감정을 가지고 있었다. 스탈린 정권이 자행한 테러의 직접적 희생자였던 부모 세대는 대부분 정권에 대한 불만을 겉으로 드러내기보다는 개인적 차원에서 마음속에 품고 있었고, 심지어 상당수는 스탈린 정권에 대해 부정적 감정을 가지기보다는 '인민의 적'을 색출하는 과정에서 벌어진 '실수' 정도로 이해하고 오히려 스탈린 정권이 선전한 이데올로기를 내재화하고 수용하는 태도를 지니고 있었다.[57] 전쟁 이후 이들의 '아들 세대' 중에는 부모들과 비슷한 태도를 보인 이들도 있었다. 즉 앞서 소개했던 레오니드 살티코프 외에도, 전후에 십 대 대학생이었던 타티나 엘라기나와 발렌티나 크로포티나의 경우 모두 1930년대 초반

부모들이 부농으로 몰려 강제 이주를 당했고, 이후 학교에서 이들은 부농의 자제라는 낙인으로 차별받거나 수치를 당했다. 이후 이들은 소비에트 사회에서 수용되기 어려운 그들의 '이질적인 사회성분'을 극복하고 정상적인 소비에트 시민이 되고자 적극 노력했다. 그 방편의 하나로 이들은 스탈린 당국으로부터 주변 인물들의 언행을 감시하고 보고하는 정보원 역할의 제의를 '충성스러운' 소비에트 시민의 임무로 간주하고 기꺼이 수용했다.[58] 하지만 이러한 젊은이들과는 달리 아버지 세대와 완전히 상이한 태도를 보인 젊은이들도 존재했다. 앞서 살펴보았듯이 전쟁경험으로 인해 바뀐 대담한 태도는 아들 세대로 하여금 반체제적 태도를 갖게 했던 것이다.

1950년 모스크바의 반체제 학생그룹 '혁명대의를 위한 투쟁연합(СДР)'의 지도자 보리스 슬루츠키의 아버지는 트로츠키주의자로 1937년 당국에 체포되었다.[59] 슬루츠키는 이러한 아버지의 영향을 받아서인지 일찍이 반정부적인 언행을 공공장소에서 표명하곤 했다. 일례로 그는 8학년 때 콤소몰 모임에서 1947년에 소련 서부지역을 휩쓸었던 대기근 당시 정부의 부실한 대응에 대해 항의하는 연설을 했고, 이후 그는 공개적으로 경찰의 감시를 받게 되었다.[60] 같은 단원 소속이었던 페추로는 슬루츠키를 포함해서 자신들이 반정부적 성향을 갖게 된 것은 트로츠키주의자였던 슬루츠키 아버지가 서가에 꽂아놓은 책들 때문이라고 밝혔다. 슬루츠키의 아버지는 당시 금서로 분류되었던 책들을 많이 가지고 있었다.[61] 그러한 책의 예로는 트로츠키, 조지 오웰, 니콜라이 베르댜예프, 아우구스티누스 등의 저서가 있었고. 이에 더해 1922년 레닌이 작성한 문서로 당원들에게 스탈린을 경계하도록 주의를 주면서 스탈린의 당중앙위원회 서기장 직을 박탈할 것을 권고한 "레닌의 유언"을 포함한『레닌선집』제2판도 금서 목록에 포함되어 있었다.[62] 레닌은 이 유언을 1923년 4월 당 대회에서 낭독하려고 계획했으나 대회 한 달 전 전신마비가 와서 말을 할 수 없게 되자 레닌의 아내 크룹스카야가 이 글을 비밀리에 간직하고 있다가 레닌 사후인 1924년 소수의 당 지도자들에게 배포했다.

이후 스탈린은 이 글을 몇 년간에 걸쳐 압수해서 파기하는 데 필사의 노력을 기울였다.[63] 물론 이미 배포된 모든 부수를 회수하는 것은 불가능했고 고위 당원들은 몰래 상당수의 복사본 등을 가지고 있었던 것으로 보인다. 슬루츠키 아버지는 바로 이 책을 가지고 있었고, 슬루츠키와 그의 친구들은 이 문헌을 읽었던 것이다. 슬루츠키와 동료들 외에도 불법 학생 조직인 보로네시 '청년공산당'의 리더 보리스 바투예프도 보로네시주 당 부서기인 자신의 아버지로부터 "레닌의 유언"을 전해 받아 읽고 그에 영향을 받아 불법 조직을 이끈 것으로 밝혀졌다.[64]

이 외에도 앞서 말한 옐랴쇼바의 경우도 슬루츠키와 유사했다. 옐랴쇼바의 아버지는 1938년 레닌그라드에서 숙청된 후 처형당했고, 이후 그녀도 반스탈린적인 태도를 갖게 되었다.[65] 그녀에게 진정한 영웅은 스탈린이 아니라 레닌그라드 출신 경제관료 알렉산드르 보즈네센스키(A.A. Вознесенский)였다. 그 주된 이유는 보즈네센스키가 소위 '계급의 적'으로 지탄받았던 자들의 자식들이 레닌그라드대학교에서 수학하도록 허락해 주었던 인간적이고 도덕적으로 용기 있는 사람이었기 때문이었다.[66] 옐랴쇼바는 보즈네센스키의 마르크스주의에 대한 강의를 듣고 마르크스가 위대한 인도주의자였다는 것을 알게 되었다고 진술하면서 당시의 마음가짐을 다음과 같이 회고했다.

> 스탈린 치하에서 우리가 가지고 있었던 것은 진정한 사회주의, 공산주의 사상이 아니었다는 것을 알게 되었다. 우리의 임무는 진정한 사회주의 사회, 나의 아버지 같은 사람이 다시는 체포되지 않는 그러한 사회로 돌아가는 것이었다.[67]

옐랴쇼바는 스탈린 사진 대신 마르크스의 초상화를 집에 걸어두었고 매일 아침 그 앞에서 성호를 긋고 기도하듯이 "칼 마르크스여, 내가 어떻게 살아야 하는지 가르쳐 주세요!"라고 읊조렸다고 회고한다.[68] 옐랴쇼바처럼 가까운 가족 중에 1930년대 테러정치의 희생자가 있는 젊은이들은 다른 동료보다 스탈린에 반대하는 성향을 강하게 지니고 있었고, 전후에 쉽게 반정부 성향의 단체에 가입했던 것이다.

'진정한' 사회주의 사회를 꿈꾸며

이들 젊은 학생들은 당시 소련 사회 및 정치 현실에 대해 실망했으며 급기야는 스탈린 체제를 불신하면서 반체제적 성향을 가지게 되었다. 이들은 비록 반스탈린적이었으나 그렇다고 해서 사회주의 이데올로기 자체를 거부한 것은 아니었다. 어찌 보면 태어나서부터 줄곧 사회주의 이데올로기에 기반을 둔 교육을 받은 이들에게 그 외의 대안을 생각하기는 쉽지 않았을 것이다. 이들에게 문제가 되는 것은 학교에서 배운 마르크스주의와 레닌의 사회주의 이데올로기가 과연 얼마만큼 충실히 실현되고 있느냐 하는 것이었다. 반체제 그룹의 단원이었던 게니 본다레프라는 청년은 그가 체포된 후 그의 심문관에게 다음과 같이 진술했다.

> 나는 우리 아버지가 이데올로기와 관련된 지식을 쌓으려고 노력하지는 않고 가족이 제대로 돈을 벌어오는지에 대해서만 신경을 쓰는 데에 대해 무척 못마땅하게 생각했었다.[69]

앞서 레닌그라드 반체제 학생 조직 단원 알렉산드로브나가 밝혔듯이 이들 청소년들은 반체제적이었지만 '애국적'이었고, '이념 지향적'이었던 것이다.

사실 이들 반체제 성향을 지닌 학생들은 상당히 이데올로기 지향적이었다. 이들 그룹의 명칭이나 그룹의 강령에는 "공산주의" 또는 "[사회주의]혁명의 대의"라는 용어가 포함되어 있는데, 이는 이들이 사회주의 이데올로기 자체를 거부한 것은 아님을 보여준다. 사실 보로네시의 '청년공산당'의 경우, 그들의 목표는 "전 세계에 공산주의 사회를 건설하는 것"이었다.[70] 이들은 마르크스, 엥겔스, 레닌의 저작을 스스로 읽고 사회주의 이론을 독자적으로 공부했으며, 이데올로기에 대한 스스로의 연구를 통해서 전후 소련의 현실에 대해 의문을 품게 된 것이다.[71] 첼랴빈스크의 반체제 그룹도 보로네시의 비밀 학생 단체와 비슷한 성향을 띠었다. 이 그룹은 그들이 작성한 "공산주의 청년의 사상선언"에서 소비에트 공산당이 부르주아 정당으로 타락했으며, 정부는 관료주의적이고, 비민주적인 체제로 전락하여 국가를 이끌어 갈 능력을 상실했다고 단언했다. 그러면서 그들은 "현재의 소비에트 체제에 대한 투쟁"에 전념할 것이라고 밝혔다.[72] 모스크바의 반체제 그룹 '혁명대의를 위한 모스크바투쟁연합'의 목표도 그 그룹의 명칭에서 그대로 드러나듯이 스탈린이 배반한 레닌의 10월혁명 대의를 복원하는 것이었다. 15~18세의 청소년 여섯 명으로 구성된 이 그룹의 강령은 현재 소련 국내 상황은 공산주의 사회와는 전혀 공통점이 없다고 지적하고 있다.[73] 또한 이 강령에서 이들은 소비에트 정치 체제를 노동자가 주인이 되어서 통치하는 "프롤레타리아트 독재가 아닌 [스탈린] 개인 독재자에 의한 통치인 보나파르트식 정권"과 동일하다고 적었으며, 집단농장을 농노제에 비유하고 소련의 외교정책을 제국주의의 한 형태로 간주하고 있다.[74] 이들은 정부가 공포한 모든 정책들이 말한 것과 반대 방향으로 수행되고 있다고 주장하면서 이런 잘못에 대항해 싸워야 한다고 강령에 기록하고 있다.[75] 페추로는 당시 자신들의 목표는 '진실', 즉 스탈린 체제의 문제점을 더 많은 사람들이 알게 하는 것이었다고 밝히고 있다.[76]

몇 가지 문제 제기에 대해

청소년기의 경험에 대한 이들의 회고록과 진술은 과연 얼마나 신빙성이 있을까? 전쟁 후 스탈린 시기에 청소년 반체제 그룹에 몸담았던 이들의 진술 신 빙성에 대해서는 일정 정도 문제점이 있을 가능성을 완전히 배제할 수 없다. 이들의 기억력이 불확실한 경우도 있을 것이고, 또한 과거의 특정 사실에 대 해 의도적으로 확대·과장하거나 축소·생략할 가능성도 있다. 또 매번 인터뷰 마다 진술이 바뀌어 일관성이 결여되었을 수도 있다. 이런 이유들 때문에 혹 자는 이들 비밀 학생그룹이 과연 반체제 성격을 띠었는지에 대해서는 정확히 판단하기 힘들다고 주장한다. 즉, 쿠로미야(Hiroaki Kuromiya)는 소련 체제 가 붕괴하고 정치 상황이 바뀐 1990년대 초에 행해진 이들의 인터뷰는 이들 이 자신들의 과거 정치 성향에 대해 사실과는 달리 과장했을 수도 있기 때문 에 이들 단체의 단원에 대한 인터뷰나 자서전을 토대로 당시의 조직 및 회원 의 성향을 판단하는 것은 다소 무리가 있다고 주장한다.[77] 물론 구술사 연구 방법의 문제점이 전혀 없다고 단정할 수는 없다.

또한 이들 청소년들의 활동에는 현실 정치와는 좀 동떨어진 일종의 혁명 가적 낭만주의 요소가 어느 정도 깃들어 있는 것은 사실이다. 예를 들어 이들 은 비밀 모임 놀이처럼 은밀하게 회합을 가졌고, 가명도 사용했으며, 신입회 원에 대한 비밀 테스트 등을 시행하기도 했다.[78] 1950년대 초반 모스크바 반 체제 학생그룹 '혁명대의를 위한 모스크바투쟁연합'의 회원이었던 페추로는 동료 회원들이 19세기 지하조직 운동가나 혁명가들에 대한 책을 섭렵하고 그들을 자신들의 '영웅'으로 삼고 그 혁명가들이 했던 것을 그대로 모방하려 했다고 진술했다. 이런 과정에서 그들은 19세기 러시아 인민주의 혁명가 베 라 피그네르(В.Н. Фигнер)의 자서전에 등장하는 선전 전단을 찍는 인쇄기를 그대로 모방해 만들기도 했다.[79]

하지만 확실한 사실은 다수의 경우 이들의 활동이 비밀 회합 놀이나 말로 만 스탈린 정권을 비난하는 데에서 그치지 않았다는 점이다. 앞서 보았듯이 보로네시나 모스크바의 학생그룹들은 마르크스, 레닌의 저작은 물론 금서로 지정된 서적을 진지하게 탐구하면서 현 체제에 대한 비난과 함께 구체적 대안을 제시하는 강령을 만들었다. 더욱이 이들은 자신들의 행동이 정부 당국에 발각되면 처벌을 받고 고문도 받을 수 있다는 것을 잘 알고 있었다. 예를 들어 페추로는 당시 자신들이 "어떠한 나라에 사는지 잘 알고 있었다"라고 회고한다. 그녀는 자기들이 "언제든지" 그리고 "아무것도 아닌 일로 체포될 수 있다는 것"을 알고 있었고, "우리 각각이 무엇이 우리에게 닥쳐오고 있는 가를 잘 알고 있었다"라고 회상했다.[80] 이는 곧 퓨르스트(Juliane Fürst)가 지적하듯이 당시의 사회, 정치 분위기로 미루어 판단하건대, 당시 십 대들은 본인들 행동의 어디까지가 정부로부터 용인되는 것이고 어디서부터 처벌을 받게 되는지 그 경계를 분명히 알고 있었음을 의미한다.[81] 그럼에도 불구하고 이들은 모임을 계속 가지고 나름대로의 활동을 계속했다. 이는 이들이 법을 어겨가면서 활동하고 있다는 것을 분명하게 인지하고 있었음을 의미한다. 따라서 이들 행동을 전부 십 대 청소년의 치기 어린 불장난쯤으로 치부할 수는 없는 것이다. 이들 모임은 분명히 정치적인, 그리고 반정부적 성향을 띠고 있었다. 쿠로미야가 지적한 대로 설령 이들의 회고에 약간의 과장이 섞여 있다 하더라도 본질적으로 이들이 반정부 성격을 띤 진지한 정치 모임 활동을 수행한 것은 확실하다.

그렇기에 스탈린 정부는 이들 청소년들을 정치범으로 취급하여 반혁명·반소비에트 활동과 조직 그리고 테러리스트들에게 선고하는 법 조항 제58조를 적용해 중형을 선고했다.[82] '혁명대의를 위한 모스크바투쟁연합'의 회원 여섯 명은 그룹이 결성된 지 1년 후인 1951년 모두 체포되었는데, 당시 모두 십 대 청소년들이었던 이들 중 세 명은 총살형을 선고받았고, 나머지 세 명은 10~20년의 강제노동수용소 형을 선고받았다. 이들 중 두 명은 강제수용소에서 사망했고, 1990년대 초 즈음에는 페추로가 유일한 생존자로 남게 되었다. 레닌그라드의 '마르크스노동자당' 그룹의 경우도 세 명이 처형되었고, 일곱 명은 20년 강제노동수용소 형, 두 명은 10년 강제노동수용소 형, 그리고 세 명은 그룹을 신고하지 않은 죄로 1년 형을 선고받았다.[83] 여타 다른 청소년 그룹도 가혹한 처벌을 받았는데, 첼랴빈스크의 '눈포도주' 그룹의 지도자 플레베이스키도 10년 강제수용소 형을 선고받았고,[84] 겐나디 소로킨은 『눈포도주』 시집에 실은 두 편의 글로 인해 10년 형을 선고받았으며, 수갑을 찬 후유증으로 손목 관절을 영원히 못 쓰게 되었다.[85]

*　　*　　*

전쟁의 여파로 인해 이들은 여타 시대에 성장한 청소년과는 다른 특성을 지니고 있었다. 분명 전쟁은 평화 시에 성장한 십 대와는 다른 청소년들을 만들어냈다. 그들의 사고와 태도를 평화 시에 자라난 십 대를 기준으로 보아서는 그들에 대한 정확한 이해는 불가능하다. 이들은 평화 시기에 자란 세대보다 좀 더 일찍 성숙했고, 좀 더 용감했던 것이다. 따라서 사회, 정치 현상의 부조리를 그대로 수용하기보다는 비록 비공개적이었지만 '저항'의 방법을 택했던 것이다.

전후 스탈린 시기에 결성된 청소년 반체제 그룹의 활동은 비록 1~2년이라는 짧은 기간 동안 지속되다가 당국의 철퇴를 맞았고, 전체 회원 수도 수백여 명을 상회하는, 많지 않은 정도로 보편적인 사회현상은 절대 아니었다. 하지만 이들의 활동은 전후 소련 사회를 이해하는 데 있어 기존 시각에 다음과 같은 몇 가지 문제점이 있음을 시사해 준다는 점에서 중요한 의미를 지닌다.

첫째, 기존의 대부분의 연구는 탈스탈린주의 운동과 소련 반체제 지하운동이 스탈린 사후 흐루쇼프 시기(1953~1965)에 비로소 시작된 것으로 보고 있는데, 이 장에서 살펴본 청소년들의 활동은 탈스탈린주의 운동이 이미 스탈린 생존 시인 1940년대 말에도 존재했음을 보여준다. 이는 비록 전후에 전쟁 승리로 인해 스탈린의 인기가 증대하고 스탈린이 이끄는 소비에트 체제에 대한 소련 인민들의 정당화가 더 공고해진 것은 사실이지만, 그와 동시에 소련 사회 내에서 스탈린 체제의 비민주적이고 억압적인 측면에 반항하는 세력이 분명히 존재했음을 보여준다. 둘째, 전후 스탈린 시기 청소년들의 반체제 운동 연구의 또 다른 의의는 전쟁이 어떻게 청소년들을 변화시켰는가를 보여준다는 점이다. 1937~1938년 스탈린의 대숙청, 즉 테러정치는 분명 많은 소비에트 시민들을 움츠러들게 했지만 전쟁은 대숙청으로 인해 얼어붙은 사회 분위기를 깨뜨리는 결과를 가져왔고, 전쟁의 경험은 비록 소수이지만 체제에 정면으로 반대하는 목소리를 내는 과감한 젊은이들을 만들어냈던 것이다.

제3장

반유대주의와

전쟁기억 만들기

오늘날 러시아에서 대조국전쟁 승리에 대한 기념은 전쟁이 종결된 지 80년이 다 되어가는 시점에도 식을 줄 모른다. 1960년대 중반 이후 소비에트 정부가 대대적으로 대조국전쟁에 대한 기억을 신화화하여 애국주의 부흥에 활용했던 관례는 소련 해체 이후 새로운 정치 체제가 들어섰음에도 여전히 국민 단합과 애국심 고취라는 정치적 목적을 위해 사용되고 있다.

하지만 러시아 정부가 사용하고 있는 전쟁의 기억은 어찌 보면 상당히 선별적이다. 그 기억은 전쟁 중 소비에트 인민들의 영웅적 행위와 인내심 그리고 애국심에 주로 초점이 맞추어져 있지만 사실 소련 인민의 4년 동안 전쟁경험이 영웅주의로 일관된 것은 아니었다. 지역에 따라, 출신 민족에 따라 전쟁경험이 상이했고, 따라서 전쟁에 대한 기억도 다양했다. 그러한 전쟁기억 중에는 국가 통합이나 국민 단합을 이루고 젊은 세대에게 교육 목적으로 사용하기에 부적절한 것도 있었다. 예를 들어 나치독일군에게 점령당한 지역에서 소련 시민들이 독일군에 자발적, 비자발적 부역을 한 사례가 있다. 독일군이 2년여 동안 소련 서부지역을 점령했다가 퇴각하기 시작한 1943~1945년 동안 독일군에 부역한 죄로 체포당한 소련 시민은 35만 명에 달했다.[1] 그런가 하면 독일 점령하의 일부 소련 시민들은 반유대주의 정서에 따라 유대인 학살에 직·간접적으로 참여하거나 유대인에 대한 집단 폭행을 가하는 행위인 포그롬(погром)에 가담하기도 했다.[2]

사실 전통적으로 기독교 국가인 러시아에서 유대인들은 종교적인 이유로 제정 시기부터 '타자'로 간주되었고 지속적인 차별과 공격의 대상이 되어왔다. 러시아에서 유대인 인구가 급증하게 된 것은 1772~1795년 동안 러시아가 프로이센, 오스트리아와 함께 세 차례에 걸쳐 폴란드를 분할 및 합병하는 과정에서 폴란드 동부지역을 병합하게 된 러시아가 그 지역에 살고 있던 100만 명에 달하는 유대인을 제국의 신민으로 수용했기 때문이다. 다만 러시아 정부는 비기독교도인 이들 유대인을 남서부 국경지역, 즉 오늘날의 벨라루스, 우크라이나 서부 및 리투아니아 지역에 '유대인 거주한정지역'을 설정하여 그곳에만 거주하도록 제한하고 법적·제도적 차별조치를 시행해 직업, 거주지, 각종 권리 등에 제약을 가했다. 이후 19세기 말에서 20세기 초까지 이들 러시아 유대인들은 차르 암살, 전쟁, 혁명과 같은 혼란이 일어날 때마다 러시아 민중에 의한 '포그롬'의 희생자가 되었는데,[3] 이런 관행은 대조국전쟁 동안에도 반복되었던 것이다.

전쟁 중 부분적으로 자국민에 의해 행해진 이러한 유대인에 대한 학살이나 폭력 행위는 전쟁 이후 대조국전쟁의 기억을 국민 통합과 애국심 발현의 도구로 사용하고자 했던 소련 지도부에게는 부적절한 것이었다. 과연 소련 지도부는 국민 단합이나 애국심 고양을 위해 활용하기 부적절한 이러한 기억에 대해서는 어떤 입장을 취했을까? 소련 지도부는 과연 어떤 방법으로 공식적인 전쟁기억을 만들어나갔을까?

이에 대한 답을 얻기 위해서는 전쟁 기간과 전쟁 직후 스탈린 정권이 유대인의 전쟁기억을 어떻게 활용 및 통제하여 지도부가 원하는 방향으로 전쟁기억을 공고화해 나갔는지 살펴보아야 할 것이다. 이 같은 분석을 통해 우리는 오늘날 러시아 정부가 대조국전쟁의 기억을 국가 통합과 애국심 발현이라는 정치적 목적으로 활용하는 '기억정치'의 원형을 발견할 수 있을 것이다.

대조국전쟁 시기 소련 유대인의 전쟁경험과 관련된 사건 중 유대인들에게 가장 큰 영향을 미쳤던 사건은 다름 아닌 소련 내 독일 점령지에서 독일 점령군과 그 부역자들에 의해 자행된 '홀로코스트', 즉 유대인 대학살이었다. 전쟁 기간 중 소련 전체 500만 유대인 인구의 절반에 해당하는 260만 명의 유대인들이 홀로코스트에 의해 희생당했다.[4] 이 같은 소련의 유대인 학살에 대한 스탈린 정부의 태도는 일관되지 못했다. 전쟁 기간 중에는 유대인 학살에 대해 간헐적이지만 꾸준히 언론 보도를 내보냄으로써 유대인을 '희생자'로 묘사했다.[5] 하지만 전쟁 이후에는 유대인 학살 사건에 대한 스탈린 정부의 태도가 바뀌었다. 유대인의 희생에 대해 침묵하거나 대수롭지 않은 것으로 취급하기 시작한 것이다.[6] 스탈린 정부의 소련 유대인의 학살에 대한 태도가 전쟁 후에 이렇게 변하게 된 이유는 무엇일까?

이 장에서는 대조국전쟁 시기는 물론 전후 스탈린 시기 동안 스탈린 정부의 유대인 전쟁기억에 대한 태도가 어떻게 변화하는지 그 궤적을 추적하여 소련의 대조국전쟁에 대한 '공식적인 기억'의 형성 과정을 살펴볼 것이다. 이 주제에 대해 와이너(Amir Weiner)는 전후에 스탈린 정부가 노골적으로 반유대주의 노선을 표명함으로써 유대인과 관련된 전쟁기억이 소련의 공식 전쟁기억에서 배제되는 결과를 낳았음을 보여준다. 그는 전쟁 탓에 전쟁 전 소련 사회에 내재해 있던 반유대주의가 증폭되어 나타났고, 그것이 전후에 반세계시민주의(anti-cosmopolitanism)—세계의 모든 민족 각각이 본연의 가치를 지니고 있다는 사고에 반대하는 것—의 형태를 띠고 공식화되었음을 지적한다.[7] 하지만 이 장에서는 전후에 스탈린 정권의 노골적 반유대주의 정책이 대두한 배경을 전쟁 이전부터 존재했던 뿌리 깊은 반유대주의 전통 이외에도 전쟁 및 그로 인해 파생된 국내외 정치·외교 정세의 결과이기도 함을 입증함으로써 유대인과 연관된 전쟁기억 배제의 보다 다양한 원인을 밝힐 것이다. 이를 통해 궁극적으로 소비에트 정부가 유대인의 전쟁기억과 같이 전쟁의 공식 기억과 대척점에 있는 기억에 대해서는 의도적으로 망각하거나 침묵하고 배제했음을 밝힐 것이다.

이 연구를 위해서 오늘날 문화사나 사회사 연구에서 많이 사용되는 '집단기억', '기억의 정치' 개념을 분석틀로 사용하여 스탈린 지도부 같은 국가권력이 전쟁의 기억을 권력 유지와 국민 동원, 또는 국민 단합이라는 정치적 도구로 사용하는 방법에 대해 살펴볼 것이다.[8]

소련 유대인의 대조국전쟁 경험

앞서 언급했듯이 대조국전쟁이 소련 유대인에게 미친 가장 큰 영향은 홀로코스트였다. 소련 유대인에게 엄청난 인명 피해를 가져다준 나치 점령군의 유대인 학살 규모를 가늠하기 위해서는 먼저 대조국전쟁 발발 당시 소련 내 유대인 인구에 대해 알아봐야 할 것이다. 전쟁 발발 직전 소련 내 유대인 인구는 급증했다. 1939년 독-소 불가침 비밀조약 체결로 소련은 라트비아, 리투아니아, 에스토니아 등 발트지역 국가들을 합병하고 폴란드 영토였던 벨라루스 서부지역, 그리고 폴란드와 루마니아의 영토였던 우크라이나의 서부지역도 새롭게 소련 영토로 귀속시켰다. 이 때문에 해당 지역에 거주하고 있던 다수의 유대인이 하루아침에 소련 시민이 되었다. 이들 영토가 합병되기 직전인 1939년 인구조사에 의하면 당시 소련 영토에 거주하는 유대인의 총수는 310만 명이었다. 그 외에 1939~1940년에 소련 영토로 편입된 지역에 거주하던 유대인 수는 총 190만 명이었다. 새로 편입된 지역의 유대인 인구를 지역별로 분류해 보면 동부 폴란드 지역에 130만 명, 발트지역 25만 5,000명,

루마니아 지역 33만 명 등이었다.[9] 따라서 1941년 6월 나치독일이 소련을 침공하기 직전 소련에는 총 500만 명에 이르는 유대인이 살고 있었던 것이다. 당시 소련 인구가 1억 9,600만 명임을 감안하면 유대인 인구는 소련 전체 인구의 2.5%를 차지했다.

제정기부터 수 세대에 걸쳐 서부 국경지역에 몰려 살고 있던 많은 유대인들은 대조국전쟁 발발 직후 자신들의 거주지역이 나치독일군에 점령당하면서 말 그대로 독일 점령지역에 갇히는 신세가 되었다. 그 수는 260~274만 명에 이르렀는데, 이 중 95%에 해당하는 246~260만 명이 학살당했으며, 단 10~12만 명만이 가까스로 살아남을 수 있었다.[10] 이는 곧 전쟁 기간 중 소련 유대인 인구의 50% 이상이 학살되었음을 의미하는 것이다. 특히 소련 최대의 유대인 거주지역이었던 우크라이나 지역의 피해가 심각했다. 최근 러시아 문서보관소 자료뿐만 아니라 독일 문서보관소 자료, 목격자 증언, 회고록 등을 토대로 작성된 통계는 우크라이나 영토에서 살해된 유대인의 총수가 160만 명에 달했음을 보여준다.[11] 이는 전쟁 기간 중 사망한 유대인의 절반 이상이 우크라이나 지역에서 사망했음을 뜻한다.

물론 소련 유대인들이 홀로코스트의 피해자이기만 한 것은 아니었다. 소련군의 일원으로 그리고 파르티잔의 일원으로 전선에서 그리고 후방에서 나치독일군에 맞서 싸우기도 했다. 대조국전쟁에 정규군으로 참전한 유대인의 수는 전체 소련 유대인 인구의 10% 정도인 약 50만 명을 헤아린다. 이 외에도 파르티잔과 같은 비정규군에 가담해 싸운 유대인 수는 약 2만 명에 이른다.[12] 이들 정규군과 비정규군 유대인 중 전사자는 약 12만 명이었고 포로로 잡혀 있다가 사망한 자, 그리고 파르티잔 활동으로 사망한 자 등을 합하면 결국 유대인 병사들의 40%가 사망한 것으로 집계되는데, 이 수치는 전쟁에 참전한 소련 구성 민족들 중 가장 높은 비율이었다. 또한, 참전했던 유대인 병사와 장교 중 다수가 스탈린 정부로부터 포상을 받기도 했다. 예를 들어 소련 최고훈장인 '소비에트연방 영웅' 훈장을 받은 유대인의 수는 108명인데, 이

숫자는 전체 포상자 1만 1,000여 명 중 0.9%에 해당하지만 그럼에도 러시아인(8,000명), 우크라이나인(2,000명), 벨라루스인(300명), 그리고 타타르인(160여 명) 다음으로 높은 비율을 차지하는 것이다.[13] 이 외에도 전투 수행과 관련하여 각종 메달이나 훈장을 받은 유대인 수는 16만 7,220명으로 소비에트 구성 민족 중 러시아인, 우크라이나인, 벨라루스인 다음으로 많은 수를 차지한다.[14] 그렇다면 과연 스탈린 정부는 소련 유대인들의 이러한 전쟁경험과 기여도를 어떻게 받아들이고 어떻게 기억했는가?

스탈린 정부의 유대인 전쟁기억 만들기
홀로코스트의 희생자

기존의 많은 연구는 전쟁 동안 스탈린 정부가 유대인의 피해 상황을 축소하거나 공식적으로 인정하지 않으려 했음을 강조한다.[15] 또한 전쟁 중 다수의 소련 시민들은 유대인들을 나치독일 점령군에 의해 학살당한 피해자라기보다는 교묘하게 후방으로 빠져나감으로써 전쟁을 빗겨간 약삭빠른 집단으로 인식했음을 보여준다.[16] 하지만 대조국전쟁 기간 동안 소련의 공식 언론을 면밀히 분석해 보면 전쟁 기간 동안 스탈린 정부가 일관적으로 유대인의 피해 상황에 대해 침묵하거나 은폐하지는 않았음을 알 수 있다. 소련 국방부 기관지 ≪크라스나야 즈베즈다(Красная Звезда: 붉은별)≫와 당 기관지 ≪프라브다(Правда: 진리)≫ 등과 같은 소련 신문에 나타난 유대인 관련 기사의 담론을 분석해 보면 소련 정부가 유대인의 전쟁경험을 어떻게 평가했으며, 그러한 평가에 숨겨진 정치적·외교적 함의는 무엇인지에 대해 알 수 있다.

비록 간헐적이고 일정하지는 않았지만, 전쟁 기간 내내 스탈린과 소련 언론은 유대인을 '희생자'로 묘사하는 데 주저하지 않았다. 몇 가지 예를 살펴보자. 러시아혁명 24주년 기념일인 1941년 11월 7일 ≪프라브다≫는 하루 전날 행해진 기념 연설에서 스탈린이 독일군의 유대인 대량학살에 대해 "히틀러 도당들이 차르 정권이 그랬던 것처럼 중세 시기 유대인 학살을 자행하고 있다"라고 언급했음을 지적하면서 "나치당은 중세적인 반동주의 정당이고 유대인 학살을 자행하는 극우주의 정당"이라고 비난했다고 보도했다.[17] 마찬가지로 전쟁 동안 전황에 대한 대내외 보도를 총괄한 소비에트 정보통신국(Советское информбюро)은 1941년 8월 16일 보도에서 "지토미르(Житомир)주의 몇 개 지역에서 유혈이 낭자한 유대인 학살이 벌어졌고, 예밀치노(Емильчино) 지역에서는 파시스트들이 32명의 유대인을 산 채로 매장했다"라고 밝히고 있다.[18] 또한, 1941년 10월 23일 자 ≪프라브다≫는 오데사에서 추축국의 일원인 루마니아 군대가 "역사상 가장 큰 규모에 버금가는 유대인 학살"을 자행했다고 보도하면서 총 2만 5,000명의 유대인이 살해되었다고 정확한 사망자 수까지 밝히고 있다. 11월 19일 자 ≪프라브다≫와 ≪이즈베스티야 (Известия: 뉴스)≫도 "독일인들이 키예프에서 5만 2,000명의 유대인 성인 남자, 여자와 아이들을 살해했다"라고 보도했다. ≪투르트(Труд: 노동)≫는 1941년 12월 31일 자 기사에서 레닌이 반유대주의는 대중을 미혹하고 혼란에 빠트릴 뿐이라고 지적한 것을 상기시키면서 히틀러 도당들이 소련 인민 수만 명을 학살하고 있다고 보도했다.[19] 이 외에도 1941년 12월 18일 자 ≪프라브다≫는 소련을 포함해서 11개 국가가 독일군이 점령지에서 유대인을 처형하고 살해하는 만행을 저지르는 것에 대해 규탄하는 성명을 발표했다고 보도했다.[20]

전쟁이 중반에 접어든 이후에도 유대인 학살에 대한 보도는 소련의 공식 언론에 보도되었다. 1943년에는 소련의 대표적인 유대인 작가 일리야 에렌부르크(Илья Эренбург)가 유대인 학살에 대해 언급한 것이 ≪프라브다≫를 비롯한 다양한 언론매체에 보도되었다. 소련 신문들은 그가 "히틀러는 유대인을 [학살]대상으로 여기고 있다"라거나 "키예프, 바르샤바, 프라하, 암스테르담에는 더 이상 유대인이 존재하지 않는다"라고 말한 것을 보도하면서 독일이 "유대인 절멸"을 추구하고 있음을 보도했다.[21] 또한, 1943년 1월 5일 자 ≪크라스나야 즈베즈다≫는 비로비잔(Биробиджан) 유대인자치주의 한 집단농장의 유대인 노동자들이 전투기 생산 자금 25만 루블을 헌납하면서 스탈린에게 보낸 편지에 "히틀러 도당들이 유대인 한 사람 한 사람을 절멸시 키는 광란의 정책을 자행하고 있다"라고 적었다고 보도했다. 이 편지 바로 밑에는 스탈린이 이들 노동자에게 감사의 표시를 밝힌 내용도 함께 게재되었 다.[22] 이는 스탈린 지도부가 유대인들이 나치독일의 유대인 절멸 정책의 희 생자임을 인정하는 것임을 뜻한다.

그런가 하면 소련 정보통신국은 1943년 1월 12일 캅카스 지역 카바르디노-발카르 자치공화국(Кабардино-Балкарской АССР)의 수도 날치크(Нальчик) 에서 러시아인, 카바르디노인 등과 함께 지역 유대인들도 나치독일군에게 총살당했다고 보도했다.[23] 마찬가지로 1943년 11월 20일 자 ≪크라스나야 즈베즈다≫는 1941년 9월 29~30일 양일 동안 키예프 근교 바비 야르(Бабий Яр)라는 곳에서 벌어졌던 대학살 사건을 보도하면서 공산당원과 소비에트 정부 관리들, 유대인들이 처형당했다는 보도와 함께 다음과 같이 총살 현장 의 참상을 상세히 전했다.

> 종일 총살이 끊이지 않고 계속되었다. 밤에는 취침에 들어간 독일군을 제외
> 한 나머지 독일군들이 총살을 계속했다. 이튿날 아침에도 총살은 계속되었
> 고, 지붕을 덮은 트럭이 [총살 전 사람들이 벗어놓은] 소지품을 싣고 5분마다
> 떠났다.[24]

소련군이 드디어 자국 영토에서 나치 점령군을 몰아내고 국경을 넘어 베를린 을 향해 서진하기 시작한 1944년 여름부터 소련 언론은 폴란드, 체코 등지 에서 나치에 의해 자행된 유대인 학살에 대해 간간이 그러나 상세하게 보도 했다. 1944년 8월 6일 자 ≪크라스나야 즈베즈다≫는 유대인 작가 출신 종

군기자 바실리 그로스만(В.С. Гроссман)이 폴란드에서 목격한 유대인 학살에 관한 기사를 다음과 같이 소개했다.

독일인들은 폴란드인을 체계적이며 점진적인 방법으로 절멸시키는 목표를 세웠고 이 목표 달성을 위해 지독하게 일관되게 노력하고 있다. 나는 폴란드에서 이에 대한 어떠한 불만이나 앓는 소리 하나 듣지 못했다. 바로 유대인의 불만이나 신음 말이다. [왜냐하면] 그들은 거의 모두 [가스실에서] 질식사했고, 살해당했다. 막 태어난 신생아부터 아주 나이 많은 노인에 이르기까지 말이다. 그 후 그들의 시체는 장작더미와 함께 불태워졌다. 언제나 그렇듯이 [독일] 파시스트들은 자신들의 목표를 숨기고 현혹하면서 동쪽지역 점령국가 주민의 절멸 계획을 유대인부터 시행했다.[25]

이 기사에서 그로스만은 전쟁 전 유대인 인구가 많이 살고 있던 폴란드 도시 루블린에서 단 한 명의 유대인도 만나지 못했는데, 그 이유는 그곳에서 엄청난 수의 유대인들이 학살당했기 때문이라고 밝히고 있다. 아울러 이 같은 대규모의 조직적인 학살이 폴란드에서 수 년간 지속되었다고 밝혔다.[26]

유대인 학살에 관한 이러한 기사들은 전쟁 말기에도 소련 언론에 간헐적으로 보도되었다. 전쟁이 막바지에 이르게 된 1945년 초 《크라스나야 즈베즈다》 1월 16일 자는 에렌부르크가 소련군이 해방한 발트지역을 둘러보고 "이제 충분하다!(Хватит!)"라는 제목의 기사를 실었는데, 이 기사에서 에렌부르크는 "다른 도시에서와 마찬가지로 리투아니아 북부에 있는 샤울랴이(Шауляй)라는 도시에서 독일군은 모든 유대인을 살해했다"라고 보도했다.[27]

유대인 전쟁기억 지우기

이렇게 소련 언론은 전쟁 동안 내내 나치독일의 유대인 학살에 관한 기사를 내보냈고 유대인은 홀로코스트 피해자로 묘사되었다. 하지만 한 가지 유의할 점은 홀로코스트에 대한 보도 경향이 전쟁 중반에 들어서면서 바뀌게 되었다는 점이다. 즉, 전쟁 기간 중 소련 언론은 홀로코스트의 희생자로서 유대인을 묘사한 기사를 간헐적으로 계속 내보냈지만, 중반 이후부터는 유대인의 희생을 보도하는 기사가 점점 줄어들었다.

소련 언론의 유대인 학살에 대한 보도와 유대인을 전쟁의 가장 큰 피해자로 묘사하는 기사는 소련군이 스탈린그라드 전투 이후 대대적인 반격을 시작하고 나치독일에 의해 점령당한 지역을 탈환하기 시작한 1943년경부터 점차 줄어들기 시작했다. 반면에 그때부터 소련 언론에는 '위대한 러시아인'의 선조들과 범슬라브주의를 찬양하는 기사가 늘어나기 시작했다. 예를 들어 1943년 5월 11일 자 ≪크라스나야 즈베즈다≫는 "슬라브 민족의 군사적 단합"이라는 제목의 사설을 다음과 같이 보도했다.

> 슬라브 민족이 받은 고통은 무척 크다. 하지만 [나치독일과의] 전투에 대한 의지는 그 고통의 크기보다 훨씬 크고 주체할 수 없을 정도이다. 히틀러의 폭정으로부터 인류를 해방하는 과업에서 슬라브 민족은 매우 값진 공헌을 해 왔다. 위대한 러시아 민족과 그 형제들인 우크라이나와 벨라루스 민족은 독일 침략자들과의 싸움에서 전례 없는 용기와 영웅심을 보여주었다.[28]

그런가 하면 5월 22일 자 기사는 18세기 말~19세기 초 러시아 군사 영웅 수보로프 장군이 결전을 앞두고 병사들에게 "우리는 러시아인이다!"라고 외치며 용기를 북돋았음을 상기시켰다.[29] 이 시점부터 소련 언론은 소비에트 애국주의를 종종 슬라브 민족주의, 그중에서도 특히 러시아 민족주의와 동일한 것으로 묘사하기 시작했다. 이런 분위기 속에서 러시아 민족 외의 소수민족, 특히 러시아 땅에서 전통적으로 경멸받았던 유대인의 입지는 언론에서 점점 줄어들게 되었던 것이다. 전통적으로 러시아 문화나 종교에 동화되지 않고 자신들의 전통을 지켜온 유대인들은 러시아에서 이방인으로 취급되었고 러시아 민족주의가 강조될수록 유대인들의 입지는 줄어들 수밖에 없었다.

　1943년 이후 러시아 민족주의 경향이 대두하면서 소련 언론이나 정부 보고서에서 '유대인 지우기' 현상이 서서히 나타나기 시작했다. 1943년 10월 20일 ≪프라브다≫ 기사는 소련 군대가 우크라이나 하리코프(Харьков)를 독일군으로부터 재탈환한 사실을 보도하면서 이 지역에서 학살당한 주민들이 주로 유대인임에도 유대인에 대한 언급 대신 단순히 1만 4,000명의 "하리코프 주민"들이 살해당했다고 보도했다.[30] 이와 비슷한 사례는 언론뿐만 아니라 정부 보고서에도 나타난다. 예를 들어 전쟁 기간 중 소련 정부가 독일군이 자행한 학살 및 파괴 행위로 인한 손실을 조사하기 위해 설치한 '국가특별위원회(ЧГК)'[31]가 1943년 이후 작성한 보고서를 보면 학살된 유대인의 명단은 기록했지만 그들의 출신 민족에 대해서는 명시하지 않은 경우가 종종 발견된다.[32] 또한 국가특별위원회 키예프 지부가 작성한 보고서에서도 유사한 사례를 발견할 수 있다. 키예프 지역에 있는 벨라야 체르코비(Белая Церковь)의 지방 관리들은 1945년 1월 지역 주민의 증언을 토대로 독일 점령 기간 동안 벌어진 유대인 학살에 대한 보고서를 작성했다. 그 관리들은 독일군이 이 도시에 입성한 이후 "유대인에게 죽음을!"이라는 구호를 외치고 수천 명의 유대인을 총살했다는 보고서를 작성해서 1월 5일 국가특별위원회 키예프 지부에 제출했다. 그러나 이 보고서를 토대로 같은 날 중앙정부 보고용으로 만든 국가특별위원회 키예프 지부의 보고서에는 총살당한 사람들의 출신 민족에 대해서는 전혀 언급하지 않고 있다.[33] 이 외에도 그해 1월 소련군이 우크라이나 지역에서 활동한 파르티잔에게 포상하기 위해 작성한 포상자 수의 명단에는 다양한 민족들이 명시되어 있지만, 유대인들은 '유대인'이라고 명시되

지 않고 단지 "그 밖의 민족들" 범주에 포함되어 있었다.[34]

이뿐 아니라 1945년 5월 9일 ≪이즈베스티야≫는 독일 항복 전날인 5월 7일 샌프란시스코에서 개최된 국제연합 회의에 대해 보도하면서 소련 정부는 유대인 희생자와 비유대인 희생자를 별도로 구분하지 않음을 암시하는 기사를 내보냈다. 그 기사는 우크라이나공화국 유엔 대표 드미트리 마눌스키(Д.З. Манульский)가 기자회견 중에 "전쟁 동안 많은 수의 우크라이나 유대인이 사망하지 않았느냐?"라는 기자의 질문에 "유대인, 비유대인 구분 없이 250만 명의 우크라이나인이 희생당했다"라고 답변했다고 보도했다.[35] 이러한 기사는 소련 정부가 대외적으로도 소련 유대인의 희생을 비유대계 소련 시민의 희생과 구분해서 다루지 않았음을 보여주는 것이다.

유대인 전쟁기억에 대한 상충된 태도

소련 언론의 이러한 유대인 관련 전쟁기억 지우기는 왜 발생했을까? 그것은 어떤 정치적 함의를 지니고 있는가? 그리고 무엇보다도 스탈린 정부가 유대인을 희생양으로 묘사하는 보도를 내보내는 한편, 언론이나 공식 보고서 등에서 유대인의 비극적인 운명을 흐지부지 덮어버리는 관행이 서로 공존했던 현상은 어떻게 이해해야 할까?

먼저 스탈린 정부의 유대인의 전쟁기억 지우기 관행의 원인에 대해서는 다음의 몇 가지 방향으로 설명할 수 있을 것이다. 첫째, 소비에트 이데올로기의 구현 노력이다. 유대인의 희생에 대한 침묵 경향이 전쟁 중반 이후 점차 늘어난 이유는 스탈린 정권이 소비에트적 '순수성'과 소비에트 사회의 질서와 '조화'를 추구하기 위해 전쟁기억과 신화를 조작한 결과이다. 스탈린 정부는 전쟁 승리가 특정 민족의 노력과 희생으로 이루어진 것이라기보다는 소비에트 인민 전체가 고통받고, 그 고통을 극복하고 파시스트들을 물리쳤다는 전쟁 신화를 만들고자 했다. 단합된 소비에트 인민 중에서도 물론 서열이 있었다.[36] 슬라브 민족, 특히 러시아인이 그 서열의 최상위를 차지하고 있었다. 이 과정에서 전통적으로 러시아 사회에서 이방인으로 취급받고 이질적인 존재로 여겨져 온 유대인은 '소비에트 가족'의 순수성과 소비에트 인민들 사이의 조화라는 원칙에 적합하지 않았고, 그 때문에 전쟁 신화를 만들어내는 과정에서 배제되었던 것이다.[37] 이런 상황에서 전쟁 중반 이후 소련 언론에서도 러시아 국수주의 성격을 지닌 민족주의가 다시 강조되면서 유대인의 전쟁경험이 보도될 공간은 점점 줄어들게 된 것이다.

두 번째 가능한 설명은 바로 스탈린을 비롯한 소련 지도부 내에 존재했던 반유대주의 감정의 결과라는 것이다. 사실 스탈린은 강한 반유대주의 성향을 지니고 있었는데, 그러한 개인적인 성향이 간혹 공개적으로 노출될 때도 있었다. 1941년 12월 스탈린이 폴란드 대표단을 영접했을 때, 그는 슬라브 민족 출신 비행기 조종사들은 가장 뛰어나고 용감한 군인이라고 칭찬한 데 반해 유대인 병사에 대해서는 반복적으로 "가난하고 부패한 병사"들이라고 언급하면서 유대인을 비하했다.[38] 이는 스탈린의 유대인에 대한 편견과 반유대주의 성향을 잘 보여주는 일화이다. 스탈린 지도부도 역시 뿌리 깊은 반유대주의 성향을 지니고 있었다. 사실 이미 1942년 5월 에렌부르크는 자신의 메모장에 당 관료들의 반유대주의적 태도에 대해 당 관료들이 각 분야에서 "유대인들이 너무 많이 눈에 띈다"라고 수군거리고 있다고 기록하고 있다.[39]

소련 지도부의 이러한 반유대주의적 태도는 소련군이 독일군에 밀려 정신없이 퇴각하던 1942년경에도 그대로 표출되었다. 1942년 8월 당 중앙위원회 선전선동부는 국방위원회 서기 게오르기 말렌코프(Г.М. Маленков) 등에게 유대인들이 《프라브다》, 《이즈베스티야》를 비롯한 언론 분야에 너무 많이 포진하고 있다고 경고했으며,[40] 곧 이들 유대인 언론인에 대한 숙청이 뒤이었다. 소비에트 정보통신국 국장 셰르바코프(А.С. Щербаков)는 1943년 봄 《크라스나야 즈베즈다》의 우크라이나 유대인 출신 편집장 다비드 오르텐베르크(Д.И. Ортенберг)에게 다음과 같은 지시를 내렸다. "당신 신문의 편집부에 유대인이 너무 많소. 그 수를 줄이시오." 이에 대해 오르텐베르크는 이미 여덟 명의 기자가 전선에서 취재 중 사망했는데 그들은 모두 유대인들이었다고 답했다. 그리고 한마디 덧붙였다. "한 명을 더 줄일 수는 있습니다. 바로 저 자신입니다." 이러한 대화가 오고 간 몇 달 후인 6월 30일, 셰르바코프 국장은 실제로 오르텐베르크 편집장을 아무 이유 없이 해고해 버렸다.[41] 스탈린을 비롯한 당 지도부 사이에 만연한 이러한 반유대주의는 앞에서 지적했듯이 소비에트 사회의 단합을 이루어야 한다는 이데올로기적 강박관념과 유대인이 전쟁 기간 당했던 고통이나 그들의 공훈이 특별하게 두드러져서는 안 된다는 불문율 속에서 소련 지도부로 하여금 유대인의 전쟁기억을 덮어버리게 했던 것이다.

그렇다면 전쟁 기간 소련 언론에 소개된 나치독일에 의한 유대인 학살 기사는 어떻게 설명될 수 있을 것인가? 그것은 스탈린 지도부의 외교적 목적을 달성하기 위한 '유대인 이용' 정책의 일환으로 이해할 수 있다. 1942년 1월 스탈린 정부는 선전선동부를 통해 소련 내 저명한 유대인을 동원하여 '반파시스트 유대인위원회(Еврейский антифашистский комитет)'를 결성했다. 이 단체의 결성 목적은 반나치독일 캠페인에 대한 국제적 여론을 조성하여 서방국가, 특히 미국의 유대인들로부터 소련의 반나치 전쟁에 대한 정치적·물질적·도덕적 지원을 이끌어 내기 위한 것이었다.[42] 사실 당시 소련 정부는 미국에 1,500만 명의 슬라브 민족이 살고 있다고 추정했고, 그중 러시아인은 300만 명 정도이며 그들 중 약 65%를 러시아 출신 유대인으로 보았다.[43] 이러한 맥락에서 전쟁 발발 이후 소련 언론들은 소련 내 유대인들의 피해를 상세히 보고했고, 이와 함께 '반파시스트 유대인위원회'의 활동과 선언에 대해서도 자세히 보도했다. 1941년 8월 24일 자 ≪프라브다≫, ≪이즈베스티야≫ 등 소련의 대표적 신문들은 히틀러가 "철저히 유대인 절멸"을 계획하고 있다고 지적한 솔로몬 미호엘스(С.М. Михоэлс) 반파시스트 유대인위원회

위원장의 발언을 그대로 보도했다.[44] 비슷한 시기인 1941년 11월 스탈린이 행했던 유대인 학살에 대한 대중 연설의 의도도 '유대인 이용'이라는 맥락에서 이해할 수 있다. 실제로 스탈린 정권은 반파시스트 유대인위원회의 활동을 통해 이득을 보았다. 위원장 미호엘스는 1943년 스탈린 정부의 허락하에 7개월간의 미국 방문길에 올라 미국 유대인들로부터 수백만 달러를 모금하여 소련의 전쟁수행 자금으로 활용할 수 있었다.[45]

전쟁 동안 유대인의 희생에 대해 소련 언론의 담론에 나타난 양면적 성격은 한편으로는 스탈린 정부가 홀로코스트를 서방으로부터의 지원을 유도해내고 또 다른 한편으로는 전쟁의 기억을 어느 특정 민족이 아닌 소련 시민 전체를 단합시키는 데 사용하는 과정에서 나타난 현상이었다. 소비에트 시민의 단합을 위해 전쟁기억은 소련의 주류 민족인 러시아인을 중심으로 형성되어야 했다. 이 과정에서 특히 유대인은 전쟁기억에서 두드러져서는 안 되었다. 왜냐하면, 그들은 전통적으로 러시아에서 문화적·인종적으로 '이질적인' 집단이었기 때문이다. 이 과정에서 혁명 이전부터 러시아 사회에 뿌리 깊이 잠재해 있던 반유대주의가 함께 결합하면서 전쟁 동안 유대인의 희생과 공훈은 소련의 공식 전쟁기억에서 지워져야 했던 것이다.

전후 스탈린 시기 유대인 전쟁기억 지우기

전쟁 중에 산발적으로 나타났던 소련 언론 및 지도부의 유대인 지우기 관행은 전쟁 이후 점차 일관된 관행으로 자리 잡아갔다. 즉 유대인 홀로코스트는 전후에 소련 언론매체에 거의 등장하지 않았고 그에 대한 보고서나 연구서도 출판될 수 없었다. 전쟁이 끝난 지 몇 달 후인 1945년 가을, 우크라이나 지역의 일군의 퇴역 군인들이 스탈린에게 보낸 편지는 이 같은 전후 분위기를 상징적으로 보여준다.

대조국전쟁 기간에 유대인들만큼 슬픔과 불운을 경험한 민족은 없을 것입니다. [그러나] 그들의 처지나 궁핍함에 대해 단 한 건의 기사도 언론이나 출판물에 보도되지 않고 있습니다.[46]

비록 이들이 당시 소련 언론 보도 경향에 대해 과장한 측면이 있을 수 있지만, 그래도 이들의 불만을 통해 종전 이후 소련 언론에서 유대인 관련 보도가 급속히 사라져 갔음을 알 수 있다. 사실 전쟁 이후 스탈린 지도부는 유대인 학살에 관한 연구 또한 금지했다. 이런 이유로 바비 야르 학살 사건에 관한 상세한 연구도 금지되었다. 소련 지도부는 나치독일군이 바비 야르 계곡에서 유대인만 살해한 것이 아니라 비유대인 수만 명도 함께 처형했다는 것을 강조하면서 바비 야르 학살이 당시 키예프의 모든 유대인을 절멸하려고 시도한 사실임을 인정하기를 거부하기까지 했다.[47]

또한, 스탈린 지도부는 나치독일 점령지역에서 독일군에 의해 학살당한 유대인에 대한 방대한 기록을 담은 책도 출판하지 못하게 했다. 전쟁 말기 에렌부르크는 10여 명의 반파시스트 유대인위원회 소속 작가와 비유대인 작가, 저널리스트 등과 같이 소련군을 따라 전장을 누비면서 수많은 유대인 학살 장소를 목격하고 생존자들을 인터뷰했으며 관련 자료를 수집했다. 그는 자신이 수집한 자료를 토대로 유대인 학살에 대한 생생한 기록을 담은 소위 '흑서(Чёрная книга)'를 출판할 계획을 세웠다.[48] 물론 에렌부르크는 당시 소련 정부가 유대인 학살에 대해 언급하기를 꺼리는 태도에 대해 잘 알고 있었으므로 책의 내용에 상당히 신경을 기울였다. 그는 이 책에서 "러시아인, 벨라루스인, 우크라이나인들 그리고 폴란드인들이 유대인을 구해준 사례를 소개함으로써 소련 인민들의 단합을 보여주는 것은 무척 중요하다. 그러한 내용은 인민들 간에 우애를 더욱 강화할 것이고 끔찍한 [심리적] 상처를 치유해 줄 것이다"라고 강조했다.[49] 그러나 이 같은 관점이 충분히 이 책에 반영된 것 같지는 않다.

한편 1945년 이 책의 원고를 검토한 정부 기관은 "이 책에 우크라이나인과 리투아니아인 부역자들의 비열한 부역 행위가 너무 자세히 묘사되어 있다"라고 평가했다. 이에 따라 에렌부르크는 부득불 책에서 부역에 관한 내용을 삭제해야 했다.[50] 이윽고 1946년 1,200쪽에 달하는 초벌 원고가 완성되었고, 당서기국 산하 선전선동부 수장인 알렉산드로프는 원고를 검토하고 1947년 당시 문화정책을 관장하던 즈다노프에게 다음과 같이 보고했다.

> 이 책의 우크라이나 관련 부분은 독자들이 진정한 파시즘의 성격에 대해 오해할 수 있게끔 서술되어 있습니다. … 즉, 책 전반에 걸쳐 독일[군]이 단지 유대인만 살해하고 약탈했던 것처럼 묘사되어 있습니다. 히틀러의 무자비한 살육은 러시아인, 유대인, 벨라루스인, 우크라이나인, 라트비아인, 리투아니아인, 그리고 소련 내 여타 다른 민족 모두에게 똑같이 자행되었음에도 [이 책을 읽고] 독자들은 무의식적으로 독일이 유대인을 절멸할 목적으로 소련과 싸웠다는 인상을 받을 수 있습니다. 이러한 판단에 따라 선전부는 소련에서 '흑서'의 출판은 고려할 수 없음을 알려드리는 바입니다.[51]

결국, 1947년 10월 7일 당 지도부는 이 책이 "정치적으로 심각한 오류를 지니고 있기 때문에 출판될 수 없다"라는 결정을 내렸다. 스탈린 지도부 사이에 내재해 있는 반유대주의 정서와 그를 바탕으로 한 소비에트 이데올로기의 구현, 즉 소비에트 민족 간 단합 및 조화의 달성이라는 목표를 추구하는 과정에서 유대인의 공훈이나 희생이 의도적으로 가려졌기 때문에 소련 유대인의 희생은 전후에 공식적으로 표출되거나 추모될 수 없었던 것이다.

이같이 전쟁 중에 이미 등장한 사유 외에 전후 맥락에서도 스탈린 지도부가 유대인 관련 전쟁기억을 지우려 했던 이유를 찾아볼 수 있다. 그중 하나는 바로 전쟁 직후 등장한 스탈린 지도부의 전쟁 자체에 대한 망각 노력이었다. 스탈린은 전쟁 시기 소련 인민들이 입은 물적·심리적 상처가 너무 커서 전쟁의 기억을 계속 되살리는 것은 궁극적으로 정권에 부정적 결과를 가져올 것이라고 우려했다. 사실 스탈린 스스로 전쟁 직후 인정했듯이[52] 전쟁 초기 소련 정부의 실책으로 많은 인명 손해를 입었던 것을 잘 알고 있었다. 따라서 전쟁기억에 대해 '망각의 정치'를 시행했던 것이다. 이러한 경향은 전쟁이 끝난 직후인 1945년 6월부터 12월까지 ≪프라브다≫의 기사를 면밀히 분석한 브룩스(Jeffrey Brooks)의 분석에서도 입증된다. 그는 이 시기 동안 ≪프라브다≫는 전쟁으로 말미암은 희생, 손실에 관한 기사는 중요하게 다루지 않고 대신 '사회주의 건설'에 관한 내용의 기사를 주요 기사로 취급했음을 지적한다.[53] 이런 분위기 속에서 전후에 전쟁의 상흔을 상기시키는 유대인 홀로코스트를 포함해 그들의 비참했던 삶과 죽음 등에 관한 기사나 보고서들이 소련 언론에 보도되거나 출판될 여지는 전혀 없었던 것이다.

전후 맥락에서 유대인 관련 전쟁기억 지우기 관행의 또 다른 이유로는 전쟁 이후 스탈린 지도부에 의한 노골적인 반유대주의 정책 시행의 영향을 들 수 있다. 1948년경부터 스탈린 지도부는 반세계시민주의 캠페인을 시작하면서 자본주의 영향을 받아 외국 문물을 무조건 추종하는 행태를 맹비난했다. 세계시민주의와 자본주의는 러시아 민족주의, 소비에트 애국주의와 대치되는 개념으로,[54] 다름 아닌 유대인을 대상으로 한 공식적인 반유대주의 캠페인이었던 것이다. 곧 상세히 살펴보겠지만 1950년대 초 반유대주의 캠페인이 극에 달했을 때 스탈린은 당중앙위 간부회 임원들에게 다음과 같이 유대인에 대해 신랄한 비난을 가했다.

> 모든 유대인은 [유대]민족주의자들이고 미국의 비밀정보 요원이다. 유대 민족은 미국이 자기 민족을 구원해 줄 것이라고 믿고 있다(거기서 그들은 부자가 될 것이고 부르주아가 될 수 있을 거라고 생각한다). 그들은 자신을 미국인들에게 빚졌다고 생각하고 있다.[55]

전쟁 중에는 공개적으로 드러나지 않았던 반유대주의 감정은 전후에 스탈린을 비롯한 소련 지도부 사이에서 노골적으로 드러나면서 소련의 유대인들은 조국을 배반한 이방인, 스파이 등으로 묘사되었다. 이런 상황에서 유대인이 홀로코스트의 피해자, 나치독일에 맞서 싸운 전쟁 영웅으로 기억될 소지는 거의 없어졌던 것이다.

전후 반유대주의 등장과 유대인 전쟁기억

전후 유대인 관련 전쟁기억 지우기에 결정적 역할을 한 반유대주의는 스탈린 정권이 전후 소비에트 인민들의 충성심을 재확인하는 과정에서 등장했다. 사실 전쟁 이후 스탈린이 소비에트 인민들에 대해 가장 중요하게 여긴 것은 바로 소비에트 정부에 대한 '충성심'이었다.[56] 스탈린이 소비에트 인민들의 충성도에 대해 의심하고 확인하고자 했던 데에는 나름의 이유가 있었다.

첫째, 전쟁 중에 나치독일에 부역한 소비에트 시민이 많았기 때문이었고 또 한편으로는 많은 소련 시민이 군인으로 또는 강제 노동 인력으로 전쟁 전에는 불가능했던 '바깥세상'을 구경할 기회를 가졌기 때문이었다. 1930년대에 스탈린 정부가 소련을 '노동자의 낙원'으로 선전했는데, 전쟁 중에 소련 시민이 유럽 국가들을 직접 볼 기회를 갖게 되면서 소련 정부의 선전이 거짓임이 드러날 것을 우려했던 것이다. 스탈린은 조국전쟁 당시 러시아의 젊은 청년 귀족 장교들이 퇴각하는 나폴레옹 군대를 쫓아 파리까지 갔다가 그곳에서 러시아 정치 체제와는 판이한 자유주의 정치 체제와 사상을 접하게 된 후 고국으로 돌아와 체제 전복을 꾀한 '데카브리스트'들의 봉기를 잊지 않고 있었다. 스탈린은 바로 대조국전쟁의 '데카브리스트'들의 대두를 두려워했던 것이다.

사실 대조국전쟁 말기 베를린까지 진격했던 많은 소련 군인들은 서부 국경을 넘으면서 서쪽으로 진격해 갈수록 유럽 시민들이 소련보다 더 잘사는 모습을 목격했다.[57] 또한 전쟁 중 나치독일군에 의해 '오스트아르바이터'라는 이름하에 강제 노동력으로 차출되어 독일의 식당이나 카페에서 일하다 전후에 소련으로 송환된 여성들도 "우리는 독일에서 지금보다 몇 배나 더 잘살았다"라고 진술할 정도로 소련 인민의 생활수준이 유럽 국가에 비교하여 낙후되어 있다는 것을 목격했다.[58] 이런 상황에서 전후에 스탈린 지도부는 소비에트 체제의 안위를 위해 일반 시민들의 정치적 충성도를 중요시하지 않을 수 없었던 것이다.

스탈린 정부가 전후에 정치적 충성도를 소비에트 시민의 가장 중요한 요건의 하나로 삼은 두 번째 이유는 전쟁 중, 그리고 전쟁 이후에도 소련 국내의 분리주의적·민족주의적 경향이 지속해서 나타났기 때문이다. 전쟁 직전 독-소 비밀조약으로 인해 소련에 새롭게 병합되었던 발트지역과 우크라이나 서부지역에서 민족주의에 기반을 둔 반소비에트 분리주의 운동이 전쟁 중에 생겨났고 이들 지역에서 반소비에트 파르티잔 활동으로 나타났는데, 이 활동은 1945년 종전된 이후에도 지역 민족주의를 기반으로 계속되었다. 리투아니아에서는 10만 명, 라트비아와 우크라이나 서부지역에서는 각각 4만 명, 그리고 에스토니아에서는 3만 명이 종전 이후에도 반소비에트 파르티잔 활동에 가담했다. 이 같은 반소비에트 활동은 1947년 여름까지 지속되었고,[59] 우크라이나 서부지역의 경우 1950년대 초까지 지속되었다. 이런 상황에서 스탈린 지도부에게 소련 시민의 충성도, 그리고 '소비에트 애국심'은 무엇보다도 중요한 것이었다. 이 같은 분위기에서 전통적으로 자신의 나라 없이 떠돌아다니고 러시아 역사에서 늘 이방인 취급을 당했으며 '뿌리 없는 세계주의자'로 비난받았던 유대인들은 스탈린 정부에 의해 소비에트 국가에 대한 충성심이 약한 민족으로 취급당했다.

국내 상황 이외에도 전쟁 이후 전개된 국제 정세, 특히 1948년 이스라엘 건국과 그에 대한 소련 유대인의 반응도 소련 지도부가 유대인의 충성도를 의심케 하는 계기를 제공했고, 스탈린으로 하여금 반유대주의 정책을 본격적으로 전개하게 만들었다. 이스라엘이 1948년 5월 신생국가 수립을 발표한 직후 아랍 국가들이 이스라엘을 침공하면서 전쟁이 발발하자 스탈린 정부는 이스라엘에 무기를 제공하면서까지 이스라엘을 지원했다.[60] 이는 외교적 이해관계를 고려한 스탈린의 계산된 정책이었다. 그동안 이스라엘 이주민들이 살고 있던 팔레스타인 지역을 통치하고 있던 영국이 이스라엘 건국으로 중동지역에서 손을 뗄 것을 기대함으로써 그 지역에 대한 소련의 영향력 확대는 물론 새롭게 건설된 이스라엘이 친소비에트 세력으로 들어올 수도 있다는 기대감에서 이스라엘을 지원한 것이었다.[61] 당시 많은 소련 유대인들은 이스라엘 건국에 대해 흥분했고, 아랍 국가들의 공격에 대해 이스라엘 편에서서 자원해서 싸우겠다는 의사를 표명했다.[62] 한 유대인 퇴역 장교는 당시 다음과 같이 선언하기도 했다.

나는 개인적으로 그것[이스라엘 건국]을 환영한다. … 우리는 이제 유대인들이 국제 무대로 진입할 수 있다는 것을 깨달았다. 우리는 유대인의 정체성과 권리를 수호하기 위해 목소리를 낼 것이고 유대 문화, 유대 역사, 그리고 그것의 가치를 보여줄 것이고, 우리가 어떻게 독일인에 맞서 싸웠는지 보여줄 것이다.[63]

이스라엘 건국에 대한 이러한 자부심과 희망은 소비에트 체제에 아주 충성스러운 소련 유대인들 사이에서도 예외 없이 표출되었다.

또한, 1948년 이스라엘 건국 후 초대 소련 대사에 발령받은 골다 마이어(Golda Meir)가 모스크바에 도착했을 때도 엄청난 유대인 환영 인파가 몰렸다. 스탈린은 이스라엘 건국과 관련한 일련의 사건에 대한 소련 유대인들의 이러한 반응을 보고 나서 소위 '부르주아적 [유대] 민족주의' 발흥 가능성에 대해 심각하게 우려하게 되었다.[64] 그는 소련 내 유대인들이 소련 정부가 아닌 이스라엘에 적극 충성하는 시온주의(Zionism)적 태도를 보이게 될 가능성에 대해 경각심을 갖게 되었던 것이다.

바로 이런 연유에서 1948년은 스탈린 정부의 유대인에 대한 공격이 본격적으로 시작되는 해가 되었다. 그해 스탈린 지도부는 서구문화를 무작정 추종하는 행태를 맹비난하는 반세계시민주의 캠페인을 개시하면서 다수의 유대인 작가, 과학자, 역사학자, 예술가들에 대한 비판을 개시했으며 유대어 신문, 잡지를 강제 폐간했다. 그 외에도 유대인 학교, 극장, 도서관을 폐쇄했다.[65] 이후 1952년 7월 스탈린 정부는 비밀재판을 통해 전쟁 초기 스탈린 정부의 적극 지원하에 창설되었던 반파시스트 유대인위원회 회원 약 20명을 반정부 스파이 활동과 크림반도에 유대인 공화국을 건설하려는 시온주의적 음모를 세웠다는 명목으로 처형했다.[66] 그뿐만 아니라 1952년 10월 스탈린은 몇 년 전에 죽은 당중앙위원 즈다노프가 병사한 것이 아니고 의학적인 방법으로 살해되었다고 주장하는 편지를 전해 받은 후 소련 정부 관료들의 진료를 맡고 있었던 저명한 유대인 의사를 체포하는 것을 필두로 1953년 초부터 유대인 의사에 대한 숙청을 단행했다.[67] 유대인위원회 사건과 소위 '의사들의 음모' 사건은 스탈린이 사망한 직후인 1953년 4월과 6월 각각 모두 근거 없는 것으로 공식 발표되었지만[68] 스탈린 생존 시에는 그 누구도 스탈린의 명령을 거역할 수 없었기에 무고한 유대인들이 희생되었던 것이다.

이런 상황에서 스탈린 통치하에서 소련 유대인들은 홀로코스트에 대해 정부가 기억해 주기를 바랄 수 없었고, 역으로 스탈린 정부도 유대인의 아픈 기억을 추모할 의사도 전혀 없었다. 스탈린 정부에게 무엇보다도 그들은 '전쟁영웅'이나 '홀로코스트의 피해자'라기보다는 국가안보를 위협하는 '부르주아 민족주의자', 서구문화를 무작정 추종하는 '뿌리 없는 세계주의자' 그리고 정부 지도자를 음해하려는 '음모자'였기 때문이었다. 유대인의 전쟁기억은 잊혀야 했던 것이다.

이러한 전후 스탈린 정부의 반유대주의적 태도는 전쟁 전의 소련 지도부의 유대인에 대한 태도와 비교했을 때 확연히 상반된 것이었다. 사실 러시아

혁명 이후 볼셰비키 지도부는 차르 정부하에서 빈번하게 표출되었던 반유대주의가 부르주아적이면서 자본주의의 잔재로서 자본가들이 노동계급을 분열시키고 계급의식을 희석하기 위한 목적으로 사용하는 도구라고 선전했었다.[69] 이런 이유로 반유대주의는 반동적이고 반사회주의적인 태도로 사회주의 국가에서는 용납될 수 없는 것으로 규정되었다. 그뿐만 아니라 반유대주의는 법으로 처벌받도록 규정되기까지 했다.[70] 이러한 상황이 전쟁 이후 정반대의 상황으로 치닫게 된 것이다. 소비에트 지도부 내에 존재했던 반유대주의 정서만으로는 전후 스탈린 지도부의 반유대주의 분위기를 설명하기에 충분치 않다. 앞에서 보았듯이 전쟁으로 말미암은 소련 국내외 상황 변화와 그 결과의 맥락에서 설명할 때 비로소 전후 반유대주의의 등장에 대해 더 설득력 있는 설명을 제시할 수 있는 것이다.

*　　*　　*

스탈린 시기 이후 소련 말기 페레스트로이카가 진행되기까지 소련에서 대조국전쟁은 숭고한 희생을 딛고 일어나 궁극적으로 나치독일을 물리치고 유럽을 파시스트의 손에서 구한 사건으로 기억되었다. 하지만 그것은 전쟁기억의 전체 모습이 아니었다. 몇 가지 진실이 결여되어 있었다. 그중 하나가 바로 유대인과 관련된 기억이다. 유대인들의 전쟁경험, 즉 유대인들이 나치독일이 점령지에서 자행한 엄청난 규모의 유대인 학살에 의해 희생되었다는 사실과 한편으로는 적과의 전투에서 영웅적 공훈을 세웠다는 사실은 오랫동안 소련의 공식 전쟁기억에서 감춰져 있었다. 소련 정부의 이러한 유대인 관련 전쟁기억 지우기 관행은 이미 전쟁 기간 동안 서서히 나타나기 시작했고 전후 스탈린 시기에 완전히 정착되었다.

　홀로코스트의 희생자로서 유대인에 대한 전쟁기억은 스탈린 사후 흐루쇼프가 탈스탈린주의 정책을 시작하면서 1960년대 초반 몇몇 작가와 시인 등이 산발적으로 유대인의 참혹했던 전쟁기억을 되살리려 했지만 흐루쇼프 정부는 그러한 시도를 궁극적으로 용납하지 않았다. 왜냐하면 이들 지식인은 나치의 유대인 억압과 학살을 종종 소비에트 정권의 억압 및 폭력과 유사한 것으로 비유했기 때문이었다. 이후 브레즈네프 시기 소비에트 지도부는 활력을 많이 소진한 소련 사회에 다시금 소비에트 이데올로기를 강조하고 소비에트 애국주의를 불러일으키기 위한 노력의 하나로 대조국전쟁 기억 부흥 정책을 시도했다. 이 과정이 시작되면서 스탈린 시기 공식 전쟁기억이 다시 강조되었고, 그 과정에서 유대인의 전쟁기억은 공식 기억에서 계속해서 공백으로 남아 있게 되었다.[71] 비록 1980년대 말 고르바초프가 페레스트로이카로 불리는 개혁정책을 시작하면서 대조국전쟁의 공식 기억이 어느 정도 재평가되는 듯했으나 소련 해체 이후 시장자본주의 체제로 이행하는 과정에서 옐친 대통령은 분열된 국론 극복과 새로운 국가정체성 정립을 위해 소비에트 시기의 전쟁기억 숭배 정책을 다시 채택했고(제9장 참조), 그 관행은 오늘날까지도 계속되고 있다. 이 과정에서 유대인이 당한 전쟁의 고통은 공식 전쟁기억 속에서 '국가 단합'이라는 숭고한 목표 앞에 부각될 수 없는 주제로 계속 남아 있게 되었다. 그 대신 소련 전체 국민의 희생이 강조되고 있는 것이다.

아이러니하게도 전쟁 초기 스탈린 정권이 정치적 필요성에 의해 유대인의 고통스러운 전쟁기억을 널리 알렸던 반면 그 이후 오늘날에 이르기까지 소련 및 러시아의 공식 전쟁기억 속에서 유대인 희생과 관련된 전쟁기억은 특별히 부각되지 않고 있다. 전쟁의 기억이 러시아 지도자들에게 국가 단합이라는 정치적 목적으로 지속해서 사용되는 한, 앞으로도 소련 유대인의 전쟁기억은 러시아에서 크게 부각되지 않을 것으로 보인다. 이는 곧 전쟁에 대한 공식 기억에서 누구를 기억한다는 것은 동시에 또 다른 누구를 망각하는 것임을 여실히 보여주는 것이다.[72] 소비에트 시기에 널리 선전되었던 대조국전쟁의 기억에 대한 명제인 "아무도 잊히지 않고 아무것도 잊히지 않는다(Никто не забыт и ничто не забыто)"는 결국 여전히 하나의 '신화'로 남아 있는 것이다.

제4장
전방의 전쟁경험과 기억
레닌그라드와 세바스토폴

오늘날 러시아 지도부가 전쟁의 기억을 국민 단합, 국가 통합이라는 정치적 목적을 위해 적극적으로 사용하는 사례는 잘 알려져 있다. 다만 이제까지 러시아에서 전쟁기억의 활용에 대해서는 주로 국가정체성의 문제와 연결 지어 고찰하는 경우가 많았고, 이 과정에서 지방의 전쟁기억 활용의 모습은 중앙의 방침을 그대로 따르는 것으로 비춰지는 경우가 많았다. 사실 2000년 푸틴이 지도자로 부상하면서 러시아는 중앙집권 체제를 다시 강화했고 지방정부는 중앙의 정책을 그대로 수용하고 적극 호응하는 경우가 많았다. 전쟁기억 추모에 있어서도 마찬가지였다. 예를 들어 볼고그라드 지방정부는 2013년 2월 2일 스탈린그라드 전투 승리 70주년 기념행사를 중앙정부와 긴밀한 공조 속에서 수행했다. 푸틴 대통령은 볼고그라드에서 열린 기념 연주회에 참석했고, 당시 부총리 드미트리 로고진(Д.О. Рогозин)은 볼고그라드시와 주정부가 주관한 전승기념 퍼레이드에서 축사를 하였으며, 볼고그라드 주지사 세르게이 보제노프(C.A. Боженов)는 세르게이 쇼이구(C.K. Шойгу) 국방장관 및 정부 각료들과 거대한 볼고그라드 전승기념비가 세워져 있는 마마예프 쿠르간(Мамаев Курган)에서 함께 헌화했다.[1] 최근 모스크바와 지방정부 지도자들의 이러한 행보는 전쟁에 대한 기억을 기리고 전몰자를 추모하는 데 있어 중앙과 지방의 합치된 이해관계를 보여준다.

하지만 소비에트 역사를 살펴보면 사실 중앙정부와 지방정부가 서로 상이한 이해관계를 가지고 있을 때가 많았으며 그때마다 노골적으로 또는 수면 밑에서 각자의 이해관계를 수호하기 위해 압력을 가하거나 반항하고 때로는 서로 타협하는 경우가 제법 있었다.[2] 과연 전쟁기억을 기리는 데 있어 중앙과 지방은 어느 정도 동일한 이해관계를 가지고 있었고 어느 정도로 상이하고 상충된 목적이나 목표를 가지고 있었는가? 이 문제에 대해 알아보기 위해 이 장에서는 대조국전쟁 말기와 전쟁 이후 스탈린 시기 전쟁기억의 추모에 대해 지역정체성과 연결시켜 고찰하면서 중앙의 전쟁기억과 지방의 전쟁기억이 어떠한 차이점 및 공통점을 지니고 있는지 살펴보겠다.

분석 대상 시기를 대조국전쟁 말기와 전쟁 직후 시기에 초점을 맞춘 이유는 바로 그 시기가 전쟁기억이 형성되어 발현되기 시작하는 때이기 때문이다. 분석의 지리적 범위는 전방지역, 특히 레닌그라드(현 상트페테르부르크)와 크림반도에 위치한 세바스토폴의 사례를 살펴볼 것이다.[3] 두 도시 모두 대조국전쟁 기간 중 독일군에 의해 오랜 기간 동안 포위된 경험이 있고, 세바스토폴은 레닌그라드와는 달리 결국 독일군에 함락되어 2년간 나치독일의 지배를 받았다. 두 도시는 모두 1945년 5월, 스탈린 정부로부터 전쟁 동안 보여준 영웅적 투쟁과 항전에 대한 대가로 '영웅도시(Город-герой)'라는 영예로운 칭호를 수여받았다.[4] 따라서 이 장에서는 전쟁경험, 도시의 고유한 역사 및 전통 등에 있어 공통점과 상이점 모두를 지닌 이들 두 도시의 전쟁기억의 특성을 알아보고 그것이 어떻게 중앙-지방 관계 형성에 영향을 미쳤는지 살펴보겠다. 이 같은 지방의 전쟁기억 분석을 통해 지역정체성을 파악할 수 있으며, 스탈린 시기 중앙이 지방을 통제했던 메커니즘을 밝혀내서 스탈린 정부의 통치 행태 특성도 이해할 수 있을 것이다. 그 외에도 각 지방마다 전쟁기억이 어떻게 상이하고 유사한가도 확인할 수 있을 것이다.

러시아의 전쟁기억에 대해서는 상대적으로 소수의 국내 학자들이 관심을 가지고 개별적 연구 성과를 발표해 왔는데,[5] 이들의 연구는 주로 국가 차원 또는 중앙정부 차원에 초점을 맞추고 있다. 하지만 이 장에서는 그동안 관심을 두지 않았던 지역, 지방 차원에서 전쟁기억을 조명해 봄으로써 러시아 전쟁기억에 대한 연구의 공백을 메우고 동시에 포스트소비에트 러시아의 전쟁기억과 그 기억을 정치적으로 활용하는 정치문화의 뿌리를 추적할 것이다.

레닌그라드의 전쟁경험

전방지역의 전쟁기억을 둘러싼 중앙-지방 관계에 대해서 고찰하기 위해서 먼저 해당 도시의 전쟁경험에 대해 살펴보자. 서부 국경지대에 위치한 레닌그라드의 경우 개전 초기 독일군에게 포위당하는 처지에 놓이게 된다. 1941년 6월 22일 일요일 새벽, 나치독일 군대가 소련에 대한 공격을 시작하였을 때 소련 군대는 고도로 훈련되고 철저히 준비된 적군의 공세에 효과적으로 대응하지 못했다. 그 와중에 340만 명에 달하는 독일 군대와 3,350대의 탱크, 2,000여 대의 전투기와 폭격기들이 소련 내부로 전속력으로 진격해 왔다.[6] 개전 첫날 새벽 4시 독일 전투기들은 이미 벨라루스공화국의 수도 민스크와 우크라이나의 수도 키예프, 그리고 크림반도에 위치한 군항 세바스토폴의 공군기지에 대한 폭격을 개시했다.[7] 전쟁 발발 4일 만인 6월 26일경, 독일군은 발트해 인근의 라트비아에 깊숙이 진격해 있었고, 기갑부대는 레닌그라드에서 겨우 96km 떨어진 지점까지 도달했다. 이틀 후인 6월 28일, 독일군은 벌써 민스크를 함락시켰다. 8월 30일에는 레닌그라드로 향하는 모든 기차선로가 봉쇄되었고 이윽고 전쟁 개시 두 달 반 만인 9월 8일 레닌그라드는 독일군에게 완전히 포위되었다.[8] 비록 독일군에 의한 점령은 모면했지만 이후 1944년 1월 17일 소련군이 레닌그라드 봉쇄선을 뚫고 도시를 해방할 때까지 장장 900일 동안 외부와 단절된 채 독자생존해야 했다.

특히 도시가 포위되고 모스크바로부터의 지원이 끊기면서 레닌그라드 당 지도부는 스스로 살아남을 방안을 모색해야 했다. 상황은 열악했다. 전쟁이 발발하면서 도시 행정을 담당하고 있던 다수의 관료들이 징집되어 전방으로 나갔고, 경제 전문가들 대다수는 동쪽 후방지역으로 소개되었다. 이런 상황에서 레닌그라드 당 조직은 전통적으로 국가 행정업무에 관여하지 않던 관례를 깰 수밖에 없었다. 전쟁이 진행되면서 레닌그라드 당은 직접 행정 결정을 내리고 스스로 통치해야 했다. 레닌그라드 지역 당 지도부는 레닌그라드 군사령부와 긴밀한 협조 체제를 구축했고, 북서부 지역의 파르티잔 조직과도 직접적인 공조 체제를 구축했다.[9] 2년 2개월 동안 지속된 기나긴 포위 기간 동안 레닌그라드 당 지도자들은 이렇게 모든 것을 독자적으로 결정하고 통치했던 것이다. 레닌그라드에서는 이러한 전시 경험을 바탕으로 당 지도부와 시민들의 전쟁기억이 형성되어 갔다. 과연 그 전쟁기억은 전후 중앙정부가 전쟁을 기억하고 추모하는 방식과 어떠한 차이점 또는 유사점을 갖는가?

레닌그라드의 전쟁기억
모스크바와의 공조

전쟁 직후 레닌그라드 당 지도부가 결정한 것은 전쟁 기념비를 건립하는 것이 아니었다. 그보다는 공원을 조성하기로 결정했다. 1947년 레닌그라드 건축가인 스크립니크(Т.И. Скрипник)와 페트로프(С.В. Петров)는 스탈린 동상, 레닌 깃발, 돌진하는 탱크 등으로 이루어진 기념비 건설을 레닌그라드시 정부에 건의했지만 시 정부는 기념비 건립을 허락하지 않았다. 이처럼 레닌그라드시는 1953년 스탈린이 사망할 때까지 시내에 전쟁을 상기시킬 만한 어떠한 기념비도 세우지 않았다. 레닌그라드 지도부가 전쟁 기념물 대신 공원을 조성하기로 한 결정은 고통스러운 전쟁의 기억을 되살리기보다는 녹지가 가득한 공원을 조성해 전쟁 전의 안정과 질서를 회복하고자 한 것이었으며, 뼈아픈 과거를 회상하기보다는 앞으로 나아가자는 의도였다.[10]

이는 스탈린 정부의 전후 전쟁기억 정치의 기본 방침과 일치하는 것이었다. 스탈린은 대조국전쟁 동안 입은 소련 시민들의 심리적·물질적 상처가 너무 깊어 승전 행사를 거창하게 치르면 전쟁 동안 겪었던 고통을 지속적으로 되뇌이게 해 부정적 결과를 가져올 것을 우려했다. 따라서 '망각의 정치'를 시행하고자 했다. 그래서 스탈린 정부는 1945년 6월 24일 붉은광장에서 역사적인 전승기념 퍼레이드를 성대히 펼친 이후 앞 장에서 보았듯이 1947년부터는 5월 9일 전승기념일을 공휴일에서 평일로 바꿔버렸다. 이는 곧 스탈린 지도부가 가시적으로 전쟁의 상흔을 상기시킬 수 있는 소재를 없애버림으로써 소련 인민들 사이에서 전쟁의 기억을 잊게 하려는 시도였다. 레닌그라드 당 지도부의 공원 조성 사업은 이 같은 맥락에서 바로 중앙정부의 전쟁기억 지우기 노력과 일치하는 것이었다.

레닌그라드시 정부가 공원을 조성하기로 결정한 것은 전쟁이 종결되기 직전인 1945년 봄이었다. 이 결정에 따라 레닌그라드시는 1945년 가을부터 1948년까지 3년 동안 '프리모르스키 승리공원(Приморский парк победы)'과 '모스크바 승리공원(Московский парк победы)'을 조성했다.[11] 1945년 10월부터 조성되기 시작한 두 개의 공원 중 프리모르스키 승리공원은 핀란드만과 네바강이 만나는 지점에 있는 크레스톱스키(Крестовский) 섬에 조성되었다. 이 지역은 전쟁 기간 내내 나치독일군으로부터 수많은 폭격을 당해서 곳곳에 폭격으로 인한 구덩이가 파여 있는 데다가, 폭탄이 널브러져 있어서 전쟁의 상흔이 그대로 남아 있던 곳이었다. 하지만 1945년 10월 7일, 일요일임에도 불구하고 레닌그라드 시민 2만 5,000명이 4만 5,000그루의 나무와 5만 그루의 관목을 심으면서 공원 조성이 시작되었다.[12] 전쟁이 끝나고 공원을 조성하여 도시의 녹지를 회복시키는 것은 레닌그라드 시민과 지도자들에게 무척 중요한 일이었다. 전쟁 동안 레닌그라드에서 수십만 그루의 나무와 8만 그루에 달하는 관목, 그리고 200만m²의 풀밭이 사라졌는데, 이는 2년여 동안 독일군에게 포위된 도시 주민들이 초목을 난방이나 취사용 땔감으로 사용했기 때문이다. 그 결과 도시는 더욱 황폐해졌다. 시 관리들이 판단하기에 도시의 녹음을 복원하는 것은 전쟁 전 레닌그라드의 모습을 복원하는 것이었고 시민들에게 평화로운 전쟁 전의 일상으로 되돌아왔음을 보여주는 것이었다.[13] 이런 맥락에서 프리모르스키 승리공원에는 전쟁 때 설치된 토치카가 남아 있었지만 공원 설계자들은 이 같은 전쟁 유산에 대해서는 어떠한 안내판도 설치하지 않았다. 마찬가지로 공원 내에 전쟁 중 나치독일의 폭격을 맞아 분화구처럼 패인 곳은 작은 호수로 만들어 버렸다.[14] 레닌그라드시 관리들은 전쟁의 기억을 되살릴 만한 것들은 의도적으로 지워버리려 했던 것이다.

프리모르스키 승리공원과 같은 날 동시에 공원 조성이 시작된 레닌그라드 남부의 '모스크바 승리공원'의 경우에서도 마찬가지로 시 정부가 전쟁의 기억을 지우려 노력했음을 볼 수 있다. 전쟁 기간 동안 독일군의 포위망이 지나가고 있었던 도시 남쪽 지역에 조성된 모스크바 승리공원은 원래 벽돌공장이 위치했던 곳이었다.[15] 특이한 점은 이 벽돌공장이 1942년 3월 7일부터 전쟁이 끝날 때까지 레닌그라드 시민들이나 군인들의 시체를 소각하는 화장터로 변했다는 점이다.[16] 레닌그라드 봉쇄가 2년여 동안 지속되면서 시 전체 인구의 40%에 육박하는 100만 명의 레닌그라드 시민이 기아와 그에 관련된 질병으로 사망했는데, 그중 대다수가 봉쇄가 시작된 1941년 겨울에 사망했다.[17] 따라서 1942년 봄, 미처 매장하지 못했던 시신들이 길거리에 넘쳐나자 시 정부는 이들을 도시 외곽에 위치한 바로 이 공장의 벽돌 굽는 가마에서 화장하기로 결정했던 것이다. 이 공장에서 전쟁 기간에 화장된 시민과 군인들의 수는 총 11만 7,000명에 달했다.[18] 당시에 사망자가 너무 많아서 화로가 시신 소각을 감당할 수 없을 때에는 시신을 벽돌공장 부지에 그냥 묻어버리기도 했다.

레닌그라드시 관리들은 전쟁이 끝난 직후 전쟁의 상흔이 너무나도 깊게 남아 있는 이 장소를 공원으로 만들기로 결정했던 것이다. 이에 레닌그라드 시민들도 적극 동참했다. 1945년 10월, 공원이 조성되기 시작하면서 한 달동안 모스크바 승리공원에도 1만 7,000그루의 나무가 심어졌고 이듬해 7월 7일 공원을 개장했다.[19] 폭격 맞은 웅덩이를 호수로 만든 프리모르스키 승리공원처럼 화장터를 공원으로 만든 모스크바 승리공원 건립도 전쟁의 아픈 기억을 지우려는 시 관리들의 노력의 일환이었다. 사실 이는 스탈린 정부의 전쟁의 아픈 기억 지우기 정책과 일치했다. 레닌그라드 시민들도 전쟁의 상흔으로부터 휴식할 수 있는 공간이 필요했고, 전쟁 전의 평화로운 모습이 복원되기를 원했기 때문에 시 정부의 공원 만들기 프로젝트에 공감하고 적극 동참했던 것이다.[20]

모스크바의 억압

하지만 중앙과 지방의 전쟁기억이 늘 일치하는 것은 아니었다. 비록 전쟁의 상흔을 덮어버리고 전쟁 전의 평화로운 일상으로 돌아가자는 레닌그라드 지도부의 취지는 중앙정부와 뜻을 같이했지만 전쟁기억과 관련된 모든 측면에서 지방과 중앙 당의 정책이 일치한 것은 아니었다. 사실 레닌그라드 시민들은 전쟁의 상처를 잊기를 원했지만 완전히 망각할 수는 없었고, 그러기를 바라지도 않았다. 시 정부도 시민들의 전쟁기억을 완전히 통제를 할 수는 없었다.[21] 레닌그라드가 소련군에 의해 해방된 이후 레닌그라드 지도부와 시민들 사이에는 900일의 봉쇄에서 살아남은 것에 대한 자부심과 자신감을 토대로 강한 지방 애호주의, 애향주의가 발현되기 시작했다. 특히 포위 기간 동안 외부와 단절된 채 독자적이고 강력한 리더십을 기반으로 난국을 이끌었던 레닌그라드 당 지도부는 레닌그라드 시민의 유일한 희망으로 부상했고 그 과정에서 레닌그라드 당 지도부에 대한 일종의 신비감과 경외심이 시민들 사이에서 생겨났다.[22] 지역 당 지도부에 대한 이러한 경외심은 레닌그라드의 역사적 전통과 어느 정도 연관성을 지니고 있었다. 레닌그라드는 제정 시기 수도로 행정과 문화의 중심지라는 전통을 지니고 있었고, 그에 더해 소비에트 정권을 창출해 낸 1917년 10월혁명의 주무대로 많은 혁명가들이 활약한 활동 무대였다. 이렇게 레닌그라드가 러시아 역사 발전 과정에서 지도적 역할을 담당한 곳이었다는 사실과 더불어 전쟁 동안 고립되어 지역 당 지도부만 바라보고 살아야 했던 극한 상황은 도시민들에게 자기 도시에 대한 자부심을 심어주었고 동시에 강한 애향주의가 형성되었다.[23]

이러한 지방 애호주의의 발현은 전쟁 말기 레닌그라드에서 발간된 출판물에 실린 글을 통해 확인할 수 있다. 1944년 말 레닌그라드 지역 당 지도부는 1930년대에 레닌그라드의 역할을 자랑스럽게 강조했던 레닌그라드 당서기 키로프의 연설을 중앙당 기관지 ≪당 건설(Партийное строительство)≫에 게재하였다. 전국으로 배포되는 기관지에 게재한 글에서 레닌그라드 당 지도부는 키로프를 "당의 이상적인 인물이며, 최상의 당 전통을 소유한 자이고, 소비에트 전 인민의 존경을 받는 인물"이라고 칭찬했다.[24] 이런 식으로 레닌그라드 당 지도부는 공공연히 레닌그라드의 역사와 영웅주의를 자랑하면서, 레닌그라드에서 출판되는 문학잡지 ≪별(Звезда)≫이 레닌그라드 지역을 소재로 한 시와 이야기를 충분히 게재하지 않는다고 비난하기까지 했다.[25] 이 외에도 레닌그라드 당 지도부 출신 안드레이 즈다노프가 1946년 창간한 ≪당 생활(Партийная жизнь)≫이라는 기관지의 경우 1947년에 출간된 총 24호 중 절반에 가까운 10개 호에 레닌그라드에 대한 장문의 기사나 레닌그라드의 유명 인사의 글을 게재했다. 반면 그 기간 동안 모스크바에 대한 기사는 단 5개 호에만 싣는 편향성을 보였다.[26]

이러한 애향주의의 발현은 전후 전쟁기억에 대한 스탈린의 태도를 고려해 볼 때 용납될 수 없는 것이었다. 그는 한편으로는 전쟁의 기억을 지우고자 했지만 그것은 전쟁의 부정적 측면에 관한 것이었다. 전쟁의 승리와 연관 지어 스탈린은 소련 인민들이 자신을 유일한 전쟁 영웅으로 봐주기를 바랐다.[27] 이런 이유로 전쟁 승리에 혁혁한 공훈을 세운 주코프 장군이 인기를 얻게 될 것을 우려해 1946년 그를 우크라이나 남부지역으로 좌천시키고, 그 후 1948년에는 다시 더 오지인 우랄지역 사령관으로 발령했던 것이다.[28] 이런 점에서 볼 때 스탈린은 과도한 지역 애향주의를 바탕으로 지역 영웅주의를 공공연히 표방하고 있었던 레닌그라드를 묵인할 수 없었다. 결국 스탈린 정권의 레닌그라드 애향주의에 대한 공격은 1949년에 시작되었다.

1949년 스탈린 정부는 레닌그라드 소재 '레닌그라드 방어 박물관'을 폐쇄했는데,[29] 이 박물관 전시 내용이 당시 스탈린의 '천재성'을 강조하는 국가 선전과는 달리 전쟁 동안 지역 주민들의 헌신적인 노고와 자부심을 보여주는 내용으로 꾸며져 있었기 때문이다.[30] 그에 더해 모스크바 지도부의 심기가 불편했던 것은 이 박물관이 지역 주민들 자신들의 전쟁기억을 되새기고 추모하는 장소가 되어가고 있었다는 점이다. 이 박물관은 개장 이후 1949년경까지 약 100만 명의 레닌그라드 시민들이 방문함으로써 레닌그라드의 대표적인 역사박물관인 에르미타시(Эрмитаж) 다음으로 관람객이 많고 인기 있는 곳으로 등극했는데, 그 관람객 수는 당시 레닌그라드시 인구와 맞먹는 숫자였다.[31] 정치적으로 모스크바 지도부가 원하는 내용이 아닌 전시물로 꽉 찬 박물관에 많은 지역 시민들이 몰려든다는 것은 스탈린 지도부가 결코 용납할 수 없는 것이었다. 왜냐하면 박물관은 지역사회를 표현하는 장소이고 따라서 지역사회의 정체성을 규정하는 장소인데,[32] 그 박물관에서 보여주는 지역사회의 정체성이 소위 스탈린 지도부의 강조점과 다른 방향으로 나아가는 것은 용인할 수 없었기 때문이다.

스탈린 지도부의 레닌그라드의 전쟁기억 지우기 작업은 박물관 폐쇄에서 끝나지 않았다. 박물관의 초대 관장이었던 라코프 대령은 체포되어 무려 25년의 강제노동수용소 형을 선고받았다.[33] 1949년 2월 스탈린의 충성스러운 심복이자 정치국원인 게오르기 말렌코프(Г.М. Маленков)가 레닌그라드 방어 박물관에 도착하자마자 요청한 것은 바로 박물관의 안내 책자였다. 말렌코프는 그 책자를 보고나서 대노하며 다음과 같이 호통쳤다.

이것은 레닌그라드 봉쇄에 대한 하나의 신화를 만들어냈군! 이 책자는 위대한 지도자 스탈린에 대한 내용을 극소화했어![34]

모스크바의 중앙위원회는 이 사건 이후 레닌그라드 방어 박물관에 조사단을 보냈고 박물관이 전쟁기억을 '왜곡'했을 뿐 아니라 '반당 행위'를 저질렀다고 결말 내렸다. 결국 라코프가 쓴 박물관 안내 책자는 압수당했고 비밀경찰이 와서 전시물까지 모두 압수해 갔다.[35] 이 박물관이 폐쇄된 직후 전시물은 스탈린의 위대함을 보여주는 내용으로 다시 꾸며졌다. 그 예로 1919년 내전 시 페트로그라드 방어에서 스탈린의 역할을 보여주는 전시물이 새롭게 추가되었다. 하지만 그때는 정부로부터 박물관 재개장 허가를 받기에는 이미 늦은 시점이었고, 소련 국무회의(Совет Министров)는 이 박물관 건물을 해군에 이양했다.[36] 1953년 정부는 결국 박물관을 없애버렸고, 그로 인해 123개 도시 곳곳의 모형, 131개의 지도, 6대의 비행기, 독일군 탱크 등을 포함한 3만 2,000점에 달하는 박물관 전시물이 여러 곳으로 분산되어 보내지거나 파기되었다.[37] 모스크바의 이 같은 조치는 중앙의 입장에서 보았을 때 레닌그라드의 전쟁박물관이 너무나도 지방 애호주의적이었고, 지역 중심적이었기 때문이다.[38] 이 같은 분위기 속에서 1940년대 말~1950년대 초 모스크바 지도부는 레닌그라드 역사학자들이 제정러시아와 소비에트 역사 저작에서 상트페테르부르크와 레닌그라드의 역할을 과장한 측면이 있다고 비판하기도 했다. 이는 곧 지방 애호주의가 자칫 '분리주의'로 발전할 수 있는 가능성에 대한 중앙의 경계심리의 발현이었다.

박물관 외에도 박물관 부속 문서보관소의 자료들도 다른 곳으로 옮겨져 대중들의 열람이 금지되었다. 예를 들어 '레닌그라드 방어위원회'에 관한 모든 공문서들은 국방부 산하 문서보관소로 옮겨진 후 비밀문서로 분류되어 열람이 금지되었다.[39] 아울러 1949년경에는 전쟁 기간의 레닌그라드와 관련된 대부분의 서적이 출판 금지되었다. 모스크바 지도부는 레닌그라드 봉쇄와 관련된 정보를 수집·정리한 문서, 전쟁 당시 레닌그라드시 당 서기 즈다노프의 명령으로 수집된 각종 정보, 봉쇄 기간 동안 480명의 레닌그라드 과학자들이 이루어 낸 각종 성과에 관한 책에 대해서도 출판을 허락하지 않았다.[40] 전쟁 동안 레닌그라드의 상황과 레닌그라드 시민의 자부심을 고양할 만한 자료는 모두 숨긴 것이다.

사실 전쟁기억을 말살하려는 시도는 중앙이 강력한 중앙집권 체제 유지를 위해 지방 엘리트들의 지역주의, 지역 분권주의에 간접적으로 견제 및 탄압을 가한 것이었다. 앞에서 살펴본 '레닌그라드 방어 박물관' 폐쇄 결정이 있었던 1949년은 사실 스탈린 지도부가 레닌그라드 지역 당원들에 대한 대대적인 숙청을 벌였던 소위 '레닌그라드 사건(Ленинградское дело)'이 발생한 해였다. 스탈린 지도부는 레닌그라드 당·정부·경제계의 뛰어난 인물들이 조국을 배신하고 레닌그라드 당 조직을 당 중앙위원회(ЦК)에 맞설 근거지로 만들려고 했다고 지역 당 지도부를 비난했다.[41] 물론 스탈린 사후 이 사건은 사실이 아닌 것으로 드러났지만 당시 이 숙청을 통해 전쟁 동안 레닌그라드 방어와 전후 도시 재건에 결정적 역할을 담당했던 당·정부의 고위 인사 다수가 희생되었다. 처형된 대표적 인물로는 전후 레닌그라드 경제부흥에 중요한 역할을 담당했던 소련 국가계획위원회(Госплан) 의장 보즈네센스키, 레닌그라드 당 지도자 출신 중앙위원회 서기 알렉세이 쿠즈네초프(А.А. Кузнецов), 러시아

공화국 국무회의 의장 미하일 로디오노프(М.И. Родионов), 레닌그라드 당 위원회 제1서기 표트르 폽코프(П.С. Попков) 등이 있다.[42] 이들 외에도 200명에 달하는 고위 당 관리들이 재판을 받고 처형되거나 투옥되었다. 1949년 2월에 시작된 레닌그라드 당 지도부에 대한 탄압은 1952년까지 지속되어 총 2,000여 명의 지역 당 관리들이 직위에서 쫓겨났는데, 이 사건은 그야말로 전후에 벌어진 최대 규모의 정치 탄압이었던 것이다.[43]

스탈린은 레닌그라드의 당 관료들을 늘 의심의 눈으로 주시하고 있었는데, 그것은 레닌그라드의 역사 및 전통과 연관되어 있었다. 레닌그라드는 1905년 혁명, 1917년 2월·10월 혁명 등 3대 혁명의 전통을 간직한 곳이었다. 그뿐만 아니라 1920년대 후반에는 레닌그라드 당 지도부의 대표적 인물 그리고리 지노비예프(Г.Е. Зиновьев)가 모스크바 중앙위원회에 정면으로 반대하는 운동을 벌였던 곳이고, 1930년대에는 레닌그라드 당지도자 키로프가 지역 주민들로부터의 엄청난 인기와 지지를 받으며 스탈린의 잠재적인 경쟁자로 등장한 곳이기도 했다. 그런가 하면 봉쇄 기간 중 레닌그라드에는 스탈린의 사진보다 레닌그라드 당 지도자 즈다노프의 사진이 더 많이 걸려 있었던 점도 스탈린을 불안하게 만들었고, 전후에 레닌그라드에 더욱 압박을 가하게 했던 것이다.[44] 더구나 대조국전쟁 중에는 나치독일군에 포위되면서 오랫동안 중앙의 통제를 받지 않고 고립되어 독자적으로 생존했던 지역이었다.[45] 스탈린 정부의 '전쟁기억 지우기' 정책에는 바로 이 같은 지방의 부상에 대한 중앙의 견제 요소도 내재되어 있었던 것이다.

세바스토폴의 전쟁경험

세바스토폴의 전쟁경험과 기억은 레닌그라드와 비교해 공통점과 상이점을 모두 지닌다. 세바스토폴은 레닌그라드처럼 독일군에 오랜 기간 포위되었던 경험을 가지고 있지만 레닌그라드와는 달리 나치독일군에게 결국은 점령당했다. 지역 당 지도부의 경우, 전쟁 동안 건재하여 중요한 역할을 담당했던 레닌그라드 당 지도부와는 달리 세바스토폴의 지도부는 도시 함락 직전 탈출했고 남아 있던 당원들도 대부분 체포되어 처형당했다. 이런 이유로 전후 세바스토폴로 귀환한 지역 당 지도부의 위상은 레닌그라드에 비해서는 현저하게 낮았다. 또한 전쟁 중에는 세바스토폴 주민의 많은 수가 독일 등지로 강제 노동력으로 동원되거나 처형되었다. 이 때문에 이들의 전쟁기억은 2년 반 만에 도시가 해방되었을 때의 기쁨을 누리고 전쟁 중의 갖은 고생을 견뎌냈다는 자부심 갖게 된 레닌그라드 주민들의 전쟁기억과는 현저히 달랐다. 그럼 과연 이러한 상황들은 어떻게 전후 세바스토폴의 전쟁기억에 영향을 미쳤고 중앙정부의 기억정치에 영향을 미쳤는지 살펴보자.

소련 흑해함대의 모항인 크림반도 남단의 세바스토폴은 우크라이나 수도 키예프가 함락된 지 11일 만인 1941년 9월 30일 독일군에게 포위당하게 된다. 레닌그라드와 비슷한 운명에 처하게 된 것이다. 세바스토폴은 250일간의 포위를 견뎌냈지만[46] 그 후 그 도시의 운명은 레닌그라드와는 달랐다. 독일과 소련의 7개월에 걸친 치열한 공방전 끝에 이듬해인 1942년 6월 5일, 결국 나치독일군의 공격에 무릎을 꿇고 함락당하고 만다. 이후 소련군이 도시를 재탈환하는 1944년 5월 9일까지 거의 2년간 나치독일 치하에 들어가게 된다.[47]

레닌그라드와 비교해 세바스토폴은 엄청난 도시기반시설의 파괴를 경험했다. 독일 공군이 소련 해군의 주요 기반시설이 위치해 있던 세바스토폴을 완전 초토화하는 작전을 택했기 때문이다. 나치독일군 입장에서는 크림반도를 확보하는 것이 무척 중요했는데, 그곳은 석유 요충지인 캅카스 지역으로 향하는 길목이었을 뿐만 아니라[48] 세바스토폴을 자국 군대를 위한 해군기지나 공군기지로 사용할 수 있었기 때문이다. 이 외에도 천연 요새화된 지형에 위치한 세바스토폴 비행장을 손에 넣으면 독일 공군으로서는 캅카스 지역에 대한 공습이 가능해지고, 소련 공군의 공습도 근절시킬 수 있었다.[49] 이런 이유로 나치독일 공군은 개전 첫날부터 세바스토폴을 폭격했고, 이후에도 함락되기까지 근 1년 동안 수만 발의 폭탄을 퍼부었다. 게다가 1944년 5월, 소련군이 도시를 재탈환할 때 나치 점령군과의 치열한 전투로 인해 도시는 거의 아무것도 남지 않게 될 정도로 파괴되었다.[50] 1944년 도시가 해방된 직후 작성된 보고서에 의하면 약 5,000채의 건물이 파괴되었으며, 단 일곱 채만 파손된 채 남아 있었고, 주택의 경우 총 6,402채 중 1,023채 정도만 거주가 가능한 상태였다. 통신·교통 시설이 완전히 파괴된 것은 물론이었다.[51]

인명 피해도 상당했다. 2년의 나치독일 점령 기간 중 많은 수의 도시 주민들이 강제 노동력으로 독일로 끌려갔고 도시의 강제수용소에서 사망하거나 처형당했다.[52] 1943년 한 해에만 독일로 끌려간 도시민의 수는 3만 6,000명에 달했다. 그 외에도 세바스토폴에 잔류해 있던 시민들 중 유대인이나 공산당원들은 대부분 처형되었는데, 그 수는 2만 7,306명에 달했다.[53] 점령 기간 중 이 같은 인구 손실로 1944년 도시가 소련군에 의해 해방되었을 때 전체 인구는 고작 3,000명이 남아 있었는데, 이는 전쟁 전의 도시인구가 11만 명 정도였던 것을 감안하면 남아 있던 도시인구 대부분이 8개월간의 봉쇄 기간 동안 사망하거나, 그렇지 않으면 독일 점령 이후 처형되거나 강제 노동력으로 끌려가 도시 기능이 거의 마비되었음을 의미한다.[54] 비록 사망자의 수는 100만 명의 희생자가 발생한 레닌그라드와 비교해 적었지만 도시인구의 감소율은 95% 이상으로 40% 정도였던 레닌그라드의 두 배 이상이었으며, 도시의 파괴 정도까지 감안하면 레닌그라드보다 상대적으로 더 큰 피해를 입었던 것이다.

레닌그라드와 비교해 세바스토폴에서는 전후에 지역 당·정부 지도자들에 의한 애향주의, 지역주의가 크게 발흥하지 않았다. 그 이유는 나치에 의한 봉쇄 기간 동안 레닌그라드 지역 당·정부 지도자들은 그대로 도시에 남아 통치했던 반면, 세바스토폴 당 지도자들은 1942년 함락 직전 도시를 탈출하거나.[55] 앞에서 보았듯이 남아 있던 당원들도 대부분 나치독일 점령군에 의해 처형되어서 전쟁기억을 회고할 수 있는 관리들이 거의 없었기 때문에 전후에 지방 지도자들에 의한 애향주의의 표현이 미미했던 것이다. 세바스토폴의 당·정부 지도부는 전쟁 초기 영웅적으로 도시를 사수했지만 결국은 독일군에 패했다는 점과 점령 기간 동안 당 지도부가 도시에 남아 있지 않았다는 점에서 전쟁 중 자신들의 활동에 자부심을 느낄 수 있는 근거가 레닌그라드에 비해 미약했다.

하지만 다음 절에서 보듯이 이는 세바스토폴에 전후의 애향주의가 존재하지 않았음을 의미하는 것은 아니다. 다만 세바스토폴의 애향주의는 레닌그라드와는 달리 대조국전쟁의 기억이 아닌 1917년 러시아혁명 이전의 도시 전통에 기반을 둔 것이었다.

세바스토폴의 전쟁기억과 모스크바의 입장

모스크바가 레닌그라드 지방 당·정부 지도자와 대중들의 전쟁기억을 억압하고 탄압한 사례를 당시 소련의 전방지역에 일괄적으로 적용할 수는 없다. 세바스토폴의 경우 '중앙'은 전쟁기억을 표현하는 방식에 대해 지방 엘리트들과 충돌하자 지방 엘리트의 견해를 수용하는 방향으로 나아갔다. 이는 스탈린 정권이 흔히 알려져 있듯이 강력한 전체주의 체제를 운용하면서 지방을 완벽하게 통제했다는 '전체주의 시각'이 늘 맞지는 않았음을 의미한다. 즉, 예외는 있었고, 지역 차이가 존재했다.

스탈린 지도부는 전방지역의 도시 중에서 군사작전상 중요한 산업기지나 수송기지가 위치한 도시들을 선정해 소련 영토가 나치의 지배로부터 완전히 해방되기 이전부터 그 도시들의 재건 계획을 수립했다. 당시 스탈린 정부는 러시아사회주의공화국(РСФСР)에서 로스토프나도누, 보로네시, 칼리닌, 무르만스크, 노브고로드, 프스코프, 벨리키 루키, 스몰렌스크, 뱌지마, 노보로시스크, 쿠르스크, 오룔, 브랸스크, 크라스노다르, 세바스토폴 등 15개 도시의 재건 계획을 세웠다. 세바스토폴은 소련 흑해함대의 모항이자 전략적 요충지이기에 포함된 것이었다.[56]

스탈린 정부는 세바스토폴시가 1941년 6월 22일 개전 시부터 이듬해 7월 4일 함락될 때까지 나치독일과 치열한 공방전을 벌인 데에 나치독일에 대한 소련 인민의 불굴의 저항 모델로 삼고 국내외에 선전전을 펼쳤는데, 전쟁 와중인 1942년에 이미 「세바스토폴의 영웅적 방어」라는 제목의 영어 책자까지 펴냈다.[57] 그런가 하면, 1942년 세바스토폴 전투를 소재로 소비에트 화가 데이네카(A.A. Дейнека)는 '세바스토폴의 방어'라는 제목으로 소련 수병이 세바스토폴 항구를 공격하는 독일군에 맞서 백병전을 벌이는 그림을 그렸고, 소련 정부는 이 책의 제1장에서 보았듯이 전쟁 기간 내내 이 그림을 언론, 잡지 등에 선전용으로 게재했다. 모스크바 건축가들은 이런 상황에서 세바스토폴이 대조국전쟁에서 지니는 의미를 잘 알고 있었다. 하지만 모스크바 건축가들이 세운 세바스토폴 재건 설계안은 세바스토폴시 소속 건축가들과 관리들이 제안한 설계안과 충돌했다. 충돌의 주원인 중 하나는 바로 이 도시의 전쟁기억을 어떻게 표출할 것인가에 관한 문제였다.

세바스토폴 재건 계획은 1920년대 모스크바의 이즈베스티야 신문사 건물을 설계한 모스크바의 저명한 건축가 그리고리 바르힌(Г.Б. Бархин)에 의해 수립되었다. 그는 1943년부터 세바스토폴 재건 프로젝트에 관여했는데,[58] 모스크바 지도부는 그가 1945년 2월 제출한 세바스토폴 재건 계획안을 최종적으로 채택했다. 세바스토폴을 방문해 본 적이 없는 '외부인'이었던 그가 만든 도시 재건 계획안의 주된 모티프는 소련의 대조국전쟁 승리를 기념하고 그 전쟁에서 스탈린의 역할을 강조하는 것이었다.[59] 바르힌은 '대조국전쟁 파노라마' 관을 엄청나게 큰 규모로 설계했고, 도시 한복판의 '퍼레이드 광장'에는 '영광(Слава)'이라고 명명한 거대한 전쟁기념비를 세우도록 설계했는데, 그 조형물의 높이는 자그마치 100m가 넘었다. 이 외에도 도시의 다른 장소에는 거대한 스탈린 동상을 세우도록 설계하면서 바르힌은 스탈린을 "위대한 조직가이자 전쟁 승리를 위한 영감을 불어넣은 자"로 묘사했다. 이 외에도 그는 거대한 레닌 동상도 시내의 '코뮨 광장'에 짓도록 설계했다.[60] 이러한 거대한 규모의 동상과 기념탑은 세바스토폴의 전통적인 특성을 완전히 제압하는 것이었다. 특히 100m 이상의 높이로 설계된 전쟁기념비는 주변의 유서 깊은 거리 및 건물과는 전혀 조화되지 않았다. 결국, 모스크바 건축가 바르힌의 세바스토폴 설계안은 스탈린의 지도하에 나치독일과의 전쟁을 승리로 이끌었다는 식의 전쟁기억을 만들어내기 위해 고안된 것이었다.

세바스토폴의 입장

반면 세바스토폴시 소속 건축가와 지방 관리들의 전쟁기억 표현 방식은 모스크바 건축가들과는 상당히 달랐다. 지방의 건축가와 관리들은 도시를 재건하는 데 있어 세바스토폴의 과거 및 전통과 연관된 기억을 되살리려 했다. 전쟁 이후 도시 주민들이 귀향하고 외지인들도 새롭게 도시로 유입되고 있는 상황에서 시 정부와 관리들은 주민들이 세바스토폴에 대한 애착을 가지고 도시 재건에 적극 동참하게 만들기 위해서는 도시의 전통과 역사를 전쟁 이후 도시 정체성 형성의 구심점으로 보고 그것을 구현하는 것이 중요하다고 생각했다.[61] 이런 이유로 세바스토폴시 소속 건축가 유리 트라웃만(Ю.А. Траутман)은 바르힌이 구상한 '퍼레이드 광장'의 거대한 전쟁기념비가 인근의 도시민과 수병들의 전통적인 휴식 장소였던 프리모르스크 거리와 미치만스크 거리를 침식한다고 주장하며 바르힌의 계획안에 강한 거부감을 표시했다. 그는 바르힌의 계획은 도시의 특성과 전통을 결여한 것이라고 지적하면서 기존의 건물, 거리, 상징과의 조화를 전혀 고려하지 않은 계획이라고 비난했다.[62] 세바스토폴 지방 관리와 건축가들은 '외부인'의 웅대한 도시 설계가 지방의 전통과 역사를 파괴하는 것에 맞서 지방의 특색과 전통을 지키고자 했던 것이다.

트라웃만과 세바스토폴시 정부 관리들은 혁명 이전의 도시 전통과 명예를 구현하는 방향으로 재건 계획을 세웠고, 도시의 전쟁기억도 바로 혁명 전의 전통에서 찾고자 했다. 이들의 이 같은 의도에는 이유가 있었다. 세바스토폴은 19세기 중엽 제정러시아가 영국, 프랑스, 오스만제국에 맞서 싸웠던 크림전쟁(1853~1856)의 주무대였는데, 이런 이유로 대조국전쟁 동안 세바스토폴 방어전이 소련 언론에 소개될 때 자주 19세기 크림전쟁과 비교하여 '제2의 세바스토폴 방어전쟁'으로 비유되었다.[63] 이러한 현상은 전쟁 이후에도 계속되었다. 따라서 세바스토폴을 크림전쟁의 모티프를 중심으로 재건하는 것은 전혀 이상한 일이 아니었다. 세바스토폴시 관리들이 크림전쟁의 기억을 도시 재건에 투영하려고 한 예로 거리 이름의 변경을 들 수 있다. 기존의 세바스토폴시의 주요 도로 이름은 레닌, 마르크스, 프룬제(Фрунзе)로 명명되어 있었는데, 트라웃만은 레닌 거리는 놔두고 마르크스 거리와 프룬제 거리를 각각 '볼샤야 모르스카야(Большая морская: 대해군)' 거리와 '나히모프(Нахимов)' 거리로 개칭했다. 미하일 프룬제(М.В. Фрунзе)는 러시아혁명 직후 내전 기간 동안 백군으로부터 세바스토폴을 해방시키는 데 결정적 역할을 했지만 지역 주민들이 추앙하는 영웅은 아니었다. 마르크스도 물론 세바스토폴과 직접적 연관은 없었다. 단지 사회주의 이데올로기와 연관 있을 뿐이었다. 하지만 파벨 나히모프(П.С. Нахимов)는 크림전쟁 때 혁혁한 공훈을 세운 해군 제독이었고 세바스토폴은 전통적인 군항으로 '해군 도시'였다.[64] 대조국전쟁 이후 도시 재건에서 소비에트적이고 국가적 관점에서 전쟁기억을 구현하려 했던 모스크바의 건축가와는 달리 지역 관리와 엘리트들은 지역의 혁명 전 전통과 역사를 표출하고자 했던 것이다.

모스크바의 양보?

이 같은 중앙-지방 이해관계의 충돌은 놀랍게도 지방의 이해관계 관철로 결말지어졌다. 1946년 4월경 중앙 당 지도부는 웅장하고 거대한 규모의 기념물을 이용해 전쟁기억을 강조한 바르힌의 도시 계획안에 대해서 너무 추상적이라고 비판하면서, 세바스토폴시 소속 건축가와 지방 관리들의 지방의 정서를 우선시한 도시 계획안을 지지했다.[65] 레닌그라드의 경우와는 달리 중앙정부는 지방정부와 엘리트들의 지방색을 강조한 도시 설계에 손을 들어주었던 것이다. 무슨 이유로 모스크바의 관리들은 지방의 이해관계가 반영된 계획안을 채택했을까?

그 이유를 다음의 몇 가지로 설명할 수 있다. 첫째, 중앙정부 기관은 이미 전쟁이 끝날 무렵부터 도시 재건에 있어서 각 도시들이 해당 지역의 지리와 토양 그리고 건축자재를 기반으로 그 지역의 역사적 특성을 고려해서 재건 계획을 세울 것을 촉구했고 전쟁 직후에도 이 방침을 재천명했다. 1945년 11월 1일, 스탈린 정부는 "러시아공화국 내에 독일 침략자에 의해 파괴된 도시의 복구 조치에 대하여"라는 법령을 발표하면서 이들 도시 복구에 있어 "역사적으로나 건축학적으로 가치가 있는 건물을 최우선적으로 복구할 것"을 지시했다.[66] 사실 전쟁 중에 스탈린 지도부가 소련 인민을 동원하기 위해 사회주의 이데올로기보다 민족주의적이고 애국주의적인 역사적 인물과 사건을 강조하는 경향이 늘어났기 때문에 전쟁 직후 중앙이 도시 재건과 복구에 있어서 이데올로기보다는 해당 지역의 특성과 역사에 방점을 찍은 것은 당시로서는 놀라운 일은 아니었다. 예를 들어 대조국전쟁 시기 소련의 포스터에 자주 등장한 인물은 13세기에 독일 기사단의 침략을 물리친 알렉산드르 넵스키(Александр Невский), 그리고 18~19세기 오스만제국의 군대를 무찌른 명장 알렉산드르 수보로프(А.В. Суворов) 등이었다. 스탈린 정부는 특히 1942년 나치독일 군대와의 전투에서 혁혁한 공훈을 세운 장교들에게 수여하는 훈장을 제정했는데, 그 이름을 '알렉산드르 넵스키' 훈장이라고 명명했다.[67] 아울러 전후 복구가 시급한 상황에서 중앙정부는 지방 도시의 신속한 복구를 위해서는 지방 주민들의 애향주의를 자극하여 복구에 동원하는 것이 가장 효과적인 방법이라는 것을 잘 알고 있었다.[68] 애향주의를 불러일으키기 위해서는 그 지역의 전통과 역사가 깃든 도시 설계가 필요했고, 중앙정부도 이를 깨닫고 있었던 것이다.

둘째, 세바스토폴시 소속 건축가 트라웃만은 자신의 주장을 펼칠 때 재치있게 당 중앙의 포고문에서 사용된 담론과 수사(修辭)를 이용하여 중앙으로부터 동감을 얻을 수 있도록 했다. 트라웃만은 1946년 당시 소련 문화정책을 총지휘하던 즈다노프가 사용하던 수사와 담론을 이용하여 자신의 주장을 정당화했는데, 그는 바르힌의 계획이 건축물의 규모와 상징성, 미학적 측면에서 너무 학술적이고 추상적이라고 비판하면서 도시민의 실제적 필요를 고려하지 않은 계획이라고 비판했다.[69] 특히 트라웃만은 앞서 언급한 1945년 11월 1일 법령에 근거하여 바르힌의 도시 설계안을 비판했는데, 그 법령의 주 내용은 세바스토폴을 비롯한 전쟁 중 독일군에 의해 파괴된 도시 주민들의 일상생활 여건을 향상시키는 것이었다. 트라웃만은 이 법령을 적극 활용하여 바르힌의 계획안은 도시민의 정서는 물론 편의를 전혀 고려하지 않은 것임을 지적했다. 그는 이 같은 방법으로 중앙의 지지를 얻어낼 수 있었던 것이다. 이 외에도 거대한 기념물을 건설하는 바르힌의 설계안은 많은 경비를 필요로 했는데, 이는 종전 직후 경제적으로 어려운 상황에 처했던 스탈린 지도부가 우려하는 바이기도 했다.[70] 이러한 점에서 중앙정부는 바르힌보다는 트라웃만의 계획안을 채택했던 것이다.

결국 트라웃만은 중앙에서 내린 방침을 교묘히 이용하여 모스크바 건축가가 수립한 재건 계획에 문제를 제기하고, 대신 지방의 이해관계에 부합하는 전쟁기억을 기반으로 한 재건 계획에 대한 승인을 중앙으로부터 얻어냈다. 이는 곧 지방이 중앙의 지시에 무조건적으로 복종하기보다는 지방 나름대로 중앙을 상대하는 생존 전략을 활용하여 지방의 이익을 관철시켰음을 의미한다. 이에 대해 스탈린 정부는 지방 엘리트나 지도부가 중앙의 권위에 도전하지 않는 한 지방의 관점에서 전쟁기억을 표출하는 것을 허용해 주었다. 물론 그것은 지방의 계획이 중앙의 이해관계에 실질적으로 이득을 가져올 경우에 (세바스토폴의 경우, 신속한 도시 재건과 경비 절감) 한한 것이었다. 우리는 중앙의 이러한 태도를 밑으로부터의 요구에 대한 무조건적인 양보라기보다는 일종의 계산된 타협 또는 용인이라고 규정지을 수 있다. 세바스토폴의 경우 중앙은 지방의 전쟁기억 표출에 대해 레닌그라드와는 다른 접근 방법을 보여주었던 것이다.

*　　*　　*

레닌그라드와 세바스토폴의 사례는 중앙정부가 전쟁기억을 아무리 통제하려 했어도 완벽한 통제는 불가능했음을 보여준다. 중앙정부는 전쟁의 기억을 완전히 지울 수도, 단일한 유형으로 통일시킬 수도 없었다. 레닌그라드 주민들은 정부의 전쟁기억 지우기에 동참했지만 또 다른 한편으로는 전쟁기억을 되새기기를 원했다. 스탈린은 자신만이 전쟁의 유일한 영웅으로 비춰지기를 바랐지만 레닌그라드 주민들의 전쟁기억은 그렇지 않았다. 도시민 자신들이 진정한 전쟁의 영웅이라고 생각했고 레닌그라드 당 지도부가 전쟁기억의 중심을 차지하고 있었다. 세바스토폴의 지역 엘리트들은 모스크바 엘리트들의 전쟁기억 표현 방식에 동의하지 않았다. 지방의 전통과 역사를 무시한 것이기 때문이다. 세바스토폴에서는 대조국전쟁의 승리를 직접 가시적으로 과시하는 것보다 도시의 역사를 통해서 전쟁기억을 반추하기를 원했다. 사실 세바스토폴의 전쟁경험은 레닌그라드와는 달리 궁극적으로 적군에게 정복당함으로써 레닌그라드에 비해 전후에 전쟁기억으로 내세울 만한 점은 많지 않았다. 따라서 세바스토폴 지방 건축가들은 도시를 재건하는 데 있어 도시의 전통과 역사에 기반하여 1850년대의 크림전쟁의 기억을 되살리고자 했다.

이 장에서 살펴본 레닌그라드와 세바스토폴의 지역 당 지도부와 엘리트들의 반응은 지방이 중앙의 전쟁기억 방식을 무조건 수용하지는 않았음을 보여준다. 그리고 지방의 전쟁기억도 다양했음을 보여준다. 즉 전쟁 시 경험에 기반하여 중앙과 호흡을 맞춘 부분도 있고, 중앙과 대치한 부분도 있었다. 그리고 중앙에서 사용하는 수사를 교묘하게 이용하여 지방의 이해관계를 관철시킨 경우도 있었다.

스탈린 정부가 원하는 전쟁기억과 지방이 원하는 기억이 상치될 때 스탈린 지도부가 대응했던 방법은 다양했다. 레닌그라드의 예에서 본 것처럼 정권에 직접적으로 도전이 될 가능성이 있다고 판단될 때는 강제적이고 폭력적인 방법을 동원해서 과도한 지방주의와 애향주의를 억압했다. 나아가 스탈린 정권은 전쟁과 관련된 새로운 신화, 새로운 집단기억을 만들어내기 위해 전쟁의 기억을 조작했다. 즉 지방 박물관의 전시물 내용을 지도자의 위대함을 보여주는 것으로 바꾸고, 특정 자료의 열람을 제한했다. 강력한 중앙집권적 통치 방식을 이용해 지방의 전쟁기억을 통제한 것이다.

하지만 중앙-지방 간 전쟁기억이 충돌할 때 스탈린 정부가 강압적인 방법만을 사용한 것은 아니었다. 지방의 요청을 들어주기도 했다. 다만 그것은 지방의 요청이 중앙의 이해관계와 어느 정도 합치할 때 그랬다. 그런 경우에 중앙은 이데올로기적인 측면에서 '관용'을 베풀었음을 보여준다. 세바스토폴 지방 관리들이 사회주의 사상이나 러시아혁명과 관련 있는 거리 이름을 이데올로기와는 상관없는 지방색이 강한 이름으로 변경한 것에 대해 모스크바는 이의를 제기하지 않았고, 중앙의 관료들은 국가적 비전이 제시된 모스크바 건축가들의 도시 계획을 비난하고 지방의 전통을 강조한 계획안을 내놓은 세바스토폴 건축가들의 손을 들어주었다. 전후 복구가 시급한 때에 지방색을 강조한 도시 재건 계획이 지방민들의 애향심을 자극하여 재건 사업에 더 적극적으로 참여하게 유도할 수 있다면 이데올로기나 중앙의 비전이 덜 투영된 전쟁기억이라 할지라도 용인했던 것이다. 정권에 이득이 될 경우에는 지방의 자율성을 눈감아 주는 경우도 있었다.

마지막으로 한 가지 명시해야 할 점은 이 장에서 살펴본 레닌그라드와 세바스토폴의 경우가 전방지역의 전쟁경험을 모두 대변하지는 않는다는 점이다. 전쟁 전 반소비에트-반러시아 감정의 골이 깊었던 우크라이나 지역의 경우, 나치독일에 점령당하면서 독일군에 적극적으로 부역한 사람도 많았던 반면, 반소비에트-반나치 파르티잔 활동에 가담함으로써 두 개의 '악'을 피해 민족 독립을 위해 노력한 지역 주민들도 있었고, 그와는 반대로 친소비에트 파르티잔에 가담한 사람도 있었다.[71] 이는 우크라이나나 캅카스 지역처럼 비러시아계 소수민족들이 많이 거주했던 전방지역에서는 전쟁기억이 보다더 복잡한 양상을 띠었음을 의미한다. 전방지역의 전쟁기억에 대한 총체적인 특성을 이해하기 위해서는 소수민족 거주 지역에 대한 연구도 병행되어야할 것이다.

제5장

후방의 전쟁경험과 유산

마그니토고르스크

제2차 세계대전 이후 소련의 일상생활에서 물자 부족으로 인한 궁핍은 전방, 후방지역을 가릴 것 없이 전국이 당면한 공통의 문제였다. 칼리닌(오늘날의 트베리)이나 로스토프나도누(Ростов-на-Дону)와 같이 독일군에게 수년 동안 점령당했다가 전쟁 말기에 소련군에 의해 탈환된 전방지역은 여타 지역에 비해 정부로부터 대규모 지원을 우선적으로 받았지만 상황은 비슷했다.[1] 왜냐하면 전방지역에 주로 제공된 정부 지원은 생필품을 생산할 수 있는 경공업보다는 중공업 공장 재건에 필요한 물자였기 때문이었다. 예를 들어 1945~1950년 동안 정부 투자액의 88%에 해당하는 자금이 중공업 생산을 위한 원자재 생산에 투자되었고, 단 12%만 식량과 소비재 생산에 투자되었다.[2]

그렇다면 과연 이러한 전후 사회적·경제적 상황에서 소련의 민중들은 정부에 대해 어떠한 생각을 했고 어떠한 반응을 보였을까? 앞 장에서는 레닌그라드나 세바스토폴처럼 독일과의 전투가 벌어지고 독일군에 점령당하기도

했던 전방지역에서 전쟁의 경험이 전후 시기 전방지역 주민들의 정부에 대한 태도나 지역정체성에 어떠한 영향을 미쳤는지 살펴보았다. 그렇다면 수천 km 떨어진 후방지역의 주민들의 태도는 어떠했을까? 한 번도 전쟁터가 되지 않았던 후방지역의 전후 시기 주민들의 생각과 정부에 대한 태도는 전방지역과 비교해 어떤 점에서 달랐고 어떤 점에서 유사했나? 이 장에서는 이 문제에 대해 우랄지역에 위치한 제철 도시 마그니토고르스크(Магнитогорск)의 주민들을 중심으로 살펴보고자 한다. 마그니토고르스크는 스탈린 정부의 제1차 5개년계획에 의해 1932년 당시 세계 최대 규모의 제철소가 건설된 소련의 대표적 철강 도시로, 소련의 '포항 제철'이었다. 이후 1930년대 내내 마그니토고르스크는 사회주의 건설의 상징으로 소련 언론, 기록영화, 소설 등을 통해 널리 선전되었고, 대조국전쟁 기간 중에는 탱크, 포탄을 생산하는 핵심 산업기지로, 그리고 전쟁 후에는 전후 복구에 필요한 강철을 생산하는 도시로 널리 선전되었다.[3]

비록 마그니토고르스크는 이렇게 소련 내에서 독보적인 위치를 점하고 있었으나 전쟁 기간 중 한편으로는 여느 후방지역의 도시와 유사한 경험을 겪었다. 전쟁 중에 전방지역으로부터 많은 피란민들이 이주해 왔고, 또 소련 정부가 전방지역으로부터 각종 산업시설을 급히 철거해 우랄지역으로 이동시켜 재가동하는 과정에서 많은 노동자들도 함께 이주해 왔다. 또한 공장뿐만 아니라 학교와 문화단체 그리고 관련 종사자들도 이곳 후방지역으로 피난해 왔다. 그 결과 대조국전쟁 동안 총 4만 3,000명의 피란민, 이주민들이 마그니토고르스크로 이주해 왔다.[4] 따라서 전쟁 전에 15만 명 정도였던 인구가 전쟁 동안 30%p 이상 증가해 전쟁 말기에는 20만 명에 육박하게 되었다.

전쟁 기간 중 마그니토고르스크 노동자들은 여느 후방 산업지역의 노동자들과 마찬가지로 일주일에 7일간, 즉 매일 12~15시간의 노동을 수행해야 했다. 이러한 상황을 소련 언론과 선전 매체에서는 종종 '영웅적 노동'으로 묘사하곤 했다. 한편 마그니토고르스크 노동자와 주민들은 이러한 후방지역의 일반적 상황과는 다른 위상도 지니고 있었다. 즉 마그니토고르스크는 여느 후방지역의 도시와는 달리 소련의 전시(戰時) 산업시설 중 핵심인 제철소가 위치한 도시로 정부로부터 특히 많은 관심을 받았으며, 그로 인해 전시의 식량, 물자 등의 배급에 있어서 여타 시설이 위치한 도시, 특히 경공업 시설을 보유한 도시에 비해 배급 순서나 배급량에 있어서 우선순위에 있었다.[5] 다만 실상은 이러한 특권과는 달랐다. 마그니토고르스크에 대한 정부의 식량 지원은 전쟁 내내 늘 부족했는데, 그 원인은 식량 공급의 최우선 순위는 바로 군인들이었기 때문이다.[6] 결국 전쟁 내내 마그니토고르스크 노동자들과 주민들은 장시간의 노동으로 힘든 나날을 보내야 했지만 그에 상응하는 보급은 제대로 받지 못하는 상황에 놓였다.

문제는 이러한 물자 부족 사태가 전쟁 이후 개선되기보다는 그대로 지속되었다는 것이다. 마그니토고르스크는 전후 복구를 위한 철강 생산이라는 중요한 역할 때문에 전쟁 이후에도 정부로부터 지속적인 관심의 대상이었음에도 불구하고 주민들의 일상생활의 필수품 배급은 개선되지 않았다. 그 이유는 전쟁 기간과 마찬가지로 전후에도 스탈린 정부가 경공업을 희생하면서 중공업 산업에 여전히 우선순위를 두고 투자를 지속했기 때문이다. 그 결과 1940년대 말~1950년대 초까지 마그니토고르스크 주민들은 식량과 물자 부족으로 힘든 나날을 영위해야 했다. 이 장에서는 과연 전쟁 기간 그리고 종전 후에 전쟁 승리에 큰 공헌을 했고 그로 인해 '영웅' 칭호를 받았던 산업지구의 지역 주민들과 노동자들은 이러한 전후 물자 부족과 곤란한 일상에 대해 어떻게 반응했는지 살펴봄으로써 전쟁 동안의 경험이 그들의 정체성에 어떻게 영향을 미쳤는지 고찰하겠다.

물자 부족에 대한 지역 주민들의 반응을 파악하는 방법은 여러 가지가 있겠는데, 그중 하나는 지역 주민들의 수사를 살펴보는 것이다. 마그니토고르스크의 주민들은 전후 물자 부족에 대해 불만을 터트리면서 지방 관리들을 비난하고 더 나은 삶에 대한 욕구를 표출했는데, 이때 사용한 지역 주민들의 언어를 분석하여 그들 정체성의 특성을 파악하는 것이다. 몇몇 학자들도 소련 시민들의 정체성을 그들이 사용하는 수사를 분석하여 파악하고자 했는데 그와 동일한 접근법을 활용하는 것이다.[7]

또한 마그니토고르스크 지역 주민의 수사 분석을 위해 '계급'과 '지역주의' 개념을 분석틀로 사용해서 어떻게 그들이 정부 당국에 더 나은 처우를 요구했고 그들의 요구를 정당화했는지 살펴볼 것이다. 이 과정에서 이들 두 개념에 대한 전통적인 정의보다는 새로운 정의를 바탕으로 살펴볼 것인데, 그 예로 지역 주민과 노동자들의 계급의식에 대해서는 사회적·경제적인 지위로서의 계급을 인식하는 것보다는 그들의 권리, 특권, 그리고 국가와의 계약에 있어서 의무 차원에서 계급을 이해하는 태도를 기반으로 분석할 것이다.[8] 그 외에 계급의식을 노동자들이 지니고 있는 본연의 것이자 항구 불변의 것이 아니라 유동적이고 만들어지는 것이며, 그렇기에 때로는 버려질 수도 있고 감출 수도 있는 가변적인 것으로 파악하는 접근법을 활용하여 분석할 것이다.[9] 주민들의 '지역주의'에 대해서는 '상상의 공동체' 개념과 '포템킨 마을' 개념을 활용하여 분석할 것인바, 오랜 기간 동안 소련 언론에 강철 생산의 메카로 선전되면서 주민들의 의식 속에 형성된 도시 주민들의 동질감의 존재라는 측면에서 '상상의 공동체' 개념을 활용하고, 비록 현재는 그렇지 않지만 미래에는 문제없는 완벽한 마을이 될 것이라는 긍정적 신념의 '포템킨 마을(Potemkin Village)'의 개념을 마그니토고르스크 주민들의 의식 및 정체성 분석에 활용하고자 한다.[10]

전후 마그니토고르스크의 물자 부족 사태

마그니토고르스크의 전후 식량, 생필품, 주택 공급 상황은 소련의 여타 지역과 마찬가지로 1940년대 말~1950년대 초까지 지속되었다.[11] 1945년 12월 마그니토고르스크 제철소(MMK)의 공급부서 부소장은 보고서에서 정부로부터 지급받는 물품으로는 수요를 완전히 충족하기에 역부족이라고 밝혔는데, 빵 공급의 경우, 필요한 양의 83% 정도만 공급받았다고 적고 있다. 이런 상황에서 제철소의 노동자는 "빈 배로 어떻게 생산 할당량을 완수할 수 있겠는가?"라고 불평을 터트렸다.[12] 이들 노동자들은 필요한 식량 배급을 못 받고 하루 12시간씩 노동해야 했던 것이다.

특히 1946~1947년에는 소련 전역의 흉작으로 인해 마그니토고르스크의 식량 사정은 더욱 악화되었다.[13] 특히 신발공장, 재봉공장 등 마그니토고르스크의 경공업 시설들은 흉작의 직격탄을 맞았다. 이들 공장은 원래부터 제철소에 비해 열악한 식량 공급 상태에 있었는데 상황이 더 악화된 것이다.[14] 일례로 1947년 여름, 이들 경공업 공장 노동자들은 식량 배급표를 전혀 받지 못했다. 또한 상이군인, 장애인, 병든 여성들, 노동연령 이하의 어린이 등도 예외가 아니었다. 이들은 결국 지역 병원에 식량 배급표를 받을 수 있도록 요청했으나 거절당했다.[15]

식량뿐만 아니라 주택 부족도 심각했다. 후방지역에 위치해 폭격을 받아 주택이 부서진 적은 단 한 번도 없었지만 전시 상황으로 인해 전쟁 전부터 문제가 되었던 주택 부족은 더욱 심화되었다. 앞서 보았듯이 전쟁 동안 수만 명의 피란민과 이주민이 마그니토고르스크로 몰려들었지만 산업시설에 대한 투자 우선 정책으로 주택 건설은 완전히 중단되었다. 따라서 전쟁 직후 주민들의 주거 환경은 무척 열악했는데, 1945년 6월 도시 주민의 70%는 임시로 지어진 막사나 토굴집에서 살고 있었다.[16] 주민들의 평균 주거 면적은 단 2.83m²였다. 이런 상황에서 성인 네 명인 가족이 한 방에 살아야 했고 5인 가족의 경우, 집단 거주 막사에서 단 9m² 면적을 할당받아 살았으며, 가족 중 일부는 막사의 바닥에서 자야 하는 경우가 비일비재했다.[17] 이런 상황은 전쟁 후 1년이 지나도 지속되었는데, 1946년 말 도시 전체 인구의 절반이 넘는 13만 명의 주민들은 여전히 1930년대에 지어진 거의 무너져 가는 막사에서 살고 있었으며, 마그니토고르스크 제철소 및 여타 공장 노동자 2만 명은 여전히 간이침대가 놓인 비좁은 기숙사 방에서 생활하고 있었다.[18]

1949년이 되어도 도시의 주택 건설은 계획한 목표의 84% 정도에 그쳤으며, 이런 상황에서 공장 간부들이나 숙련된 기술자들 그리고 1930년대에 높은 생산성으로 '노동 영웅' 칭호를 받고 각종 특혜를 누렸던 '스타하노프 노동자'들도 예외 없이 열악한 거주 환경에서 생활할 수밖에 없었다. 이 같은 상황은 1950년대 들어서도 계속되었고, 1952년 당시에도 상당수의 도시인구가 여전히 임시로 지어진 시설에서 살고 있었다.[19]

마그니토고르스크에서 물자 부족은 사실 새로운 상황은 아니었다. 1920년대 말 그리고 1930년대 초 도시와 함께 제철소가 처음 건설될 때 이곳은 허허벌판이었고 그야말로 '무에서 유를 창조'하는 공간이었으며, 따라서 당시에는 들판에 천막을 치거나 나무로 임시 막사를 지어서 건설 현장에서 일하고 생활했던 것이다.[20] 하지만 1930년대와 대조국전쟁 이후 주민들의 심리 상태는 차이가 있었다. 전쟁 동안 끊임없이 지속된 고난한 노동과 물자 부족을 견디고 살아남은 마그니토고르스크 주민들의 보다 나은 생활에 대한 갈망은 전쟁 전의 그것보다 상대적으로 더 컸다. 따라서 그들은 당과 정부가 생활 조건이 단시일 내에 개선되기는 쉽지 않을 것이니 인내심을 가져달라고 요청했음에도[21] 불구하고 조용히 상황 개선을 기다리기보다는 지역 관리와 당 지도부에 자신들은 보다 나은 삶을 살 수 있는 권리가 있다고 적극적으로 주장하면서 동시에 공장 간부들과 지역 관리, 당 지도자들을 자기 이득만 챙기는 집단으로 비난하고 나섰던 것이다.

권리의식의 분출, "이제 전쟁이 끝났으니까…"

전쟁 이후 마그니토고르스크 노동자들과 주민들은 변화에 대한 기대가 컸다. 그들은 전쟁 내내 열심히 일해서 강철 생산 목표량을 달성함으로써 전쟁을 승리로 이끄는 데 이바지한 '노동 영웅'으로 스스로를 자기정체화하고 있었다. 그에 더해 그들은 강한 지역정체성과 계급정체성에 기반한 사회주의 체제에 대한 강한 신념을 지니고 있었다. 또한 그들은 소련 내 여타 지역의 주민과 마찬가지로 4년간의 고된 전쟁이 끝났으니 이제 일상생활에서 어떤 식으로라도 변화가 있으리라고 기대하고 있었다. 따라서 일상 대화에서 "이제 전쟁이 끝났으니까…"라는 표현은 주민들이 더 나은 일용품의 공급을 요구하면서 자주 사용하는 표현이 되었다. 마그니토고르스크 제철소의 한 노동자는 "전쟁이 이제 끝났다. 평화가 도래했으니 이제 공장의 노동자보급부서(OPC)는 [그동안 실현되지 않았던] 소비재 보급을 실현해야 한다"라고 목소리를 높였다.[22]

전쟁이 끝났으니 식당이나 상점의 운영 방식과 식당 음식의 질도 개선되어야 한다는 의견도 제기되었다. 제철소 노동자 볼코프는 1945년 12월 노동조합 모임에서 공장 상점의 비위생적이고 "후진적인(некультурный)" 운영 실태 그리고 공장 식당의 불규칙적인 아침 식사 제공에 대해 강하게 문제를 제기했다. 그는 노동자보급부서 부소장에게 "이제 전쟁이 끝났다. … 노동계급은 더 나은 대접을 받아야 한다고 공장 식당 운영자들에게 알려달라"라고 강하게 권고했다.[23] 또 다른 노동자들은 맛없는 음식을 제공하는 솜씨 없는 공장 식당 주방장에 대해 불만을 터트리면서 "이제 전쟁이 끝났다. 식당도 완전히 바뀌어야 한다"라고 원성을 높였다.[24] 종전 후 3년이 지나도 공장 식당의 상태가 노동자에게 여전히 불만족스러운 상태로 남아 있자 1948년 10월 제철소의 노동조합 모임에서 한 노동자는 다음과 같이 불만을 터트렸다.

전쟁이 끝났다. 그런데 아직도 포크와 컵도 없이 녹슨 식판에 음식을 먹는 것은 언어도단이다.[25]

그런가 하면 노동자들은 "이제 전쟁이 끝났으니" 상점의 후진적이고 비위생적인 운영 상태가 좀 더 "문명화된(культурный) 방식"으로 개선되어야 한다고 의견을 밝혔다. 마그니토고르스크 제철소의 한 노동자는 다음과 같이 견해를 밝혔다.

제1호 상점에서 몇몇 여성들이 상점 종업원과 논쟁을 벌이면서 종업원에게 생선 머리와 꼬리를 계산대에서 치우고 난 다음에 '문명화된 방식'으로 차와 오믈렛을 팔라고 요구했다. 그 종업원은 생선 무게를 잰 다음에 생선 껍질이 묻은 저울을 닦지도 않고 그대로 차와 오믈렛을 올려놓고 무게를 쟀고 [생선 껍질과 함께] 그것들을 고객의 장바구니에 넣었다. … 물론, 이러한 '후진적인' 방식은 [위생상의] 위험을 초래한다.[26]

예파노프라는 노동자도 1945년 12월 노동조합 회의에서 다음과 같이 전쟁이 끝난 시점에서 노동자들의 생활환경 개선의 필요성을 지적했다.

시간은 흘러가고 상황은 변합니다. … 전쟁 기간에는 노동자보급부서에 오직 한 가지의 요구 사항만 있었다면 우리 조국전쟁이 승리로 끝난 지금 노동자보급부서에 대한 요청은 달라질 것입니다. 차기 경제개발 5개년계획을 위한 당과 정부의 근본적 책무는 **노동계급**의 문화생활과 일상생활을 개선하는 것입니다. 따라서 노동자보급부서는 **노동계급**의 생활환경 개선을 위한 결정을 내리는 데 핵심 역할을 수행해야 할 것입니다(강조는 필자).[27]

마그니토고르스크 노동자들이 요구한 '문명화된 일상생활'은 전후 시기에 처음 등장한 것은 아니다. 이미 전쟁 전 1930년대 소련 전역에서 소련 정부 주도로 일상생활에서의 후진적 관행을 개선하기 위한 캠페인이 벌어졌다.[28] 하지만 전쟁 동안 그러한 캠페인은 중단되었고, 전쟁 이후에는 정부 주도의 '위로부터가 아닌' 일반 시민들, 노동자들이 "전쟁이 끝났으니까"라는 수사를 이용하여 일상생활의 질을 향상시켜 '문명화된' 일상을 누리기 위한 욕구를 표출했던 것이다. 그들은 공장 식당이나 상점 지배인들과 서비스 질 개선을 위해 협상을 벌일 때 자신들 요구의 정당성 확보를 위한 도구이자 협상의 지렛대로 "전쟁이 끝났으니까" 수사를 사용한 것이다. 이는 전쟁 동안 희생했던 삶의 질을 보상받고자 하는 보상 심리와 권리의식이 분출된 것으로, 후방에서의 전쟁경험이 노동자들의 태도에 어떤 영향을 미쳤는지 보여준다.

지역정체성과 권리의식의 표출

전쟁 이후 표출된 마그니토고르스크 노동자들의 권리의식은 전후에도 지속된 열악한 주거 및 생활환경에 대해 지방 관리들과 당 지도자들을 비난하는 근원으로 작용했다. 이러한 권리의식은 전쟁 시 후방의 노동자들이 행한 소위 '영웅적 노동'에 근거한 것이었다. 사실 마그니토고르스크 노동자들로 하여금 자신의 전시 노동이 전쟁 승리에 결정적 역할을 했다는 신념을 갖게 만든 몇 가지 계기가 있다. 그 예로 대조국전쟁 말기인 1945년 초 스탈린 정부는 마그니토고르스크 제철소와 마그니토고르스크 건설사(Магнитострой)에 소련 최고 등급의 '레닌훈장'과 '붉은노동깃발훈장'을 표창했다. 또한 그해 말 소련 정부는 마그니토고르스크 제철소 노동자 2,000명에게 훈장을 수여했고, 3만 명의 제철소 노동자에게는 '영웅노동'의 메달을 수여했다.[29] 이렇게 정부로부터 많은 수의 마그니토고르스크 지역 노동자들이 포상을 받게 되자 이들 사이에 자기 일터와 그들 스스로에 대한 자부심이 증대되면서 더 나은 대접을 받아야 하고 그것을 요구하는 것은 정당하다는 일종의 권리의식이 생겨난 것이다.

마그니토고르스크 기업들과 노동자들이 대거로 정부 포상을 받고 그 소식이 전국 언론에 알려지면서 이 같은 권리의식은 훈장을 탄 제철소 노동자뿐만 아니라 마그니토고르스크의 언론인 사이에서도 표출되었다. 이는 영웅적 노동자를 보유한 도시의 위상을 토대로 한 것으로 정부로부터 더 나은 대우를 요구하는 식으로 발현되었다. 1948년 10월 지역신문 ≪마그니토고르스크 강철(Магнитогорский металл)≫의 편집인 E.K.는 도시 내에 식량과 소비재의 부족 상황에 대해 당혹감을 표시하면서 마그니토고르스크 제철소 노동자들에게 스탈린 동지에게 편지를 보내자고 선동했다. 그는 노동자들을 선동하기 위해 이미 1,200명의 노동자들이 그 편지에 연대 서명했다는 유언비어를 퍼트렸고,[30] 자신의 지인인 지역 공산당원과 제철소 노동조합 대표, 제철소 계획부서의 책임자도 서명에 동참하도록 끌어들였다.[31] 편집인 E.K.가 작성한 편지의 내용은 다음과 같다.

스탈린 동지께,

우리나라에서 식량 수급 상황이 상당히 개선되었기에 이 사안을 제기하는 바입니다. 다른 도시에서 휴가를 보내고 온 우리 동료들은 작황이 좋아서 그들 도시에 충분히 [식량이] 공급된 것을 보았습니다. 러시아 남부와 중부지역 그리고 모스크바의 상점에는 가는 곳마다 물품으로 꽉 차 있었습니다. 하지만 우리는 이곳 마그니토고르스크에서 설탕도, 알곡도, 밀가루도 받지 못했습니다. 이곳 사람들은 식량 공급 개혁 이후 1kg의 곡물 한 번도 받지 못했습니다.

우리 마그니토고르스크 사람들은 조국의 발전을 위해 헌신적으로 일했습니다. 그 결과 우리는 전쟁 동안 그리고 전쟁 이후에 유명해졌지만 다른 도시에 비해 우리 도시의 물자 공급은 더 악화되었습니다. 전쟁 동안 우리는 보급을 잘 받았고 제철소 소장은 무슨 음식이 제공되는지 잘 알고 있었으며 요리를 잘 못하는 요리사를 교체하기도 했습니다.

그러나 [전쟁 이후] 식량배급제도가 종식된 후에는 마그니토고르스크의 식량 공급 상황은 아주 나빠졌고 지방 관청은 이 문제에 대해 필요한 조치를 취하지 않고 있습니다. 저희 중에는 긴 줄을 서서 기다릴 필요 없이 훌륭한 보급품과 양질의 빵을 구입할 수 있는 자격을 지닌 뛰어난 사람들이 많습니다. 저희는 마그니트카 노동자에 대한 보급 개선을 위해 당신에게 도움을 요청 드리는 바입니다.[32]

이 편지에는 마그니토고르스크의 전시 위상이 어떠했는지 명확하게 잘 나타나 있으며, 전후에 정부로부터 그 위상에 걸맞은 대우를 받지 못한 데 대한 실망과 함께 보다 나은 대접을 받을 자격이 있음을 최고지도자에게 당당하게 밝히고 있다. 그렇다면 이 편지에서 언급한 러시아 남부와 중부지역의 물자 보급 상황은 정말로 다른 지역과 비교해서 나았는가? 이 편지에서 일컫는 러시아 남부와 중부가 정확히 어느 지역인지는 알 수 없지만 전후에 스탈린 정부가 전쟁 시 독일군에 점령당했던 지역인 소련 남부와 중부의 우크라이나, 벨라루스 지역의 전후 복구를 최우선으로 놓았던 것과 수도 모스크바의 일상생활로의 복귀에 특별한 신경을 기울인 것을 감안한다면[33] 마그니토고르스크와 같은 후방지역은 물자 제공 등에 있어서 우선순위에 뒤졌던 것은 사실일 것이다. 1948년 마그니토고르스크의 한 노동자가 다른 도시에서는 그렇지 않은데 왜 마그니토고르스크에서는 일주일에 하루나 이틀만 빵 공급이 원활하고 나머지 날은 모두 불안정한지 문제 제기를 한 것은 그 같은 상황을 뒷받침해 준다.[34] 이렇게 전쟁 기간과 전쟁 직후 공식 선전에서 전쟁 승리에 혁혁한 공을 세운 도시로 조명받았던 마그니토고르스크 노동자들과 지역 주민들은 정부 선전과는 동떨어진 일상생활에 대한 실망과 분노를 그들 지역의 특성과 그것에 바탕을 둔 그들의 권리의식을 기반으로 당당하게 표출했던 것이다.

계급정체성과 권리의식의 표출

앞서 노동조합 회의에서 한 노동자가 생활환경 개선을 요구하면서 '노동계급'의 이름으로 본인의 요구 사항을 밝힌 것은 예외적인 상황이 아니었다. 마그니토고르스크의 많은 노동자들은 '노동자' 또는 '노동계급'이라는 용어를 사용하여 공장 회의 등에서 그들의 필요 사항을 정당하게 요구하곤 했다. '계급'은 단지 정치교육에서만 등장하는 것이 아니라 노동자들이 일상생활에서 빈번히 사용하는 용어였고 노동자 정체성의 일부를 이루고 있는 하나의 요소였다. 마그니토고르스크 노동자들의 뚜렷한 계급정체성은 그들이 다름 아닌 철강 생산의 대표적·상징적 도시의 노동자임을 고려한다면 쉽게 납득이 갈 것이다.

이런 상황에서 앞서 보았던 스탈린에게 보내는 편지의 서명을 누구의 이름으로 할 것인가에 대해 편지를 작성한 비노동자 출신인 신문 편집인과 그 계획에 동참한 지인들은 '노동자'의 명의로 편지를 보낼 것인지 아니면 마그니토고르스크 당 조직의 명의로 할지에 대해 논의했는데, 결국 '노동자'의 이름으로 스탈린에게 편지를 보내기로 결정했다. 그들은 제철 도시 마그니토고르스크의 정체성의 근간은 '노동자'라는 것을 잘 알고 있었고, 그 같은 상황에서 스탈린도 노동자들로부터 나온 불만에 즉각 관심을 보일 거라고 생각했기 때문이다.

이는 후방 산업기지인 마그니토고르스크의 구성원들이 노동자, 노동계급으로서 자신의 목소리를 냈음을 보여주며, 동시에 이런 상황은 전방지역이나 여타 지역의 상황과는 상이했음을 의미한다. 예를 들어 전방지역에서는 전쟁 이후 나치독일군과의 치열한 전쟁에 대한 기억이 계급 개념이나 인식을 덮어버리는 경향이 강하게 나타났으며,[35] 또한 대도시에서는 전후에 중산층을 중심으로 사치품에 대한 동경이나 물욕주의와 같은 '부르주아 가치'를 추구하는 경향이 있었다.[36] 하지만 후방의 철강 도시 마그니토고르스크 주민들은 자신들의 욕구 표현 방법이, 그리고 정당화 방식이 달랐다. 마그니토고르스크의 전시 경험은 전투가 아니라 공장에서 일한 '노동'이었기에 노동의 경험을 토대로 전시의 경험을 말했던 것이다. 마그니토고르스크 노동자, 주민들도 마찬가지로 전후에 그러한 욕구를 표출했지만 다른 지역과의 차이점이라면 바로 그러한 물욕 추구를 '계급'의 이름으로 정당화하고 요구했다는 점이다.

다만 마그니토고르스크 노동자들이 사용한 '계급'이라는 수사는 마르크스주의에 입각한 사회 일개 집단으로서 타 집단과의 관계 속에서 형성되는 특성을 지닌 계급으로서가 아닌, 개인의 권리와 특권을 규정하고 국가와의 관계 또는 계약을 맺는 일개 집단으로서의 계급의 의미를 지니고 있었다. 달리 말하면 타 계급과의 관계 속에서 계급투쟁을 벌이는 집단으로서의 노동계급이 아니라 국가와의 계약에서 의무를 다 수행했으면 국가에 대해 그에 대한 특권과 보상을 요구할 수 있는 권리를 지닌 집단으로서 계급이라는 용어를 인식하고 사용했음을 보여주는 것이다.

당·정부 관리에 대한 비판과 노동자의 권리

이제까지 살펴보았듯이 마그니토고르스크의 노동자들과 주민들은 물자 부족 사태에 직면하여 도시의 명성이나 계급의 이름으로 요구 사항을 관철시키려는 전략을 구사했으며, 그 외에도 공장이나 정부 기관의 관리들에 대한 비판을 통해 자신들의 요구 사항을 관철하고자 했다.

1953년 마그니토고르스크 지역 당 보고서에 의하면 마그니토고르스크 제철소 노동자들이 정부와 당은 소비에트 인민들을 잘 보살피고 있는 데 반해 막상 현장의 노동자보급부서 관리들은 그렇지 않다는 의견을 표출했고, 한 노동자가 제철소의 제19호 상점에는 당원이 한 명도 없는데, 그런 상황에서

"어떻게 상점 직원들이 당의 결정 사항을 인지할 수 있겠는가?"라고 문제를 제기했다고 밝히고 있다.[37] 이들 노동자들은 정부가 물품 보급에 대한 통제를 더 엄격하게 관리하기를 희망하고 있었던 것이다.

물론 노동자들이 전후 물자 부족 상황에서 불법적인 투기와 상행위를 하는 경우가 소련 내에서 성행했고 마그니토고르스크도 예외는 아니었다. 특히 생필품 공장 노동자들이 그러한 불법 행위에 가담하는 경우가 종종 있었는데, 예를 들어 마그니토고르스크 의복공장의 노동자들이 생산품을 빼돌려 높은 가격에 암시장에 내다 팔았고, 가구공장 노동자들도 공장 관리자가 있는데도 불구하고 관리가 허술한 틈을 타서 근무시간에 침대를 만들어 비싼 값에 암시장에 내다 팔았다.[38]

상황이 이렇게 되자 급기야 마그니토고르스크 지방정부는 1955년 '수공업자들과의 전쟁'을 선포하고 공공재를 사용해서 암시장에 내다 파는 투기 행위에 대해 엄격한 단속을 시작했다. 이와 함께 마그니토고르스크 제철소 노동자들은 전쟁 동안 늘어났던 암시장과 불법적인 상거래 관행을 비사회주의적인 관행으로 비판하면서 당시 1,400명 규모의 노동자보급부서 직원들의 부패와 무책임을 강도 높게 비판하고 암시장 근절을 위한 노동자보급부서의 개혁을 요구했다.[39] 또한 이들 노동자들은 투기꾼으로부터 정상가보다 일곱 배나 비싼 가격에 "우리 동네 연못에서 잡은" 생선을 사야 하는 실태를 비판하고 생선을 제대로 공급하지 못하고 있는 노동자보급부서에 대한 개혁 부진을 질타하면서 "왜 노동자보급부서가 암시장을 허용하는가? 왜 노동자보급부서는 집단농장과 협동조합을 운영하지 않는가?"라고 목소리를 높여 정부의 부실한 관리정책에 대해 불만을 터트렸다.[40]

이런 상황에서 마그니토고르스크 제철소 노동자들은 당 대회에서 소비에트 이데올로기와 연관된 수사를 사용하면서 정부 관리들을 강도 높게 비난했다. 일례로 야코블레프라는 노동자는 "우리는 모두 일상에서 '소비에트 상거래'가 무엇을 의미하는지 그리고 그것이 '공산주의 사회'를 건설하는 데 있어 어떤 위치를 점하고 있는지 알고 있다"라고 언급하면서 노동자보급부서의 관리들을 "모든 영역에서 요구되는 '볼셰비키식 열정'이 결여된 사람들"로 비난했다.[41] 이는 곧 마그니토고르스크 노동자들이 공식 수사를 이용해서 명백히 비사회주의적이고 비소비에트적인 상거래 형태인 암시장의 성행과 불법투기를 방치하고 있는 지방의 당·정부 관리들을 비난하고 그들로 하여금 노동자들의 이해관계를 보호할 것을 촉구하고 있음을 보여준다.

마그니토고르스크의 노동자들은 암시장 거래와 투기뿐만 아니라 개인적 인맥을 통해 부당하게 이득을 취하는 행위인 '블라트(блат)'에 대해서도 소비에트 상거래를 무력하게 하는 불건전한 행위로서 근절시켜야 할 관행으로 간주했다. 마그니토고르스크 제철소 노동자 안토노프는 개인적 친분과 인맥을 이용해 상점의 물건을 판매한다고 의심받는 공장 내 상점 주인의 실명을 밝힌 후 다음과 같이 그를 비판했다.

> 누가 만들었는지는 모르지만 '블라트는 소브나르콤(Совнарком: 인민위원 평의회) 위에 있다'는 말이 있다. 사실 실상이 그렇다. … 그 상점의 행태를 적절히 표현할 수 있는 단어가 없다. 그 상점은 완전히 개인의 소유물이다. 정부의 통제는 전혀 없다. … 모든 거래는 뒷문으로 이루어지고 있고 앞문으로 이루어지는 것은 하나도 없다. [그런데] 상점 주인은 당원이고 그의 조수도 당원이다.[42]

그러면서 안토노프는 늘 술에 취해 있는 이 부패한 상점 주인은 우리 돈으로 술을 마시고 정부를 속인 죄로 처벌받아야 하며 동시에 그런 불법적이고 비소비에트적인 관행을 눈감아 준 노동조합 조사관들도 비난했다. 또한 공익 감사관으로 선출된 또 다른 제철소 노동자도 노동자보급부서에 대한 당, 노동조합, 대중의 감시가 강화되어야 한다고 강조했다.[43]

전쟁 동안 정부로부터 최우선 순위로 배급을 받았던 경험을 가진 마그니토고르스크 제철소 노동자들은 전쟁 후에 사적이고 비공식적인 거래로 인해 공식 유통망이 제대로 작동되지 않는 현실을 개탄했고, 그로 인한 피해에 대해 당·정부 관리들에게 책임을 묻고 그들의 소홀한 관리를 비난했다. 이 같은 제철 도시 노동자들의 수사와 태도는 전후에 소비에트 사회의 상층부를 이루는 전문가 계층을 중심으로 물질적 탐닉을 추구하는 부르주아적 가치가 확산되어 갈 때, 마그니토고르스크와 같이 소련의 대표적 산업도시에서 노동 영웅으로 칭송받은 노동자들은 분명 자기식으로 소비에트사회주의 이데올로기를 내면화하고 있었고, 그에 기반한 수사를 사용하여 본인들의 복지와 물질적 이익을 관철하려 했음을 보여주는 것이다. 이들의 이해관계 수호 방법은 분명 전방지역이나 여타 비산업 지역 시민들의 자기정체화 방법과는 달랐던 것이다.

*　　　*　　　*

마그니토고르스크 노동자들이 전후 물자 부족 사태에 직면하면서 보인 태도와 언행들은 그들의 전시 경험과 그것을 배경으로 형성된 전후의 지역정체성, 계급정체성을 바탕으로 생겨난 일종의 권리의식에 기반한 것이었다. 이 같은 상황은 다음의 세 가지를 암시한다. 첫째, 분명 전쟁 시 적에게 점령당하고 치열한 전투를 경험했던 전방지역에서는 전후에 전쟁 동안 이룬 공훈이 가장 중요한 평가 기준으로 부상했지만 후방의 산업지구는 달랐다. 전쟁 기간 동안 한 번도 전투를 경험해 보지 못하고 도시인구의 3분의 1이 중공업 분야에서 일했던 후방의 산업지구에서 전후에 '노동계급'은 지역 주민들의 정체성을 이루는 핵심 요소가 되었던 것이다.

　둘째, 전쟁 기간 동안 언론에서 전시 노동과 무기 생산에 큰 공헌을 한 도시와 노동자로 선전되었던 사실은 전후에 이 지역 노동자들과 주민들의 '권리의식'을 강화시켰다. 이는 결국 전방과 후방, 점령 지역과 비점령 지역이 전후에 각각 상이한 지역정체성을 지니게 되었음을 의미하는 것이다.

셋째, 몇몇 역사가들은 전후에 소련의 많은 노동자들이 극심한 물자 부족으로 인해 계급의식을 잃고 사기가 저하되었다고 주장하지만 이 장에서 살펴본 후방의 간판급 산업도시의 노동자들은 반드시 그렇지는 않았다. 오히려 그들 나름의 강한 계급의식을 바탕으로 자신들의 이익을 수호하기 위해 적극적으로 불만을 터트리고 또 그 과정에서 강한 권리의식도 분출했음을 보여준다.

그럼 과연 이 같은 마그니토고르스크의 사례는 얼마나 후방의 경험을 대표하는 것일까? 이에 대해 후방지역 중에서도 '포템킨 마을', 즉 대표적으로 선전된 지역의 주민들이었는가의 여부에 따라 정도 차이는 있을 것이지만 일반적으로 후방지역 주민들은 공통적으로 전쟁 시기에는 고된 노동을 수행해야 했고, 전후에는 극심한 물자 부족에 시달렸다는 점을 감안한다면 마그니토고르스크 지역의 사례는 후방지역의 상황을 대변하는 것으로 이해할 수 있을 것이다.

제6장

전쟁 후 약자 돌보기

비록 4년 동안의 총력전인 대조국전쟁에서 소련은 승리했지만, 앞 장에서 보았듯이 일상생활은 그야말로 부족한 것이 태반인 힘든 나날이었다. 4년간 온 나라가 전쟁에만 총력을 기울인 탓이었다. 따라서 전후에 많은 소련 인민들이 시급히 원했던 것은 바로 정부로부터의 물적 지원이었다. 대조국전쟁 종전 후 두 달이 채 안 된 1945년 6월 23일 소련 정부는 전역법을 공표하고 많은 수의 군인들을 전역시켰다. 그 결과, 7월 초부터 소련 각지로 군인들이 귀향함으로써 소련 사회에는 이미 종전 이전부터 전선에서 돌아온 상이군인들과 전몰군인 가족에 더해 전역한 군인들이 넘쳐나게 되었다. 특히 대조국전쟁에서 불구가 된 상이군인의 수는 소련 정부의 공식 통계에 따르면 총 257만 6,000명으로 전쟁 동안 징집된 군인 3,450만 명의 7.46%를 차지했다.[1]

필자가 이 장에서 사례연구로 분석한 마그니토고르스크의 경우 대조국전쟁 기간에 도시인구(1940년 기준 14만 6,000명)의 22%에 해당하는 3만 2,000명이 징집되었으며, 그중 3분의 1에 해당하는 1만 명이 전사했다.[2] 1945년 7월 기준 이 도시의 전역군인 가구수는 총 1만 3,408가구였고, 이 중 25%에 해당하는 3,456가구가 전몰군인 내지 상이군인 가족이었다.[3] 피셀러(Beate Fiseler)의 연구에 의하면 이들 전몰군인 가족과 상이군인 가족 및 전역군인들 대부분은 전쟁 직후 구직 상황에 놓여 있었다. 상이군인의 경우 직장에 고용되었더라도 불구가 된 상태였으므로 제한적인 일밖에 할 수 없었고, 그에 따른 임금도 높지 않았기에 힘든 생활을 영위하는 경우가 많았다.[4] 1948년 마그니토고르스크시 정부가 극도로 빈곤한 가정에 지원한 생활자금의 80%가 전쟁미망인 가정이나 상이군인 가정에 제공되었던 사실은 이러한 사실을 뒷받침해 준다.[5] 이러한 상황에서 설상가상으로 종전 이듬해인 1946년에는 기상이변으로 소련의 곡물 수확량이 급감하면서 1946~1947년 소련 전역을 대기근이 휩쓸었고 식량 보급은 극도로 악화되었다.[6] 결국 이 과정에서 소련 인민들, 특히 전몰군인, 상이군인 가족은 전후에 극심한 생활고에 처했다. 이러한 상황에서 스탈린 정부는 전쟁이 낳은 희생자들을 어떻게 보살폈는가?

사실 전쟁으로 인해 부상당한 군인들이나, 고된 전투를 마치고 전역한 제대군인들뿐만 아니라 전쟁 중 집과 마을이 파괴되어 오갈 데 없이 떠도는 주민들을 보살피는 것은 소련뿐만 아니라 전쟁을 겪은 여느 정부의 책무임에는 틀림없다. 하지만 소련의 경우 전후에 인민의 복지에 특히 더욱 신경을 써야 하는 이유가 있었다. 그것은 바로 앞 장에서 언급했듯이 소련 정부가 염려한 서방의 영향으로 인한 '대조국전쟁의 데카브리스트'의 등장 가능성이었다. 필자가 마그니토고르스크에서 인터뷰한 대조국전쟁 참전용사는 1945년 초 소련 국경을 넘어 "서쪽으로 전진해 갈수록 [유럽] 사람들은 더 잘살았다"라고 그가 당시 보고 느낀 점을 회고했다.[7] 실제로 이 같은 상황은 당시 군 정치지도부의 우려를 낳았다. 소련군의 독일 지역 진군이 시작된 1945년 2월 6일 최전방 부대의 소련군 정치지도부 사령관 오코로코프 장군은 장교회의에서 다음과 같이 언급했다.

1812년 전쟁 후 프랑스인들의 생활 모습을 목격한 우리 병사들이 제정러시아의 낙후된 생활과 비교한 후 … 데카브리스트들이 내린 결론은 차르정에 대항하여 싸우는 것이었다. … 지금은 [우리 병사들이] 독일의 농장들이 [우리] 집단농장보다 더 부유한 것을 보고 시대착오적인 병사들은 사회주의 경제정책보다 [자본주의] 지주경제가 더 좋다고 결론짓고 있다. 이러한 태도는 퇴행적인 것이다. 따라서 우리는 이러한 감정과 가차 없이 싸워야 한다.[8]

사실 소련 당국은 소련 군인들이 독일 영토로 진격해 들어가기 훨씬 전, 즉 소련의 국경을 넘어 유럽으로 들어갈 즈음인 1944년 9월 이미 다음과 같이 경고했다.

우리는 앞으로 많은 외국을 거쳐 갈 것이다. 병사들이여! 당신들의 눈이 휘둥그레질 것이다. 하지만 소위 그들이 '문명'이라고 부르는 외양만 보고 속지 말아라! 명심하라, 진정한 문화는 여러분들이 지니고 있는 바로 그것임을.[9]

이 선전은 유럽이 아무리 잘살아도 겉모습뿐이며 진정한 문명은 '소비에트' 문명임을 강조한 것이다.

하지만 소련 당국이 군인만 통제한다고 될 일은 아니었다. 왜냐하면 앞에서도 보았고 제2부의 전쟁기억을 다룬 장에서도 보겠지만 군인들뿐만 아니라 독일이 점령했던 점령지 주민들도 전쟁 중에 '바깥세상'을 구경할 기회가 있었기 때문이다. 독일 점령지 스몰렌스크 지역의 주민으로 오스트아르바이터로 독일로 끌려갔다가 종전 후 소련으로 송환되어 온 주민들은 다음과 같이 그들이 독일에서 보고 경험한 일을 회상했다.

독일에 끌려가서 사실 우리는 여기[소련]에서 보다 몇 배나 잘살았다. 독일 농민들은 마치 도시민처럼 잘살았다. 도시와 농촌이 차이가 없었다. … 우리는 독일 체제에 대해 매우 좋은 인상을 받았다. 평범한 농촌 가정은 전깃불, 난방, 훌륭한 가구들로 잘 꾸며져 있었다. [소련에서] 우리는 그런 집을 본 적이 없고, 오직 지식인들만 그런 것들을 가지고 있었다. 독일인들은 무척 교양이 있었다. [그래서 독일] 농장주 밑에서 일하는 것은 힘들지 않았고, 음식은 무척 훌륭했다.[10]

이렇게 대조국전쟁 당시 345만여 명의 민간인들 그리고 200만 명의 소련군 포로를 합하여 총 545만여 명의 소련 시민들이 독일군에 의해 독일 본토 및 독일의 점령지로 끌려가서 다양한 노동을 수행했는데, 이들 중 1945년 7월 당시 430만 명이 본국으로 송환되었고 나머지 115만 명은 본국 송환을 기다리고 있었다.[11] 이는 곧 1945년 초반 서부 전선에서 나치독일군을 격퇴하면서 유럽을 가로질러 베를린까지 진격해 갔던 소련군 병사의 수가 250만 명임을 감안하면[12] 전사자를 제외한다 하더라도 전후에 폴란드, 헝가리, 체코, 오스트리아, 독일 등 '바깥세상'을 보고 온 소련 시민들의 수는 800만 명에 육박했음을 의미한다.

이런 상황에서 당과 정부는 전쟁 직후인 1945년 8월 바깥세상을 구경하고 돌아온 소련 시민들이 사회에 미칠 여파를 우려했고, 이에 이데올로기 선전을 강화하는 긴급 조치를 시행했다. 그 조치의 일환으로 오스트아르바이터들이 송환되어 도착하는 우크라이나, 벨라루스, 몰다비아(오늘날의 몰도바), 에스토니아, 라트비아, 리투아니아공화국 등 서부 국경지역의 철도역에 선전·선동원을 파견하는가 하면, 이 지역 당 지도부에 각 철도역마다 신문과 잡지, 저널 등은 물론 라디오까지 비치하도록 지시했다. 그에 더해 이들 송환자들이 일할 집단농장과 공장에서 개인 및 집단 토론회를 개최하여 정치교육을 강화할 것을 지시했다.[13]

하지만 참전용사와 오스트아르바이터 외에 소련 주민들 중에는 소련 내 '외국인'으로부터 외국 사정을 직접 전해 듣는 경우도 있었다. 그 외국인은 다름 아닌 추축국 군인 포로들로, 대부분은 독일군 포로였다. 소련 정부는 이들 포로들을 볼가, 우랄, 시베리아 지역으로 보내 강제 노동을 시켰는데, 이지역의 포로수용소 감시병들은 이들 독일군 포로들과 자주 접하고 얘기할 기회를 가질 수 있었다. 당시 볼가 유역 사라토프(Саратов) 지역 포로수용소에서 수년 동안 강제 노역을 하고 독일로 송환된 독일군 포로 슈에츠(Hans Schuetz)는 자서전에서 수용소 경비원과 자주 얘기를 나누었고 대화의 주된 소재는 소비에트 체제의 문제점과 경제 상황 그리고 인민들의 생활 상태였다고 밝히고 있다. 슈에츠에 의하면 1948년 봄, 자기가 알고 지내던 '미샤'라는 경비원은 다음과 같이 말했다.

> "러시아인들은 외부로부터 도움이 필요해. … 지금 필요한 것은 스탈린과 그의 정부에 대항해서 봉기를 일으킬 정치지도자야."[14]

이는 곧 외국 구경을 하지 않은 주민들도 외국군 포로를 통해 외국의 상황과 소련의 현실을 비교해 보고 소련 현실과 정부에 불만을 품게 되는 경우가 있었음을 의미한다.

독일군 포로들은 우랄지역의 마그니토고르스크로도 보내지면서 소련 내륙 깊숙한 곳의 주민들도 제한적이나마 직접 '외국인'을 접하고 그들로부터 외국 소식을 들을 기회가 있었다. 1945년 3월 1일 당시 마그니토고르스크에는 두 개의 포로수용소가 있었고 총 3,108명의 포로를 수용하고 있었는데, 대부분 독일군 포로였다. 1947년에는 포로의 수가 4,500명으로 늘어났다.[15] 이들 중 일부는 지역 병원에 입원하는 경우도 있었는데, 그들 중 포로를 관리하는 기관(УПВИ УМВД)의 허락 없이 병원에서 필요한 식량을 구하기 위해 집단농장이나 고기공장에 파견되는 경우도 있었다.[16] 이런 상황에서 지역 주민들은 독일군 포로와 소통할 수 있는 기회를 어렵지 않게 가질 수 있었는데, 일례로 사라토프의 독일군 포로 슈에츠처럼 마그니토고르스크 수용소의 독일군 포로 쿠르트 켈러(Kurt Keller)도 수용소 경비원인 예핌 베를야코프(Ефим Берляков)와 친밀한 관계를 맺었다.[17]

이처럼 전쟁이 가져온 여파 즉, 전후에 엄청난 수의 사망자, 미망민, 고아, 불구자의 발생과 함께 소련 시민들이 '바깥세상'과 소련의 실상을 비교할 기회를 가지게 됨으로써 전후 스탈린 정부는 소련 시민들의 정부에 대한 반감과 불신을 잠재우기 위해서라도 복지에 신경을 쓰지 않을 수 없었다. 그렇지 않으면 정부의 존립 위기로까지 번질 수도 있었기 때문이다.[18]

관리들의 냉정한 태도 꾸짖기

하지만 인민의 복지 증진 정책을 수행하는 데 있어 가장 큰 걸림돌 중 하나는 다름 아닌 민중들이 겪고 있는 고난에 대한 정부 관리들과 기업 관리자들의 무관심과 '냉정한 태도(бездушное отношение)'였다. 전후에 당 기관지의 사설이나 신문 기사는 관리자들의 이러한 태도를 비난하는 내용을 자주 실었는데, 전쟁의 긴박한 상황 속에서 자리 잡은 이러한 관료주의적 태도는 전쟁이 끝난 후에도 지속되었고 그 결과 인민들의 불만이 누적되고 있는 추세였다. 스탈린 정부는 이런 상황을 잘 알고 우려하고 있었다.

전쟁 직후부터 당 기관지 ≪프라브다≫와 ≪이즈베스티야≫ 편집부는 전역한 참전용사로부터 관리들의 관료주의적 행태로 인해 주거 문제가 해결되지 않고 열악한 상황에 처해 있다는 편지를 많이 받았다. 그 편지에서 전역한 군인들은 특히 관청 공무원들이 전쟁 전에 살던 집을 다시 배정해 달라는 그들의 요청을 받아주지 않는다고 불만을 터트렸다.[19] 전쟁 중에 가장이 전선으로 징집된 후 전방지역에 남은 가족들이 후방으로 소개되는 경우가 많았는데, 전쟁 후에 가장이 돌아오면서 전쟁 전에 살던 거주지로 돌아가고자 했기 때문이다. 전역한 군인들 외에 일반 시민들도 신문사에 주택 문제 해결을 요청하는 청원서를 많이 보냈다. 일례로 1945년 7월 한 달 동안 ≪이즈베스티야≫ 편집부는 1,500여 통의 청원서를 받았는데, 그중 3분의 1이 주택 문제에 관한 것이었다.[20] 모스크바 시민 즈베즈도치킨은 ≪이즈베스티야≫에 보낸 청원서에서, 전쟁 중에 소개된 지역에서 그의 아픈 아내와 함께 종전 후 모스크바로 귀환했는데, 모스크바 법원에서 몇 차례 자신에게 방을 배정하라고 지시했는데도 불구하고 그 지시가 전혀 이행되지 않고 있다고 하면서 법무인민위원부(НКЮ)의 수동적 일 처리에 불만을 터트렸다.[21]

이런 상황에서 소련 당국은 종전 직후부터 당 기관지 사설과 기사를 통해 관리들에게 인도주의적 태도와 마음가짐은 소비에트 인간에게 무엇보다도 중요한 덕목임을 강조하면서 어려움에 처해 있는 시민들에게 동정심과 배려심을 발휘해야 한다는 메시지를 지속적으로 내보냈다. 그 같은 정치교육의 일환으로 당 기관지 ≪당 건설≫의 1945년 8월호는 시민들의 안락한 물질생활과 문화생활에 대한 요구를 충족시켜 주는 것은 당원의 중요한 책임임을 지적하면서 다음과 같이 강조했다.

> 전쟁 동안 우리 인민들은 많은 것을 포기했고 역경과 결핍 속에서 살았다. …
> 이제 인민의 생활조건 향상을 위해 할 수 있는 모든 일을 해야 할 때이다. …
> 당의 업무는 인민과 함께하는 것이다.[22]

이러한 '인민'에 대한 강조는 필연적으로 행정기관과 기업의 관리들에 대한 비판으로 이어졌다. 일례로 1945년 7월 마그니토고르스크시의 복지행정 관련 보고서는 시의 산업체 관리소장 다닐렌코가 군인 가족을 위한 지원 프로그램을 운영하는 과정에서 보인 '무정한 태도'를 강하게 비판하고 있다. 그 보고서는 다닐렌코가 전역한 참전용사 아내의 지위를 급여 변동을 고려하지 않고 십장의 지위에서 하급자 지위로 전환시킴으로써 급여가 급격히 줄어들어 경제적으로 무척 곤란한 상황에 처하게 했다고 비판했다.[23] 그런가 하면

1946년 3월 7일 마그니토고르스크 당원회의에서는 마그니토스트로이 건설 회사 직원의 "무례하고 관료주의적인 행태"로 인해 전역한 군인 노동자가 회사 관리자의 결정에도 불구하고 7개월 동안이나 거주할 방을 받지 못하고 있다고 강하게 비판했다.[24] 또한 1947년 3월 시의 보고서는 노동조합과 경제 기구의 무관심으로 시 교육부 책임자가 전쟁미망인 가정이나 상이군인 가정 등 생활 형편이 지극히 어려운 가정의 학생들을 위한 지원 물자를 확보하지 못해 1947년 초 새 학년 시작 첫 두 달 동안 이들 가정의 학생 185명이 옷과 신발이 없어서 학교를 그만두어야 했다면서 교육부 책임자를 강한 어조로 비판했다.[25] 한 해 전인 1946년 초에는 200명의 학생이 같은 문제로 학교를 그만두었다. 우랄지역의 추운 날씨로 인해 겨울철에는 두꺼운 신발과 의복이 필요한데 전후의 열악한 생필품 보급 상황에서 그러한 물품을 구입할 수 없는 가정의 자녀들은 등교하는 것이 거의 불가능에 가까웠기 때문이다.

당시 마그니토고르스크는 중공업 도시로서 생필품을 생산하는 경공업이 발달하지 않아 신발, 의복, 겨울 외투 등은 극도로 부족한 상태였고, 그로 인해 1945년 말 기준 마그니토고르스크 제철소 근로자 자녀 2만 7,000명 중 단 23%만 신발을 배급받았고,[26] 유치원생의 경우 원생의 20%는 1948년이 되어서도 외투가 없었다.[27] 전후의 이러한 심각한 신발, 의복 부족의 문제는 학생들만 겪은 문제는 아니었다. 1946년 제철소 철도운송부서의 노동자들도 겨울 외투와 신발이 없어서 거의 일주일 동안 출근하지 못하는 경우도 있었다.[28]

이러한 상황에서 지역 당 서기는 특히 "전몰장병 가족과, 전역한 병사 가족의 고충에 무관심한 관리들을 엄벌에 처할 것"을 제안했다.[29] 그런가 하면 1949년 시의회 집행위원회의 보고서는 마그니토고르스크 제철소 관리가 전몰군인의 가족을 현 주거지에서 퇴거시킨 것에 대해 기업 관리들이 "노동자들의 정당한 요구에 대해 동정심이 없고 매정한 태도로 처리한 것"이라고 강하게 비판했다.[30]

인도주의적 도움 제공

전쟁 직후 소련 정부는 소위 매정한 관리들을 꾸짖는 데에만 그치지 않았다. 비록 전후 복구의 어려운 상황이었지만 한편으로는 전후 사회에 팽배한 일반 시민들의 공무원과 직장 관리자들에 대한 불만이 누적되어 가는 것을 막기 위해서, 그리고 또 한편으로는 인도주의적 차원에서도 전후에 극심한 어려움에 처해 있는 시민들을 모른 척 방치할 수는 없었다. 즉, 스탈린 정부의 전후 물질적·재정적 원조 제공은 한편으로는 지도부 및 정부에 대한 시민들의 불만을 누그러뜨리기 위한 정치적 목적과 함께 인도주의적 목적에서 기인한 것이었다.

이는 분명 전쟁 이전의 물질적 인센티브 제공 원칙과는 차별되는 것이었다. 1920~1930년대 소련에서는 1917년 볼셰비키혁명 직후 선언된 장애인, 병자, 실업자, 미망인 등 사회의 '약자'를 보호하기 위한 보편적인 복지정책은 거의 시행되지 않았다. 혁명 직후에는 이들을 고용하고 있는 회사, 농장에서 고용원들의 복지를 책임지게 하는 제도가 만들어졌으나 실질적으로 고용 주체가 예산이 넉넉하지 못해 매년 복지예산을 삭감했고, 궁극적으로 복지정책은 거의 수행될 수 없었다.[31] 1920년대에도 전체 노동자의 복지정책은 실현되지 못하고 숙련 노동자, 기술자들에게만 복지 혜택을 제공하는 정책이 시행되었다. 즉, 산업 현장의 생산 목표 그리고 산업화의 목표를 달성하기 위해 가장 중요한 집단에게 우선적으로 복지 혜택을 제공한 것이었다. 이 과정에서 자연히 비산업 부문에서 종사하는 노동자들은 희생양이 될 수밖에 없었다. 이렇게 산업노동자, 그중에서도 숙련 노동자에 우선순위를 둔 차별적 복지정책은 1930년대 스탈린의 산업화 정책이 시작되면서 더욱 심화되었다. 이런 과정에서 노동을 수행하지 못하는 실업자나 불구자들은 오히려 복지 혜택이나 배급제에서 자연스럽게 소외되고 서서히 제외되었다.[32] 즉, 전쟁 전 소련에서 복지 혜택의 대상은 다름 아닌 '생산성'의 기준에 따라 정

표 1 극도로 힘든 가정에 대한 지원금(1948년, 단위: 루블)

지원 대상	금액
1. 전몰군인 가족	103,950
2. 대조국전쟁 상이군인	38,175
3. 노동 중 상해로 장애인이 된 자	27,756
4. 가장이 사망한 가족	7,550
5. 군인 가족	2,600
계	180,031

자료: AOAM. ф.202, оп.1, д.12, л.9.

해진 것이었다.

하지만 이러한 관행은 전쟁 이후 상당히 변했다. 전후에 스탈린 정부는 복지 혜택을 제공하는 데 있어서 생산성을 최우선의 기준으로 하기보다는 도움이 필요한 계층에게 우선적으로 복지 혜택을 제공하기 시작했다. 비록 스탈린 정부는 1946~1947년 동안의 대기근으로 인해 식량이 극도로 부족한 상황에서는 정부가 운영하는 수용소의 장애인과 미성년, 노약자들을 식량 배급 대상에서 제외하기도 했지만,[33] 1947년 12월 배급제가 종식된 이후에는 힘든 상황에 놓인 가족에게 재정지원을 했다. 일례로 1948년 마그니토고르스크시 정부는 '극도로 힘든 가정에 대한 지원금'이라는 명목하에 **표 1**과 같이 전몰군인 가족은 물론 노동이 불가능한 상이군인과 노동 중 상해로 장애를 갖게 된 시민들에게도 금전적 지원을 제공했다. 특히 장애로 인해 노동을 할 수 없는 시민들(표의 '지원 대상' 중 2, 3번)에게 제공된 지원금은 전체 지원금의 총 36%를 차지했다. 이같이 전후에 소련 정부가 상이군인과 노동 중 상해를 입은 장애인을 공식적으로 복지 혜택을 받는 대상으로 명시한 것은 분명 전쟁 전의 생산성 중심의 복지 혜택 제공 관행이 전후에 변화했음을 보여준다.

다만 스탈린 정부는 1947년 말부터 전역한 군인들에 대한 복지 혜택은 중단했다. 1945년 6월 23일 정부가 공포한 법령은 전역한 군인들에게 주택 건설을 위한 대출, 건축자재 제공, 전쟁 전 직장과 동일 또는 더 나은 직장을 보장한다고 규정했는데, 이러한 혜택을 정부가 중단한 것이다.[34] 이 같은 결정에는 엄청난 수의 전역군인들을 대상으로 이 규정을 시행하는 데에 드는 재정 문제가 가장 큰 요인으로 작용했지만, 그 외에도 전후 2년이 경과하면서 '데카브리스트 반란'과 같은 위험성이 크지 않다는 지도부의 판단과 또 한편으로는 전쟁으로 인해 새로운 '영웅'들이 만들어지는 것을 경계한 지도부의 결정이기도 했다.[35] 왜냐하면 제1장에서 보았듯이 1947년부터 전승일은 공휴일에서 휴일로 전환되었고, 그와 동시에 소련 사회는 전전의 소련 사회와 마찬가지로 스탈린 외의 영웅이 아닌 오직 '스탈린'만이 전쟁 영웅이 되어야 했고 스탈린을 정점으로 한 체제가 되어야 했기 때문이다.

비록 전역군인에 대한 특혜는 2년여 만에 거의 폐지되었지만 상이군인, 전몰군인 가족에 대한 복지 혜택은 표 1에서 보듯이 지속되었다. 그리고 전역군인을 포함하여 상이군인 등 힘든 상황에 처한 개인들을 위한 생산성 기준의 원칙이 아닌 수요자 중심의 복지정책은 지속되었는데, 그러한 예로 '1회 무상 지원금(единовременные помощи)' 제도를 들 수 있다.[36] 이 제도는 1946년부터 시행되었는데, 정부 또는 기업이 갑작스럽게 어려운 상황에 처한 시민들이나 직원들에게 1회에 한하여 무상으로 지원금을 제공하는 것이었다.[37] 마그니토고르스크에서는 전쟁미망인과 장애인 가족이 주된 지원 대상이었는데, 지원 대상은 시 정부나 기업들이 자체적으로 시행하는 조사를 통해서 또는 시민들이 제출한 청원서의 심사를 통해서 선정했고, 무상 지원 금액은 100~200루블 정도였다. 1947년 12월 화폐개혁이 단행된 직후 당시 양털 자켓 가격이 200루블, 소고기가 30루블(1kg) 정도였고[38] 1948년 산업노동자의 평균 월급이 620~680루블 정도였음을 감안하면[39] '무상' 지원금 액수는 적은 금액은 아니었다. 마그니토고르스크 지역의 지원금 수혜자의 몇몇 예를 살펴보면 1948년 한 제철소 노동자가 씨감자 살 돈이 없어서 제철소 운영위원회의 결정에 따라 200루블을 무상으로 지원받았으며, 남편

장례 비용이 필요했던 한 미망인은 시 정부로부터 500루블을 지원받았고, 한 병든 연금 수령자는 요양원 치료비로 300루블을 지원받을 수 있었다.[40]

아이론사이드(Kristy Ironside)의 연구는 전국적인 차원에서 1946년 5월~1953년 1월까지 6년 8개월 동안 스탈린 정부가 생산성 기준이 아닌 소위 '급전'이 필요한 어려운 처지에 놓인 시민들에게 총 6,593회에 걸쳐 70만 7,546루블의 지원금을 제공했음을 보여준다. 이 같은 '1회 무상 지원금' 수혜자의 39%는 장애인(29%는 대조국전쟁 상이군인, 10%는 노동 중 사고 및 기타 사유로 인한 장애인)이었고, 16%는 남편 없이 자녀를 키우는 여성 가장, 7%는 전몰군인 가족, 6%는 다자녀 가족이었다.[41]

마그니토고르스크 제철소의 경우, 이러한 1회 무상 지원금 외에도 어려운 처지에 놓인 노동자들에게 물질적 지원도 제공했다. 물론 전후에 마그니토고르스크시 당국은 경공업 공장 노동자보다는 제철소, 건설회사, 중공업 관련 공장에서 근무하는 노동자들에게 물자 분배의 우선권을 주었고, 동일 공장 내에서도 작업장의 중요도에 따라 차별적으로 물자 분배에 있어서 우선순위를 갖게 하는 정책을 시행했다.[42] 하지만 시 당국은 이러한 전후의 임금, 물자 및 인센티브 분배 구조에서 가장 혜택을 받지 못하고 저임금을 받으면서 복지의 사각지대에 놓여서 힘든 생활을 영위하고 있는 미숙련 십 대 노동자들을 완전히 방치하지는 않았다. 여건이 허락하는 한에서 '보살핌'을 제공했다.

그 예로 소위 '미국 선물(Американский подарок)' 꾸러미를 배포한 것을 들 수 있다. 전쟁 중후반부터 미국은 유엔 가입 국가 중 전쟁 피해를 입은 국가들에 구호물자를 제공하는 유엔의 구호기구(UNRRA, 1943~1948)를 돕기 위해 미국 시민들이 기증한 스웨터, 바지, 셔츠, 양말, 신발 등을 모아서 만든 작은 소포 꾸러미를 소련에 제공했는데, 소련에서 이 소포는 '미국 선물'이라는 이름으로 배포되었다. 마그니토고르스크 제철소도 소련 정부로부터 이 꾸러미를 분배받아 직급이나 숙련도에 상관없이 제철소 간부, 기술자, 행정직원은 물론 미숙련 노동자까지 포함하여 전 직원에게 제공했다. 일례로 1945년 1~8월 동안 마그니토고르스크 제철소는 전 직원에게 총 18만 1,457개의 '미국 선물'을 배포했는데, 당시 제철소 전체 직원의 수가 4만 6,702명이었던 것을 감안하면 해당 기간 동안 직원 1인당 수차례 '미국 선물'을 받은 것이다.[43] 이 중 1945년 4월에 배포된 선물의 경우, 30%는 비숙련 노동자는 물론 상이군인, 군인 가족에게 배포되었고,[44] 1946년 초부터는 시 당국은 제철소 직원뿐만 아니라 도시민 중 전역군인, 상이군인(1, 2급) 가족에게도 '미국 선물'을 배포했다.[45]

당시 지역 당국은 십 대 노동자들의 힘든 생활과 그로 인한 불만을 잘 알고 있었으나 그들 모두에게 물질적 혜택을 제공할 수는 없는 상황이었기에 선별적인 방법을 통해 수혜 대상자를 골라서 그들을 도왔다. 마그니토고르스크의 국가보안인민위원부(НКГБ)는 주민들이 타 지역의 친척이나 지인에게 보내는 편지나 전보를 비밀리에 일일이 검열해서 열악한 식량 사정과 생활 상태에 대한 불만 내용을 확인했는데, 이 과정에서 극도로 힘든 상황에 처해 있는 주민들에게 '미국 선물'을 제공했다. 일례로 시 보안 당국은 1945년 4월 마그니토고르스크 전기수리작업장의 17세 여성 고아 노동자가 친척에게 보내는 편지를 비밀리에 검열해서 열악한 생활에 대해 불평을 터트린 내용을 확인한 후 시 당국에게 그 십 대 노동자와 일곱 명의 룸메이트에게 '미국 선물' 꾸러미를 제공하도록 조치를 취했다.[46]

마그니토고르스크시 당국은 '미국 선물'을 노동자 기숙사나 공장에 마련된 '붉은 코너(Красный уголок)'라 불리는 곳에서 작업장 십장의 입회하에 배포했다.[47] '붉은 코너'는 소련공산당의 선전 책자와 구호, 포스터 등이 걸려 있는 직장 내 당의 선전 구역으로, 이는 곧 '미국 선물'을 전달할 때 '나치즘의 위기로부터 유럽을 구한 소련에 대한 감사 표시로 미국으로부터 전달받은 선물'로 선전하면서 당과 정부의 온정주의 정책의 일환으로 배포했음을 의미한다.

사회적 책임 강조와 반응

이렇게 스탈린 정부는 전후에 정부 주도의 복지정책을 수행하기도 했지만 사회 스스로 사회적 약자를 돕는 사회적 책임 또한 강조했다. 이는 전후 복구의 물자 부족 상황에서 정부가 만족스럽게 수행할 수 없는 복지정책 이행을 '아래로부터의 책임'을 강조하여 짐을 덜기 위한 전략의 일환으로 볼 수 있다. 1946년 8월 13일 스탈린 정부는 "소비에트 기관과 기업의 모든 책임자들이 복지기관에 원조를 제공하고 전몰군인, 장애자, 군인 가족의 생활수준 개선을 돕는 의무"를 규정한 법령을 공포했다.[48]

전쟁 직후부터 마그니토고르스크시 당국은 전역군인과, 상이군인, 그리고 노동 중 상해로 장애를 입은 자들을 돕기 위한 자원봉사 활동으로서의 구호 캠페인을 '일요구호운동(Воскресники)', '토요구호운동(Субботники)', '월간 구호운동(Месячники)'이라는 이름으로 시행하면서 물품과 헌금을 모집했다. 1945년 하반기에 시 정부는 두 차례에 걸쳐 '일요구호운동'을 실시했는데, 이를 통해 제1의복공장으로부터 25벌의 유아용 코트와 20벌의 양복을 헌납받아서 전역군인 가족에게 전달했다.[49] 1946년에는 시 정부가 시의 모든 기관에 전역군인 가족을 위한 구호운동에 의무적으로 참여토록 요청하여 의복, 신발, 배급 식량, 장작용 나무, 헌금 등을 헌납받고, 이어서 극히 곤궁한 처지에 놓인 전몰군인 가족을 위해서 구호운동의 연간계획을 수립했다.[50]

또한 1948년에 시 당국은 기업이나 학교들로 하여금 '후원회(шефство)'와 '후견인위원회(опекунские советы)'를 조직하도록 지시하고 전몰군인, 상이군인, 노동 중 장애를 입은 자들에 대한 지원을 체계적으로 수행하도록 도모했다.[51] 이는 1948년부터 정부가 참전군인에 대한 지원을 중단함으로써 지역 차원에서 그들에 대한 지원을 시작하도록 한 것이었다. 후견인위원회의 업무는 광범위했다. 금전적·물질적 원조 제공 외에도 원조 대상자들에게 직업교육을 실시해서 더 높은 임금을 받을 수 있도록 돕는 활동도 수행했는데, 시 당국의 노력으로 1948년에 62개의 후견인위원회와 290개의 후원회가 조직되었다.[52] 그 결과, '채굴 및 야금연구소'는 1급 상이군인 후원자가 되어 후원 대상자들에게 양모 2단, 감자 200kg, 한 살 반 암소, 500루블 등을 제공했다. '계기판공장'의 후견인위원회는 11개의 전몰군인 가정에 대해 7채의 신설 아파트 제공, 28채 아파트 수리, 3,850루블 재정지원 및 청소년캠프(Пионерский лагерь) 무료 사용권을 제공했고, 23명에 대해 기술교육을 제공했으며 전쟁미망인들이 농사짓는 데 노동력을 제공하기도 했다.[53] 1952년에는 마그니토고르스크 제철소의 후견인위원회가 전몰군인 및 상이군인 가족과 노동 중 상해로 장애를 입은 노동자 가족에게 총 24만 5,000루블의 재정지원, 79채의 아파트 제공, 자녀들의 청소년캠프 무료 이용권 690개를 제공했고, 전몰군인 가족 60명과 상이군인 가족 32명의 직장을 마련해주었으며, 28명에 대해서는 직업교육을 통해 자질을 향상시킴으로써 향후 승진을 통한 임금 향상의 기회를 제공했다.[54]

물론 스탈린 정부의 이러한 힘든 처지에 놓인 시민들을 돕도록 한 사회적 책임 제도에 대해서 모든 기업과 사회조직이 흔쾌히 도움을 제공한 것은 아니었다. 힘든 처지의 시민을 돕는 것은 국가의 책임이지 사회의 책임이 아니라고 주장하고 나선 기업도 있었다. 이들 기업은 전쟁 중에는 전쟁미망인이나 상이군인 가족에게 물질적 도움을 제공했지만 전쟁 이후에는 그들을 돕고 그들 가족의 일원을 고용하라는 시 당국의 지시에 반발했다. 전쟁 중에는 정부가 전쟁수행에 전력하느라 어쩔 수 없었지만 전후에는 힘든 처지에 놓인 인민들을 돕는 것은 국가의 당연한 복지 제공 의무라는 인식이 팽배해졌던 것이다. 1945년 6월 전쟁이 끝난 직후 마그니토고르스크시 당국은 산업복합회사 관리책임자 다닐렌코에게 전역군인 가족들에 대한 일상 및 물질적 지원 활동이 부실한 것을 당장 시정하라고 지시했다. 그러자 다닐렌코는 "당과 노동조합이 그 가족들을 돌보도록 하시오. 나는 회사의 생산계획을 이행하는 데 집중해야 합니다"라고 거부감을 표출했다.[55]

사실 이 같은 태도를 표출한 기업 책임자는 다닐렌코만이 아니었다. 시의 고기공장 책임자 추디코프도 마찬가지였고 그로 인해 자신이 관리하는 공장의 참전군인 가족에 대한 복지 제공을 전혀 이행하지 않았다. 시의 보고서는 추디코프는 공장에서 일하는 참전군인의 흙집 지붕이 보수공사를 못 해서 내려앉았는데도 보수공사를 위한 어떠한 지원도 하지 않았다고 밝히고 있다. 그런가 하면 1947년 1~2월에는 마그니토고르스크 제철소의 노동조합 책임자가 제철소에서 근무하는 상이군인에게 배정된 물품을 전달하지 않고 대신 시의 복지부서에 일을 떠넘기는 사태도 발생했다.[56] 이 같은 상황은 기업 관리자의 입장에서 현장의 생산업무 관리와는 별도로 전후에 직장에 늘어난 전역군인, 상이군인 근로자들의 복지 업무까지 신경 써야 하는 상황을 지시한 정부와 시 당국의 처사에 불만을 표출한 것이었다.

이 같은 생산 현장 관리자들의 '위로부터' 부과된 복지정책 수행 임무에 대한 거부감과 무관심으로 인해 마그니토고르스크 제철소의 몇몇 작업장에서는 1950년대 초반까지 후원제도가 조직되지 않은 곳도 있었고 그로 인해 이들 작업장에서는 곤궁에 처한 직원에게 어떠한 물질적 후원도 제공하지 않았다. 심지어 그러한 복지 후원을 받아야 할 근로자가 누구인지에 대한 조사도 진행하지 않고 있었다. 이런 상황에서 몇몇 상이군인 가족은 해당 작업장에 청원서를 제출했지만 제철소 관리자들은 수개월 동안 아무 조치도 취하지 않았다.[57]

이 같은 상황은 전후에 스탈린 정부가 복지정책 이행의 책임을 부분적으로 사회조직에 떠넘겼으나 그 책임 전가가 완벽하게는 시행되지 않았음을 보여준다. 그리고 또 한편으로는 이 같은 현장 책임자들의 복지 제공에 대한 불성실하고 무관심한 태도는 일반 시민들에게 스탈린 정부의 '온정주의 정책' 이행 노력을 '냉정하고 동정심 없는' 관리자들이 방해하고 있다는 인식을 갖게 함으로써 역설적이게도 '인민을 돌보는 아버지로서의 임무'를 충실히 수행하는 스탈린 정부에 대한 긍정적 이미지를 강화시키는 데 일조했다.

온정주의 정책에 대한 감사

전후 스탈린 정부의 이러한 복지정책 이행 전략은 앞에서 살펴본 것처럼 물자 부족, 관리들의 무관심, 불성실한 이행으로 때로는 난관에 부딪혔지만 최소한 전후에 인민들 사이에서 반정부 정서의 팽배로 인한 민중봉기 같은 사태를 불러일으키지는 않음으로써 소기의 정치적 목적을 달성했다. 오히려 스탈린 지도부는 전후 기근 사태와 어려운 경제 상황에서도 '못된' 관리들을 꾸짖고 궁핍한 처지에 놓인 인민들을 성심껏 돌보는 이미지를 심는 데 성공했다. 정부가 사회의 약자에게 베푼 물질적 혜택은 충분치는 않았지만 오소키나(Elena Osokina)가 지적했듯이 전후의 극도의 궁핍한 환경 속에서 그러한 작은 도움도 커 보이고 소중하게 여겨졌던 것이다.[58] 이런 점에서 정부의 복지정책 이행은 민중들에게 물질적 측면에서보다는 심리적 측면에서 더 큰 영향을 미쳤던 것이다.

이런 상황에서 복지 혜택을 받은 시민들은 다양한 방법으로 스탈린과 정부에게 고마움을 표시했다. 1945년 네 명의 자녀를 데리고 궁핍한 생활을 하고 있던 전쟁미망인 우소바는 "정부로부터의 물적 지원 덕분에 나는 이제 잘 살고 있고… 생활이 훨씬 좋아졌다"라고 밝혔다. 그녀는 정부로부터 곡물 씨앗을 받고, 재정지원도 받아서 두 마리의 염소를 구입할 수 있었으며 염소 우유로 만든 낙농제품을 시장에 팔아서 수입을 올릴 수 있었다.[59] 이렇게 정부로부터 지원을 받은 전역군인들과 아내들은 지역신문 ≪마그니토고르스크 노동자≫ 편집부에 감사 편지를 보내기도 했다. 예를 들어 로크티노프는 그의 편지에서 "[마그니토고르스크시] 오르조니키제지구 사회복지부서와 마그니토고르스크 제철소 운송부 직원들이 나와 나의 가족에 관심을 가지고 긴요한 도움을 제공하면서 돌봐주었다"라고 감사한 마음을 밝혔다.[60] 복지 혜택을 받은 주민들은 또한 선거일에 투표용지 뒤에도 감사 문구를 적기도 했다. 1951년 2월 최고소비에트 대의원 선거에서 마그니토고르스크의 몇몇 시민들은 투표용지 뒤에 다음과 같은 문구를 적었다.

나에게 베풀어 준 보살핌에 대해 진심에서 우러나오는 고마움과 볼셰비키 인사를 전하면서 친애하는 지도자이며 훌륭한 스탈린 동지를 위해 투표한 다. 나는 연금을 받고 있는 장애인으로 그의 보살핌으로 살고 있다. 나는 친 애하는 스탈린 동지가 건강하게 오래오래 살기를 진심으로 기원한다. 연금 수령자 A.N. 무라시키나.

나는 소비에트 연방공화국의 딸이자 대조국전쟁의 상이군인입니다. … 감사 합니다, 스탈린(시테인가르트 에바 마르코브나).[61]

물론 투표용지에 스탈린과 정부를 칭찬하는 메시지만 있었던 것은 아니 다. 정부의 복지정책에 대한 불만의 메시지도 있었다. 어떤 시민은 다음과 같 은 메모를 적었다. "대조국전쟁의 상이용사를 보살펴라!" 또 어떤 시민은 "나 는 아무 친척도 없는 늙은이다. 나를 군인 가족과 상이군인처럼 돌봐주기를 요청한다."[62]

그럼 과연 투표용지에 적힌 주민들의 메모는 얼마나 민중들의 심정을 있 는 그대로 반영한 것일까? 물론 이를 판단하기는 쉽지 않다. 소련의 독특한 선거제도와 투표 방식 때문이다. 소련의 선거는 선거 전에 당과 소비에트, 즉 정부 기관이 단일 후보를 정하고 투표 당일 배포되는 투표용지에는 그 후보 의 이름만이 표기되어 있다. 투표자는 투표용지를 받아 부스로 가서 후보에 찬성하는 경우에는 별도의 표기 없이 함께 제공된 봉투에 넣은 후 나와서 투 표함에 넣으면 된다. 후보에 반대하는 투표자는 부스에 비치된 펜으로 후보 의 이름에 선을 그어 지운 후 봉투에 넣어 투표함에 넣어야 한다.[63] 소련 선 거에는 보통 반대표가 극히 드물게 나왔는데, 그 이유는 당과 소비에트가 정 한 후보에 반대한다는 것은 궁극적으로 반체제·반정부 행위를 뜻하고 그에 대한 대가가 무엇인지는 이미 1930년대 스탈린의 대숙청 정치 당시 모든 인민들이 목도했기 때문이다. 비록 무기명으로 투표를 하지만 주민들은 투표 후에 만에 하나라도 있을지 모를 사태에 대비에 '나는 반대표를 던지지 않았다'는 증거로 자신의 이름과 주소까지 투표용지에 적는 경우가 종종 있었다. 투표자는 이 과정에서 이름 외에도 '스탈린 만세' 등의 구호를 적는 경우도 있었다.[64] 후보의 이름을 펜으로 지우지 않은 한 투표자의 이름, 주소, 메모를 적는 것은 무효표로 간주되지 않았다. 이 과정에서 투표자들은 투표용지에 정부에 감사하는 메모도 적고 정부 정책을 비판하는 메모도 적었던 것이다.

이 같은 상황을 토대로 투표용지에 자기 이름과 함께 적은 감사 메모는 그 진정성을 의심해 볼 수도 있지만 동시에 진정한 감사 표시로도 간주할 수 있다. 왜냐하면 부정적인 메모는 물론 긍정적인 메모도 무기명으로 적는 경우가 많았기 때문이다. 마그니토고르스크의 1951년 최고소비에트 선거 당시 투표용지에는 총 357개의 메모가 적혔다. 이 중 부정적인 내용이 적힌 것은 32개로 9%를 차지했고, 나머지는 감사 표시 등 스탈린이나 정부 정책에 대한 긍정적 메모였는데, 많은 경우 메모는 무기명으로 적혀 있었다.[65] 무기명의 감사 메모는 그 진정성을 신뢰할 수 있을 것이다.

그리고 앞에서 예로 든 상이용사 지원에 대한 정부 정책에 대한 부정적인 두 개의 메모도 정부의 불충분한 지원에 대한 불만을 토로한 것이지만 두 번째 메모는 일반 장애자에 비해 상이용사들의 경우 상대적으로 복지정책의 혜택을 보장받고 있다는 내용을 암시하고 있다. 이 같은 상황을 미루어 보아 앞서 보았던 전후 스탈린 시기 동안 어려운 상황에 처한 시민들에게 지급한 '1회 무상 지원금'의 최대 수혜자(총지원 금액 중 29% 해당하는 금액 지급)가 상이군인이었던 것으로도 확인된다.

물자 부족, 대기근으로 인한 식량 부족, 파괴된 지역의 전후 복구 등 전후의 힘든 재정 및 경제 상황에서 스탈린 정부가 사회약자를 위해 복지정책을 시행한 것은 분명 용이한 과업은 아니었다. 그럼에도 불구하고 '바깥세상'을 구경하고 온 수많은 소련 인민들의 불만이 폭발하는 사태를 막기 위해서 힘든 처지에 놓인 인민들을 돌봐야 하는 것은 정부로서는 피할 수 없는 과업이었다. 특히 많은 시민들이 정부 관리들과 본인들이 소속된 직장의 관리자들의 관료주의적 태도와 무관심에 대해 많은 민원을 제기하는 상황에서 인민들의 불만에 귀 기울이고 공감하는 것은 무엇보다 중요했다.

이에 따라 전후 스탈린 정부는 다양한 방법을 사용했다. '냉정한 관리'들을 공개적으로 꾸짖는가 하면 힘든 처지에 놓인 상이군인, 참전군인, 장애인 등을 위해 그들이 속한 직장이나 사회단체에서 물질적 원조를 제공하도록 하는 제도 또한 시행했다. 그에 더해 정부 또한 큰 액수는 아니지만 힘든 처지에 놓인 시민들의 청원에 의거해 무상으로 현금을 지원하는 정책을 시행했다. 이러한 복지정책과 정부의 온정주의적이며 인도주의적인 행보는 분명 전쟁 전 스탈린 정부의 '생산성'을 기준으로 한 복지 및 인센티브 제공 정책과는 차별되는 것이었다. 대조국전쟁이 정부의 복지정책 기조를 바꿔놓은 것이었다.

스탈린 정부의 이러한 '온정주의'에 기반한 복지정책은 분명 전후에 대조국전쟁의 '데카브리스트' 사태를 방지하는 데 도움을 주었다. 또한 소련 시민들의 정부와 지도자에 대한 신뢰 및 소비에트 사회주의 체제에 대한 믿음을 유지시켜 주는 역할도 했다. 필자와의 인터뷰에서 전후 스탈린 시기를 몸소 경험했던 마그니토고르스크 제철소 노동자 살다예프(Салдаев)는 당시를 회상하며 다음과 같이 말했다.

그때 우리는 사회주의, 공산주의 원리를 지니고 있었다. 우리는 힘들게 살았다. 하지만 그런 건 괜찮았다. 우리 아이들 세대는 잘살게 될 거라고 믿었다.[66]

이러한 회상은 소련 시민들은 전후 힘든 생활 속에서도 정부가 약속한 사회의주의의 밝은 미래를 믿었다는 것을 의미한다. 이러한 점에서 전후 스탈린 시기 소련 인민들의 심각한 수준의 봉기가 없었던 이유는 피셸러가 주장하듯 전후의 열악한 일상생활 속에서 하루하루 생존을 위해 버텨야 하는 소련 인민들의 탈진 상태의 결과[67]라기보다는 전후 스탈린 정부의 온정주의에 기반한 복지정책으로 인한 소련 민중들의 정부에 대한, 그리고 소비에트 사회주의 체제에 대한 신뢰 증진의 결과로 보는 것이 타당할 것이다.

제7장

전쟁유산 극복과
소비에트 정체성 재정립

20세기에 있었던 두 차례의 총동원 전쟁이었던 제1, 2차 세계대전은 유럽 사회에 큰 변화를 가져왔다. 일례로 제1차 세계대전 이후 영국은 여성의 전시 노동 기여에 대한 보답으로 참정권을 부여했고, 제2차 세계대전은 유럽 사회에 기존의 자유주의 세력에 대한 회의감과 함께 거대한 좌편향의 물결을 일으켜서 많은 유럽 국가에서 사회주의, 공산주의 세력들이 지지 기반을 확장하는 결과를 가져왔다.[1] 특히 제2차 세계대전 중 나치 치하에서 고통받고 나치의 폭력성을 목격한 중동부 유럽에서는 전쟁 전의 우익 가치와 규범들에 대한 신념이 흔들리고 더 진보적인 새로운 사상, 특히 공산주의 사상이 노동자들과 지식인들 사이에서 인기를 얻기 시작했다.[2] 그렇다면 제2차 세계대전, 특히 나치독일의 소련 침공으로 발발한 대조국전쟁은 소비에트 정체성에 어떤 변화를 가져왔는가?

이제까지 많은 학자들은 전후 스탈린 체제의 성격에 대해 대체로 전쟁으로 인한 변화보다는 전쟁 이전 성격과의 연속성에 주목해 왔다. 이는 한편으로는 1920~1930년대 소비에트 시스템의 형성기에 생겨난 여러 가지 특성이 그 이후에도 지속되었다고 보기 때문이다.[3] 이런 이유로 많은 학자들은 전쟁 시기를 단순히 스탈린 체제를 시험했던 짧은 기간으로 간주할 뿐, 스탈린 체제의 성격이나 정책에 변화를 가져온 시기로 보지 않았다.[4] 이런 점에서 저명한 소련사 전문가 피츠패트릭(Sheila Fitzpatrick)은 스탈린 시기가 끝나고 나서야 비로소 전전 시기와 대비되는 진정한 "전후 시기"가 시작되었다고 주장했다.[5]

그러나 다른 한편으로는 몇몇 학자들은 전쟁 이후의 스탈린 시기 동안 이미 전쟁 전과는 구분되는 새로운 소비에트 가치가 공식적, 비공식적으로 등장했음을 강조한다. 예로서 던햄(Vera Dunham)은 대조국전쟁 이후 스탈린 시대에 출판된 소비에트 소설들의 행간을 예리하게 읽고, 스탈린 정부가 단기간 내에 전후 복구 정책을 성공적으로 수행하는 데 필수적인 기술 전문가들의 참여와 지원을 이끌어 내기 위해 당시 소련 사회의 상층부에 속했던 이들 사이에 싹트고 있던 물질적 탐닉과 같은 소위 "탈혁명적 부르주아 가치"(던햄은 이를 '중산층의 가치'라고 칭함)를 암암리에 인정하고 심지어는 장려했다는 것을 밝혀냈다.[6] 그런가 하면 와이너(Amir Weiner) 같은 학자는 대조국전쟁 전에는 소련 시민이 얼마나 '소비에트적'인가를 재는 척도로 출신 성분, 즉 계급이 주로 사용되었지만 전쟁 이후에는 전쟁 중 세운 공훈과 출신 민족이 더 중요한 척도로 공공연히 사용되었다는 것을 보여주었다.[7] 이 같은 증거로 와이너는 전쟁 후에 소비에트 정부가 러시아인과 우크라이나인들의 제2차 세계대전 승리에 대한 기여를 적극 강조한 반면, 전쟁 시 부역자 또는 '인민의 적'이라는 낙인을 받고 소련 국경으로부터 내륙으로 강제 이송당한 볼가 지역의 독일인, 캅카스 지역의 체첸인, 인구시인, 크림지역의 타타르인 등과 같은 소수민족이 겪은 고통에 대해서는 침묵함으로써 소련 인민들이 전쟁 중 겪은 고통을 일반화해 버린 것을 지적했다.[8]

이 장에서는 던햄과 와이너와 같이 전후 스탈린 시기의 소비에트 가치 재정립 및 재정의에 관한 연구 성과를 토대로, 전후에 과연 "소비에트적이다"라는 것은 무엇을 의미하는지, 그리고 과연 4년간의 전쟁이 전후 스탈린 정권의 소비에트 가치 재정립에 어떤 영향을 미쳤고, 그 결과 어떻게 소비에트 정체성을 재정의했는지 살펴보겠다. 이러한 소비에트 가치 재정립 및 소비에트 정체성의 변화에 대한 연구는 전후의 스탈린 체제가 전쟁 이전과 비교하여 어느 정도의 차이점과 연속성을 지녔는가를 보여줌으로써 전후 스탈린 체제의 성격에 대한 재해석을 가능케 할 것이다.

이 장에서는 전후 소비에트 가치의 재정의 및 재정립 문제를 다루기 위해서 사례연구로 당시 세계 최대의 제철소가 위치한 남부 우랄지역의 제철도시 마그니토고르스크의 경험을 분석했다. 앞 장에서 살펴보았듯이 마그니토고르스크는 스탈린 시기 역사에서 특별한 위치를 점하고 있다. 이 도시는 1929년 허허벌판 위에 스탈린의 산업화 정책의 일환으로 세워지기 시작했고, 공사 개시 단 3년 만인 1932년에 제철소가 준공되어 철강을 생산함으로써 소련 철강 생산의 메카가 되었다.[9] 따라서 이 도시와 제철소는 1930년대 내내 스탈린주의적 사회주의 건설의 전범(典範)으로서 소비에트 언론에 대대적으로 선전되었다.[10] 이후 대조국전쟁 동안 생산된 탱크를 만드는 데 쓰인 강철의 2분의 1을, 그리고 포탄을 만드는 데 쓰인 철의 3분의 1을 생산함으로써 전시 중 최대의 '무기고' 역할을 담당하여 소련이 나치독일을 무찌르고 승리하는 데 결정적으로 기여했다.[11]

이 같은 전략적 중요성으로 인해 스탈린은 직접 전쟁 중에 마그니토고르스크 노동자들에게 강철 생산 목표 달성에 대한 격려 및 축하 전보를 보내기도 했으며, 스탈린이 보낸 전보들이 소련의 주요 신문에 보도되면서 마그니토고르스크는 전시에도 계속 주목을 받게 되었다.[12] 마그니토고르스크는 한마디로 전쟁 전은 물론 전쟁 기간 동안 모범적인 소비에트 도시, 스탈린의 사회주의 도시로 선전되었던 것이다. 전쟁이 끝났다고 해서 마그니토고르스크의 이 같은 전략적 중요성이 떨어진 것은 아니었다. 전쟁 후에도 마그니토고르스크는 스탈린 정권의 4차 5개년계획(1946~1950) 목표의 성공적인 조기 달성을 위한 강철 생산의 메카로 계속 남게 되었다.[13] 이 장에서는 1930년대 이래 소비에트 사회주의의 모델 도시로 널리 선전된 마그니토고르스크의 당 지도부는 전후에 과연 어떻게 '소비에트 정체성'을 규정했는지에 대해 살펴보겠다.

이 연구의 주 사료로는 마그니토고르스크시의 주요 신문인 ≪마그니토고르스크 노동자(Магнитогорский рабочий)≫의 사설과 기사 그리고 지방 당 대회 등에서 언급된 소비에트 가치 및 소비에트인의 행동 규범에 관한 주요 담론 및 수사를 사용할 것이다. 지역신문과 지역 당 대회에 등장하는 담론과 수사의 주제는 다음과 같이 분류할 수 있다. ① 소비에트 애국주의와 국제감각 배양, ② 인도주의의 함양, ③ 전쟁 잔재 청산으로서의 청결과 정돈, ④ 전후 여성의 임무, ⑤ 전후 노동규율. 이와 같은 주제가 당시 지역신문에 자주 등장했다는 것은 이 도시 당국자들에게 있어 이 문제들이 가장 중요하며 시급히 이행해야 할 일이었다는 것을 암시한다. 이 장에서는 이 같은 담론이 생성된 사회·정치·경제적 배경을 분석해 과연 전쟁유산이 어떻게 전후 소비에트의 담론 및 수사에 영향을 미쳤는지를 살펴보겠다.

마그니토고르스크와 같은 특정 도시에 대한 사례연구의 경우, 한 가지 명시해야 할 점은 이 도시의 경험이 과연 얼마나 당시 소련의 전반적 상황을 대변하는가의 문제일 것이다. 앞에서 언급한 마그니토고르스크 지역신문에 빈번히 등장하는 담론 및 수사의 유형은 소련 전체의 경험을 대변해 주는 전형성은 물론 여타 지역과는 달리 마그니토고르스크 지역만이 가지고 있는 특성도 보여주고 있다. 즉, 한편으로는 전쟁 후 스탈린 정부의 소비에트 정체성 재정립 노력에 한정해 고려한다면, 앞에서 나열한 마그니토고르스크 신문에 자주 등장하는 담론과 수사 어구는 여타 지방 또는 전체 연방 차원에서 발행되는 언론매체에 등장하는 담론과 수사와 비교했을 때 큰 차이점이 없다. 실제로 ≪마그니토고르스크 노동자≫ 신문에 실린 기사 중 중요한 내용을 담고 있는 것은 전국 신문인 중앙 당 기관지 ≪프라브다≫나 당 저널인 ≪당 건설≫에 게재된 기사를 그대로 싣는 경우가 많았다.

하지만 이 같은 지방 언론에 등장하는 담론, 수사의 전형성, 일반성과는 별개로 지방 언론에 등장하는 기사가 지역적 특수성을 지니는 경우도 있었다. 앞에 제시한 다섯 가지 공식적인 수사 및 담론과 관련하여 마그니토고르스크가 지닌 특수성이라 하면 첫째, 마그니토고르스크는 산업도시로서 각종 산업시설에서 일하는 노동자가 도시인구의 상당 부분을 차지하는 '노동자 도시'라는 점이다. 이로 인해 농업지구나 여타 다른 대도시의 언론에 비해 노동규율 강조에 대한 기사가 더욱 빈번하게 실렸다. 두 번째 특수성은 소비에트 애국심에 대한 담론 및 수사와 관련하여 ≪프라브다≫와 같은 중앙의 공식 언론과 비교해 마그니토고르스크 지역신문에는 전후 활발히 전개된 반세계시민주의 캠페인에 대한 담론이 거의 등장하지 않았다는 점이다. 1946년 중반 레닌그라드 당 중앙위원 즈다노프가 소비에트 지식인들이 서방 부르주아의 영향을 받은 것을 비난하는 반서방·반외세·반유대주의 성격의 반세계시민주의 캠페인을 벌였는데, 이 캠페인의 주요 공격 대상은 과학·문학·예술·문화 영역이나 정부 기관에서 요직을 차지하고 있었던 유대인들이었다.[14] 하지만 '노동자 도시'인 마그니토고르스크는 문화 영역에 있어서는 대도시에 비해 '변방'에 해당하는 곳으로 반세계시민주의 성향으로 비난받을 학계, 문화계, 예술계의 유대인 인사들이 많지 않았다. 그에 더해 반유대주의 감정은 소련의 여타 지역, 특히 러시아혁명 이전부터 유대인들이 오랜 기간 몰려 살던 유구한 역사를 지닌 서부 국경지역에 잠재되어 있었고 빈번하게 표출되었지만, 1930년대 초 새롭게 창조된 '소비에트 도시' 마그니토고르스크에서는 반유대주의 감정이 미미했다.

마그니토고르스크 지역신문에 나타난 이 같은 담론 및 수사의 전형성 및 특수성을 염두에 두고 전후 소비에트 정체성에 관련된 담론과 수사들이 지방의 공식 언론에 어떻게 표출되었는지 살펴보겠다.

냉전시대의 소비에트인
애국심과 국제감각의 배양

전쟁 이후 마그니토고르스크 신문에 자주 등장한 소비에트 애국주의에 대한 강조는 지방 당 지도부가 지역 주민 중 서구로부터 영향을 받은 대조국전쟁의 '데카브리스트'들의 등장 가능성을 심각하게 우려하고 있었음을 암시해 준다.[15] 스탈린 정권에게 조국전쟁의 '후유증'으로서의 1825년의 '데카브리스트 봉기'는 한 세기 전에 일어났던 과거의 일만으로 여겨지지 않았다. 이 책의 앞 장에서 보았듯이 대조국전쟁 시기에도 소련 병사들은 베를린까지 진격하면서 소련 바깥의 유럽 국가들이 얼마나 소련보다 잘사는지 목격할 수 있었기 때문이다.

사실 종전 직후 당 중앙위원회는 나치독일군의 점령하에 있었던 벨라루스, 우크라이나에서 나치에 의해 강제 노동력으로 소련 영토 밖의 독일군 점령지역으로 끌려갔다가 종전 후 본국으로 송환되어 온 지역 주민들에 대한 정치교육이 소홀하게 이루어지고 있는 데 대해 우려를 표명했다.[16]

비슷한 시기 마그니토고르스크의 지역신문에 실린 소비에트 애국주의에 대한 강조 기사들은 '데카브리스트'들에 대한 우려가 서부 국경지대, 즉 전쟁 중에 독일군 점령하에 있으면서 부역자들이 생겨나고 강제 노동력으로도 동원되어 바깥세계를 볼 기회를 가질 수 있었던 지역에 한정되지 않고, 전쟁 기간 중 단 한 번도 적군에게 점령당하거나 교전지역이 되어본 적 없고 폭격 한 번 받아보지 않은 내륙 깊숙이 위치함으로서 '영원한 후방'으로 남았던 우랄산맥 너머 지역도 예외는 아니었음을 보여준다. 1946년 10월에 열린 지역 콤소몰 대회에서 마그니토고르스크 콤소몰 서기는 "소련 젊은이들의 외국과 접촉이 증가하면서 소련의 현실을 왜곡한 부르주아적 이데올로기가 우리나라에 많이 침투해 있다"라고 지적하면서 콤소몰 단원들과 여타 젊은이들을 대상으로 한 이념 강연이 무척 중요해졌다고 밝혔다. 그는 외부에서 유입된 "부르주아 이데올로기의 해로운 영향에 맞서 소비에트 이데올로기를 기반으로 한 정치교육"의 중요성을 특히 강조했다.[17] 마그니토고르스크 콤소몰 서기는 또한 소비에트 젊은이들에게 영향을 미친 외부의 이질적인 요소를 밝혀내는 강연을 준비해야 한다고 강조하면서, "위대한 조국의 풍요로움과 발전 전망"을 다룬 강연이 너무 적다고 지적하고, 젊은이들을 위한 애국적인 주제에 대한 강연이 절박하게 필요한 때라고 역설했다.[18]

종전 직후부터 지역신문은 정치적인 사상 무장을 강조하기 시작하였는데, ≪마그니토고르스크 노동자≫ 1945년 5월 24일 자는 "더욱 고양된 수준의 당 조직의 업무"라는 제목의 사설에서 종전 이후 정치교육과 경제활동 간 융합의 중요성을 강조하고 있다.[19] 그런가 하면 그해 7월 4일 자 "미래의 기술 전문가"라는 제목의 기사는 미래의 소비에트 기술 전문가 자격에 대해 "자신들의 전문 분야는 물론 마르크스-레닌주의에 대한 확고한 지식을 갖춘 자여야 한다"라고 규정하고 있다.[20]

전후 ≪마그니토고르스크 노동자≫ 기사들은 사회주의 이데올로기로 무장하는 것만 아니라 다민족 간의 형제애를 유지하는 것도 소비에트 인민이 함양해야 할 애국주의의 주요소임을 강조하고 있다. 이 기사들은 전후 냉전이 도래하면서 소련 인민들의 결속은 "잠재적인 외부의 적들에 대항하기 위한 단일 전선" 구축을 위한 중요한 전제 조건임을 강조한다.[21] 1945년 10월의 ≪마그니토고르스크 노동자≫ 신문 사설은 "소련 내에 살고 있는 민족 간의 형제애는 막강불패 조국의 근간이다"라고 강조하면서 다른 민족들과 형제애에 기반한 우정을 지키는 것은 소비에트인의 "도덕적 책임"이라고 규정짓고 있다. 이어 신문의 한 기사는 전쟁 중 중앙아시아의 집단농장에서 마그니토고르스크의 공장노동자로 동원되어 온 우즈베크, 키르기스, 그리고 카자흐 노동자들을 애국적 형제로 묘사하면서 어떻게 마그니토고르스크 기업들이 형제애를 토대로 이들 중앙아시아 노동자들의 편의를 도와주었나를 보도하고 있다.[22] 이 기사는 마그니토고르스크로 동원된 중앙아시아 노동자들 중 많은 수가 러시아어를 전혀 구사하지 못했는데, 이들을 고용한 기업들은 이들의 문화적·민족적 특수성을 감안하여 기숙사보다 이들이 전통적 관습에 따라 편안히 기거할 수 있는 시설이 마련된 독립 주거지를 마련해 주었으며, 지역 당원들이 중앙아시아에서 온 문맹 노동자들을 위해 꾸준히 신문을 읽어주고 중앙아시아에 있는 가족들과의 서신 교환을 도왔다고 보도하고 있다.[23]

마그니토고르스크 지역신문의 이러한 소련 내 다양한 민족 간의 유대 관계 강조는 전쟁이 끝날 무렵 스탈린 정권이 전쟁 동안 다양한 이유로 소련 인민들 사이에서 '소비에트인'이라는 단일 정체성이 와해된 것을 잘 깨닫고 있음을 암시해 준다. 사실 전쟁 동안 우크라이나와 발트지역 등 나치독일 점령지에서는 나치에 부역하거나 반소비에트 무장투쟁에 참가한 우크라이나인 및 발트인이 있었고, 그 외에 볼가지역의 독일인, 캅카스 지역의 체첸인, 인구시인, 칼미크인, 크림지역의 타타르인, 연해주의 고려인 등 소련 서부 및 극동 국경지역 주민 등 스탈린 지도부가 그들의 잠재적인 스파이 활동 가능성을 우려하여 '믿지 못할 민족', '내부의 적'(제5열)으로 낙인찍어 전쟁 중에 소련 내륙 깊숙이 위치한 수용소로 강제 이주시킨 민족도 있었다. 극동지역 고려인들의 경우, 비록 1937년의 고려인 강제 이주와 비교해 적은 숫자지만 대조국전쟁 중에 1930년대 강제 이주를 피해 남아 있던 소수의 고려인들이 우랄 지방이나 시베리아와 같은 내륙의 특별수용소로 이송당했다.[24] 이 때문에 전쟁 말기에 이르러서는 소련 내 다양한 민족 간에 '우리는 단일한 하나의 소비에트 시민'이라는 정체성이 많이 희석된 것은 사실이었다. 이러한 전후 냉전의 전개 상황에서 당 지도부는 소련 내 민족 간 형제애를 기반으로 한 단합을 소비에트 인민들이 지녀야 할 중요한 덕목으로 강조한 것이다.

아이러니하게도 마그니토고르스크 당 지도부는 한편으로는 냉전시대 외부의 적에 대항한 단일 전선 구축에 있어서 형제애를 통한 내부 결속을 강조하면서 외부 세계, 특히 서방으로부터의 건전치 못한 영향을 우려했지만, 또 한편으로는 지역 주민들에게 바람직한 소비에트 인간형은 바깥세상이 돌아가는 상황에 대해 더 민감해져야 하고, 국제 문제에 대해 관심을 가져야 한다고 선동했다. 1945년 6월 5일 자의 ≪마그니토고르스크 노동자≫의 사설은 전쟁 이후 "소련의 국제 무대로의 진입은 모든 소련 인민들에게 특별한 의미를 지닌다"라고 전제하면서 세계관을 넓힐 것을 촉구했다.[25] 이 신문은 당시 막바지에 다다른 태평양전쟁의 전황에 대한 최신 정보를 연이어 보도하면서 동시에 뉴욕에서 소련 대표부와 미국 의원들의 회동에 대해서도 보도했다.[26] 또한 신문을 거의 읽지 않는 지역 당원들이 많다고 비판하면서 그들의 국제정세에 대한 지식이 형편없다고 비판하기도 했다.[27] 그런가 하면 1946년 1월 당 저널 ≪당 건설≫에 실린 "소련정부와 인민의 정치교육"이라는 제목의 글도 당 간부들이 대중의 정치교육을 실시할 때 반드시 국제 정세에 대한 교육도 포함시켜야 한다고 강조하고 있다.[28] 특히 1951년에 발간된 마그니토고르스크의 영문판 선전 책자는 소련 노동자의 아내들은 생산 현장에서의 '사회주의적 경쟁' 캠페인에 대해서는 물론 당시 한반도에서 벌어지고 있는 한국전쟁의 전황에 대해 잘 알고 있어야 한다고 강조하고 있다.[29]

전후에 바람직한 소비에트 인간형은 외국어에도 능통해야 했다. 1945년 7월 4일 자 ≪마그니토고르스크 노동자≫는 학생들에게 외국어 습득을 위해 더욱 노력할 것을 당부하는 시 당국의 메시지를 보도하면서 학생들이 불어·영어·독일어 등을 선택해서 배울 수 있다고 보도했다.[30] 또한 그해 6월 22일 자 기사는 복잡하고 다양한 기계를 다루어야 하는 마그니토고르스크 제철소 기술자들은 소비에트 과학자와 엔지니어들에 의해 개발된 기술뿐만 아니라 외국의 기술도 습득해야 할 것이라고 강조하면서, 이런 이유로 제철소 도서관에는 80여 종의 외국 저널들을 구독하고 있다고 보도했다.[31]

이제까지 살펴본 소비에트 애국주의에 관한 담론 및 수사는 일종의 상호

모순성을 보여준다. 즉 한편으로는 전후의 외부 세계로부터의 '불건전한' 영향을 우려하면서 소비에트 시민들의 전쟁 동안 서방 세계와의 접촉을 부정적인 입장에서 의심의 눈초리로 보며 경계하고 소비에트 애국주의를 강조하면서, 또 한편으로는 그에 대비되는 담론으로서 국제 정세에 늘 관심을 가지고 서방 세계가 이루어놓은 지식을 적극적으로 습득할 것을 강조하는 것이다.

이러한 상호 모순성이 의미하는 바는 무엇인가? 그것은 바로 전쟁 이후 스탈린 정권의 딜레마를 보여주는 것이며, 동시에 그에 대한 해결책을 제시한 것이다. 즉 한편으로는 서구의 보다 나은 생활수준과 자유로운 사회 분위기를 목격하고 귀환한 사람들이 대조국전쟁 이후에 '데카브리스트'화할 가능성에 대한 지도부의 우려를 반영하면서 해결책으로 이데올로기 교육 강화를 제시한 것이었으며, 또 다른 한편으로는 전쟁의 승리로 인해 새로운 초강대국으로 부상한 승전국 소련의 고양된 국제적 위상에 걸맞은 국제감각을 가진 소비에트 시민 양성의 필요성에 대한 대책을 제시한 것이다.[32]

또한 대조국전쟁을 치르면서 많은 소비에트 시민들이 전방의 전투 상황에 대해 깊은 관심을 갖게 되었으며, 전후에는 미국과의 새로운 전쟁 가능성이 증가하면서 소련 시민의 국제 정세에 대한 관심은 계속 증가하고 있었는데,[33] 이런 상황 속에서 스탈린 정권은 외부 세계에 대한 시민들의 관심을 '건전한' 방향으로 유지시켜야 했다. 이런 점에서 1950년 5월 24일 자 ≪프라브다≫ 기사도 스탈린 정부가 원하는 전후의 새로운 소비에트 인간형의 모습을 제시하고 있다. 그 기사는 자격을 갖춘 소비에트 시민이라면 "평화로운" 공산주의 국가 건설을 추진해 나가면서 동시에 새로운 전쟁 계획으로 가득 찬 국제적 책동의 전개 상황을 "단 1분이라도" 망각해서는 안 될 것이라고 경고하고 있다.[34] 이는 스탈린 정부가 '부르주아' 세계로부터의 부정적인 영향은 경계하면서 국제 정세의 변화에 민감하게 주시하는 사람을 전쟁 이후 급변하는 국제 정세에 적합한 이상적인 소비에트 인간형으로 보고 있음을 명시하고 있는 것이다.

한 가지 염두에 두어야 할 것은 이러한 소비에트 애국주의에 관한 담론은 전후에 처음 등장한 것이 아니라는 점이다. 전쟁 전에도 있었다. 다만 소비에트 애국주의 담론 내용은 전전과 전후가 상이했다. 예를 들면 1930년대 중반 극단적 러시아 민족주의, 즉 러시아 쇼비니즘이 소비에트 애국주의로 위장하여 등장했는데, 이로 인해 소련 내의 각 민족공화국의 언어교육 등에 있어서 러시아화 정책이 강조되었으며,[35] 특히 1930년대 말 스탈린의 '대숙청' 시기 동안 민족공화국의 많은 토착인 지도자들이 "반혁명 부르주아 민족주의자" 또는 "외국의 스파이"로 언론에서 비난받으며 숙청당했다.[36] 이는 곧 소련 내 민족 간의 형제애를 강조한 전후 소비에트 애국주의 수사와 담론은 분명 전쟁 전의 그것과 비교해 상이했음을 뜻한다. 바로 이 점에서 소비에트 애국주의는 스탈린 정부에 의해 전후에 '재정의/재정립'되었음을 보여준다.

전후 소비에트 도덕

인도주의

전후에 마그니토고르스크시 당국은 곤궁에 처한 주민들을 돕는 일에 그 어느 때보다도 더 신경을 써야 했다. 전쟁 중 신속한 결정을 내리고 그것을 지체 없이 수행해야 하는 급박한 상황 속에서 일방적인 상명 하달식의 관료주의적 행태가 더욱 확산되었고, 시민의 편에서 생각하고 의견을 들으며 편의를 고려해 주는 관행은 상당히 줄어들었다. 이로 인해 전쟁 말기 즈음에는 시 당국과 주민 간 관계는 상당히 껄끄러워졌다. 하지만 전쟁이 끝난 후 전쟁으로 인해 육체적·심리적 상처를 입은 주민을 돕는 것은 시 당국에게는 소비에트 애국주의를 교육하는 것 못지않게 중요하고 시급한 일이었다.

1945년 10월 27일 자 ≪마그니토고르스크 노동자≫는 한 달 전 ≪당 건설≫에 게재된 기사 내용을 그대로 전하면서 레닌이 러시아혁명 직후 발생한 내전이 소비에트 인민, 특히 관료들의 태도에 부정적 영향을 끼쳤다고 지적했음을 상기시켰다.[37] 레닌은 전쟁의 부정적 측면에 대해 "[한편으로 전쟁은] 영웅주의의 등장과 부지런함과 같은 긍정적인 경험을 낳기도 하지만 부정적 측면도 가져온다. 전쟁[의 경험]으로부터 부수되는 최악의 것은 관료주의와 오만함의 등장이다"라고 지적했다. 이런 점에서 이 기사는 비록 전쟁 동안에는 시민들과 관료들 간의 불만족스러운 상황을 간과할 수밖에 없었으나 전쟁이 끝난 시점에서 그 같은 관행은 더 이상 용납될 수 없다고 못 박고 있다.[38]

이러한 맥락에서 전쟁 후에 ≪마그니토고르스크 노동자≫는 지방 당·정부 관리는 물론 직장 간부 및 실무 담당 직원들의 무관심, 몰인정한 태도 때문에 주민들이 겪는 고통을 상세하게 보도하면서 이들 관리자들의 태도를 강하게 비판하는 기사들을 자주 실었다. 이는 마그니토고르스크시 당국이 관리자들의 몰인정하고 비동정적인 태도를 심각한 문제로 받아들이고 있음을 보여주는 것이다. 예로서 1946년 6월 11일 기사는 한 공장 행정직원의 제대군인들에 대한 매몰찬 태도를 비난하고 있다.[39] 카자코프는 제대 후 여덟 명의 가족을 부양하면서 탄광공장에서 일하고 있었다. 전선에서 돌아오자마자 그는 가족을 위해 침대 부품을 얻을 수 있는지 문의하기 위해 공장 소장을 찾아갔다. 다행히 그는 소장으로부터 가구들을 얻을 수 있다는 허락을 받았으나 공장의 실무 담당 직원은 그의 침대 부품에 대한 요청을 "당신은 그런 것을 요청할 만큼 이 공장에서 충분히 일하지 않았다"라고 말하면서 인정사정없이 거절해 버렸다고 보도했다.[40]

이 같은 매몰찬 직원에 대한 또 다른 고발성 기사는 한 달 후인 7월 10일에도 보도되었다. 시 의회 직원과 최근에 결혼한 노동자 레이니크는 시 행정관에게 자신의 아내 직장을 마그니토고르스크 시내로 다시 옮겨달라고 신청했다. 그의 아내의 새 직장은 마그니토고르스크에서 60km 떨어진 곳에 위치하기에 출퇴근에 어려움을 겪고 있었다. 레이니크의 반복된 요청에도 불구하고 그 시 행정관은 요청을 받아주지 않았다. 이 신문 기사는 이 같은 시

행정관의 매정한 태도를 비난하면서 주변에 이같이 동정심을 결여한 매정한 관리들이 많이 있다고 지적하고 있다.[41] 이어서 그 기사는 또 다른 매정한 관리의 예를 소개하고 있다. 건설회사 마그니토스트로이에서 일하는 시베리아 옴스크 출신 노동자 레오노프는 고향에 아내와 어린 아들을 두고 왔는데, 1944년 12월 지인으로부터 두 장의 편지를 받았다. 한 장의 편지는 그의 아내가 사망해서 어린 아들을 돌볼 사람이 없다는 내용이고, 또 한 장의 편지는 전장에 나갔던 그의 큰아들이 두 팔 모두를 잃은 불구가 되어 돌아왔다는 내용이었다.[42] 이 편지를 받은 즉시 레오노프는 회사 간부 부서에 휴가를 신청했다. 하지만 회사 간부는 휴가를 제공해 주기는커녕 감사부에 과연 레오노프가 말한 것이 사실인지를 조사하도록 지시했다.[43] 이후 세 달이 지난 1945년 3월 감사부는 레오노프 가족이 실제로 어려운 상황에 처해 있다는 것을 확인하고 간부 부서에 그에게 휴가를 제공하도록 요청했다. 그러나 간부 부서는 레오노프에게 즉시 휴가를 허락하지 않고 있고 그로 인해 편지를 받은 지 6개월이 지났는데도 레오노프는 아직도 고향 옴스크를 방문하지 못하고 있다고 보도했다.[44]

이러한 상황을 배경으로 마그니토고르스크시 당국은 어려운 처지에 있는 사람들을 돕는 인도주의(гуманность) 태도를 전후 모범적인 소비에트인이 지녀야 할 필수적 태도 중 하나로 규정하고 있다. 1945년 10월 27일 자 ≪마그니토고르스크 노동자≫는 남을 위해 봉사하는 것은 소비에트 체제를 강하게 만드는 가장 중요한 요소라고 강조하면서 어려움에 처한 사람을 돕는 것을 소비에트 시민이 지켜야 할 "신성한 책임"이라고 규정짓고 있다.[45] 비슷한 맥락에서 1945년 7월 31일 ≪마그니토고르스크 노동자≫의 사설은 전날 ≪프라브다≫의 사설을 그대로 게재하면서 모범적인 소비에트인은 "위대한 인도주의 태도와 미덕(благородство)"을 지닌 사람이라고 정의하면서 소비에트 시민들은 동료들을 걱정해 주고 동정심을 발휘하며, 정상적인 일상생활과 노동환경을 유지하기 위해 인민들의 요구 사항을 관심 있게 지켜봐야 할 것이라고 권고한다.[46] 또한 10월 27일 《마그니토고르스크 노동자》도 "인간은 [소비에트 사회의] 가장 값진 자산"이라는 스탈린의 발언을 인용하면서 시민들에 대한 관리들의 무관심을 질책하고 당 조직들은 간부들이 시민들을 존중하고 관심을 갖고 잘 보살피도록 교육시켜야 한다고 강조하고 있다.[47]

마그니토고르스크 지역신문에 등장한 "인간은 가장 값진 자산"이라는 수사는 전쟁 전의 소비에트 가치가 전후의 사회적·정치적 상황에 의해 재정의되었음을 보여주는 좋은 사례이다. 즉 "인간은 가장 값진 자산"이라는 수사의 형태는 전후에 새롭게 등장한 것이 아니라 전쟁 전에 등장했지만 전후의 스탈린 정부는 그 내용을 전후 상황에 맞게 다시 해석한 것이다. "인간은 가장 값진 자산이다"라는 구절은 스탈린이 1935년 붉은군대사관학교 졸업생들에게 행한 연설인 '간부가 모든 것을 결정한다'에서 처음으로 언급되었는데,[48] 당시 스탈린은 인적자원의 중요성, 특히 중간계급 성원(즉 간부들)의 효율적 활용의 중요성을 강조하기 위해 "인간은 값진 자산"이라고 강조했다. 하지만 전후 언론에 다시 등장한 이 구절은 전쟁 이전과는 다른 맥락으로 사용되었다. 전후에는 인적자원의 관리·활용 차원에서보다는 인도주의 태도를 강조하기 위해 사용된 것이다.

전후에 스탈린 정권은 전쟁으로 육체적·정신적으로 상처받은 시민들을 매몰찬 관리들에 의해 또다시 상처받게 내버려둘 수 없었다. 전후의 안정된 사회질서 유지라는 정권의 정치적 목표를 위해서 더 이상 소비에트 시민들과 관료층의 관계가 멀어지는 것을 방관할 수 없었다. 그러기에는 너무 위험했던 것이다. 이는 곧 스탈린 정권이 전쟁 전의 소비에트 가치를 전후 사정에 맞추어 재정의했음을 보여주는 것이다.

전쟁잔재 청산

청결과 정돈

마그니토고르스크 당국자가 종전 직후 주민들에게 "사회주의적 책임"이나 "사회주의국가 시민의 애국적 의무"라고 부르며 가장 시급한 사항 중 하나로 규정지은 것은 소비에트 애국심이나 인도주의 정신의 함양에만 국한되었던 것은 아니다. 주변을 정리 정돈하는 것(благоустройство)도 전후 스탈린 정권이 중요한 소비에트적 가치 그리고 소비에트인이 지켜야 할 행동 규범으로 규정한 것이었다.[49] 《마그니토고르스크 노동자》 신문은 "거리 구석구석을 깨끗하고, 예쁘게, 단정하게 만드는 것은 시 전체 커뮤니티의 긴급한 과제"라고 강조하면서 노동자 개개인이 "애국적인 의무"를 수행하라고 역설했다. "각자의 의무를 완수하자"라는 제목의 1946년 5월 18일 자 기사는 "전쟁의 상처로부터 복구되는 시기에 도시 주민들은 주변 정리와 청결을 위한 전투에 적극 참여해야 한다"라고 강조하고 있다.[50]

마그니토고르스크시는 전쟁 동안 최단기간에 철강을 생산하는 것에 최우선 순위를 두었기 때문에 작업장 및 거주지역의 청소와 정리는 뒤로 밀렸고 그 결과, 전쟁이 끝나갈 무렵 작업장과 거주지역의 무질서와 지저분함은 더 이상 방치할 수 없는 상태가 되었다.[51] 당시 마그니토고르스크 당국자와 공장관리자들도 일상 생활환경의 개선은 생산성 향상과도 밀접하게 연관되어 있으며, 동시에 전후 5개년 경제개발 계획의 생산목표 달성의 성패와도 직접 연결되어 있다는 것을 인지하고 있었다.[52] 전쟁 말기에 접어들면서 마그니토고르스크 제철소의 생산성이 떨어지기 시작했고, 전후에 생산성 향상은 제철소가 해결해야 하는 시급한 문제 중 하나였다. 1945년 5월 18일 《마그니토고르스크 노동자》는 여기저기 작업장에 널려 있는 쓰레기더미를 "악"으로 규정하면서 정리 정돈에 신경을 안 쓰거나 관심이 없는 공장 간부들에 대해 비판하고 있다.[53] 또 다른 기사는 광활한 제철소 부지가 못 쓰는 고철더미나 버려진 구조물과 쓰레기로 차 있고, 제철소 내의 많은 도로와 철도가 버려진 고철들로 가로막혀 있다고 지적한다.[54] 1946년 6월 15일의 한 기사는 제철소 공장장의 말을 인용해 공장 내에 "문화적 휴식"을 취할 수 있는 정상적인 환경을 조성함으로써 생산성을 상당히 증진시킬 것이라고 지적하면서 일례로 "미혼 노동자들의 기숙사를 집과 같은 분위기로 꾸미는 것은 무척 중요하다"라고 강조한다. 이 기사는 "정리 정돈, 청결을 위한 투쟁"은 단순한 캠페인이 아니고, 일상적인 습관이 되어야 한다고 강조하면서 강제와 교육적 방법을 동시에 사용해 나쁜 습관을 없애야 한다고 결론 맺고 있다.[55] 정리 정돈, 청결의 뜻을 지닌 '블라고우스트로이스트보(благоустройство)'라는 용어는 전후에 마그니토고르스크 지역신문에 자주 등장하는 단어가 되었으며, 이로써 청결의 유지가 전후 소비에트 시민들이 습관화해야 할 중요한 행동양식으로 강조된 것을 알 수 있다.

급기야는 주변을 깨끗하게 정돈하고 문화생활을 할 수 있도록 프로그램을 개발하는 것이 마그니토고르스크 제철소 운영진과 기숙사위원회에 의해 '사회주의적 경쟁'의 대상이 될 정도로 중요성을 갖게 되었다. 제철소 측에서는 이 '경쟁' 캠페인의 일환으로 음악회, 강연회, 토론회 등을 개최했고, 노동자 기숙사에 라디오 세트를 설치해 주기도 했다.[56] 1946년 여름에는 마그니토고르스크가 속한 첼랴빈스크주의 도시들 간에 그리고 도시 내 여러 구역들 간에 청소하고 정돈하는 '사회주의적 경쟁'이 조직되었다. 1946년 8월에는 마그니토고르스크 인근 도시 즐라토우스트(Златоуст)와 첼랴빈스크(Челябинск)에서도 30시간 동안 청소 경쟁이 진행되었으며, 그 외에도 도시 구역 간에 거리를 청소하고, 가로수를 심어서 도시를 아름답게 가꾸고 정비하는 경쟁 또한 조직되었다.[57]

작업장의 정리 정돈에 대한 강조는 전후에 등장한 새로운 담론은 아니었다. 단순히 청결 캠페인이라는 큰 맥락에서 볼 때 그 자체는 1880년대와 1890년대에 '문명화(культурность)'의 이름하에 시작한 일종의 문화운동으로까지 그 기원을 거슬러 올라갈 수 있다. 1930년대 스탈린 정부는 바로 그러한 문화운동의 일환으로 '문명화'되는 것을 적극 강조하기도 했다.[58] 또한 작업장 정리 정돈을 통한 생산성의 제고 문제 역시 1930년대 말에 이미 심각하게 제기된 것이었다. 제2차 세계대전 발발 직전인 1939년 제18차 당 대회에서 당 중앙위원 말렌코프는 작업장에서의 청결과 정돈은 "우리가 더 이상 미룰 수 없는 가장 기본적이고 단순한, 그리고 가장 시급한 과제"라고 지적하면서 "이러한 기본적인 문화의 정립 없이는 절대로 미래의 목표, 즉 산업 발전을 이룰 수 없을 것"이라고 강조했던 것이다.[59]

'문명화'에 대한 이러한 전쟁 전의 담론 및 수사와 전후의 그것과의 연속성에도 불구하고 전전과 전후의 차이점이 존재한다. 전쟁 전에는 '정리 정돈'의 노동문화는 1930년대를 휩쓸었던 '스타하노프 운동'과 같은 속도 위주의 노동문화 강조 분위기 속에서[60] 분명히 부차적인 것으로 간주되었다. 하지만 앞에서 살펴본 전쟁 후 마그니토고르스크의 사례는 전후에 문명화 담론의 중요한 개념인 '블라고우스트로이스트보'가 소비에트 시민이 우선적으로 준수해야 할 '애국적인 의무'이자 '사회주의적 책임'으로 대두되었음을 보여준다. 이는 전쟁 전에 강조되었던 소비에트 노동문화의 방점이 전후에 변경되고, 새롭게 재정의되었음을 보여주는 것이다.

여성의 임무
출산과 노동을 통한 전쟁 상처 승화

전쟁 후 마그니토고르스크 당국이 여성의 임무를 규정한 담론 및 수사는 크게 두 가지 유형으로 분류할 수 있다. 첫째, 출산 장려, 둘째, 전쟁 후유증 극복과 전후 복구 사업에의 헌신이다. 무엇보다도 전쟁 동안 소련의 엄청난 인명 희생과 전후 복구 사업을 위한 노동력의 안정적 확보를 위해서 출산 장려는 필연적이었다.

1945년 7월 13일 자 ≪마그니토고르스크 노동자≫는 어린이들은 국가의 가장 중요한 자산의 하나라고 강조하고 여성들은 충분한 영예와 존경을 받아야 한다고 강조하면서 1945년 첫 2분기 동안 전년에 비해 400명의 아기가 더 출생했다는 사실은 고무적이라고 보도했다.[61] 또한 7월 18일 자 기사는 마그니토고르스크에서 전쟁 초기에 출산율이 줄고 낙태율이 증가하다가, 1943년 출생률이 다시 증가하고 1944년에는 낙태율이 감소하기 시작했다고 보도하면서 1945년에는 마그니토고르스크에서 전년에 비해 낙태율이 더욱 감소된 반면 출생률은 증가한 사실을 반기고 있다.[62] 이 기사는 자녀들의 우유 비용을 감당할 수 없는 어머니들은 시 당국이 마련한 특별 장소에서 우유를 타 갈 수 있다고 알리면서 조국이 아이들과 함께 건강한 신체의 여성들을 필요로 하고 있다고 강조하고 있다. 또한 마그니토고르스크의 여성들에게 낙태하지 말 것을 강력히 권고하고 있다.[63] 또한 1946년 3월 8일 자 ≪마그니토고르스크 노동자≫는 1945년 한 해 동안 소련 정부는 5~10명의 자녀를 키우고 있는 75만 명 이상의 '소비에트 어머니'에게 '영광의 어머니' 훈장을 수여했다고 보도하면서 다자녀 가정의 어머니를 영웅화하는 보도를 내보냈다.[64]

또한 마그니토고르스크 언론은 전후의 바람직한 여성상으로 전쟁으로 남편이나 아들, 딸 등 가족구성원을 잃은 슬픔에만 잠겨 있지 않고 전후 복구를 위해 노동에 매진하는 여성들을 내세웠다. 1946년 2월 13일 자 ≪마그니토고르스크 노동자≫는 여성 세 명의 이야기를 소개하고 있다. 이들은 아들 네 명과 딸 한 명을 키우는 마리아 즈본코바와 즈본코바의 딸 에브게니야, 그리고 즈본코바의 며느리 마리아 페트로브나로, 이들 세 명 모두 가족을 잃는 비극을 경험했다. 즈본코바의 남편은 전쟁 전에 죽어서 그녀가 다섯 아이들을 도맡아 키워야 했다. 하지만 전쟁 중에 그녀는 그중 아들 네 명을 최전선에서 잃어야 했다. 이 기사는 즈본코바가 큰 슬픔에 사로잡혔지만 공휴일인 대의원 선거 날에 자신을 위로차 방문한 친구들과 이웃을 웃는 얼굴로 맞이해서 무척 놀랐다고 보도하고 있다. 그녀의 이웃과 친구들이 어떻게 그렇게 슬퍼야 할 상황에서 웃을 수 있는가를 물어보니 즈본코바는 소비에트 군대가 주코프, 바실렙스키, 로코솝스키(K.K. Рокоссовский) 등과 같은 탁월한 장군들을 최고사령부에 임명했다는 뉴스를 들었다면서 친구들에게 "만약 오늘 [투표 날] 소비에트 인민들이 훌륭한 대의원들을 선출한다면 이것은 나의 죽은 아들들에게 가장 값진 추억이 될 것이고 곧 그들의 죽음이 헛되지 않았다는 것을 의미한다"라고 말했다고 보도했다.[65] 그녀는 또한 인터뷰하러 온 기자들에게 공산당이 내건 약속에 찬성표를 던졌다고 말하면서 마그니토고르스크 제철소장 그리고리 노소프(Г.И. Носов)와 같은 당의 대의원들이 정직하게 소비에트 인민을 위해 봉사하도록 한다면 소비에트 인민들은 이 세상에서 가장 행복한 사람들이 될 것이라고 말했다고 보도했다. 이 기사는 당의 결정에 대한 그녀의 지지를 전사한 병사를 지닌 "소비에트 어머니"의 반응이라고 보도했다.[66]

이 기사는 또한 즈본코바의 며느리 마리아 페트로브나가 전사한 남편 대신 훌륭한 공장노동자가 되어 전후의 소련 경제를 더 빨리 복구할 수 있도록 남편이 일했던 노동자 훈련소에 들어갔다고 보도하고 있다.[67] 또한 즈본코바의 딸은 오빠 네 명을 모두 잃은 후 16살이 되자마자 공장에 들어가 일하기 시작했다고 보도했다.[68] 이 같은 신문 기사는 전쟁의 상처를 조국에 대한 봉사로 승화시키는 여성이야말로 전후에 바람직한 소비에트 여성의 모습임을 선전하고 있는 것이다.

다만 전후의 낙태 억제와 출산 장려의 수사는 전쟁 전 소비에트 여성의 임무에 대한 공식 수사와 비교해 볼 때 새로운 것은 아니었다. 이미 그것들은 1930년대 중반 이후 중요한 소비에트 가치로서 강조되어 온 것이었다. 1930년대 초 농업집단화와 산업화 같은 급격한 사회·경제적 변동과 기근 등으로 인해 낙태가 증가한 반면 출산율은 제1차 세계대전과 내전 이래 거의 제자리에 머무르자 급기야 1936년 스탈린 정부는 낙태 금지 법안을 공포했다. 이때부터 낙태 억제, 출산 장려는 소비에트 여성의 책무로 선전되어 왔다.[69] 다만 전후의 출산 장려에 대한 이유는 달랐다. 그것은 전쟁의 영향으로 부족해진 노동력의 보충을 위한 것이었다.

여성의 헌신적 노동을 강조한 것도 전쟁 전 그리고 전쟁 동안의 수사와 유사했다. 다만 전후에 스탈린 정부는 소비에트 여성과 관련하여 새로운 문제에 봉착했다. 다름 아닌 전시 남성의 사망으로 인한 엄청난 수의 미망인과 자식을 잃은 여성들 그리고 성비 불균형이었다. 이러한 전후 상황에서 여성들에게 출산뿐만 아니라 노동력으로도 전후 복구에 기여해야 하는 책무가 주어졌던 것이다. 전쟁 후의 여성 관련 수사와 담론의 주제는 1930년대와 동일했지만 그 배경은 전쟁의 후유증이 깊게 배어 있는 것으로 상이했던 것이다.

즉 마그니토고르스크 당국은, 더 나아가 스탈린 정부는 여성들이 아이들을 잘 낳고 양육하는 훌륭한 어머니이자 전사한 남편과 아들로 인한 슬픔을 극복하고 전후 복구 사업에 헌신하는 일꾼이 되기를 독려함으로써 전쟁이 끝난 후에도 전쟁 시기처럼 여성들이 '슈퍼우먼'으로 남기를 요구했던 것이다.

전후 노동규율
전시 노동 속도 유지와 노동에 대한 사랑

마그니토고르크스 여성의 책무에 대한 지방 언론의 수사와 담론은 그 주제상으로는 전쟁 전과 비교해 동일했지만, 그 배경은 전쟁의 후유증이 배어 있는 것이었다. 전후에 마그니토고르스크 지역신문에 표출된 노동규율과 관련한 담론과 수사도 여성 관련 담론과 수사처럼 주제는 전쟁 전과 동일한 것이었다. 하지만, 역시 그 배경에는 전쟁의 영향이 짙게 깔려 있음을 알 수 있다.

전후에 ≪마그니토고르스크 노동자≫ 신문 기사들은 1930년대 사회주의 경쟁운동 전개 시에 등장한 수사와 비슷하게 "우리 조국을 위한 지칠 줄 모르는 노동"을 전후 복구 시기에 소비에트 노동자들이 지녀야 할 주요한 자세로 강조하고 있다.[70] 사실 전쟁이 끝난 이후에도 마그니토고르스크시 당국이 중앙정부로부터 받은 철강 생산에 대한 압박은 전쟁 시기에 비해 결코 덜하지 않았다. 전쟁 동안에는 소련군의 무기와 탱크용 강철을 생산해야 했다면, 전후에는 전후 복구를 위해 사용될 강철을 생산해야 했다. 일례로 1945년 8월 중앙당의 한 보고서는 나치 지배로부터 "해방된" 지역에서 이미 종전 이전부터 재건사업이 추진되고 있다고 밝히면서 석탄과 석유 제품, 에너지와 철도 수송 장비와 함께 철, 비철 금속 제품이 즉각 전후 복구 사업이 한창 진행 중인 지역으로 보내져야 한다고 강조하고 있다.[71] 그 보고서는 특히 전쟁 기간 동안 많은 중요한 공장들이 우랄지역으로 소개되었다고 밝히면서 우랄지역은 종전 후 전쟁 기간 동안 점령되었던 서부지역의 재건을 위한 중요한 산업 거점 기지가 되어야 함을 강조하고 있다.[72]

이러한 맥락에서 1945년 11월호 ≪당 건설≫ 기관지에 실린 또 다른 글은 "전쟁 이후 당면한 위험이 없어졌다고 해서 일손을 놓아도 된다는 것을 의미하는 것은 아니다"라고 강조한다.[73] 더욱이 1946년 2월 스탈린은 소비에트 정부의 중공업 우선 정책의 지속을 천명한 연설에서 "소련 정부는 장기적으로 전쟁 전의 산업 역량을 세 배 증대시킬 것"을 공포하며, 이 계획을 완수하기 위해 "우리 산업은 연간 50만 톤의 주철과 60만 톤의 강철을 생산할 수 있게 될 것이며, 오직 이러한 조건하에서만이 우리 조국이 어떠한 위급 상황에서도 안전할 것"이라고 선언했다.[74] 이런 상황에서 마그니토고르스크 당국은 강철 생산에 상당한 부담감을 갖게 되었을 것이다. 더욱이 문제가 되었던 것은 마그니토고르스크 제철소의 생산성이 전쟁 말기인 1944년경부터 떨어지기 시작했다는 것이었다.[75] 지역 당의 보고서에 따르면 1944년 제철소의 주철 생산량은 목표량보다 20만 3,000톤이 모자랐고, 1945년 첫 7개월 동안 4월과 7월, 단 두 달만이 월 생산 목표를 달성했으며, 나머지 다섯 달은 목표 달성에 실패했다.[76] 이러한 상황에서 "(전시)노동의 템포를 늦추지 말라"라는 노동 속도 강조의 수사가 지역신문에 자주 등장한 것이다.

마그니토고르스크 제철소의 생산성 하락의 주요인 중 하나는 노동규율의 붕괴였다. 전쟁 이후 마그니토고르스크의 젊은 노동자의 결근 및 작업장 무단이탈과 같은 노동규율 위반이 급증했는데, 이들의 무단이탈의 주원인은 열악한 주거환경이었다. 마그니토고르스크의 경우 전방에서 멀리 떨어져 있어 전쟁의 시작과 함께 서부의 전방지역으로부터 주요 산업시설은 물론 학교, 극장 등 문화시설 그리고 이들 기관에 종사하는 인력 및 피란민까지 소개되어 온 탓에 전쟁 말기 도시인구는 전쟁 전과 비교해 약 60% 이상 증가한 23만 명을 기록했다.[77] 반면에 전시 동안에는 도시의 신규 주택 증설은 거의 이루어지지 않아 이로 인한 불이익은 주로 젊은 미숙련 노동자들에게 돌아갔다. 그들은 좁은 기숙사 방에서 여러 명의 동료 노동자들과 방을 함께 사용해야 했고, 일상용품의 지급에서도 미숙련 노동자들은 우선순위가 낮아 전쟁 기간 동안 어떤 노동자는 겨울 외투, 신발 등 기본적인 용품을 확보하지 못해 추운 겨울날에는 기숙사에서 일터로 출근을 못 하는 경우도 자주 발생함으로써 무단결근으로 처리되는 경우가 종종 있었다.[78] 심지어 제철소 기숙사 식당의 경우, 전시 중 그리고 전쟁 이후에도 하루 두 끼 정도만 식사가 공급되는 경우가 자주 있었고 수저, 포크, 접시, 컵 같은 식기류의 극심한 부족으로 심지어 제철소 내 어떤 식당에서는 노동자들이 접시에 차를 따라 마셔야 했다.[79] 이러한 전후 극심한 물자 부족 상황에서 인센티브를 거의 받지 못했던 젊은 미숙련 노동자들이 부실한 급식, 열악한 주거환경 등을 견디지 못하고 무단으로 직장을 이탈해서 고향으로 돌아가는 경우가 빈번하게 발생했던 것이다.[80]

이 같은 상황에서 젊은 노동자들의 작업장 무단이탈을 방지하는 가장 효과적인 해결책은 작업 및 주거환경을 대폭 개선하는 것이었지만 가까운 미래에도 그것은 어려운 일이었다. 그 이유는 전쟁 기간에는 군수물자를 생산하는 후방에 위치한 산업지역은 정부 지원을 우선적으로 받았으나 전쟁 말기 및 전쟁 이후 정부의 재정지원은 상당 부분 우랄산맥 이서에 위치한 전시 중 나치에 점령되고 나중에는 전쟁터로 변한 지역에 제공되었기 때문이다.[81]

이런 상황에서 마그니토고르스크시 당국이 할 수 있었던 선동 전략 중 하나는 노동자의 자긍심, 애국심을 자극하고, 자신이 하고 있는 일에 애착을 갖게 하여 노동현장으로 효과적으로 동원하는 것이었다. 전쟁 직후 지역 당국자들은 마그니토고르스크 노동자들의 전시 노동과 노고를 칭찬하면서 소비에트 인민들의 숭고한 특성은 전방에서뿐만 아니라 마그니토고르스크와 같은 후방에서도 잘 나타났다고 역설하면서 마그니토고르스크 노동자들을 "후방의 영웅들"이라고 치켜세웠다.[82] 또한 1945년 5월과 7월 ≪마그니토고르스크 노동자≫ 신문은 전쟁 승리를 위한 마그니토고르스크의 기여를 치하한 ≪프라브다≫의 기사를 자주 인용하면서 "스탈린의 마그니트카"는 조국의 밝은 미래를 위해 전후에도 지속적으로 기여해야 한다고 강조했다.[83] 또한 이 기사는 마그니토고르스크 노동자들의 전후 시기의 "신성한 의무"는 바로 전쟁 중 나치 점령지의 전후 복구를 돕는 것이라고 규정하고 있다.[84] 아울러 이 기사는 마그니토고르스크 노동자들의 이름으로 첼랴빈스크주 전체 노동자에게 보내는 메시지에서 우크라이나 돈바스 지역에 독일 파시스트에 의해 파괴된 엄청난 수의 기계 생산 공장, 문화시설, 주택들의 재건을 위해서 하루에 약 260만 톤의 철강이 필요한데, 첼랴빈스크주의 노동자들이 이것을 생산해서 더 빠른 기간 내에 복구 사업을 마치도록 돕자고 설득하고 있다.[85]

전후에는 "스탈린의 마그니트카로서의 신성한 의무"라는 수사 어구와 함께 "자신의 일을 사랑하는 것"은 소비에트인이 지녀야 할 자세로 마그니토고르스크 지역신문에 자주 선전되었는데, 이는 노동자들의 작업장 무단이탈 방지를 위한 지방 당국의 설득 및 독려 정책의 일환이었다. 1945년 7월 31일자 ≪마그니토고르스크 노동자≫는 "소비에트인의 도덕적 책임"이라는 제목의 기사를 게재했는데, 그 기사는 "우리는 우리의 일을 사랑합니다!"라고 외치는 콤소몰 회원들을 칭찬하면서 각자 자신이 맡은 일을 즐기고 좋아하는

것은 모든 이에게 이득을 가져올 것이라고 강조하고 있다.[86] 또한 6월 5일의
기사는 "만약 여러분들이 일하고 있는 작업장을 사랑한다면 여러분은 보상
을 받을 것입니다. 일이 잘될 것이고, 그러면 기분이 좋아질 것이고, 행복해
질 것입니다"라는 한 노동자의 진술을 소개하면서 그가 더 나은 기계공이 되
기 위해 동료들과 어떻게 경쟁을 벌여야 하는가를 소개하고 있다.[87]

이 같은 마그니토고르스크 지역신문의 노동규율에 대한 담론과 수사는 한
편으로는 전시의 열악한 노동 및 주거환경이 전후에도 지속되면서 노동자의
사기 저하와 노동규율의 붕괴로 이어졌음을 보여주며, 또 한편으로는 그에
대한 대응책으로 노동규율 강화를 소비에트 노동자의 임무로 규정하고 있음
을 보여준다.

* * *

대조국전쟁이 끝났을 때 소련 내 여타 지역의 당국자들과 마찬가지로 마그니
토고르스크시 당국은 전쟁 중에 흔들렸던 주민들의 소비에트 정체성을 복구
하고 강화해야 했다. 마그니토고르스 지역신문의 기사들은 국가 차원에서
전후의 소비에트 정체성 재정립을 위한 담론과 수사가 제철도시, 산업도시
라는 마그니토고르스크의 지역 상황과 결부되어 어떻게 지역 주민들에게 전
달되었는지 생생하게 보여준다. 이러한 소비에트 시민의 정체성에 대한 담
론과 수사는 전쟁 이후 새롭게 등장한 것도 있었으며 또한 전쟁 이전에 이미
존재하던 것이 전후 상황에 맞춰 그 필요성과 정당성이 재정의된 것도 있었
다. 이는 곧 전쟁의 유산이 스탈린 체제의 성격에 변화를 가져왔음을 의미하
며, 또한 이는 궁극적으로 전후 스탈린 체제는 전쟁 전과 동일하지 않고 분명
상이점을 내포하고 있음을 의미한다. 전쟁은 스탈린 체제를 변화시켰던 것이
다.

제**2**부

옐친과 푸틴 시기
전쟁의 기억

제8장

역사 교과서를 통한 전쟁기억 재정립

우리나라에서는 2010년을 전후하여 중고등학교 역사 교과서 국정화 문제를 둘러싸고 정계-학계 간은 물론 학계 내에서도 많은 논쟁이 오갔었다. '우편향' 내지 '좌편향'이라는 용어를 사용해 가면서 진보-보수 진영 간 첨예한 의견 대립 속에 2015년 11월 박근혜 정부는 중고등학교 역사 교과서 국정화를 확정·고시하기에 이르렀고, 이후 1년 만인 2016년 11월 국정 역사 교과서 현장 검토본이 공개되었다. 하지만 이 검토본은 학계와 진보 진영의 거센 비판을 받았고, 당시 대통령 탄핵 국면 속에서 사실상 철회되었으며,[1] 2017년 5월, 문재인 정부가 들어선 직후 국정 역사 교과서는 아예 폐지되기에 이르렀다.[2] 이러한 일련의 사태는 '공적 지식'으로서 역사 교과서 내용이 한 국가의 체제 유지와 밀접하게 연관되어 있고, 정치권력과도 강하게 연관되어 있음을 보여준다.[3] 즉, 역사 교과서에는 정부나 국정 운영자 집단의 관점을 비롯하여 그들이 지향하는 정치·사회적 가치와 목표가 투영된 경우가 많은데,

그 정도가 지나칠 때 교과서 내용을 놓고 서로 상이한 이해관계와 정치권력을 지닌 집단 간 논란이 벌어질 수 있음을 의미한다.[4]

이 같은 상황은 러시아에서도 일어났다. 1991년 소비에트 체제가 무너진 후 역사학을 포함하여 거의 전 학문 분야에 대한 검열·감시 체제가 와해되었다. 그 결과 2000년 푸틴 정부가 들어서기까지 약 10년 동안 역사학자들은 소비에트 역사에 대한 재평가 작업을 활발히 벌였다. 재평가 작업은 특히 소비에트 시기 논의가 금기시되었던 사건을 중심으로 이루어졌는데, 대표적 예로 내전기(1918~1921)의 볼셰비키 등 공산세력이 저지른 테러, 1930년대 초 강제적 농업집단화와 그로 인한 대기근, 스탈린 시기의 정치적 탄압, 1939년 독일-소련 간 비밀불가침조약 체결, 대조국전쟁(독-소전쟁) 시기 소련의 엄청난 인적·물적 손실을 비롯하여 전후 송환된 소련군 포로 및 민간인에 대한 탄압의 재평가였다.[5] 소련 해체 후 문서보관소가 개방되면서 이러한 불편한 역사적 사건에 관한 비밀문서들이 공개되자 역사가들은 20세기의 '어두운 과거'에 대해 자유롭게 논의할 수 있었다. 이런 분위기 속에서 옐친 시기 러시아 역사 교과서는 소비에트 정부의 정치·경제·외교 정책에 대한 부정적인 해석과 평가를 많이 싣고 있다.[6]

당시 옐친 정부는 역사 교과서 서술에 간여하지 않았다. 소련 해체 후 10여 년 동안 러시아는 사회주의경제 체제에서 시장경제 체제로 이행하면서 극심한 사회적·경제적·정치적 혼란을 경험했고, 그 와중에 정부는 역사 교과서 내용까지 신경 쓸 겨를이 없었다. 또 한편으로는 옐친 정부가 소비에트 잔재를 없애기 위해 노력한 만큼 학문·교육 영역에 대한 소비에트식 정부 검열·통제를 의도적으로 피하려 한 측면도 있다. 이에 더해 1990년대 러시아 정부가 사회주의 이데올로기를 대체할 만한 뚜렷하고 단일한 국가 이념을 구현해 내지 못하는 상황 속에서[7] 단일하고 지배적인 역사 서술 또한 등장하지 않았다.[8] 따라서 한 역사가가 회고하듯 1990년대는 "길거리 사람 누구나 역사 교과서를 집필할 수 있었던 시기"였고,[9] 급진적 내용을 담은 교과서도 출판될 수 있는 시기였다.

그러나 이런 상황은 푸틴 정부가 들어선 후 바뀌게 되었다. 러시아 사회 통합과 강한 러시아의 재건을 목표로 내세운 푸틴 정부는 러시아 현대사의 어두운 페이지에 대한 해석을 부정적 견해를 가진 자유주의적·진보적 성향의 역사가들에게 맡겨두지 않았다. 2001년 8월 교육부 장관 블라디미르 필리포프(В.М. Филиппов) 주재로 열린 회의에서 정부 각료들은 러시아 역사 교과서의 소련 시기 서술에 대한 논의를 마친 후, 이듬해 9월까지 새로운 역사 교과서를 편찬하기로 결정했다. 그런가 하면 러시아 교육부는 2001년 12월 러시아교육학술원과 공동으로 "러시아 현대사 가르치기"를 주제로 학술회의를 개최해 20세기 러시아 역사를 객관적이고 균형 잡힌 시각으로 가르쳐야 하고 과거 역사에 관한 독단적인 해석은 물론, 지나치게 자유분방한 해석도 피해야 한다고 강조했다.[10] 이윽고, 2003년에는 푸틴 대통령이 직접 러시아 역사 교과서의 집필 방향 및 지향점에 대한 의견을 피력하기에 이르렀다. 그해 11월 27일 모스크바국립도서관에서 개최된 역사학자들과의 만남에서 푸틴 대통령은 "오늘날 교과서는 새로운 정치·이데올로기 투쟁의 장이 되어서는 안 된다"라고 못 박으면서 "교과서는 역사적 사실이 드러나야 하며 [학생들에게] 자기 나라의 역사, 자기 나라에 대한 자부심을 길러주어야 한다"라고 강조했다.[11] 이는 곧 푸틴 정부가 적극적으로 러시아 현대사 교과서 집필에 간여하겠다는 의지를 내보인 신호탄이었다.

푸틴 지도부에게 20세기 러시아 현대사 중 제2차 세계대전과 관련된 내용은 특히 중요했다. 왜냐하면, 푸틴 정부는 제2차 세계대전 동안 소련 인민의 영웅적 투쟁과 나치독일에 대한 궁극적 승리의 역사를 1990년대 시장경제 체제로의 이행이라는 대변혁의 소용돌이 속에서 구심점을 잃고 분열된 러시아 사회의 통합과 애국심 고취를 위한 '도구'로 사용하고자 했기 때문이다. 사실 옐친 정부도 제정러시아와 소련이 치른 전쟁의 기억을 되살려 애국심을 부흥시켜 러시아 사회를 통합하고자 했으나 역사 서술에 개입하지는 않았다.

따라서 이 장에서는 러시아 역사 교과서의 제2차 세계대전 관련 내용 중 소비에트 정부의 비도덕적·비이데올로기적·반인륜적 행위 때문에 '어두운 과 거'로 불리는 1939년 8월 독-소 불가침조약 체결, 1940년 스몰렌스크 인근 카틴(Катынь) 숲에서의 폴란드 전쟁포로 학살, 전쟁 중 서부 국경지역, 특히 캅카스 지역 주민의 강제 이주 등에 대해 그리고 그 외에 역사학자들 간 논란 이 되고 있는 전쟁 기간 중 소련 인민의 태도에 대해 옐친 시기 역사 교과서 와 푸틴 정부 출범 이후 역사 교과서의 내용이 어떻게 다른지 비교 분석해 보 고자 한다. 이를 통해 푸틴 지도부가 전쟁의 역사를 이용하여 어떻게 사회 통 합 및 애국심 고취라는 정치적 목적을 달성하고자 하는지 살펴보겠다.

분석 대상 교과서로 이고리 돌루츠키(И.И. Долуцкий)가 2001년 집필한 고등학교(10~11학년) 교과서 『20세기 조국의 역사』(이하 '돌루츠키 교과서'로 약칭)[12]와 알렉산드르 다닐로프(А.А. Данилов)와 알렉산드르 필리포프(А.В. Филиппов)가 2009년 공동집필한 11학년용 교과서 『러시아 역사 1900~ 1945』(이하 '다닐로프-필리포프 교과서'로 약칭)를 사용했다.[13] 돌루츠키 교과서 는 2003년 6월 교육부의 검인정을 받았으며, 당시 러시아 전역에서 2만 부 가 교과서로 사용되고 있었다.[14] 하지만 검인정을 받은 지 얼마 안 되어 실시 된 푸틴 행정부의 역사 교과서 검토 과정에서 이 책이 소비에트 시기에 대해 지나치게 비판적으로 서술한 것이 문제가 되어 그해 11월 급기야 검인정 교 과서 자격을 박탈당했다.

돌루츠키는 1954년생으로 모스크바대학교 역사학부를 졸업하고 고등학교 역사 교사로 재직하던 중 해당 교과서를 집필했다. 옐친 정부 때인 1994년 초판이 발행된 이래 이 책은 교육현장의 일선 교사들에게 인기가 많아 2003년 러시아교육부로부터 검인정을 취소당하기까지 10년간 50만 부가 팔려나갔 다.[15] 이 책이 인기 있었던 이유는 스탈린 시기 대숙청, 체첸 분리독립 문제, 반유대주의 등 민감한 주제를 토론주제로 설정하고 직설적으로 질문을 던지 는 등 정면 돌파 방식으로 기술되었기 때문이다.[16] 돌루츠키 교과서는 옐친 시기 러시아 역사에 대한 다양하고 비판적이며 솔직한 해석이 확산되었던 시대 분위기를 대변하고 있으며, 그중에서도 자유주의적 성향을 강하게 띤 가장 '급진적' 시각을 지닌 교과서라 할 수 있다.

이에 반해 다닐로프와 필리포프 교과서는 푸틴 정부가 지향하는 목표에 부합하도록 기술된 책이다. 러시아 정부의 싱크탱크 중 하나인 대외정책국가연구소 부소장이자 2007년 푸틴 정부 입장을 충실히 반영한 러시아 역사 교사들을 위한 지침서를 발간했던 필리포프, 그리고 그 지침서를 바탕으로 2008년 역사 교과서를 집필했던 다닐로프가 주축이 되어 만든 역사 교과서는 급진적 자유주의 시각을 지닌 돌루츠키 교과서와 대비되는 것으로, 푸틴 정부의 특별 지원을 받아 출간되었다.[17] 러시아교육부도 일선 학교에 이 책을 사용하도록 적극적으로 추천했다.[18]

이 장에서는 두 교과서를 비교함으로써 푸틴 정부의 역사 교과서 집필 가이드라인의 특성, 그리고 푸틴 지도부가 어떤 방법으로 역사 교육을 통해 러시아 사회를 단합하고 과거 역사에 대한 자부심과 애국심을 고양하고자 했는지 살펴보겠다.

러시아 역사 교과서 내용을 둘러싼 보수 및 진보 학계의 견해차 그리고 정치권력의 교과서 서술에 대한 간섭 및 통제에 대해서는 그동안 제법 활발한 연구가 진행되었다. 1990년대 말부터 이러한 연구 성과가 서서히 발표되기 시작했는데, 예를 들면 1980년대 말 페레스트로이카 시기 교과서와 소련 해체 이후인 1990년대 초중반 시기 역사 교과서가 러시아혁명, 스탈린 시기 주요 사건과 소비에트 체제의 성격에 대해 어떻게 설명하고 있는지 비교 분석한 연구[19]와 2000년 이후 푸틴 정부가 역사 교과서 집필에 적극적으로 개입하면서 교과서 내용이 더욱 보수적·애국주의적으로 변화했음을 추적한 연구도 발표되었다.[20] 하지만 이러한 연구 성과물은 주로 러시아혁명부터 1930년대까지의 내용 분석에 중점을 두고 있어 제2차 세계대전과 관련해서는 어떤 차이가 있는지에 대한 분석은 누락되어 있다. 따라서 이 장에서는 제2차 세계대전 기간 중 소련의 역할과 소비에트 정부의 정책에 관해 앞서 언급했던 두 교과서가 어떤 점에서 상이 또는 유사한지 살펴보겠다.

돌루츠키 교과서 사태와 푸틴 정부의 대응

앞서 보았듯이 푸틴 정부 출범 이후 러시아 역사 교과서 심의 과정에서 가장 문제가 된 교과서는 소비에트 시기에 대해 특히 비판적으로 기술하고 현 러시아의 정치·사회 상황에 대해서도 지극히 부정적으로 기술한 돌루츠키 교과서였다. 돌루츠키는 저명한 러시아 사회학자 타티야나 자슬랍스카야(Т.И. Заславская)의 옐친 정부 시기 정치·경제·사회 개혁에 대한 평가를 다음과 같이 그대로 교과서에 싣고 있다.

> [1990년대에는] 정치 민주화 영역에서는 심각한 후퇴가 있었고, 시민사회 형성에서도 비슷했다고 말할 수 있다. 러시아의 법치국가로의 전환 계획은 완전히 실패했고, 부정부패는 총체적으로 확산되었고 권력과 범죄집단 간 결탁이 만연했으며 정부는 법적 기구가 아니라 오히려 범죄 기구로 전락했다.[21]

이렇게 1990년대에 대한 평가를 인용하면서 돌루츠키는 "공산주의 체제는 물론 [혁명 전의] 러시아의 전통도 무너져버린 후 [오늘날 러시아는] 고통 속에 남아 있다"라고 설명한다. 이어 돌루츠키 교과서는 다가올 러시아의 미래에 대해 제1차 세계대전 패배 후 독일의 상황과 비교하면서 독일제국 붕괴 후 정치적 혼란기를 거쳐 나치정권이 들어섰음을 상기시키면서 "러시아는 일종의 '바이마르 시기'를 지나고 있으며, 가까운 미래에 실제로 나치정권으로 전환될 우려가 있다"라는 재미(在美) 러시아인 정치평론가 알렉산드르 야노프(А.Л. Янов)의 견해를 인용하고 있다.[22]

푸틴 정부 지도자들이 보기에 돌루츠키 교과서는 학생들에게 조국의 미래에 대한 희망과 조국의 역사에 대한 자부심을 심어주기에는 너무 거리가 멀었다. 이에 더해 돌루츠키 교과서는 푸틴 대통령과 정부에 비판적인 두 개의 인용문을 게재한 것이 심각한 문제로 대두되었다.[23] 즉 이 책의 끝머리에는 러시아 언론인 유리 부르틴(Ю.Г. Буртин)이 "푸틴이 대통령으로 선출된 후 나라에 격변이 일어났다. 푸틴 개인의 권력, 권위주의적 독재가 생겨났다"라고 언급한 것과 러시아 야당인 야블로코(Яблоко)당의 수장 그리고리 야블린스키(Г.А. Явлинский)가 "이미 2001년 러시아는 경찰국가가 되었다"라고 언급한 것이 실려 있고, "이 명제가 옳은지 그른지 입증해 보라"라는 질문이 제시되어 있다.[24]

이를 러시아 정부는 그대로 보고만 있지는 않았다. 2003년 9월 푸틴 대통령 보좌관 알렉산드르 볼로신(А.С. Волошин)과 언론·방송통신부 장관 미하일 레신(М.Ю. Лесин)은 모스크바에서 열린 교과서 박람회를 참관했는데, 거기서 이들은 돌루츠키 교과서를 출판하는 므네모지나(Мнемозина) 출판사 부스를 방문하여 돌루츠키 교과서 한 부를 검토용으로 요청했다. 두 달 후인 그해 11월 러시아 교육부 장관 블라디미르 필리포프(В.М. Филиппов)는 언론 인터뷰에서 전문가들이 돌루츠키 교과서를 심의 중이라고 발표하면서 그 교과서는 푸틴 대통령을 비난하는 무례를 범한 것은 물론 러시아 역사와 러시아 국민에 대한 경멸을 자아내게끔 서술되었다고 비판하면서 러시아 교실에 역사 왜곡을 목표로 하는 '사이비 자유주의'를 위한 자리는 없다고 강조했다.[25] 또한 푸틴 대통령은 2003년 11월 27일, 역사학자들과의 모임에서 돌루츠키 교과서를 염두에 두면서 다음과 같이 강조했다.

이전에 역사학자들은 부정적인 것을 강조했다. 왜냐하면, 당시 그들의 임무는 이전 [소비에트] 체제를 무너뜨리는 것이기 때문이었다. 이제 우리에게는 그것과는 다른 창의적인 임무가 있다. 이를 위해 우리는 이제까지 겹겹이 쌓

여왔던 모든 찌꺼기를 없애버려야 한다.[26]

결국, 교육부 전문가위원회는 바로 당일 저녁 회의를 열어 돌루츠키 역사 교과서에 대한 승인을 철회하고 학교에서 사용하지 못하도록 결정했다.[27] 또한 푸틴 대통령은 러시아학술원 학자들에게 두 달 후인 2004년 2월 1일까지 역사 교과서를 면밀히 검토해서 '찌꺼기' 같은 내용을 제거할 것을 지시했다.[28] 이는 곧 역사 서술에 대한 정부의 강력한 가이드라인이 탄생했음을 의미한다.

여기서 지적해야 할 사항은 푸틴 정부의 돌루츠키 교과서 탄압이 단지 푸틴 정부에 대한 비판적 평가 때문만은 아니라는 점이다. 푸틴 정부는 출범 이듬해인 2001년부터 옐친 시기 동안 추락해 온 러시아 국민의 자존감을 회복시키고 국가 및 정부에 대한 실망과 경멸, 자국 역사에 대한 모멸감을 없애고 분열된 사회를 통합하기 위해 대국민 애국교육 프로그램을 시작했는데, 이 과정의 일환으로 역사 교과서 내용을 전반적으로 검토한 것이었다. 이런 과정에서 돌루츠키 교과서가 정부의 검열을 통과할 수 없었던 주요한 이유는 다음 절에서 구체적으로 살펴보겠지만 제2차 세계대전 시기에 대한 내용이 상당히 '자학 사관'에 입각해 서술되었기 때문이다.

이러한 자학 사관 때문에 돌루츠키 교과서에 대해 비판적 견해를 지닌 역사학자나 역사 교사들이 많았던 것도 사실이다. 2005년 푸틴 정부의 지침에 충실한 역사 교과서를 출판한 니키타 자글라딘(Н.В. Загладин)은 언론 인터뷰에서 역사 교과서는 학생들이 자기 조국에 대해 수치심을 느끼게 하기보다는 자부심과 애국심을 가질 수 있게 서술되어야 한다고 강조하면서 "만약 학교를 졸업한 젊은이들이 이 나라에서 일어난 모든 것이 나쁘다고 생각하게 된다면 그들은 당장 이민 갈 준비를 할 것"이라고 지적했다. 이런 이유에서 자글라딘은 러시아 젊은이들에게 "스탈린 시기 테러와 탄압은 소련 국민 전체에게 해당하는 것은 아니었다"라는 것을 인식시킬 필요가 있다고 언급했다.[29] 또한, 모스크바의 고등학교 교사 이리나 사파노바도 자글라딘의 교과서에 대해 "매우 평온한 어조로 쓰인 교과서"라고 평가하면서 교과서는 "학생들에게 [자국 역사에 대한] 수치심을 갖게 하지 않도록 서술하는 것이 중요하다"라고 강조했다.[30]

그런가 하면 모스크바 소재 중등학교 교사 드미트리 에르몰체프는 사실 푸틴 지도부의 교과서 관련 지침은 자국 역사를 자학적 관점에서 배우고 탐구하기 싫어하는 러시아 사회의 의사를 반영한 것이라고 강조했다. 그는 "러시아인들은 자국 역사에 대한 날카로운 비판을 좋아하지 않는다. 그런 것은 그들에게 모욕감을 주기 때문"이라고 주장하면서 다음과 같이 단언했다.

> [자국] 역사와 역사 교과서를 수정하는 작업은 러시아인들에게 언짢음을 극
> 복하게 해준다. 푸틴은 바로 이러한 사회의 요구에 반응한 것이다.[31]

또한 러시아 시민의 인권보호 활동을 활발히 벌이고 있는 사하로프센터의 유리 사모두로프(Ю.В. Самодуров) 센터장도 여론조사에 따르면 "인구의 절대다수가 스탈린이 러시아 역사에서 긍정적 역할을 한 것으로 인식하고 있음을 보여준다"라고 지적한다.

이 같은 사실에 비추어 보면 2003년 푸틴 정부가 역사 교과서 내용 중 소비에트 시기, 특히 제2차 세계대전에 대한 서술에 직접 개입하기 시작한 것은 앞서 언급했듯이 전쟁기억을 이용한 러시아 사회 단합, 애국심 고양이라는 푸틴 행정부의 정치적 목적도 작용한 것이지만, 한편으로는 '밑으로부터의 요청', 즉 러시아 대중들 사이에서 지나친 자학 사관을 경계하는 분위기를 수용한 조치이기도 함을 의미하는 것이다.

1939년 독-소 상호불가침조약 체결에 대해

소비에트 말기인 1980년대 중후반부터 '개혁'과 '개방'의 구호 아래 그동안 공개되지 않았던 제2차 세계대전 시기 다양한 자료가 공개되고 생존자들의 회고록, 인터뷰 내용이 새롭게 공개되기 시작하면서 소련 군대의 영웅적 전투와 위대한 승리, 소비에트 시민들의 애국심과 단합의 신화가 깨지기 시작했다. 또한 소련 해체 이후에는 전쟁의 어두운 면에 대해 새롭게 조망하는 연구가 많이 진행되었다. 하지만 제2차 세계대전에서의 영웅적 투쟁과 승리를 애국심 고양과 사회 통합의 중요한 도구로 이용하고자 했던 푸틴 정부에게 전쟁 기간 중 소련 정부의 부정적·비도덕적 역할을 부각하는 교과서는 용인하기 힘든 것이었다.

그럼 먼저 교육부 심의위원회가 돌루츠키 교과서에서 문제 삼은 주제에 대해 살펴보고 이어서 푸틴 정부의 개입하에 새롭게 만들어진 역사 교과서는 이 주제에 대해 돌루츠키 교과서와 어떤 차이점이 있는지 알아보자.

1933년 독일 총리가 된 히틀러는 재무장을 시작했고 1938년 오스트리아와 체코슬로바키아 북부지역을 합병함으로써 유럽 팽창 정책의 야욕을 드러냈다. 히틀러는 인종주의에 근거해 슬라브 민족을 열등한 민족으로 보았고 독일 국민의 향후 '생활공간(Lebensraum)' 확장을 위해 드넓은 곡창지대와 자원을 지닌 소련을 궁극적으로 점령해야 할 대상으로 간주했다. 하지만 히틀러는 먼저 서유럽 정복을 계획한 만큼 소련과는 당분간 평화 관계를 수립하는 것이 중요했다. 당시 1938년 영국, 프랑스가 독일의 체코슬로바키아 합병을 용인하는 것을 지켜본 스탈린 정부는 영국, 프랑스를 비롯한 서방국가를 신뢰할 수 없었다. 이런 상황에서 스탈린은 소련의 안위를 위해서는 나치독일과 직접 협상하는 것이 가장 확실한 방법이라고 믿게 되었고, 이윽고 1939년 8월 23일 소련은 나치독일과 상호불가침조약을 체결했다. 당시 이데올로기적으로 양극단에 서서 대립하고 있던 양국 간의 타협은 전 세계에 큰 충격을

가져다주었다.[32]

독-소 불가침조약 체결에 대해서는 스탈린 정부 정책을 대체로 비판적 시각으로 기술한 자유주의 성향의 러시아 교과서조차도 스탈린 정부보다는 서방국가들에 독-소 불가침조약 체결의 원인이 있음을 지적하면서 서방국가들의 태도를 비난한다.[33] 그러나 유독 돌루츠키 교과서는 소련의 비도덕적 외교 행위에 초점을 맞추면서 스탈린 정부를 비난했다. 돌루츠키는 당시 소비에트 정부가 영국, 프랑스와 협상을 하면서 동시에 공산주의를 제1의 적으로 삼고 있던 나치독일과도 뒷거래한 것을 지적하면서 스탈린 정부가 탈이데올로기적이고, 기만적이며, 이율배반적인 태도를 취했다고 비판했다.

돌루츠키 교과서는 "소비에트 정부가 영국, 프랑스와의 반나치 연합전선 구축을 거절한 것을 과연 어떻게 설명할 수 있을까?"라고 질문을 던지면서, 1939년 5월 스탈린 정부가 당시 영국, 프랑스와 긴밀한 관계를 추구하면서 파시즘에 대한 강경 태도를 고수했던 외무인민위원 막심 리트비노프(М.М. Литвинов)를 돌연 해임했음을 지적한다.[34] 이어 돌루츠키 교과서는 리트비노프 해임 후 외무인민위원부 직원에 대한 체포가 행해졌으며 당시 내무인민위원부 수장 베리야가 직접 외무부 직원들을 심문했고, 그 과정에서 많은 무고한 직원들이 사망했다고 설명한다.[35] 이 같은 설명을 통해 돌루츠키는 스탈린 정권이 영국, 프랑스와 함께 반나치 연합전선을 구축하고자 하는 의지가 전혀 없었음을 보여주고 있다.

또한, 돌루츠키는 독-소 불가침조약 체결이 궁극적으로 제2차 세계대전 발발의 중요한 계기가 되었음을 강조하고 있다. 돌루츠키 교과서는 조약 체결 후 독일은 소련과 전쟁 위험이 사라짐으로써 1940년 영국과 프랑스에 대한 공격 준비를 위해 소련 국경지역에 배치되었던 독일군 140여 개 사단을 빼내 올 수 있었다고 지적한다. 이 교과서는 결국 "독일은 단시일 내에 영국, 프랑스군에 대해 수적 우위를 차지한 후 영국을 폭격하기 시작했다"라고 기술함으로써 독-소 불가침조약이 궁극적으로 독일이 영국과 프랑스를 더욱 손쉽게 공격하게 된 계기를 마련했음을 지적하고 있다.[36] 이에 더해 돌루츠키 교과서는 1939년 8월 31일 소련의 신임 외교 수장 몰로토프가 최고소비에트 회의에서 소련과 독일은 어제는 적이었지만 이제 적대 관계를 청산했다고 말한 것을 인용하면서, 바로 그다음 날인 "9월 1일 독일 군대가 소련과 체결한 불가침조약을 내세우면서 폴란드에 선전포고하였고… 며칠 후 영국과 프랑스가 독일에 선전포고하였다… *2차 세계대전이 시작된 것이었다*"라고 이탤릭 강조체를 사용하여 기술함으로써 소련과 독일의 불가침조약 체결이 궁극적으로는 제2차 세계대전 발발에 직접적 영향을 미쳤음을 암시하고 있다.[37]

이어 돌루츠키는 소련 외교정책에 대해 "몇몇 문서들과 사실들은 여러분들이 1939년 가을 소련 외교정책에 대한 평가를 가능케 한다"라고 운을 띄운 뒤, 소련의 폴란드 및 발트지역 점령 과정을 상세히 기술하고 있다. 돌루츠키는 9월 17일 소련 군대가 폴란드 국경을 넘어 동부지역을 점령했고, 이후 소련 영토로 편입된 브레스트에서 독일-소련 군대의 합동 열병식이 벌어졌다는 내용을 독일과 소련 장교들이 만나서 논의하는 사진을 곁들여 자세히 설명하고 있다.[38] 옐친 시기 출판된 러시아 역사 교과서 중 이 시기에 대해 설명하면서 독일과 소련 장교가 나란히 앉아 우호적 분위기에서 대화를 나누는 사진을 실은 교과서는 거의 없다는 점을 감안하면 돌루츠키 교과서는 상당히 파격적이라 하겠다. 즉 돌루츠키는 스탈린 정부도 나치독일과 마찬가지로 '점령자'였다는 메시지를 던지고 있는 것이다.

돌루츠키 교과서는 또한 1939년 10월 31일 최고소비에트 회의에서 소련 외무위원 몰로토프가 소련의 폴란드 점령에 대해 언급한 내용을 다음과 같이 소개하고 있다.

먼저 독일 군대, 그다음 소련 군대에 의한 폴란드에 대한 간단한 공습은 베르사유조약으로 태어난 기형아[폴란드]를 없애버리기에 충분한 것으로 판명됐

다. 히틀러주의를 인정하거나 거부할 수는 있다. … 하지만 이데올로기를 무
력으로 파괴할 수 없다는 것은 누구라도 잘 알고 있다. … 그러므로 '히틀러
주의의 절멸'을 위한 전쟁을 치른다는 것은 어리석고 범죄를 저지르는 것이
다.[39]

이어서 돌루츠키 교과서는 1939년 11월 30일 스탈린이 ≪프라브다≫와의
인터뷰에서 "독일이 [폴란드를] 공격한 것이 아니라 프랑스와 영국이 독일을
침공했고 따라서 [프랑스와 영국이] 현재의 전쟁에 책임이 있다"라고 말했음을
밝히면서, 과연 소련 지도자의 폴란드 점령에 대한 견해를 어떻게 평가해야
하는지, 그리고 당시 소련 외교정책에 있어서 과연 다른 대안은 없었는지 반
문하고 있다.[40] 곧 돌루츠키 교과서는 1939년 소련은 독-소 불가침조약 체
결 이외에 다른 대안, 즉 영국, 프랑스와 함께 반(反)독일 연합전선 구축과 같
은 대안이 있었음에도 사회주의국가라는 소련의 이데올로기 정체성까지 어
겨가면서 사회주의 체제 타도를 목표로 하던 나치독일과 협약을 맺은 사실을
스탈린 정권의 정치·이데올로기적 정당성과 도덕성의 결여를 입증하는 예로
보여주고 있다.

　돌루츠키 교과서와는 달리 다닐로프-필리포프 교과서는 독-소 불가침조
약 체결에 대해 당시 소비에트 정부는 서쪽 국경에서는 나치독일 그리고 동
쪽 국경지역에서 일본과 동시에 전쟁을 치르게 될 상황에 직면했고, 이런 상
황에서 나치독일과 불가침조약을 체결할 수밖에 없었다고 강조하면서 독-소
불가침조약 체결의 불가피성에 대해 강조하고 있다.[41] 이에 더해 이 교과서
는 당시 미국 루스벨트 행정부의 내무부 장관 헤럴드 익커스(H. Ickes)가 독-
소 불가침조약 체결에 대해 "러시아를 비난하기는 힘들다. 내 생각에는 [영국
총리] 체임벌린 혼자 이에 대해 비난받아야 한다"라고 말했음을 지적하고 있
다.[42] 또한, 이 교과서는 "소련은 1939년 일본과 전쟁을 마치고 나서 나치독
일과 [향후] 불가피한 충돌에 대비해 더 잘 준비하고 잠깐 숨을 돌릴 여유를

갖게 되었다"라고 기술하면서 당시 국제 정세에서 스탈린 정부의 독-소 불가침조약 체결의 불가피성을 밝히고 그 조약이 이후 다가올 전쟁 준비에 긍정적 영향을 미쳤음을 보여주고 있다. 이러한 서술은 분명 돌루츠키 교과서가 스탈린 정부의 독-소 불가침조약 체결이 궁극적으로 제2차 세계대전을 유발했다는 소련의 전쟁 발발 원인 제공 및 책임론을 반박하는 것이다.

'카틴 숲 학살' 사건과 이웃 국가 주민 억압에 대해

돌루츠키 교과서의 제2차 세계대전 관련 내용 중 푸틴 정부의 심기를 건드린 또 다른 주제는 '카틴 숲 학살' 사건에 관한 것이었다. 소련은 폴란드 동부지역을 합병한 후 폴란드 장교, 경찰관 등 1만 4,500명을 전쟁포로로 체포하고 소련 내 강제수용소에 분산 투옥했다. 하지만 내무인민위원부 수장 베리야는 이들이 반소비에트 저항운동을 조직할 가능성이 있으므로 처형해야 한다는 의견을 소련 정치국에 제출했고, 이듬해인 1940년 3월 5일 소련 정치국은 이 제안을 수용했다. 이후 소련 보안부대는 4월 초부터 5월 말에 걸쳐 이들 폴란드 포로들을 '스파이', '반혁명분자', '소비에트 정부의 적'이라는 이름으로 처형했다. 이들 중 4,000명은 스몰렌스크 근교의 카틴 숲으로 이송되어 처형되었고, 나머지는 1만여 명은 하리코프, 칼리닌 인근으로 이송되어 처형되었는데, 이 사건을 역사가들은 '카틴 숲 학살' 사건으로 부르고 있다.[43]
    카틴 숲 학살 사건이 세상에 처음 알려지게 된 것은 1943년 봄 스몰렌스크 지역을 점령하고 있던 독일군이 카틴 숲속에서 처형된 폴란드 포로의 유해를 발견하면서부터였는데, 당시 독일 정부는 이 학살 사건이 소비에트 지도부에 의해 자행된 것으로 발표했으나 스탈린 정부는 오히려 독일군의 소행으로 몰아붙였다.[44] 이후 1980년대 말 페레스트로이카와 글라스노스트 정책이 소련 및 동구권을 휩쓸면서 폴란드 사회 여론은 폴란드 정부에 압력을 가해 소련 정부에 카틴 숲 학살 사건에 대한 진상을 밝히도록 지속해서 요청토록 했고, 급기야 1990년 4월 고르바초프 정부는 사건 발생 50년 만에 소련 정부가 학살 사건의 책임이 있다고 인정하기에 이르렀다. 같은 해 소련 국방부 조사위원회가 만들어졌고, 소련 해체 이듬해인 1992년 옐친 대통령은 대통령 문서보관소에 보관되어 있던 카틴 숲 학살 관련 비공개 문서까지도 공개했다.[45]

돌루츠키 교과서는 이 같은 카틴 숲 학살 사건을 거론하면서 당시 소련이 독일과 다름없이 이웃 국가에 대한 침략국이었고, 그 과정에서 수만 명에 달하는 이웃 국가 국민을 살해했다는 사실을 독자들에게 일깨우고 있다. 즉, 이 교과서는 1939년 소련의 폴란드 침공 이후 소련 영토로 편입된 지역의 "폴란드 주민과 유대인 인구 200~300만 명 중 상당수가 시베리아로 강제 이주당했고 수만 명은 정치 탄압의 대상이 되었다"라고 기술하고 있으며, "포로로 잡힌 4,500명의 폴란드 장교들이 스몰렌스크 인근 카틴 숲에서 처형되었다. … 그리고 추가로 1만 명의 포로가 다른 장소에서 처형되었다"라고 밝히고 있다.[46]

물론 카틴 숲 학살에 대한 언급은 돌루츠키 교과서에만 등장하는 것은 아니다. 1990년대 출판된 다른 교과서는 물론 2003년에 출판된 또 다른 역사 교과서도 짧막하게나마 이 학살에 관해 기술하고 있다.[47] 하지만 돌루츠키 교과서는 여타 교과서와는 달리 1943년 4월 나치독일 군대가 카틴 숲에서 매장된 사체들을 발굴한 후 소련의 행위라고 공표한 것까지 상세히 서술하고 있으며, 이에 더해 나치의 공식 발표 이후 영국 총리 처칠이 이 사건에 대해 영국 각료들에게 보내는 편지에 다음과 같은 우려를 표명한 것도 적나라하게 밝히고 있다.

만약 러시아의 야만성이 한 고대 유럽 국가의 문화와 독립을 말살했다면 이는 실로 끔찍한 참사이다.[48]

카틴 숲 학살에 대해 처칠과 같이 세계적으로 잘 알려진 지도자의 우려 표명을 그대로 교과서에 실은 것, 특히 '러시아의 야만성'이라는 부정적이고 모욕적인 용어를 그대로 인용한 것은 분명 푸틴 정부가 용인할 수 있는 한도를 넘은 내용이었다.

이에 더해 돌루츠키 교과서는 카틴 숲 학살을 개별적이고 일회성인 사건으로 기술하는 것을 넘어 1939~1940년 동안 폴란드와 핀란드 등 이웃 국가 주민들을 소련의 서부 국경 확장 정책의 피해자로 묘사하고 있는 점도 여타 교과서와 다른 점이다. 돌루츠키는 "중립? 아니면 [독일]침략자에 대한 협력? 1939~1941"이라는 제목의 단원에서 당시 소련이 북서 국경지역에서 핀란드와 국경 전쟁을 벌인 것과 소련의 발트3국, 폴란드 동부지역, 베사라비아(몰다비아)와 부코비나 지역 합병에 대해 설명하면서 학생들에게 다음과 같은 질문을 던지고 있다.[49]

> 이러한 영토 변화는 어떤 결과를 낳았는가? 답변을 서두르지 말고 지도를 살펴보라. 이제 여러분은 라트비아인, 에스토니아인, 리투아니아인, 폴란드인, 우크라이나 서부지역 주민들, 그리고 몰다비아인, 루마니아인들과 러시아인들과의 관계에 대해 알 수 있을 것이다. 숙고해 볼 것: 200만 명에 달하는 이들 국경지역 주민들이 다양한 종류의 탄압을 당했음을.[50]

돌루츠키는 독-소 불가침조약 체결 이후 스탈린 지도부가 소련 서부 국경을 맞대고 있는 국가들을 침략하면서 서부 국경이 확장되었고, 그 과정에서 소련과 국경을 마주하고 있는 국가의 주민 희생이 뒤따랐음을 지적하고 있다. 이는 결국 소련이 1941년 6월 갑자기 나치독일의 침략을 받게 된 전쟁의 피해자가 아니라 나치독일처럼 이미 제2차 세계대전 초기 폴란드를 비롯한 이웃 국가를 침략한 전쟁의 '가해자'임을 의미하는 것이다.

이와 함께 돌루츠키는 1939년 독일의 폴란드 침공부터 1941년 독-소전쟁 발발까지 소련은 과연 진정으로 '중립'을 지켰는가에 대해 회의적인 평가를 하고 있다. 돌루츠키는 당시 소비에트 지도부가 "우리는 전쟁에 참여하지 않고 엄격하게 중립을 지키고 있다"라고 단언했고, 대다수 러시아 역사학자들은 이 사실을 액면 그대로 받아들이고 있다고 지적한다. 그러나 그는 국제법상 '중립국'이란 다른 국가는 물론 전쟁을 일으킨 당사국에 대해서도 다른 나라와 동등하게 대하는 것을 의미한다는 점을 상기시키면서, 전쟁 당사국과 교역도 할 수 있음을 지적한다.[51] 그러면서 돌루츠키 교과서는 "1940년 2월 소련은 나치독일에 10억 마르크에 해당하는 치즈, 곡물, 석유, 광석, 철강, 망간 등을 제공하고 대신 그에 상응하는 공산품, 공작기계, 무기를 받기로 한 협약을 체결했음"을 지적한다. 돌루츠키는 이러한 협약이 사실상 "영국이 독일에 경제제재를 가할 기회를 없애버렸다"라고 지적한다. 돌루츠키는 이러한 예를 통해 소련이 정치·외교·경제 영역에서 나치독일과 "위험한 협력 관계"에 있었고 독–소전쟁 발발 전 소련은 중립 노선을 견지하고 있었다기보다는 사실상 나치독일과 "동맹(союз)" 관계나 다름없었다고 기술하고 있다.[52]

그럼 다닐로프–필리포프 교과서는 이 문제에 대해 어떻게 기술하고 있을까? 돌루츠키 교과서는 1939년 9월 소련의 폴란드 동부지역 점령에 대해 독일의 폴란드 서부지역 점령과 같은 맥락에서 이웃 국가에 대한 '침략행위'로 서술하고 있지만 다닐로프–필리포프 교과서는 소련의 폴란드 서부지역 점령에 대해 "1920년 소비에트–폴란드 전쟁 당시 폴란드에 빼앗겼던 벨라루스 공화국의 서부지역과 우크라이나 서부지역을 점령한 것"으로 묘사하고 있다.[53] 이 같은 기술은 소련의 폴란드 동부지역 점령이 이웃 국가를 불법 점령한 것이 아니라 과거 전쟁에서 상실했던 영토를 되찾은 것임을 암시함으로써 소련의 폴란드 점령이 정당했다는 의미를 담고 있는 것이다.

또한 다닐로프–필리포프 교과서는 소련 군대가 폴란드 국경을 넘은 다음 날인 1939년 "9월 18일 밤 폴란드 정부와 군대 지도부가 외국으로 도망갔고" 따라서 폴란드 정부가 바르샤바를 포기한 후에 소비에트 군대가 폴란드 동부지역에 진주했기 때문에 폴란드 측으로부터 저항이 거의 없었고, 2주 후에는 소련이 점령한 폴란드 영토 내에서 전투가 완전히 종결되었다고 기술함으로써 소련의 폴란드 점령 과정에서 인명 피해가 거의 없었음을 애써 강조하고 있다.[54] 하지만 점령 이듬해인 1940년 카틴 숲 학살 사건이 소련의 폴란드 점령으로 인한 결과임을 고려한다면 이러한 제한된 시기에 대한 평가는 사실 큰 의미가 없으며, 더구나 인명 피해가 없었다는 것은 올바른 설명이 아닌 것이다.

한편 다닐로프-필리포프 교과서도 돌루츠키 교과서처럼 카틴 숲 등지에서 내무인민위원부에 의해 자행된 폴란드 장교 학살에 대해 언급하고 있다. 하지만 돌루츠키 교과서와 비교해 몇 가지 서술 방법에서 차이점이 있다. 첫째, 다닐로프-필리포프 교과서는 이 사건을 설명하면서 소련 비밀경찰의 잔혹한 행위의 상징처럼 불리는 '카틴'이라는 용어를 전혀 사용하지 않고 있다. 다닐로프-필리포프 교과서는 "소비에트 군대가 4만 5,000명의 폴란드 전쟁 포로를 체포했으며 그중 1만 8,800명은 장교였다"라고 기술하면서 "1940년 3월 8일 소련공산당 중앙위원회의 결정으로 2만 1,857명의 [폴란드] 장교 및 경찰, 정보국원 등이 총살되었다"라고만 기술하고 있다.[55] 둘째, 다닐로프-필리포프 교과서는 돌루츠키 교과서보다 소련 비밀경찰에 의해 총살된 인원수를 더 정확히, 더 많이 밝히고 있지만, 돌루츠키 교과서와는 달리 소련 비밀경찰의 폴란드 포로 처형에 대해 나름대로의 정당성이 있었다고 설명하고 있다. 다닐로프-필리포프 교과서는 소련 지도부의 폴란드 장교 처형 결정이 1920년에 벌어졌던 소련-폴란드전쟁 이후 폴란드군에 생포된 소비에트 붉은군대 포로에 대한 "잔인한 학살 사건"에 상응하는 조치였음을 주장하면서 그 당시 "13만 명의 붉은군대 포로 중 6만 명이 희생당했다"라고 기술하고 있다.[56] 이어서 이 교과서는 소련과 폴란드 지도부가 행한 "이 두 범죄 행위는 러시아와 폴란드 국민 사이에 아직도 아물지 않은 상처로 남아 있다"라고 밝히고 있다.[57] 이는 다닐로프-필리포프 교과서가 카틴 숲 사건과 같은 학살은 소련 지도부만이 행한 것이 아니라 상대국인 폴란드도 행했음을 지적하는 것으로, 이 사건에 대한 러시아 측 입장에서 '균형 잡힌' 서술을 하려는 의도를 보여주고 있다.

이 외에도 다닐로프-필리포프 교과서는 독-소전쟁 전 소련의 서부 국경 인접 국가들의 합병에 대해서도 돌루츠키 교과서와는 다른 논조를 보여주고 있다. 돌루츠키는 1939~1940년 소련이 폴란드, 발트 및 몰다비아 지역을 합병한 것에 대해 "점령(оккупация)"이라는 용어를 사용하면서 소련의 이 지역 합병 결과로 야기된 해당 국가 주민의 피해와 고통에 대해 지적하고 있다. 또한 1940년 발트 및 몰다비아 지역이 소비에트 연방에 편입된 이후 이들 지역에서 소위 "인민의 적"에 대한 대규모 탄압이 시작되었고, 그 결과 2만 3,000명의 에스토니아와 리투아니아 주민들이 투옥되는 등 억압을 당했음을 지적하고 있다.[58] 이에 반해 다닐로프-필리포프 교과서는 소련의 발트지역 합병에 관해 설명하면서 '점령'이라는 용어를 거의 사용하지 않고 있다. 대신 이 교과서는 소련이 1939년 가을 에스토니아, 라트비아, 리투아니아와 상호원조 계획을 체결했고, 이들 국가는 자국 내에 소련 군대를 배치하는 데에 동의했다고 설명하고 있다.[59] 이 교과서는 1940년 6월 소련이 리투아니아에 상호원조 협약을 성실하게 이행할 새로운 정부 수립과 소비에트 군대의 추가 투입에 대한 동의를 구했고, 리투아니아는 양국 간 군사력 차이가 엄청남을 깨닫고 소련 정부의 요구를 수용했다고 설명하고 있다. 이후 발트 국가에서 친소비에트 성향의 '인민정부'들이 수립되었다고 기술하고 있다.[60] 즉, 다닐로프-필리포프 교과서는 돌루츠키 교과서와는 달리 소련이 발트지역을 무력으로 '점령'했다기보다는 해당 국가와의 협상 및 동의하에 소련 군대를 발트지역에 파견했음을 강조하고 있는 것이다.

이어서 다닐로프-필리포프 교과서는 1939~1940년 동안 이루어진 소련 서부 국경 인접 지역에 대한 병합의 결과, 소련은 내전 기간인 "1917~1920년 동안 상실했던 러시아 영토와 서부 우크라이나 영토 대부분을 회복했다"라고 기술하고 있다.[61] 결국, 다닐로프-필리포프 교과서는 새롭게 합병된 지역 주민들의 고통을 중점적으로 기술한 돌루츠키 교과서와는 달리 소련은 이들 지역을 해당 국가의 동의와 지지를 얻어 합법적으로 획득했고, 그 결과 러시아혁명 직후 내전의 혼란기에 이웃 국가들에 빼앗겼던 영토를 되찾게 되었다는 점을 강조하면서 지극히 러시아(소련) 중심의 해석을 하고 있다. 또한 다닐로프-필리포프 교과서는 발트지역 합병에 대한 사진 두 장을 싣고 있는데, 한 장은 1940년 8월 라트비아 군대가 "소련공산당(볼셰비키)이여 영원하라!"라는 구호가 적힌 팻말을 들고 라트비아의 소연방 편입을 지지·환영하는 시가행진을 하는 사진이며, 또 한 장은 1940년 몰다비아의 수도 키시네바의 주민들이 미소를 띤 밝은 얼굴로 소비에트 군대의 입성을 축하하면서 소련 국기를 게양하는 모습을 담은 사진이다.[62] 이는 곧 다닐로프-필리포프 교과서가 소련이 발트지역과 베사라비아 지역[63]을 무력이 아닌, 상대국과 현지 주민의 지지 속에 합병했음을 강조하려는 의도가 담겨 있음을 알 수 있다.

전쟁 중 서부 국경지역 소수민족 강제 이주와 부역에 대해

돌루츠키 교과서 내용에서 제2차 세계대전 중 소련 서부 국경지역의 소수민족들, 특히 체젠 민족의 강제 이주에 대한 서술 또한 정부 당국자의 심기를 건드린 부분이다. 1941년 6월 22일 소련 국경을 넘은 나치독일군은 1942년 여름 소련 캅카스 남부지역에 다다랐다. 이런 상황에서 소련 지도부는 캅카스 지역 소수민족의 부역 가능성에 대해 상당한 우려를 표명했다. 캅카스 지역은 1860년대가 되어서야 러시아제국으로 편입된 지역으로 19세기 당시 캅카스 산악지대 소수민족의 러시아에 대한 저항의 역사를 잘 알고 있는 스탈린 지도부는 독일군이 이 지역을 점령한 후 지역 주민들이 친나치 부역을 할 가능성에 대해 신경을 곤두세우고 있었다.[64] 독일 점령군에 대한 캅카스 지역 소수민족의 부역 사례는 그다지 많지는 않았던 것으로 알려져 있으나, 소련군이 1943년 독일군을 몰아내고 캅카스 지역을 해방한 이후 스탈린 정부는 캅카스 지역 소수민족을 동쪽으로 대거 강제 이주시키기 시작했다. 이는 주민들의 부역 활동에 대한 일종의 징벌 조치이면서 전쟁 후 발생할지도 모를 반정부 활동을 우려한 스탈린 정부의 예방적 조치이기도 했다. 하지만 열악한 환경 속에서 이루어진 강제 이주로 인해 이주민의 3분의 1이 사망하는 비극적 결과를 낳았다.[65]

이 사건에 대해 돌루츠키 교과서는 1943~1944년 베리야가 세 차례에 걸쳐 캅카스 지역에 거주하고 있는 65만 명에 달하는 체첸인, 인구시인, 칼미크인, 카라차이인 등을 카자흐스탄 및 시베리아로 이주시켰고, 곧이어 발카르인 4만 명도 소련 내륙지역으로 이주시켰다고 기술하고 있다.[66] 특히 돌루츠키는 스탈린 정부가 캅카스 지역 소수민족 강제 이주 작전에 12만 명의 내무민위원부 소속 장교와 사병은 물론 방첩부대 스메르시(Смерш)[67]도 동원했고, 이 작전에 뛰어난 공훈을 세운 자에게 포상까지 했다고 밝히고 있다. 또한 돌루츠키 교과서는 1944년에는 크림반도에서 20만 명 이상의 타타르, 그리스, 볼가르, 아르메니아인들도 강제 이주당했고, 그루지야(현 조지아)에서도 9만 명의 메스케티-투르크 민족과 쿠르드 민족이 강제 이주당했다고 서술하고 있다.[68]

카틴 숲 학살에 대한 서술과 마찬가지로 사실 이 같은 내용은 돌루츠키 교과서에만 실려 있는 내용은 아니다. 앞서 언급한 여타 교과서도 단지 몇 줄부터 몇 페이지에 이르기까지 분량의 차이는 있지만, 국경지역 거주 소수민족에 대한 강제 이주를 언급하고 있고,[69] 심지어 푸틴 정부가 역사 교과서 개입을 본격적으로 시작한 2003년 이후 교육부 검인정을 받아 출판된 교과서도 이 내용을 제법 상세히 언급하고 있다.[70]

그렇다면 왜 푸틴 정부는 돌루츠키 교과서를 유독 문제시했는가? 그 이유는 첫째, 돌루츠키는 여타 교과서와는 달리 강제 이주당한 주민들, 특히 체첸인들의 참상을 아래와 같이 적나라하게 묘사하고 있기 때문이다.

[소수민족 강제 이주 후] 조사위원회는 캅카스 지역의 체첸 마을에서 산 채로
불태워진 어린아이, 여성, 노인들의 유해를 발견했다. …[지역 주민들의] 카
자흐스탄과 시베리아 이주 과정에서 체첸인, 인구세티아인, 칼미크인, 발카
르인 인구의 절반이 사망했다. … 이러한 강제 이주 결과 1950년대 초 특별
거주지역에 살고 있는 소수민족의 수는 280만 명에 달했다.[71]

체첸 분리주의자들과 1999~2002년에 걸쳐 제2차 체첸전쟁을 끝낸 직후 푸
틴 정부는 체첸 주민의 많은 희생이 따른 체첸전쟁을 정당화해야 하는 입장
에 있었는데, 이런 상황에서 돌루츠키 교과서의 체첸 민족에 대한 소련 정부
의 탄압과 학살을 기술한 내용은 용납하기 힘든 것이었다. 둘째, 다른 교과서
들은 국경지역 소수민족이 나치독일군에 부역을 할 가능성에 대한 스탈린 정
부의 우려, 그리고 실제로 이들 소수민족의 적군에 대한 부역과 전쟁 동안 반
소비에트 군사 활동을 소개하면서 스탈린 정부의 소수민족 강제 이주에 합당
한 근거가 있음을 보여주고 있다. 하지만 돌루츠키 교과서는 이들의 부역 활
동에 대해서 다음과 같이 특유의 도발적 어투로 질문을 던지고 있다.

왜 1939~1940년 동안 소련에 강제로 합병된 지역의 [비러시아계] 주민뿐만
아니라 슬라브인들[러시아, 우크라이나, 벨라루스인]까지도 전쟁 초기 독일인
들을 해방자로 호의를 가지고 맞이했는가? 왜 거의 100만 명이나 되는 소련군
포로들이 나치독일이 조직한 다양한 군사조직에 가담했는지 설명하시오.[72]

이 같은 질문은 전쟁 시 적에게 협력한 비애국적인 행동의 이유가 전쟁 전 스
탈린 정부의 억압적인 정책 때문이라는, 즉 그럴 만한 이유가 있었음을 암시
하는 것이다. 결국 다른 교과서는 국경지역 소수민족의 부역과 반정부 활동

에 대해서 제법 상세히 설명하고 있지만 돌루츠키 교과서는 그러한 사실은 간략히 설명하면서 '왜' 그들이 부역할 수밖에 없었나에 방점을 찍고 있다. 이는 2000년 초반 당시 러시아 청소년들에게 애국심을 고양하기 위해 국가 프로그램의 일환으로 애국교육 5개년계획까지 공포한 푸틴 정부 입장에서 볼 때 분명 교과서 내용으로는 부적절한 서술이었다.[73]

돌루츠키 교과서와는 대조적으로 다닐로프-필리포프 교과서에는 제2차 세계대전 중 체첸인, 인구세티아인 등 캅카스 지역 소수민족 강제 이주에 대한 설명은 전혀 찾아볼 수 없다. 대신 이 교과서는 "적에게 협조"라는 부제를 단 절에서 캅카스 지역 소수민족을 포함하여 여타 독일군 점령지역의 소수민족이 왜 그리고 어떻게 독일 점령군에 부역했는가를 상세히 설명하고 있다.[74] 이 교과서는 "전쟁이 가져온 재난, 소비에트 군대의 패배, 그리고 적군의 점령 등의 상황이 소련 내 점령지 지역 주민들의 심리상태에 고통스럽게 작용했다"라고 설명하면서 "주민들이 전쟁 초기 탈진 상태와 적의 점령을 격퇴할 가능성이 없다는 생각에서 자발적으로 적에게 협력하기로 결정 내린 경우가 있었다"라고 설명하고 있다.[75] 이 교과서는 이 같은 상황에서 점령지 주민들이 자기 자신과 친인척을 살리기 위해 그리고 때로는 1930년대의 강제적 농업집단화의 피해를 본 부농들이 소비에트 정권에 보복하는 차원에서 부역에 가담했다고 지적한다. 돌루츠키 교과서는 국경지역 소수민족이 부역하게 된 것은 주로 1930년대 스탈린 정부의 억압적인 정책으로부터 기인한 것으로 설명하고 있지만 다닐로프-필리포프 교과서는 그 외에 자포자기의 심정과 이기적인 목적에서 소수민족들이 부역에 가담했음을 강조하고 있는 것이다.

또한, 다닐로프-필리포프 교과서는 발트지역에서 독일 점령군에 부역한 자들은 가장 적극적으로 소비에트 군대에 대한 공격 및 처벌 작전에 참여했다고 언급하면서 1944~1945년 동안 독일 SS부대의 세 개 사단은 발트지역 주민으로 충원되었고, 이들은 소련 시민 수만 명을 학살한 책임을 지고 있다고 밝힌다.[76] 이 교과서는 전쟁 기간 총 80만~150만 명의 점령지역 소련 시민들이 부역에 적극 가담했고, 독일군 90개 부대와 7개 나치 SS사단이 소수 민족 출신으로 구성되었다고 밝히고 있다. 결국 다닐로프-필리포프 교과서는 전쟁 중 적군에 대한 부역 활동은 "대조국전쟁의 가장 어두운 장"으로 오랫 동안 남아 있다고 기술하고 있다.[77] 돌루츠키 교과서는 제2차 세계대전의 '어두운 과거' 중 하나인 국경지역 소수민족 강제 이주를 스탈린 정부의 인권 탄압과 소련 시민에 대한 국가 폭력으로 규정하고 있지만, 다닐로프-필리포 프 교과서는 강제 이주라는 사실은 생략한 채 국경지역 소수민족의 비애국적 행위에만 초점을 맞추고 있다. 이 같은 서술을 통해 다닐로프-필리포프 교과 서는 스탈린 정부의 강제 이주 정책이 정당하고 적절한 조치였음을 은연중에 암시하고 있는 것이다.

전쟁 중 소련 인민의 태도와 전쟁 승리 요인에 대해

이 외에도 돌루츠키 교과서의 내용이 2000년대 초반 당시 푸틴 정부의 노선 과 정면으로 상치되는 부분은 전쟁에 임하는 소련 인민의 태도, 마음가짐, 정 부와의 관계에 대한 설명과 소련의 전쟁 승리 요인에 대한 설명이다. 사실 전 쟁 중 소련 인민의 마음가짐에 대해서는 한 가지 유형으로 설명하기 힘들다. 전선의 병사가 남긴 편지, 일기 등을 보면 소련 정부가 전쟁 이후 지속적으로 강조해 온 소련 병사들의 애국심, 영웅적 행위는 모든 병사들에게 일률적으 로 적용할 수 있는 것은 아님을 보여준다. 많은 병사들은 그야말로 생존을 위 해서 그날그날 전투에 임하는 지극히 피동적 자세를 지니고 있었다.[78] 그런 가 하면 우크라이나, 벨라루스 지역 등 소련 내 독일 점령지에서는 소비에트 정권을 싫어해 다수의 주민들이 독일군에 부역한 사례도 많이 있었다.[79] 반 면 스탈린 정부를 위해서는 아니지만 내 가족과 민족을 지키기 위해 그리고 위기에 처한 조국을 구하겠다는 순수한 애국심으로 적과 싸움에 나선 시민들도 많이 있었다. 그에 더해 인종주의에 기반한 무자비한 폭정은 소련 시민들의 증오심을 부추겨 그들이 더욱 영웅적으로 싸우게 하는 데 일조했다.[80] 당시 스탈린 정부는 이러한 소련 시민의 투쟁을 애국심, 영웅적 행위로 선전했다.

하지만 돌루츠키 교과서는 제2차 세계대전의 주요 승리 이유로 소비에트 시기 역사서는 물론 옐친 시기 교과서들까지도 지속적으로 강조해 온 소련 인민의 영웅적 투쟁과 자발적 헌신, 애국심, 충성심, 용기, 단결 등과 같은 '주관적 요인'을 정면으로 부인하고 있다.[81] 돌루츠키는 이 문제에 대해 다음과 같이 설명한다.

> [우리들은] 모든 인민 그리고 사병부터 최고사령관까지 전체 군인들의 영웅적 행동, 용기, 특별한 인내심 그리고 겸손함을 언급한다. … [하지만] 그들은 최상이지도 않았고 고결하지도 않았다. 사실 우리는 우리가 처했던 있는 그대로의 상태에서 전쟁에 승리했다. 사람들은 못살았고, 못 싸웠으며, 힘들게 살았고, 힘들게 싸워나가면서 점차 싸우는 법을 터득해 나갔다. 그렇다고 그들이 절대로 신속하게 최적의 방법을 터득해 나간 것은 아니었다.[82]

이에 더해 돌루츠키 교과서는 "인간과 전쟁"이라는 절에서 전쟁 목격자, 경험자 등이 남긴 기록을 그대로 인용하면서 전쟁 동안 전선의 병사들 사이에 만연했던 태도는 영웅적이거나 스탈린 및 소비에트 체제에 대해 충성스럽지도 않았고 대신 전쟁에 대한 공포, 살아남으려는 갈망 등 지극히 개인적이고 자기 자신을 위한 고군분투였음을 강조한다.[83]

돌루츠키 교과서는 더 나아가 전쟁 기간 스탈린 정부와 소련 인민과의 관계는 러시아 정부의 공식 내러티브처럼 결코 충성이나 단합이라는 단어로 설명될 수 없음을 보여준다. 돌루츠키는 1941~1942년 동안 내무인민위원부가 관리하는 수용소에 150만 명의 소련 시민들이 수용되어 있었고 1943~1945년 동안에는 70~100만 명, 그리고 이 외의 수용소에 100만 명이 갇혀 있었다고 밝히고 있다.[84] 이들은 강제 노역을 수행했는데, 수용소 감독관들은 이들에게 수갑까지 채웠으며, 이러한 상황에서 1942년 1월 보르쿠틴스크 수용소에서는 수감자 수십 명이 내무인민위원부에 저항하는 무장 폭동을 일으켰고, 그 폭동은 2개월 동안이나 지속되었다고 설명한다.[85]

스탈린 정권의 전쟁 기간 소비에트 시민에 대한 폭력과 시민 저항의 또 다른 예로 돌루츠키 교과서는 극한 상황에 처했던 전선의 상황을 소개하고 있다. 1942년 6월 스탈린그라드 방어를 위해 집결한 소련군이 후퇴를 거듭하자 겁에 질린 스탈린은 스탈린그라드 인근 부대들에 현 지점에서 "한 발짝도 물러서지 말라"라는 명령을 내리고 "소란을 일으키는 자나 겁쟁이는 즉각 제거하라"라는 무자비한 지시를 내렸음을 지적한다.[86] 이어 돌루츠키는 스탈린 지도부는 부대를 퇴각시킨 사령관이 처벌을 받도록 군사법정이나 징벌부대로 보내도록 했고, 각 부대에는 퇴각하는 군인들을 사살하는 임무를 띤 분견대가 창설되었음을 지적한다. 돌루츠키는 전직 장성 출신 역사학자 드미트리 볼코고노프(Д.А. Волкогонов)의 주장을 인용하면서 1941~1942년 동안 '난동 죄와 겁먹은 죄'로 총 16만 명에 달하는 소련 군인이 총살되었다고 설명하면서, "과연 당신은 스탈린이 올바르게 행동했다고 믿는가?"라고 질문을 던지고 있다.[87] 이렇게 돌루츠키 교과서처럼 전쟁의 극한 상황 속에서 내부 분열된 모습을 소개한 러시아 교과서는 당시까지는 없었다.

결과적으로 돌루츠키 교과서는 인민의 단합, 애국심, 인내심 등과 같은 '주관적 요인'이 아닌 당시 소련이 가지고 있던 '객관적 조건', 즉 자연조건, 기후, 인구수 등을 소련 승리의 결정적 요인으로 설명하고 있다. 돌루츠키는 적군이 점령하기 어려운 소련의 광활한 영토를 예로 들면서 제2차 세계대전 당시 전방에 위치한 볼가, 캅카스 지역 등의 천연자원 매장 지역이 독일군에 점령당했어도 소련은 우랄, 시베리아의 천연자원 매장지를 가지고 있었던 점, 수도가 국경에서 멀리 떨어져 있는 점, 러시아의 혹독한 기후, 그리고 1천만 명 이상의 병력을 잃었어도 그 정도 규모의 군대를 또다시 충원할 수 있었던 인구수의 절대적 우위 등은 소련이 승리하는 데 결정적으로 작용했다고 강조하고 있다.[88] 이에 덧붙여 돌루츠키는 전쟁으로 소련 인구 2,700만 명이 희생당했음을 상기시키면서 다음과 같이 서술하고 있다.

> [스탈린] 체제의 주요 가치는 바로 권력이었으며, 그 체제에서 인간은 전혀 가치를 가지지 않았다. 어떠한 민주주의 국가도 우리가 했던 방식으로 전쟁을 치르지는 못할 것이다. 왜냐하면, 민주주의 체제에서는 우리가 치렀던 [막대한 인명 희생의] 대가를 치를 수 없기 때문이다.[89]

이 외에도 돌루츠키 교과서에는 러시아에서 제2차 세계대전을 지칭하는 용어로 주로 사용하는 '대조국전쟁'이라는 용어가 등장하지 않는다. 이에 대해 돌루츠키는 의도적으로 그 용어의 사용을 피했다고 밝힌다. 그는 그 용어를 사용할 경우 독자들이 제2차 세계대전을 소련 혼자 싸워서 승리한 것으로 생각할 수 있는데, 사실 제2차 세계대전은 서방 연합국과 함께 싸워 승리한 전쟁이므로 제2차 세계대전 승리 요인에 대해 올바로 평가하기 위해서 '대조국전쟁'이라는 용어를 사용하지 않았다고 밝혔다. 이에 덧붙여 돌루츠키는 "독일과 싸운 전쟁을 포함해 20세기 러시아 역사에서 자랑스러워할 것은 하나도 없다"라고 단언했다.[90]

이제까지 살펴보았듯이 옐친 시기 교사들에게 상당한 인기를 끌었던 돌루츠키 교과서의 제2차 세계대전 관련 내용은 소비에트 시기의 제2차 세계대전에 대한 공식 내러티브는 물론 전쟁의 기억을 국민 단합에 사용하고자 했던 옐친 정부의 공식 내러티브에서도 상당히 일탈해 있었다. 돌루츠키 교과서는 제2차 세계대전 종전 이후 수십 년 동안 공식 내러티브에서 언급하지 않았던 전쟁 시기 스탈린 정부의 인권탄압, 국가 폭력, 그리고 정부와 시민들과의 관계, 시민들이 전쟁에 임했던 태도 등에 대한 정보를 도발적 용어와 직설적 화법을 이용하여 '폭로'한 것이다.

돌루츠키 교과서와는 대조적으로 다닐로프-필리포프 교과서는 전쟁에 임하는 소련 병사와 인민들의 태도 그리고 소련 사회의 분위기를 개개인의 "영웅적 행위", "도덕적·정치적 단결", "영웅적이고 애국적인 분위기" 등과 같은 용어를 사용하여 아래와 같이 설명한다.[91]

> 대조국전쟁 기간 동안 전·후방 가릴 것 없이 영웅적 행위는 대중적 현상이었다. 다른 조건에서는 공훈으로 간주될 일이 전시에는 일상의 한 부분이 되었다. 사람들이 죽음을 각오한 것은 진정한 용기와 영웅적 행동의 시발점이 되었다. 그 각오는 온 힘을 다해 적을 물리치겠다는 절대다수의 소련 시민의 결의에서 나온 것이었다. 전쟁 기간은 소련 시민들의 유례 없는 단합과 결속의 시기였다.[92]

　이러한 주관적 요인과 함께 다닐로프-필리포프 교과서는 소련의 승리를 이끈 객관적 요인도 소개했다. 이는 분명 돌루츠키 교과서와의 또 다른 차이점이다. 다닐로프-필리포프 교과서는 전쟁 전 스탈린 정부가 급속한 산업화를 통해 군비 증강을 한 것과 전쟁 동안 스탈린 정부의 효과적인 선전·선동 정책이 '위로부터' 애국심을 불러일으키는 데 성공적 역할을 했다고 강조한다.[93] 돌루츠키 교과서는 위로부터의 강압적 동원 그리고 자연적·지리적 요건을 소련의 궁극적 승리 요인으로 설명하는 데 반해 다닐로프-필리포프 교과서는 조국을 위한 소련 시민의 자발적 헌신과 기여 그리고 스탈린 정부의 성공적인 리더십을 승리 요건으로 설명하고 있는 것이다.

　물론 이는 앞서 설명했듯이 제2차 세계대전 당시 소련 사회와 정부 정책에 대한 전체적인 그림은 아니었다. 다닐로프-필리포프 교과서는 의도적으로 돌루츠키 교과서와는 대비되는 요소만을 선별적으로 골라내 강조하고 있는 것이다. 이는 2000년대 초반 이래 푸틴 정부가 구현코자 했던 러시아 시민들의 애국심과 정부의 강력한 리더십의 전범을 제2차 세계대전의 경험을 통해 보여주고자 한 것이었다.

*　　*　　*

옐친 시기 처음 출판되어 판을 거듭한 돌루츠키 교과서는 제2차 세계대전 시기 스탈린 정부 정책에 대해 급진 자유주의적 시각에서 상당히 부정적으로 서술하고 있다. 비록 옐친 시기 역사 교과서들이 자유주의적 성향에 따라 소비에트 역사를 비판적으로 고찰하는 경우가 종종 있었지만, 시장자본주의로의 이행 과정에서 나타난 곤궁함, 도덕적 타락, 국제 무대에서 러시아의 영향력 급락 등을 목격하면서 오히려 소비에트 시기를 초강대국의 지위를 누리고, 경제적 안정, 도덕적 순수성을 지닌 긍정적 시기로 평가하는 교과서도 여전히 존재했다. 특히 제2차 세계대전에 관한 내용의 경우 소련 시민의 영웅적 투쟁과 나치즘에 대한 도덕적 승리를 강조하는 공식 내러티브는 옐친 시기 교과서에도 유지되는 경우가 많았다. 이런 점에서 볼 때 돌루츠키 교과서의 제2차 세계대전 관련 내용은 옐친 시기 존재했던 다양한 스펙트럼의 교과서 중 '자학 사관'에 토대하여 서술된 상당히 극단적 시각의 교과서였다고 할 수 있다.

돌루츠키 교과서의 제2차 세계대전 시기 소련에 대한 지나치게 부정적인 평가는 당연히 푸틴 정부에게는 용납될 수 없었다. 당시 푸틴 정부는 그 전쟁의 경험과 기억을 러시아 사회를 하나로 묶을 수 있는 구심적 역할을 하는 '도구'로 이용하고자 했기 때문이다. 푸틴 정부의 역사 교과서 서술에 대한 적극적 개입은 전적으로 '위로부터'만 진행된 것은 아니었다. 지나치게 자학적인 시각을 지양하고 자랑스러운 조국의 과거를 보여주는 교과서를 갖고자 하는 '밑으로부터'의, 즉 교육자, 학자, 그리고 대중으로부터의 암묵적인 동의 및 지지도 있었다.

이때부터 푸틴 정부는 역사학자, 교육자들과 만나 그들에게 러시아 사회 통합에 기여할 수 있는 역사 교과서를 만들 것을 주문했고, 이 과정에서 만들어진 것이 다닐로프-필리포프 교과서이다. 이 교과서는 푸틴 정부의 입장을 가장 선명하게 대변하고 있는 교과서라 하겠다. 이 교과서는 제2차 세계대전 당시 스탈린 정부의 다양한 정책에 관해 도덕적 평가는 유보한 채 당시 처한 상황에서 다른 대안이 없었음을, 그렇기 때문에 스탈린 정부의 결정은 합당하고 정당한 것이었음을 강조하고 있다. 이러한 평가를 통해 다닐로프-필리포프 교과서는 분명 학생들에게 조국 역사에 대한 수치심을 덜 갖게 하고 소위 제2차 세계대전의 '어두운 과거'와 관련된 스탈린 정부의 정책에 정당성을 부여할 수 있게 만든다.

다만 한 가지 지적해야 할 사항은 당시 푸틴 정부는 역사 교과서 국정화라는 획일적·강제적 카드는 꺼내 들지 않았다는 점이다. 돌루츠키처럼 제2차 세계대전 시기 소련 정부의 정책과 역할을 일관되게 부정적으로 묘사하지 않은 한 어느 정도 자유주의적 해석을 지닌 교과서도 검인정을 허락했다.[94] 따라서 제2차 세계대전 당시 '어두운 과거'와 연관된 사건에 대한 자유주의적 해석과 소련 시민의 애국심, 영웅적 행위 등을 승리 요인으로 설명하고 스탈린 정부 결정의 정당성을 옹호하는 전통적인 공식 내러티브가 혼재되어 나타나 있는 교과서들이 계속 교육 현장에서 사용되었다.

다만 푸틴 행정부는 대통령이 직접 나서서 정기적으로 역사가들, 교사들을 만나 러시아 역사에서 러시아의 다양한 민족의 단합으로 국가를 위기에서 구해낸 것, 강력한 리더십으로 소련 정부가 제2차 세계대전을 승리로 이끈 것 등을 교육하는 것의 중요성을 강조해 왔다.[95] 그리고 푸틴 대통령은 매해 5월 9일 대조국전쟁 승전기념일에 소련 국민의 엄청난 희생과 헌신으로 유럽 전체를 파시즘의 압제에서 해방할 수 있었다고 강조하고 있다.[96] 푸틴 행정부는 2000년 초 이래 적어도 러시아-우크라이나전쟁 이전까지는 우회적 방법으로 '위로부터의 역사 만들기' 과정을 수행했는데, 우크라이나전쟁 발발 이후 상황에 대해서는 후속 연구가 필요할 것이다.

제9장

국가 통합의 도구로서
전쟁기억

국가 통합, 즉 국민을 단합시키고 국가정체성을 공고히 하기 위해 각국 정부가 사용했던 도구는 역사적으로 살펴보면 다양했음을 알 수 있다. 그러한 도구로서 상징, 문장, 국기와 같은 시각적이고 유형적인 것이 있는가 하면, 전쟁이나 반식민주의 투쟁과 같은 특정 역사적 경험이나 나치즘, 파시즘 또는 공산주의 같은 이념적이며 무형적인 것도 있다. 러시아의 경우 소련 해체 이후 오늘날까지 러시아 정부가 국가 통합을 위해 사용해 온 중요한 도구 중 하나를 꼽는다면 대조국전쟁과 관련된 기억과 상징을 들 수 있을 것이다.

사실 전쟁의 기억과 상징을 국가 통합의 기제로 사용하는 것은 동서고금을 막론하고 지도자들이 사용해 온 고전적 방법이다. 예를 들어 러시아 차르 니콜라이 1세(재위: 1825~1855)는 그의 형 알렉산드르 1세(재위: 1801~1825)가 1812년 나폴레옹 군대를 모스크바에서 물리친 사실을 기념하기 위해 1834년 상트페테르부르크 겨울궁전 앞 광장에 높이 47m에 달하는 '알렉산드르 기

그림 1 1834년 '알렉산드르 기둥' 제막식 아돌프 라더너(Adolphe Ladurner) 작

둥(Александровская колонна)'을 세웠다.[1] 그해 8월 30일, 무려 12만 명의 러시아 병사들이 겨울궁전 광장에 집결한 가운데 니콜라이 1세의 군대 사열과 함께 이 기념비 제막식 행사가 진행되었다.[2] 당시 이 행사를 참관한 사람의 목격담에 따르면 기둥을 덮었던 천이 밑으로 떨어지면서 500대의 대포가 축포를 쏘기 시작하고 12만 명의 병사가 천둥과 같은 목소리로 "우라!(ypa!: 만세)"를 외치는 광경을 보고 광장의 시민들은 러시아와 러시아 군대의 승리에 대한 무한한 자부심을 느꼈고, 동시에 차르와도 강한 일체감을 느꼈다고 한다(그림 1).[3] 이 에피소드는 18세기 말 알렉산드르의 부친인 파벨 1세(재위: 1796~1801)가 군주의 위엄을 과시할 목적으로 군사 퍼레이드를 처음 시행한 이후[4] 신민들에게 군주(곧 국가)의 영예를 과시하고 드높일 목적으로 군대를 동원한 행사가 지속적으로 사용되었음을 보여준다.

전쟁의 기억을 정치적 목적으로 사용하는 이 같은 관행은 제1장에서 보았듯이 엄청난 희생을 치르고 승리한 대조국전쟁 직후 한동안 중단되었다. 스

220 제2부 ㅣ 옐친과 푸틴 시기 전쟁의 기억

탈린은 전쟁 초기 그의 실책과 방심으로 소련 군대와 국민들이 엄청난 피해를 입은 데 대한 뼈아픈 전쟁기억을 되살리는 것을 원치 않았기 때문이다. 이같은 소련 정부의 관행은 스탈린 사후 흐루쇼프 시기에도 한동안 계속되었다. 이로 인해 1956년까지는 퇴역군인들이 동우회를 조직하는 것도 금지되었다.[5] 하지만 앞 장에서 보았듯이 브레즈네프 시기(1964~1982)부터 소련 정부는 본격적으로 대조국전쟁의 기억을 선전하기 시작했다. 당시 소련 정부 입장에서 볼 때 극도로 힘든 상황을 극복하고 승리를 이룬 대조국전쟁은 국민을 단합시키고 소비에트 체제를 정당화하는 데 더할 나위 없이 좋은 도구였던 것이다.[6] 최소한 1980년대 중반까지는 그랬다.

하지만 이후 고르바초프 정부(1985~1991)가 들어서면서 개혁·개방 정책이 시행되었고, 그 과정에서 그동안 비밀문서로 분류되었던 대조국전쟁 직전 상황의 문서들이 공개되면서 상황은 반전되었다. 일례로 1989년 소련 지도부는 1939년 나치독일과 상호불가침조약을 체결하였음을 공식 시인했는데, 이는 당시 소비에트 사회에 큰 충격을 가져왔다. 왜냐하면 그동안 대조국전쟁은 인종차별 이데올로기인 나치즘에 대한 소비에트 사회주의 이데올로기의 '도덕적 승리'로 선전되어 왔는데, 실제로는 소비에트 지도부가 비도덕적이라고 규정했던 나치 정부와 불가침조약을 맺었기 때문이다. 나아가 조약 체결을 바탕으로 나치독일의 묵인하에 소련은 리투아니아, 라트비아, 에스토니아 등 발트지역 국가들과 폴란드 동부지역을 합병할 수 있었다는 사실이 드러났다. 또한 앞서 보았듯 1990년 고르바초프 서기장은 당시까지 나치독일의 소행으로 규정하고 있었던 '카틴 숲 학살 사건'이 소련 비밀경찰(НКВД)이 자행한 것임을 인정했다.[7]

이러한 사실이 밝혀지면서 결국 소련이 승리한 대조국전쟁에서 승자 소련의 도덕성은 큰 타격을 받았다. 이러한 이유로 대조국전쟁을 직접 경험한 윗세대와는 달리 1990년대 초반의 젊은 세대들은 대조국전쟁 승리에 대한 어떠한 신성함도 느끼지 못하고 있었다. 당시 기성세대들은 대조국전쟁을 말 그대로 위대한 애국전쟁으로 생각하고 있었던 반면, 젊은 세대는 대조국전 쟁을 '소련 외교사의 가장 커다란 재앙'이라고 생각했으며, 전쟁경험 세대가 대조국전쟁을 '나치즘으로부터 유럽을 구한 전쟁'이라고 생각하고 있었던 반면, 젊은 세대는 유럽을 구한 전쟁이 아니라 전후에 오히려 '새로운 파시즘 을 동유럽에 이식한 전쟁'으로 보았다. 또한 독일이 총 500~600만 명의 희 생자를 낸 반면 소련은 총 2,000~3,000만 명의 희생을 치르고 이루어낸 승 리를 진정한 승리라고 볼 수 있는가라는 반문도 제기했다.[8] 소련 정권 말기 대조국전쟁의 신화는 그 전쟁을 경험하지 못했던 젊은 세대 사이에서 무너지 고 있었던 것이다. 이는 소비에트 정부가 더 이상 대조국전쟁을 국민 통합을 위한 도구로 사용할 수 없음을 의미하는 것이었다.[9]

그러나 소련 붕괴 이후 신생 러시아 국가의 초대 대통령으로 옐친이 집권 하면서 소비에트의 때를 벗기고 국민을 하나로 묶을 수 있는 새로운 도구를 찾으려 할 때 새 정부는 다시 대조국전쟁의 기억을 슬그머니 꺼내서 사용하 기 시작했다.[10] 물론 소비에트 시절과 동일한 방법으로 전쟁의 기억을 되살 린 것은 아니었다. 곧 살펴보겠지만 옐친 이후, 푸틴 및 메드베데프 정부도 옐친과 마찬가지로 대조국전쟁의 기억을 국가 통합의 도구로 사용했다. 과 연 이들 포스트소비에트 정부는 전쟁의 기억을 어떤 방법으로 국가 통합의 기제로 사용했을까? 각 정부가 사용한 방법은 소비에트 시기의 관행과 어떤 점에서 유사하거나 다른가?

이 질문에 답하기 위해 이 장에서는 소비에트 시기의 대조국전쟁의 기억 과 신화를 포스트소비에트 정치지도자들이 어떻게 활용해 왔는지 살펴볼 것 이다. 대조국전쟁의 기억과 신화의 정치적 활용에 대해 고찰하고자 하는 이 유는 소비에트 체제의 마지막 20여 년 동안 소비에트 이데올로기와 함께 소 비에트 애국심을 고취시키는 도구로 활용되었던 대조국전쟁의 기억이 소련 붕괴 이후 새로운 러시아에서 어떻게 활용되고 있는지 파악하여 어느 정도로 소비에트 시기와 단절 내지 연속성을 지니고 있는지 살펴보고, 동시에 새로운 러시아 정부가 전쟁기억의 정치를 통해 국가정체성 확립과 국가 통합을 이루고자 하는 방식을 살펴보기 위함이다.

포스트소비에트 국가 통합, 국가정체성에 대해서는 지금까지 다양한 연구가 진행되어 왔다.[11] 70여 년의 소비에트사회주의 체제에서 시장경제 체제로의 이행은 역사상 전례 없는 사건이며 국가나 국민, 그리고 개개인 모두에게 상당한 정체성 변화와 혼란을 가져왔기에 다양한 각도에서의 연구를 필요로 한다. 이런 상황에서 최근 전쟁의 기억을 이용한 국가 통합 노력, 과정, 배경에 등에 관심을 갖고 진행한 연구 성과물이 나오고 있는바, 이 장도 그와 같은 맥락에서 집필된 것이다.[12]

옐친 정부의 전쟁기억 정치

소련 지도부는 물론 소련을 계승한 러시아 지도자들에게 대조국전쟁의 기억을 어떻게 활용하는가는 무척이나 중요한 문제였다. 그 전쟁은 소련 국민에게 엄청난 희생과 고난을 가져다준 전쟁이었고, 그런 고난을 무릅쓰고 승리한 전쟁이었기에 소련 국민의 마음을 움직이기에 충분한 힘을 갖고 있었다. 이 같은 사실을 옐친 정부는 잘 알고 있었고 그런 전쟁에 대한 기억을 이용하여 국민을 단합시키고자 했다.

사실 소련 붕괴 이후 첫 전승기념일은 소비에트 시기 전승기념일 행사와는 판이하게 달랐다. 소련 말기인 1990년 5월 9일 당시 대조국전쟁 승리 45주년 기념일 행사 때는 거창한 군사 퍼레이드가 붉은광장에서 행해졌고 소련 지도부가 레닌 묘 위에서 군대를 사열하고 각종 무기의 행렬을 지켜보았다. 하지만 1992년 5월 9일 옐친 대통령은 크렘린 광장의 레닌 묘 위에서 군대를 사열하고 퍼레이드를 관람하는 대신 소련 시기와는 다른 방법으로 전쟁의 기억을 추모했다. 그는 크렘린 옆에 위치한 '무명용사의 묘'에 헌화한 다음 퇴역용사들이 모여 있는 '고리키 공원'으로 갔다.[13] 이는 소비에트 시기 지도자가 일반 민중과는 격리된 상태에서 군사 퍼레이드를 지켜보았던 것과 달리, 권위주의적 색채를 벗고 형식에 구애받지 않은 채 편안한 방식으로 참전용사들에게 직접 다가가서 어울린다는 것을 보여주기 위한 행보였다.

이러한 제스처는 대조국전쟁에 대한 재평가가 한창 일어나던 당시 분위기에서 나온 것이었다. 앞서 보았듯이 1980년대 말 이후 자유주의 성향의 지식인, 정치인 등이 대조국전쟁에 대한 부정적 평가를 내놓으면서 전쟁에 대한 재평가가 시작되었다. 이들 자유주의자들은 소비에트 시기 대조국전쟁 승전기념일의 거창한 군사 퍼레이드를 전쟁에서 실제로 공훈을 쌓은 일반 병사들을 위한 것이 아니라 스탈린, 브레즈네프와 같은 소련 지도자를 위한 행사로 간주했다.[14] 그런 의미에서 소비에트 정부가 주관한 거창한 행사를 고위 관료들이 진정한 전쟁 영웅인 민중으로부터 '대조국전쟁의 승리를 훔치는 것'으로 보았다. 이 같은 이유로 소비에트 관행과 단절을 강조한 옐친 대통령은 고리키 공원으로 가서 평범한 퇴역군인들을 만났던 것이다. 또한 옐친 정부의 고위 관리들은 외국 기업 대표, 나치수용소 생존자 등과 함께 소위 '평화 행진'이라고 불리는 행사에 참가했다. 대통령과 정부 관리들의 이 같은 행보는 주로 군사적 성격이 강했던 소련 시기 승전기념일과의 차별성을 부각하기 위한 것이었다.[15]

하지만 당시 옐친 정부는 대표적인 야당 세력이자 민중으로부터 상당한 지지를 받고 있었던 러시아공산당 및 공산당 지지자들로부터 비난을 받았다. 그들은 정부 관리들의 행동이 대조국전쟁 퇴역군인들의 사기를 저버리는 행동이라고 비난했고, 전승기념일 행사도 너무 격식 없이 치러졌다고 분개했다.[16] 또한 이들은 옐친 정부로 대표되는 소위 '민주주의 세력'들이 대조국전쟁의 부정적 측면만 부각시킴으로써 국가적 승리였던 대조국전쟁의 승리를 비웃고, 심지어는 애국심을 말살했다고 비난했다.[17] 이후 옐친은 러시아공산당원들을 포함해 급진적 시장자본주의 개혁에 반대하는 정치 세력과 여러 안건에서 충돌했고, 급기야 1993년 10월 옐친의 반대 세력이 포진해 있는 최고회의 건물에 탱크를 동원해 포격을 가함으로써 내전의 일촉즉발 상황에까지 이르게 되었다.

군사 퍼레이드의 부활

이런 일련의 사태를 경험한 후 1995년 옐친이 대조국전쟁 승전 기념 50주년을 맞아 군사 퍼레이드를 허락한 것은 국론 분열을 극복하고 국가 통합을 위해 반대파의 견해를 어느 정도 수용하려 했던 타협의 제스처였다. 물론 1995년 전승 기념 군사 퍼레이드를 결정한 것은 1993년 5월 13일 최고회의의 결정이었다.[18] 당시 옐친과 계속 마찰을 빚고 있었던 최고회의의 결정이었지만 옐친은 그 안을 수용했던 것이다.

혹자는 1995년 승전 기념 군사 퍼레이드에서 각종 무기들의 열병식이 붉은광장에서 행해지지 않고 모스크바 남서부 '승리공원(Парк победы)' 인근 도로에서 행해진 사실을 놓고 옐친 정부가 기존의 소비에트 군사 퍼레이드 전통과 결별했음을 강조하기 위한 제스처로 생각할 수 있다. 하지만 사실은 그렇지 않다. 무기들의 행진을 붉은광장 군사 퍼레이드에서 분리시킨 것은 당시 미국 클린턴 대통령을 비롯한 연합국 정상들이 기념식에 참석할 수 있도록 취한 임기응변이었다. 옐친 대통령은 전승기념일 약 두 달 전인 1995년 3월 연합국 정상들이 러시아의 체첸전쟁 수행에 대한 반대 의사로 러시아 군사 퍼레이드를 관람하기를 꺼려 한다는 사실을 인지했으며, 그 후 그들의 기념식 참석을 유도하기 위해 군사 퍼레이드 일정을 수정하여 붉은광장에서는 오로지 퇴역군인의 행진만 진행될 것이고 군사 장비의 행진은 없을 것이라고 밝혔다.[19] 정치적·외교적 이유로 군사 행진을 분리시킨 것이지 탈소비에트 가치를 강조하기 위한 조치는 아니었다.

전승기념일의 군사 퍼레이드와 관련하여 더욱 중요한 것은 군사 퍼레이드가 1995년 재개된 이후 1999년 옐친 대통령 퇴임 때까지 매년 계속되었다는 점이다. 50주년 전승 기념행사가 끝난 10일 후인 1995년 5월 19일 옐친 대통령은 '대조국전쟁에서 소련 인민의 승리를 강화하는 것에 대하여'라는 법령을 공포했는데, 이 법령은 전승기념일을 전 국민이 즐길 수 있도록 공휴일로 정하고 매년 군사 퍼레이드 벌이고 예포를 발사한다고 규정하고 있다.[20] 소비에트 시기의 전쟁기억 표출 방식이 다시 나타난 것이었다.

옐친이 공포한 5월 9일 전승기념일의 군사 퍼레이드는 한편으로는 소비에트 시기 전통을 부활시킨 것이지만 또 다른 한편으로는 전혀 새로운 전통을 만든 것이었다. 사실 소련 시절 지도부가 대조국전쟁 전승기념일에 군사 퍼레이드를 행한 것은 오로지 다섯 차례밖에 되지 않는다. 전쟁이 끝난 직후인 1945년 6월 24일 첫 군사 퍼레이드가 행해졌고, 그 후 두 번째로 행해진 것은 전승 20주년인 1965년 5월 9일이다. 이후 30주년인 1975년, 40주년인 1985년, 그리고 45주년인 1990년 전승기념일에만 군사 퍼레이드가 행해졌다.[21] 반면 오늘날 러시아 정부가 매년 5월 9일마다 붉은광장에서 꼬박꼬박 병사들의 열병식을 갖고 탱크, 미사일 등 무기들의 행진을 하는 것은 바로 옐친이 1995년 5월 19일에 서명한 법령에 의한 것이다. 소비에트 시기에는 10월 사회주의혁명 기념일에 사회주의 정권의 굳건함을 과시할 목적으로 군사 퍼레이드를 행했지만 포스트소비에트, 즉 탈소비에트 시기에 접어들어 옐친은 매해 전승기념일에 군사 퍼레이드를 시행함으로써 새로운 정부가 대조국전쟁의 기억을 토대로 새로운 국가정체성을 확립하고, 국민 단합을 꾀하고자 하는 의도를 보여준 것이다. 이러한 정치적 의도는 옐친이 1999년 전승기념일 연설에서 다음과 같이 강조한 데서 잘 나타난다.

[대조국전쟁] 승리의 날은 어떠한 설득이나 왜곡의 필요 없이 모든 러시아인들을 단결시킨다. 예나 지금이나 러시아의 힘은 국민 화합과 단합에서 나온다.[22]

이러한 점에서 옐친 정부는 소비에트 전통과 타협함과 동시에 그 전통을 탈소비에트 시기에 그대로 사용하면서 다음 절에서 보듯이 대조국전쟁의 기억 정치를 더 강화해 나갔다.

'제1초소'의 부활

옐친 정부가 대조국전쟁 기억을 새로운 국가정체성을 형성하는 데 이용했다는 증거는 '무명용사의 묘'에 '제1초소(Пост No.1)'를 설치한 데에서도 찾아볼 수 있다. 제1초소는 바로 레닌 묘에 설치된 초소를 일컫는 것이었다. 레닌이 사망한 5일 후인 1924년 1월 26일 볼셰비키 정부는 크렘린 앞 붉은광장에 거대한 레닌 묘를 만들었다. 이후 소련 정부는 레닌 묘 앞에 두 명의 위병을 배치하고 위병들의 초소를 설치했다. 이것이 바로 '제1초소'이다.[23] 이후 소련 정부는 국부(國父)에 대한 경의를 나타내는 상징적인 의례로 매시간마다 절도 있는 동작으로 위병 교대식을 진행하도록 했다. 붉은광장을 방문한 소련 시민들은 위병 교대식을 보면서 국부 레닌의 존재를 다시금 각인했다. 소련이 해체된 1991년 12월 이후에도 레닌 묘 앞에 두 명의 위병이 보초를 서고 있었고 엄숙하고 절도 있는 위병 교대식은 계속되었다.

   하지만 옐친 대통령은 1993년 10월 6일 오후 4시를 기해 레닌 묘를 지키는 위병을 없애버리고 제1초소도 없애버렸다.[24] 대신 두 명의 경찰을 배치하여 레닌 묘 입구에 편한 자세로 서서 입장객들을 맞이하게 했다.[25] 실로 69년 만에 레닌 묘는 위병 없이 홀로 남게 된 것이다. 당시 옐친 대통령이 레닌 묘의 위병을 전격적으로 없애버린 것은 급박하게 돌아가는 국내 정치 상황 때문이었다. 1993년 가을 옐친 지지 세력은 옐친 대통령이 최고회의 건물에 집결해 있던 반대 세력을 무력으로 진압한 직후 정부에 공산주의 세력을 척결할 것을 강력히 요구했다. 그 예로 42명의 저명한 작가들은 ≪이즈베스티야≫에 성명을 내고 대통령 명으로 모든 공산주의 조직들을 해산시킬 것을 요구했다.[26] 옐친 대통령은 이러한 분위기 속에서 10월 6일 공산주의 세력이 가장 신성시해 온 레닌 묘의 상징성에 타격을 가하고자 하는 의도로 전격적으로 위병과 제1초소를 없애버린 것이다.

하지만 4년 만인 1997년 12월 12일, 위병과 제1초소가 부활했다. 다만 위병이 보초를 서는 곳은 더 이상 레닌 묘 옆이 아니었다. 대신 크렘린 옆 알렉산드르 정원(Александровский сад)에 위치한 대조국전쟁의 무명용사 묘 옆이었다. 1997년 12월 8일 옐친 대통령은 모스크바 무명용사 묘의 '영원한 불꽃' 옆에 위병소를 세우는 것에 대한 법령을 발표하고 매일 오전 8시부터 오후 8시까지 대통령 근위대 소속 병사들이 한 시간마다 보초 교대식을 진행하도록 규정했다.[27] 무명용사의 묘에 제1초소를 설치하고 매시간 위병 교대식을 거행한 것은 국가가 대조국전쟁에서 희생당한 군인들을 예우하는 모습을 보여주기 위함이었다. 이 결정은 또한 옐친 정부가 국가 통합의 구심점으로 레닌이 아닌, 즉 공산주의 이데올로기가 아닌 대조국전쟁의 기억을 선택했다는 것을 상징적으로 보여준다.

1980년대 말과 1990년 소련 정부가 스탈린과 나치독일 간 독-소 불가침 조약 체결을 인정하고, 카틴 숲 학살 사건의 책임을 시인함으로써 대조국전쟁이 비록 '흠집' 있는 전쟁이었음이 밝혀졌지만, 그럼에도 대조국전쟁의 승리의 신화와 기억은 신생 러시아 정부가 보기에 사회주의 체제 붕괴 이후 시장자본주의로의 혹독한 이행 과정에서 당황해하고 자존감을 잃어버린 러시아 국민들에게 과거 소련 시절 초강대국 시민으로 지녔던 자긍심을 불러일으켜 줌으로써 국민을 하나로 묶을 수 있는 몇 안 되는 도구로서의 '집단기억' 이었던 것이다.

'군대명예의 날' 제정

군사 퍼레이드를 부활하고 제1초소를 무명용사 묘 옆에 세운 것 외에도 옐친 정부는 국민에게 전쟁기억을 강화하는 다양한 법률을 제정했다. 이미 1993년 1월 14일 옐친 대통령은 '조국 수호를 위해 죽은 자들에 대한 추모를 강화하는 것에 대하여'라는 법령을 공포했고,[28] 1995년 1월에는 퇴역군인들에 대한 물적 지원, 사회보장 제도 등을 규정한 법령을 발표했으며,[29] 3월에는 '러시아 군대명예의 날(День Воинской славы)에 대하여'라는 법령을,[30] 그리고 5월에는 '대조국전쟁에서 소련 인민의 승리의 의미를 기리는 것'에 대한 법령을 연이어 공포했다.[31] 이러한 법령 제정의 시기와 내용을 살펴보면 옐친 정부가 1990년대 초반 대조국전쟁에 대한 역사적 의의와 전쟁기억을 기리는 방법을 놓고 국론이 분열된 것을 극복하기 위해 옐친 반대파들의 견해를 일정 정도 수용하고 국론 통합을 위해 타협했음을 볼 수 있다. 특히 1995년 12월 국가두마(하원의회) 총선과 1996년 6월 대통령 선거를 앞두고 있었던 옐친에게는 반대파를 끌어안아야 하는 상황에서 전쟁기억을 활용하는 것은 그 무엇보다도 효과적인 방법이었을 것이다.

이러한 일련의 법령 중에서 전쟁기억과 관련하여 특히 주목해야 할 법령은 1995년 3월 옐친 정부가 공포한 '군대명예의 날'에 관한 것이다. 역사적 경험에서 보듯이 새로운 기념일의 제정은 늘 새 정권이 들어서면서 생겨나는 일이다. 사회주의 체제 붕괴를 경험한 러시아 및 동유럽 각국 정부는 1990년대 이래 과거의 소비에트 체제와의 차별성을 부각시키고 새로운 국가정체성 확립을 위해 새로운 국경일을 제정했다.[32] '군대명예의 날'도 1990년대 옐친 정부가 전쟁기억을 이용하여 새로운 국가정체성을 확립하고자 했던 의도를 보여준다. '군대명예의 날' 관련 법령에 명시된 취지를 살펴보면 그 의도가 잘 나타나 있다.

러시아의 역사를 살펴보면 기억할 만한 사건이 많이 있다. 러시아 군대의 영웅적 행동과 용기, 러시아 무기의 위력과 명예는 러시아의 위대함의 고유한 부분이다. 전쟁의 승리에 더하여 국민 기억 속에 영원히 남아 있어야 할 가치 있는 사건들이 있는 것이다. 이에 러시아 연방은 러시아 역사에서 결정적인 역할을 한 러시아 군대의 영광스러운 승리를 기억하면서 러시아 병기의 승리의 날, 즉 역사적으로 중요한 사건들과 관련된 러시아 군대명예의 날(승전일)을 제정한다.[33]

다만 앞에서 살펴본 군사 퍼레이드와 제1초소 이전의 경우 대조국전쟁의 기억에 한정된 것이지만 '군대명예의 날'은 대조국전쟁을 포함해 러시아가 역사상 외적과 싸웠던 중요한 전투에서 승리한 것을 추모하는 날로 총 16개의 날이 선정되었다(표 1).[34]

이 법령은 전쟁 승리와 관련된 새로운 기념일을 공포한 것 외에 이 기념일과 관련해서 정부가 해야 할 일 그리고 전쟁기억 보존에 대한 구체적인 방법과 기념일 행사 진행 내용 등을 규정하고 있다.[35] 이는 마치 1960, 1970년대 브레즈네프 시기 정부가 적극적으로 전쟁 관련 기념비, 박물관 등을 건설했던 것처럼 신(新)러시아 정부도 소비에트 시기의 관례를 부활시켰음을 의미한다. 구체적 법 조항을 보면 제2장에서 군대명예의 날과 관련하여 러시아 군사의 기억을 영속화하는 방안으로 기념박물관의 건립, 기념비와 오벨리스크 등 설립 및 정비, 러시아 군대가 승리한 지역의 정비, 군대명예의 날과 관련된 자료의 출판에 대해 명시하고 있다. 이 법령의 제3장에서는 '군대명예의 날'에 대해 정부가 적극적으로 홍보할 것을 명시하고 있으며 제4장에서는 대조국전쟁 '전승기념일'인 5월 9일과 '조국 수호자의 날'인 2월 23일에는 국방부의 결정에 따라 축하 예포를 쏘게끔 규정하고 있다.[36] 이러한 점에서 1995년 발표된 이 법안은 소련 해체 이후 새롭게 탄생한 포스트소비에트 정부가 처음으로 전쟁기억을 활용한 포괄적 방안을 공포한 법안이라는 점에서

표 1 군대명예의 날(2024년 10월 현재)

	날짜	기념일 공식 명칭 및 유래 연도
1	1월 27일	레닌그라드 봉쇄가 제거된 날(1944)
2	2월 2일	스탈린그라드 전투 승리의 날(1943)
3	2월 23일	조국 수호자의 날[국가공휴일]
4	4월 18일	알렉산드르 넵스키(Александр Невский)의 군대가 얼어붙은 춋스코예 호수(Чудское озеро) 위에서 독일기사단을 물리친 날('얼음위의 전투')(1242)
5	5월 9일	대조국전쟁(1941~1945)에서 소비에트 군대 승리의 날(1945)
6	5월 12일	소련 군대가 나치독일군 점령하의 크림반도를 공격하여 탈환한 날(1944) [2023년 7월 제정]
7	7월 7일	체스마(Чесма) 해전 승리의 날. 오스만제국 함대를 격퇴하고 승리를 거둔 날(1770)[2012년 7월 제정]
8	7월 10일	표트르 I세(Пётр Первый)의 지휘하에 러시아 군대가 폴타바(Полтава) 전투에서 스웨덴을 물리친 날(1709)
9	8월 9일	간구트(Гангут) 해전 승리의 날. 러시아 역사상 처음으로 러시아 함대가 승리한 날로 표트르 대제가 지휘하는 함대가 스웨덴 함대를 격파함(1714)
10	8월 23일	쿠르스크(Курск) 전투에서 소비에트 군대가 파시스트 독일 군대를 격파한 날(1943)
11	9월 3일	군국주의일본에 대한 승리와 제2차 세계대전 종전의 날(1945)[2023년 6월 제정]
12	9월 8일	쿠투조프(Кутузов) 사령관 지휘하에 러시아 군대가 프랑스 군대와 보로지노 전투에서 싸운 날(1812)
13	9월 11일	텐드르(Тендр) 부근에서 우샤코프(Ф.Ф. Ушаков) 사령관이 지휘하는 기병대가 오스만제국 기병대에 승리를 거둔 날(1790)
14	9월 21일	쿨리코보(Кульково) 전투에서 드미트리 돈스코이(Дмитри Донской) 대공이 이끄는 러시아 군대가 몽골-타타르 군대에 승리를 거둔 날(1380)
15	10월 9일	캅카스 지역에서 나치독일 군대를 괴멸시킨 날(1943)[2020년 7월 제정]
16	11월 4일	국민화합의 날(폴란드 침략자로부터 모스크바가 해방된 날, 1612)[국가공휴일]
17	11월 7일	모스크바 붉은광장에서 10월 사회주의대혁명 24주년 기념 군사 퍼레이드를 행한 날(1941)
18	12월 1일	나히모프(П.С. Нахимов) 사령관이 이끄는 기병대가 시노프(Синов) 부근에서 오스만제국 기병대에 승리를 거둔 날(1853)
19	12월 5일	모스크바 근교에서 독일 군대에 대항에 소비에트 군대가 반격을 시작한 날(1941)
20	12월 24일	수보로프(А.В. Суворов) 사령관이 이끄는 군대가 오스만제국의 이즈마일(Измаил) 요새를 점령한 날(1790)

주: 6, 7, 11, 15번 기념일은 푸틴 정부 때 제정되었다.

중요한 의의를 지닌다.

　이 외에도 옐친 정부가 소비에트 정권이 전쟁기억을 활용했던 방법을 계
승한 데에서 더 나아가 시기상 소련 시기 이전에 벌어진 전승일도 포함시킴
으로써 전쟁기억의 '범위'를 확장시켰다는 점에 주목해야 한다. 아마도 그 이
유는 앞서 살펴보았듯이 소련 말기와 1990년대 초에 대조국전쟁이 도덕성
에 '흠집'이 있는 전쟁임이 논란이 되어 그 전쟁의 기억만 가지고는 국가정체
성을 수립하고 국가 통합을 이루는 데에는 한계가 있다는 판단 때문이었을
것이고, 또 한편으로는 새로운 기념일을 추가함으로써 이전 정권과의 차이
점을 부각하기 위한 의도도 있었을 것이다.

　1993년 10월 옐친의 급진적 시장자본주의 경제개혁에 반대하는 세력과의
충돌로 헌정 위기와 국론 분열의 상황을 맞이한 옐친 정부는 반대 세력에 대
한 유혈 진압 직후인 그해 12월, 제정러시아의 국가 문장, 음악, 국기 등을
신(新)러시아 상징으로 부활시키면서 탈소비에트 개혁을 가속화했다. 1993년
11월 30일 옐친 대통령은 제정러시아의 쌍두독수리 문양을 러시아 국가 문
장으로 사용하는 법령에 서명했고, 12월 11일에는 과거 제정러시아의 백-적
-청 국기를 러시아연방 국기로 채택하는 것에 대한 법령을 공포했다. 또한
옐친 정부는 19세기 러시아 음악가 미하일 글린카(М.И. Глинка)의 〈애국의
노래〉를 러시아 연방의 새로운 국가로 채택하는 법령을 공포했다.[37] 이런 점
에서 '군대명예의 날' 제정에서 반대파를 끌어안기 위한 소비에트적인 행보
와 탈소비에트적 성격 모두를 찾아볼 수 있는 것이다.

푸틴 및 메드베데프 정부의 전쟁기억 정치

푸틴 시기에도 전쟁기억을 정치적 목적을 위해 사용하는 관행은 계속되었다.
하지만 그 성격과 지향점은 옐친 시기와 달랐다. 포스트소비에트 첫 10년을

통치한 옐친이 당면했던 과제는 무엇보다도 소비에트 시기와는 구분되는 새로운 국가 이데올로기와 정체성을 확립하고, 탈소비에트 이행기 과정에서 심화된 국론 분열을 수렴하여 국민 통합을 이루는 것이었다.

하지만 2000년 5월 푸틴이 대통령직에 정식으로 취임했을 때, 그가 직면한 시급한 문제는 지방분권주의를 누르고 혼란스럽고 무질서한 국내 상황을 통제할 수 있는 강한 정부, 강한 국가를 구축하는 것이었다. 대통령에 취임한 바로 그달에 푸틴은 지방에 대한 중앙정부의 권한을 강화하기 위해 전국을 일곱 개의 연방관구로 나누고 각각의 관구에 대통령으로부터 직접 지시받고 집행하는 전권대표를 파견했다.[38] 이와 아울러 푸틴 집권 2기 초인 2004년 9월, 북캅카스 지역 분리주의자들이 저지른 베슬란(Беслан) 학교 인질 사태 이후에는 대통령이 직접 주지사를 임명하도록 법규를 변경하여 지방분권주의를 억누르고 지방행정에 통일성을 기하려는 노력을 했다. 이 과정에서 푸틴 정부가 2006년 5월 9일 전승기념일에 공포한 '군사명예의 도시' 프로젝트는 지방에 대한 통제와 국가 통합이라는 목표를 전쟁기억을 이용해 이루려는 전략의 일환이었다. 2008년 출범한 메드베데프 정부(2008~2012)의 정책 또한 푸틴 정부의 관행을 계승한 것이었다.[39]

'군사명예의 도시' 프로젝트

2006년 5월 9일 푸틴 대통령은 '군사명예의 도시(Город воинской славы)' 칭호 수여라는 새로운 제도를 시행하는 법령을 공포했다.[40] 이 법령에 의하면 '군사명예의 도시' 명칭은 러시아 연방 내에 위치한 도시 중에서 "[그 도시의] 조국 수호자들이 치열한 전투 속에서 … 용기와 인내 그리고 영웅적 투쟁을 보여준 도시에 수여된다"라고 명시하고 있다.[41] 이 명칭을 수여받은 도시에는 기념탑이 세워지고, 해당 도시는 매년 '군대명예의 날' 중 하나인 2월

23일 '조국 수호자의 날(День защитника Отечества)'과 5월 9일 대조국전쟁 '승리의 날(День Победы)'에 공식 추모행사를 거행하도록 규정했다.[42] '군사명예의 도시' 칭호는 소비에트 시기 '영웅도시(Город-Герой)' 칭호를 받은 도시도 만약 러시아 연방 내에 위치한다면 받을 수 있도록 규정되어 있다.[43] 그 이유는 '영웅도시'는 대조국전쟁 시기의 영웅적 공훈으로 전쟁을 승리로 이끄는 데 기여한 점에 대해 수여한 것이지만 '군사명예의 도시' 선정 기준은 대조국전쟁 기간 동안의 경험뿐만 아니라 전 역사에 걸쳐 일어났던 전쟁에서의 공훈을 평가하므로 선정 기준이 동일하지 않기 때문이다.

겉으로 보기에 이 프로젝트는 소련 시절 '영웅도시' 제도와 유사한 점이 있다. 하지만 두 제도를 자세히 비교해 보면 명백한 차이점이 있음을 알 수 있다. 우선 소비에트 시절의 '영웅도시' 프로젝트는 브레즈네프 시기인 1965년에 제정되어 1988년까지 키예프, 세바스토폴, 오데사, 레닌그라드, 스탈린그라드, 모스크바, 케르치, 노보로시스크, 민스크, 툴라, 무르만스크, 스몰렌스크, 브레스트 등 총 13개 도시를 선정하고 공식적으로 종결되었지만,[44] '군사명예의 도시' 프로젝트는 2006년 5월에 법이 제정되고 이듬해인 2007년부터 시행되어 2024년 현재까지 17년 동안 47개 도시가 선정되었다.[45] 도시 전 역사에 걸쳐 다양한 전쟁에서의 공훈을 선정 기준으로 삼음으로써 '영웅도시'보다는 훨씬 많은 도시들이 선정된 것이다(표 2).

이 명칭을 수여받기 위해서는 몇 단계 절차를 거쳐야 한다. 2006년 5월 제정된 연방법 '군사명예의 도시 칭호 수여에 대한 법령'에 의하면, 먼저 희망 도시는 자신의 도시가 전쟁 기간 동안 조국 수호를 위해 얼마나 큰 기여를 했는가에 대한 보고서를 작성하여 신청서와 함께 지방자치단체에 제출해야 한다. 신청서를 접수한 지자체는 그 신청서를 상급 기관인 연방주체 정부(주나 자치공화국 등)에 넘기게 되며, 이후 신청서는 대통령이 의장을 맡고 있는 자문 기관인 '승리위원회(комитет Победа)'에 제출된다.[46] 이 위원회는 푸틴이 대통령으로 당선된 직후인 2000년 8월 5일 대통령령으로 조직되었는

표 2 군사명예의 도시(2024년 10월 현재)

	도시(주/공화국)	인구(명)*	선정 연도**
1	쿠르스크 Курск (쿠르스크주)	406,000	2007.4.27
2	벨고로트 Белгород (벨고로드주)	348,000	"
3	오룔 Орёл (오룔주)	323,000	"
4	블라디캅카스 Владикавказ (북오세티아 공화국)	314,000	2007.10.8
5	말고베크 Малгобек (인구세티아 공화국)	44,032	"
6	르제프 Ржев (트베리주)	61,000	"
7	옐냐 Ельня (스몰렌스크주)	10,000	"
8	옐레츠 Елецъ (리페츠크주)	113,000	"
9	보로네시 Воронеж (보로네시주)	840,000	2008.2.16
10	루가 Лу́га (레닌그라드주)	38,900	2008.5.5
11	폴랴르니 Поля́рный (무르만스크주)	16,500	"
12	로스토프-나-도누 Ростов-на-Дону (로스토프주)	1,049,000	"
13	투아프세 Туапсе (크라스노다르 변강)	63,700	"
14	벨리키예 루키 Вели́кие Лу́ки (프스코프주)	100,000	2008.10.28
15	벨리키 노브고로드 Великий Новгород (노브고로드주)	216,000	"
16	드미트로프 Дми́тров (모스크바주)	62,300	"
17	뱌지마 Вязьма (스몰렌스크주)	54,874	2009.4.27
18	크론시탓트 Кроншта́дт (상트페테르부르크시)	43,385	"
19	나로-포민스크 Наро-Фоминск (모스크바주)	71,630	"
20	프스코프 Псков (프스코프주)	193,000	2009.12.5
21	코젤스크 Козе́льск (칼루가주)	18,500	"
22	아르한겔스크 Архангельск (아르한겔스크주)	348,000	"
23	볼로코람스크 Волокола́мск (모스크바주)	23,600	2010.3.25
24	브랸스크 Брянск (브랸스크주)	409,000	"
25	날치크 Нальчик (카바르디노-발카르 공화국)	269,000	"
26	비보르크 Выборг (레닌그라드주)	79,962	"
27	칼라치-나-도누 Кала́ч-на-Дону́ (볼고그라드주)	26,200	"
28	블라디보스토크 Владивосток (프리모르스카야 변강)	578,000	2010.11.4
29	티흐빈 Тихвин (레닌그라드주)	58,459	"
30	트베리 Тверь (트베리주)	410,000	"
31	아나파 Ана́па (크라스노다르 변강)	59,000	2011.5.5.
32	콜피노 Ко́лпино (상트페테르부르크시)	143,800	"
33	스타리 오스콜 Ста́рый Оско́л (벨고로드주)	221,000	"
34	코브로프 Ковро́в (블라디미르주)	145,000	2011.11.3
35	로모노소프 Ломоно́сов (상트페테르부르크시)	42,505	"
36	타간로크 Тага́нрог (로스토프주)	257,000	"
37	페트로파블롭스크-캄차츠키 Петропавловск-Камчатский (캄차카주)	180,000	"
38	말로야로슬라베츠 Малоярославец (칼루가주)	29,000	2012.5.7
39	모자이스크 Можайск (모스크바주)	31,100	"
40	하바롭스크 Хабаровск (하바롭스크 변강)	578,000	2012.11.3
41	스타라야 루사 Старая Русса (노브고로드주)	30,000	2015.4.6

42	그로즈니 Грозный (체첸 공화국)	284,000	〃
43	가치나 Гатчина (레닌그라드주)	96,334	〃
44	페트로자봇스크 Петрозаводск (카렐리야 공화국)	275,000	〃
45	페오도시야 Феодосия (크림 자치공화국)	69,145	〃
46	마리우폴 Мариуполь (도네츠크주)	425,681	2022.11.15
47	멜리토폴 Мелитополь (자포로지예주)	148,851	〃

주: * 각 도시의 인구는 군사명예의 도시 선정 해의 인구수임. 단 스타라야 루사,
로모노소프, 콜피노의 경우 각각 2014, 2010, 2008년도의 인구임.
** '선정 연도'는 군사명예의 도시로 선정되었다는 대통령령(Указ Президента
Российской Федерации)이 공포된 날임.

데, 당시 위원회의 주요 업무는 옐친 대통령 시기에 제정된 전쟁기억 추모 관련 법령들이 효율적으로 수행되도록 돕는 것이었다. 따라서 대통령을 포함하여 총 45명으로 구성된 위원회의 구성원 중에는 군 관련 고위 인사, 퇴역 군인 대표, 정부 고위직 인사 등이 많이 포함되어 있다. 이후 2006년 3월 대통령 포고령에 따라 승리위원회가 '군사명예의 도시' 심의의 업무를 맡게 되었다. 심의를 거쳐 선정된 도시들에 대해서는 대통령이 최종적으로 수여 결정을 내리게 된다.[47]

이 칭호의 수여는 2007년부터 시작되었고 2012년까지 러시아연방 정부는 매년 상반기와 하반기 각각 평균 3~4개의 도시를 선정해 왔다. 이 칭호를 수여받기 위한 경쟁률은 정확히 알 수 없다. 매년 총 몇 개의 도시가 지원하는지 명확히 공개되지 않기 때문이다. 다만 2007년 처음으로 선정 대상을 공모했을 때는 13개의 도시가 지원서를 제출한 것으로 알려졌고, 그중 세 곳이 2007년 4월 군사명예의 도시에 선정되었다. 2012년 이후 러시아 정부는 한동안 선정을 중단했다가 2014년 크림반도를 무력 병합한 이듬해인 2015년 크림반도의 페오도시야(Феодосия)를 포함한 다섯 개 도시를 추가로 선정했고, 2022년 우크라이나전쟁 발발 이후 러시아가 새롭게 점령한 도네츠크주의 마리우폴(Мариуполь)과 자포리자주의 멜리토폴(Мелитополь)을 추가로 '군사명예의 도시'로 선정했다. 그 결과 2024년 10월 현재 총 47개 도시가 이 명칭을 수여받았다. 선정된 도시의 대표들은 크렘린에 초청되어 군사

그림 2   군사명예의 도시 수여식
2008년 크렘린에서 열린 로스토프나도누(Ростов-на-Дону) 군사명예의 도시 수여식

자료: https://ru.wikipedia.org/wiki/Город_воинской_славы

명예의 도시 증서 및 칭호를 대통령으로부터 직접 수여받게 된다(그림 2). 이 행사가 거행되는 날은 매해 다르지만 보통 전승기념일 직전인 5월 초, 또는 '조국 수호자의 날'인 2월 23일이나 대조국전쟁 발발일인 6월 22일 또는 '국민화합의 날' 직전인 11월 초인 경우가 많다. 정부 지도자들은 이렇듯 전쟁 관련 날짜에 이 칭호 수여식을 거행함으로써 군사명예의 도시 프로젝트를 전쟁과 관련된 집단기억을 기리는 데 더욱 효과적으로 활용하고 있는 것이다.

군사명예 도시 칭호를 수여받은 도시는 자신들이 마련한 자금과 연방정부의 지원금으로 기념탑을 짓게 된다. 이 기념탑은 앞서 언급한 '알렉산드르 기둥'과 무척 흡사한 모습으로 단지 크기가 작을 뿐이다. '군사명예의 도시'에 세워지는 기념탑의 높이는 10m로, 알렉산드르 기둥의 5분의 1 정도 높이이다. 원주 위에는 러시아 국가 상징인 황금색 쌍두독수리 문양이 세워져 있고

그림 3 레닌그라드주 루가(Луга)의 군사명예의 도시 기념비

자료: 필자 촬영(2010.7)

원주의 받침돌에는 대통령의 '군사명예의 도시' 명칭 수여 포고령이 새겨진
현판과 해당 도시 문양이 부착되어 있다. 이 외에도 도시마다 약간의 차이는
있지만 대부분 원주를 중심으로 네 개의 낮은 돌기둥이 세워져 있는데, 돌기
둥에는 전쟁 당시 해당 도시민들의 활약상 및 주변의 지도 등이 묘사되어 있
는 현판이 부착되어 있어 그곳을 찾는 방문객들이 해당 도시가 전쟁 시 세운
공훈을 한눈에 알 수 있도록 만들어놓았다(그림 3).

　군사명예의 도시 프로젝트는 지방 여러 도시에 동일한 모양의 기념탑을
세우는 것에서 끝나지 않았다. 더 나아가 메드베데프 대통령은 2010년 5월
8일 대조국전쟁 승리 65주년에 맞춰 모스크바 크레믈린 옆 알렉산드르 정원
에 당시까지 수여된 27개 '군사명예의 도시'의 이름을 새긴 붉은 대리석 기
념비 준공식을 가졌다.[48] 모스크바 크렘린 옆에 세워진 군사명예의 도시 이
름을 새긴 기념비는 보는 이로 하여금 이들 도시에 '전쟁의 기억'이라는 공통
된 가치를 부여하면서 이들 도시들을 하나로 묶음과 동시에 이 도시들을 하

그림 4 　2010년 모스크바 크렘린 옆 알렉산드르 정원에 설치된
　　　　'군사명예의 도시' 기념비

자료: 필자 촬영(2014.7)

그림 5 　군사명예의 도시. 서남부 국경지역(왼쪽) 극동지역(오른쪽)

자료: "Город воинской славы." https://ru.wiki
pedia.org/

나로 묶은 주체는 모스크바, 즉 '중앙'임을 암시해 주고 있다(그림 4). 바로 러시아 공간을 통합하면서 통합의 중심은 중앙이라는 것을 확인해 주는 것이다.

러시아 공간의 통합

군사명예의 도시 프로젝트는 다중적인 정치적 목적을 가지고 있다. 물론 푸틴 정부가 과연 어느 정도로 이러한 목표까지 미리 내다보고 이 프로젝트를 시작했는지는 자료의 한계로 현재로서는 정확히 알 수 없다. 하지만 도시의 지리적 위치나 크기 그리고 전쟁경험 등 군사명예의 도시에 선정된 도시에 대한 분석과 선정 과정에 얽힌 연방정부와 지방정부 그리고 엘리트들의 담론 등을 분석해 보면 이 프로젝트에 내재된 푸틴 정부의 정치적 의도를 읽을 수 있다.

그 정치적 의도 중 하나는 바로 중앙-지방의 연결을 통한 러시아 공간의 통합이다. 옐친 시기 중앙정부는 지방에 대한 통제력을 많이 상실한 상태였다. 하지만 당시는 탈소비에트 이행기 과정에서 새로운 국가정체성을 수립하고 분열된 국민을 하나로 단결시키는 것이 더 시급한 과제였다. 그러나 푸틴이 대통령직을 맡으면서 2000년대 초반 지방의 분권화 경향을 대통령전권대사 파견 등 특단의 조치로 어느 정도 잠재웠다. 그 후에 필요한 조치는 그동안 제각각의 지방색을 강조해 온 지방에 하나의 통일된 가치를 이식하여 중앙과 지방을 연결하고 중앙을 중심으로 한 통일성을 강화하는 것이었다. '군사명예의 도시' 프로젝트를 면밀히 살펴보면 이 제도를 통해 중앙과 지방을 긴밀히 연결하고자 하려는 푸틴 정부의 의도를 읽을 수 있다. 푸틴 대통령의 두 번째 임기 중 제정된 '군사명예의 도시' 프로젝트를 계속 이어받은 메드베데프 대통령이 페트로파블롭스크-캄차츠키에 '군사명예의 도시' 칭호 수여식에서 행한 연설은 러시아 정부의 의도를 잘 나타내고 있다.

우리나라는 무척 크고 아주 다양한 지역을 가지고 있다. 여기 이 자리에 모인 도시들도 매우 다르다. 도시의 역사나 건축물 양식 그리고 인구수 또는 산업 잠재력도 아주 다르다. 심지어 오늘 참석한 페트로파블롭스크-캄차츠키와 로모노소프시와의 거리는 7,000km에 달한다. … 우리가 지금 행하고 있는 '군사명예의 도시' 수여식은 러시아라고 불리는 거대한 땅덩어리에 살고 있는 통합된 국민들의 자기정체화와 연관된 것이다.[49]

메드베데프 대통령의 연설은 러시아 정부가 군사명예의 도시 프로젝트를 광활한 러시아 공간에 일종의 단일한 정체성을 불어넣는 작업으로 보고 있음을 보여준다.

실제로 소비에트 시기 유사하게 실행되었던 '영웅도시' 프로젝트의 수상도시는 주로 대도시인 반면 '군사명예의 도시'에 선정된 절반은 지방에 위치한 인구 10만 미만의 소도시이다. 이 프로젝트가 공표된 직후인 2006년 6월 트베리주(Тверская область) 주지사 드미트리 젤레닌(Д.В. Зеленин)은 지방 언론과의 인터뷰에서 "'군사명예의 도시' 법령은 대조국전쟁에서 적을 물리치는 데에 중요한 역할을 한 소도시의 지위를 공식적으로 인정하는 것"이라고 지적했다.[50] 틀린 말이 아니다. 대조국전쟁에서 이들 소도시의 역할은 인근 대도시나 군사시설 등을 지키기 위해 최대한 적의 진격을 막아서 시간을 버는 것이었다. 그 예로 레닌그라드주의 루가(Луга)시의 경우 군사명예의 도시 선정 당시 인구가 5만 명 미만인 소도시로 대조국전쟁과 관련한 그럴 듯한 기념비도 박물관도 없는 상태였다. 하지만 레닌그라드에서 남쪽으로 약 130km 지점의 레닌그라드로 가는 길목에 위치한 이 도시의 민병대는 소련군과 함께 대조국전쟁 당시 레닌그라드로 물밀듯이 몰려오는 독일군에 맞서 치열한 전투를 벌여 약 한 달간 독일군의 진격을 저지했다. 덕분에 독일군의 레닌그라드 진격이 한 달간 지연됨으로써 많은 도시민들이 피난을 갈 수 있었고, 레닌그라드 봉쇄에 대비할 시간을 벌 수 있었다. 하지만 루가의 주민들은 독일군과의 전투 이후 점령당해 1941년 8月부터 1944년 2월까지 2년 반 동안 독일 점령하에서 고통받아야 했다.[51]

유사한 사례가 더 있다. 2010년에 '군사명예의 도시'로 선정된 캅카스 지역의 인구세티야공화국 말고베크(Малгобек)는 인구 4만의 도시로 루가와 비슷한 소도시이다. 말고베크는 유전 지역으로 대조국전쟁 당시 유전을 노린 독일군의 공격에 맞서 말고베크 주민들이 대전차 참호를 파면서 항전하여 부근의 소련 군대가 진지를 구축할 수 있는 시간을 벌어주었다. 이 전투에서 도시민들은 1942년 9월 17일 하루 동안 20대 이상의 탱크를 파괴했고 2개 중대를 섬멸한 후 점령당해 이듬해 1943년 1월까지 나치독일군 치하에 살아야 했다.[52]

이들 소도시들이 '군사명예의 도시' 칭호를 수여받음으로써 전쟁 기간 중 대도시의 공훈에 가려서 소도시의 희생이 거의 언급되지 않고 조명받지 못했던 상황이 비로소 바뀌게 되었다. 더구나 이 프로젝트는 도시의 규모 및 경제력에 기반하여 차별하는 것이 아니므로 지방 소도시들도 그들의 전쟁기억을 설득력 있게 구성하여 중앙정부에 신청서를 제출하면 되는 것이었다. 즉, 지방의 중소 도시들이 대도시와의 경쟁에서 보기 드물게 '평등한' 기회를 부여받은 것이었다.

군사명예의 도시 프로젝트는 중앙과 지방이 모두 상호 이득을 얻는, 즉 '윈-윈'하는 결과를 낳고 있다. 지방의 소도시들에게 군사명예의 도시 칭호를 수여함으로써 중앙정부로서는 지방 도시로부터 중앙이 지방을 잊어버리지 않았다는 것을 보여주는 기회가 되며 그와 함께 소외된 지역의 가치를 인정하고 관심을 가지고 있다는 긍정적인 평가를 받을 수 있다. 이는 중앙정부에게는 지방으로부터의 지지 기반을 다지는 기회도 될 수 있는 것이다. 또한 이 프로젝트를 통해 지방 도시들도 상당한 이득을 얻을 수 있다.

첫째, 해당 도시의 명예가 올라간다는 심리적 보상감이 있을 수 있다. 이 칭호를 받게 되면 모스크바 크렘린에 지방 도시 시장, 도지사 등 지방정부의 수장들과 지방의 퇴역군인 대표, 학생 대표 등이 초대되어 수여식에 참가하게 되며, 대통령으로부터 직접 상장을 받게 된다. 이 행사는 TV와 전국 언론에 보도됨으로써 해당 지역 시민들에게 상당한 영광이 되는 것이다. 그뿐만 아니라 대통령실 홈페이지에도 수여식 동영상과 사진이 게재되어 해당 도시 주민들은 자기 도시 대표가 대통령으로부터 '군사명예의 도시' 칭호 증서를 수여받는 엄숙하고 장중한 예식을 보면서 자긍심을 느낄 수 있다.[53] 지방정부로서는 중앙으로부터의 관심을 받게 되는 흔치 않은 계기가 되는 것이다.

둘째, 심리적 보상 외에도 물질적 보상을 받게 된다. 군사명예의 도시에 선정되면 주정부는 물론 연방정부로부터 매년 일정 정도 재정지원을 받는데, 해당 도시는 이 자금을 도시 환경 미화와 도로 정비, 도시의 전쟁기념물이나 문화시설 관리 비용으로 사용할 수 있다.

셋째, 지방정부 입장에서는 외부로부터 주목과 관심을 받게 되고 그것을 바탕으로 관광상품 개발도 가능하다. 예를 들어 매년 전승기념일 몇 주 전 군사명예의 도시 로스토프나도누(Ростов-на-Дону)에서는 1945년 당시 군인들을 태우고 전선에서 돌아온 열차를 그대로 본뜬 '승리열차'가 노보로시스크(Новороссийск)로 떠난다. 2010년의 경우 4월 22일부터 8일간에 걸쳐서 목적지에 도착하게 되어 있었던 이 열차는 로스토프 지역의 퇴역군인들을 태우고 노보로시스크로 향하면서 중간에 위치한 '군사명예의 도시'를 방문하여 해당 도시의 퇴역군인들과 만나는 기회를 가졌다.[54] 이 열차의 기착지는 군사명예의 도시 투아프세(Туапсе)를 포함 총 아홉 개 도시인데, 이 도시에 정차할 때마다 1945년 풍으로 장식된 기차역에서 퇴역군인들을 맞이하는 행사가 준비된다.[55] 모스크바시도 2011년 6월 '추모의 열차'라는 프로그램을 만들어 모스크바의 퇴역군인들이 다섯 개의 '군사명예의 도시'(툴라, 오룔, 쿠르스크, 브랸스크, 스몰렌스크)를 방문하고 돌아오는 프로그램을 만들었고,[56] 군사명예의 도시 아르한겔스크도 2010년 4월 말부터 5월 초에 이와 유사한 '군사명예의 열차' 프로그램을 기획·운영했다.[57] 이러한 프로그램을 통해 '군사명예의 도시'들은 외지인들을 유인해서 자신들의 도시 선전 기회를 가짐으로써 관광 수익을 얻게 되는 것이다.

상호 이득의 가능성에도 불구하고 이 프로젝트를 통해서 중앙정부가 얻을 수 있는 이득이 좀 더 많은 것은 사실이다. 그 이득은 첫째, 이 프로젝트를 통해 중앙정부는 지방과의 관계를 더욱 긴밀히 할 수 있다. 즉 지방을 더욱 중앙의 통제하에 둘 수 있다는 것이다. 여기서 '통제'란 푸틴 시기 중앙-지방 관계를 논의할 때 자주 언급되는 '수직적 권력(вертикальная власть)'의 차원에서 지방을 직접적으로 통제하는 것이 아니라 지방이 '자발적으로' 중앙정부의 정책에 호응하고 참여하게끔 만든다는 것이다. 즉 앞에서 언급한 것처럼 군사명예의 도시에 선정될 경우의 이득 때문에 지방정부는 자신의 도시를 군사명예의 도시 후보에 올리기 원하며, 이 경우 사전 준비 과정에서 중앙의 눈치를 더욱 보게 되고 중앙의 정책에 보다 적극적으로 호응하게 된다.

중앙정부가 얻게 되는 두 번째 이득은 지방정부 및 지역공동체에 자극을 주어 자신의 도시에 대한 관심을 고양시킴으로써 자발적으로 도시 발전을 유도할 수 있다는 것이다. 군사명예의 도시가 처음 발표된 직후 푸틴 대통령 보좌관 빅토르 이바노프(В.П. Иванов)는 군사명예의 도시 프로젝트의 긍정적 효과를 명예로운 칭호에 지원하기 위한 준비 과정에서 찾는다. 군사명예의 도시 칭호를 희망하는 도시는 신청서를 작성해서 승리위원회에 제출해야 하는데, 그 도시가 어떤 점에서 군사명예의 도시 칭호를 받을 자격이 있는지, 역사적으로 어떤 점에서 국가 수호에 기여했는지에 대한 내용을 담은 "신청서 준비 과정은 해당 도시의 지역사회, 학자, 젊은이 등이 도시 역사에 대해 열심히 연구하게 만들 것"이라고 단언했다.[58] 군사명예의 도시 선정 심사 과정 마지막 단계에서 승리위원회 소속원들은 신청서를 낸 도시를 방문해서 전쟁 관련 유적지, 기념탑 등의 상태를 실사하고 해당 도시의 박물관 등이 전쟁 관련 역사, 자료 등을 얼마나 잘 보존하고 있는지 살피게 된다.[59] 후보에 오른 도시들은 실사단에게 좋은 인상을 주기 위해 도시 정비에 많은 힘을 쏟는다. 또한 중앙정부는 도시가 군사명예의 도시로 선정된 이후에도 모범적인 도시로 유지할 것을 요구하고 있다. 2012년 2월 크렘린에서 행해진 군사명예의 도시 수여식에서 메드베데프 대통령은 선정된 도시의 "시 정부와 주민들 모두 자신의 거주지역이 [명예 도시라는] 이름에 걸맞아야 함을 인지해야 한다"라고 강조하면서 도시가 "아름다워야 하고, 잘 정비되어 있어야 하며, 깨끗하고, 거기에 사는 사람들 자신이나 출장으로 방문한 사람 또는 여행객들에게도 아주 따뜻한 느낌을 불러일으키는 곳이 되어야 한다"라고 강조했다.[60] 결국 중앙정부는 군사명예의 도시의 칭호를 수여받고 유지하기 위해서는 그에 응당한 책임이 뒤따른다는 것을 강조하면서 도시 발전에 자발적인 역할 및 참여가 필수적임을 각인시켜 주고 있는 것이다.

'군사명예의 도시' 프로젝트를 통해 중앙정부가 얻을 수 있는 세 번째 이득은 러시아 공간에 가시적이며 심리적·정신적인 통일성을 불어넣을 수 있다는 점이다. 이 칭호를 수여받은 도시에는 앞서 언급했듯이 같은 모양의 기념탑이 세워지는데, 기념탑은 지방 주민들에게 하나의 통일되고 공통된 정체성을 부여하는 역할을 하게 된다. 즉 이 기념탑에 부착된 대통령령의 '군사명예의 도시' 수여 현판과 기념비 꼭대기의 러시아 국가의 상징 쌍두독수리는 지방 도시민들에게 중앙정부와 국가의 존재를 각인시키는 역할을 한다. 지역 통합을 목적으로 한 군사명예의 도시 프로젝트 활용의 구체적인 예로서 2007년 푸틴 정부가 북캅카스 지역의 블라디캅카스, 말고베크를 군사명예의 도시로 선정한 것을 들 수 있다. 사실 2000년 초반까지 캅카스 지역의 분리주의자들과 지루한 전쟁을 벌여왔던 러시아 정부의 정책을 고려하면 그동안 러시아 언론에 주로 부정적 이미지로만 비춰졌던 캅카스 지역의 이들 도시가 군사명예의 도시에 선정되었다는 사실은 의외다. 하지만 푸틴 행정부의 이 결정은 캅카스 지역에 대한 중앙정부의 통합 강화 전략의 일환으로 볼 수 있을 것이다. 그동안 반모스크바적이고 반애국적인 이미지로 비춰져 온 이 지역 도시들에 군사명예의 도시 칭호를 수여함으로써 지역 도시들이 스스로 애국적인 전쟁기억을 발굴·개발하도록 유도함으로써 궁극적으로 러시아 국가 통합에 도움이 되게 하려는 것이다.

국경지역 단속

군사명예의 도시 프로젝트에 선정된 도시를 보면 중앙정부는 '전쟁의 기억'을 이용하여 중앙과 지방의 심리적 간극을 줄이고, 지방을 중앙의 이데올로기 (즉, 애국심)로 '자발적'으로 끌어들여 러시아 공간을 통합하는 데 이용하는 것 외에 또 다른 용도로 활용하고 있음을 알 수 있다. 즉, 외부 적의 공격이나 영향력에 취약한 국경지역에 대한 중앙의 관심을 표명하고 그 지역의 안보의식 강화를 통해 이탈 지역 없이 러시아 영토를 하나로 통합·보존하고자 하는 데 사용하는 것이다.

러시아 지도부의 이 같은 의도는 2010~2011년, 2015, 2022년에 선정된 도시들에서 찾아볼 수 있다. 먼저 2011년에 선정된 도시들의 특성을 살펴보자. 이 시기 선정된 도시들의 특징 중 하나는 이 프로젝트가 시작되고 처음으로 '극동'의 도시들이 선정되었다는 점이다. 소비에트 시기 '영웅도시' 프로젝트에서는 물론이고 군사명예의 도시 선정에서도 대부분의 도시는 우랄산맥 서쪽의 유럽·러시아 지역에 위치한 도시들이었다. 하지만 2011년의 경우는 달랐다. 그해 선정된 도시 중 캄차카(Камчатка)반도 끝자락에 위치한 페트로파블롭스크-캄차츠키(Петропавловск-Камчатский)의 경우, 타 도시에 비해 대조국전쟁뿐만 아니라 여타 전쟁에서의 역할은 무척 미미한 편이었다. 서부 국경지대에 위치한 도시들은 조국전쟁, 대조국전쟁 또는 그 이전의 전쟁에서 주요 전장이 되었고, 때로는 적군에게 수년간 점령당하는 고초를 겪었다. 하지만 페트로파블롭스크-캄차츠키의 경우 대조국전쟁 당시 격전지가 된 적도, 엄청난 희생자가 발생하거나 점령된 적도 없었다. 그럼 이 도시의 제2차 세계대전 동안의 경험을 살펴보자. 대조국전쟁이 종결되고 나서 소련이 1945년 8월 초 일본에게 선전포고를 하면서 이 도시에 주둔하던 소련 군대가 쿠릴열도에 상륙해서 일본군으로부터 항복을 받아내고 열도를 소련 영토로 만들었다는 것이 이 도시의 전쟁경험 전부이다.[61] 이 상황에서 일본군과의 치열한 전투도 없었고, 사상자도 거의 없었다.

그렇다면 메드베데프 정부가 페트로파블롭스크-캄차츠키를 군사명예의 도시로 선정한 배경은 무엇일까? 페트로파블롭스크-캄차츠키가 선정되기 전의 외교 안보 상황을 살펴보면 그 이유를 알 수 있다. 2010년 3월 일본 정부는 초등학교 교과서 검정에서 "남쿠릴열도가 네 개의 섬으로 이루어져 있으며 일본 고유의 영토인데 러시아가 불법 점거하고 있는 상태"라는 내용을 싣는 것을 승인했다.[62] 일본의 남쿠릴열도에 대한 영유권 주장은 일본이 비록 1945년 9월 2일 연합군 앞에서 공식 항복문서에 서명을 했지만, 실제로 일본 천황이 종전을 발표한 것은 8월 15일이며, 따라서 종전일을 8월 15일로 봐야 하며, 그에 따라 8월 15일 이후에 소련이 극동에서 전투를 계속하여 남사할린과 쿠릴열도를 점령한 것은 인정할 수 없다는 논리에 근거한 것이다.[63] 이에 블라디미르 포폽킨(B.A. Поповкин) 당시 러시아 국방차관은 일본의 남쿠릴열도 영유권 주장이 러시아에게 "위협이 된다"라고 우려를 표명했다.[64] 이런 상황에서 2010년 러시아 정부는 9월 2일을 제2차 세계대전 종전 기념일로 공식 선포하고 모스크바 '승리공원'에서 대대적인 기념행사를 개최했다.[65] 이는 제2차 세계대전은 9월 2일 종식되었음을 강조하면서 동시에 소련이 쿠릴열도를 점령한 것은 8월 중순 이후였기 때문에 전쟁 중에 적국 영토를 '합법적으로' 점령한 것임을 일본 및 여타 국가에 재확인시키고자 한 러시아 정부의 계산에서 나온 것이었다.

이런 상황에서 메드베데프 대통령은 2010년 11월 1일 쿠릴열도 중 일본과 국경을 마주하고 있는 최남단 섬 쿠나시르(Кунашир)를 전격 방문했다.[66] 이것은 소련 시기를 통틀어 소련 및 러시아 국가원수로서는 최초의 쿠릴열도 방문이었다. 메드베데프 대통령의 방문 직후 일본 정부는 주일 러시아대사를 초치해서 항의하는 등 무척 민감한 반응을 보였다.[67]

러시아-일본 사이에 쿠릴열도 문제를 놓고 이렇게 대립각을 세운 후 이듬해 2011년 11월 4일에 급기야 메드베데프 대통령은 페트로파블롭스크-캄차츠키를 '군사명예의 도시'로 선정했다. 이것은 쿠릴열도를 둘러싼 일본과의 영유권 문제와 결코 무관하지 않음을 보여준다. 앞에서 설명했듯이 페트로파블롭스크-캄차츠키는 바로 1945년 8월 당시 일본이 점령하고 있던 쿠릴열도를 소련 영토로 접수했던 소련 상륙부대의 기지가 위치했던 곳이기 때문이다.

메드베데프 정부는 이 도시를 '군사명예의 도시'로 선정함으로써 정치·외교적 목적을 달성하고자 했을 것이다. 러시아 정부는 모스크바로부터 수천km 떨어져 있는 이 지역에 대해 지속적인 관심을 갖고 있고 중요한 지역으로 보고 있다는 것을 러시아 전체 국민들과 극동지역 주민들에게 각인시키고 경각심을 불러일으키며, 더 나아가 일본에게도 경고하는 효과를 얻고자 했던 것이다. 중앙정부의 이런 의도를 지방정부는 적절히 실행에 옮겼다. 페트로파블롭스크-캄차츠키시 지도부는 2012년 2월 23일 모스크바 크렘린에서 열린 군사명예의 도시 칭호 수여식에서 돌아온 직후 주민들에게 '정신교육'을 개시했다. 시 정부는 메드베데프 대통령으로부터 받은 군사명예의 도시 증서를 지역 학교와 대학교에 전시하여 학생들이 직접 관람할 수 있도록 했다.[68] 이 외에도 지역의 중등학교 두 군데(제30, 36학교)와 캄차카국립대학교 및 종합기술교육대학에 군사명예의 도시 수여 현판을 설치하기로 했다.[69] 또한 캄차카 주지사 블라디미르 일류힌(В.И. Илюхин)은 캄차카주의 수도인 페트로파블롭스크-캄차츠키가 군사명예의 도시로 선정된 것을 기념하기 위해 2012년 3월부터 매일 정오에 특별히 제작된 대포로 축포를 쏘는 것을 새로운 전통으로 만드는 것을 검토하고 있다고 밝혔다.[70] 이 같은 사실은 메드베데프 정부가 군사명예의 도시 칭호 수여를 통해 국경지역 도시에 분명 경각심, 애국심의 고취 기회를 만들었음을 보여준다. 전쟁의 기억을 이용한 중앙정부의 정책이 수천km 떨어진 변방의 주민에게 애국심과 국가정체성을 새롭게 이식하면서 러시아 공간을 하나로 묶는 효과를 얻은 셈이다.

이와 유사한 예를 러시아 남쪽 국경 북캅카스 지역에서도 찾아볼 수 있다. 메드베데프 정부는 2010년 3월 조지아와 국경을 마주하고 있는 카바르디노-발카르 공화국의 수도 날치크(Нальчик)에 군사명예의 도시 칭호를 수여했다. 사실 날치크의 역사를 살펴보면 2008년의 조지아와의 무력 충돌로 인한 국경지역의 안보의식 강화 목적 외에 왜 이 도시가 군사명예의 도시 칭호를 수여받아야 하는지 그 이유를 설명하기가 쉽지 않다.

여타 도시와는 달리 비교적 늦은 18세기 중반에 생겨난 날치크는 20세기에 이르기까지 외부의 적과 전쟁을 벌일 만한 기회가 거의 없었다. 날치크시의 공식 홈페이지에 소개된 도시 역사에 따르면 대조국전쟁 때 이 도시는 외부의 적과 처음 싸우게 되는데, 전쟁 동안 전투 경험이나 전쟁 승리에 대한 기여도도 여타 군사명예의 도시에 비해 상당히 약한 편이다.[71] 그리고 날치크시의 홈페이지에 '군사명예의 도시'에 관한 섹션은 별도로 마련되어 있지 않고, 카바르디노-발카르 공화국 홈페이지에도 마찬가지이다.[72] 이런 점으로 미루어 여타 군사명예의 도시 홈페이지에 게시된 관련 정보와 뉴스 등과 비교해 볼 때 이 도시의 '군사명예의 도시' 칭호 수여에 대한 관심은 상대적으로 지극히 낮은 것으로 볼 수 있다.

사실 2010년 5월 4일 크렘린에서 거행된 군사명예의 도시 수여식 연설에서도 메드베데프 대통령이 소개한 날치크시의 '전쟁기억'은 무척 간결하고 추상적이었다. 그날 볼로콜람스크, 브랸스크, 비보르크, 칼라치나도누시의 대조국전쟁 당시 공훈과 적과의 투쟁에 대해서는 제법 상세한 설명을 곁들였지만 날치크에 대해서는 단지 "캅카스 전선의 우리 군대가 석유산업 시설과 흑해 항구를 점령하려는 적의 기도를 분쇄했다"라고 짧막하게 설명했다.[73] 그렇다면 왜 메드베데프 정부는 그다지 인상적이지 않은 '전쟁기억'을 지닌 날치크시에 명예의 칭호를 수여했을까? 우리는 그 이유를 캄차카반도에 위치한 페트로파블롭스크-캄차츠키의 경우에서 찾을 수 있을 것이다. 다만 날치크의 경우 외부로부터의 위협 세력은 일본이 아니라 조지아였다.

2008년 8월 조지아-러시아 간에 남오세티아 분리독립 문제로 전쟁이 발발했고,[74] 종전 이후 러시아는 조지아의 자치공화국이었던 남오세티아와 압하지야의 독립을 승인하고 치안 유지 명목으로 이 지역에 군대를 주둔시키면서 긴장은 계속되고 있었다.[75] 이런 상황에서 2010년 메드베데프 정부가 조지아와 국경을 맞대고 있는 카바르디노-발카르 공화국의 수도 날치크를 군사명예의 도시로 선정한 것은 이 지역 주민들에게 이웃의 적에 대한 경계심을 일깨워 주려는 의도에서 기인했음을 보여주는 것이다.

푸틴 정부 역시 국경지역 단속을 위해 군사명예의 도시 프로젝트를 활용했다. 2015년 4월 푸틴 대통령은 3년의 공백기를 깨고 2014년에 강제 합병한 크림반도의 남동쪽에 위치한 페오도시야를 군사명예의 도시로 선정했다(표 2의 45번).[76] 2007년 군사명예의 도시 선정이 시작된 이래 2012년까지는 매년 3~8개 도시를 선정해 오다가 이후 선정 발표가 중단됨으로써 이 프로젝트가 종결되었나 하는 의구심이 들기도 했지만 다시 부활한 것이다. 크림반도는 1783년에서야 비로소 오스만제국의 영향력에서 벗어나 러시아 영토에 편입된 지역이다. 페오도시야(Феодосия; 우크라이어-Феодосія)는 대조국전쟁 때 1941년 9월부터 1944년 4월까지 약 2년 반 동안 나치독일군의 점령하에 있었고 당시 많은 인명 피해를 입었다.[77] 법 규정에 따라 군사명예의 도시 수여 자격이 러시아연방 내 도시로 한정되었기에 2014년 이전까지는 이 도시가 수여 대상에 들지 못했지만 러시아가 크림반도를 합병한 이후 러시아 입장에서 페오도시야는 하루아침에 적국인 우크라이나의 코앞에 위치한 러시아의 새로운 국경도시가 된 것이다. 이 도시를 군사명예의 도시로 선정한 것은 이제 크림반도는 러시아 영토라는 것을 대외내적으로 확인시키고자 하는 푸틴 정부의 의도를 내비침과 동시에 국경지역에 대한 단속 의지를 보여주는 것이라 하겠다.

푸틴 정부는 이 같은 맥락에서 2022년 11월에는 7년의 공백기를 깨고 새로운 군사명예의 도시 두 곳(마리우폴, 멜리토폴)을 지정했다(표 2의 46, 47번). 이 도시들은 원래 우크라이나 영토(도네츠크주, 자포리자주)에 속한 도시였는데, 2022년 2월 시작된 러시아-우크라이나전쟁에서 러시아가 도네츠크주와 자포리자주를 점령한 후 2022년 9월 30일 러시아 영토로 일방적인 병합을 선언함으로써[78] 러시아의 도시가 되었다. 푸틴 정부는 1941~1943년 동안 나치독일군에 점령되었던 역사를 가진 이 도시를 합병한 지 한 달여 만에 군사명예의 도시로 선언함으로써 속전속결로 이들 도시를 '러시아 도시'로 못 박아버린 것이다.

*　　*　　*

이제까지 살펴본 내용은 포스트소비에트 30여 년 동안 옐친과 푸틴, 메드베데프 대통령 모두 국가 통합을 이루고 새로운 국가정체성을 세워나가는 데 전쟁기억을 적극적으로 활용했음을 보여준다. 옐친 시기는 보통 소비에트 가치와 단절을 꾀한 시기로 알려져 있다. 하지만 국가정체성 확립을 위해서 그리고 국민 통합을 위해서 과거와 완전한 단절을 이룰 수는 없었다. 특히 대조국전쟁의 기억은 소련 역사에서 중요한 위치를 점하고 있다. 다름 아닌 그 전쟁에서 어느 나라보다 희생이 컸지만 그 희생을 딛고 궁극적으로 승리했기 때문이다.

소비에트 체제 붕괴 이후 옐친은 새로운 상징과 가치를 내세워 국가정체성을 만들고 국가 통합을 이루고자 했지만 쉬운 일은 아니었다. 그 과정에서 옐친 정부는 대조국전쟁의 기억을 이용하면 비교적 용이하게 국민 단합을 이룰 수 있다고 보았다. 결국 당시 대조국전쟁 기억은 시장자본주의로의 급진적인 이행 과정에 적응하지 못하는 시민들을 포섭할 수 있는 가장 적절한 탈소비에트 '이데올로기'가 되었던 것이다.

옐친을 계승한 푸틴 시기 전쟁기억을 활용한 배경은 국가와 국민 통합이라는 큰 틀에서는 유사했지만 세부적인 목표는 달랐다. 옐친 시기는 소련 붕괴 후 첫 10년의 이행기로서 신·구 국가정체성의 공존과 마찰, 그에 따른 혼란으로 특징지을 수 있다. 반면, 푸틴 시기는 애국주의를 바탕으로 한 강력한 국가의 재건 시기로 볼 수 있다. 푸틴 정부가 세운 목표를 수립하기 위해 가장 시급히 해결해야 했던 점은 바로 옐친 시기 심화된 지방분권화 경향이었다. 즉 분권화된 지방에 통일성과 통합된 가치를 부여해서 하나의 단합된 국가를 이루어내는 것이었다. 이 목표를 이루기 위해 푸틴 대통령은 전쟁기억을 이용했다. 즉 '군사명예의 도시' 프로젝트를 이용해 중앙-지방 연계를 강화하고 지방이 국가 이데올로기에 더욱 호응하고 수용하게 만듦으로써 러시아 공간의 물리적·정신적 통합을 이루고자 했다.

이뿐만 아니라 푸틴과 메드베데프 정부는 국경 분쟁이 있는 곳을 군사명예의 도시로 선정함으로써 국경지방에 대한 정부의 관심을 표명하고, 그 지역의 안보의식 강화 등을 통해 외부의 영향으로부터 상대적으로 취약할 수 있는 국경지역을 관리하고 단속하고자 했다. 러시아 지도자들은 전쟁의 기억을 포스트소비에트 국가 통합의 새로운 이데올로기로 그리고 러시아 공간 통합의 도구로 사용하고 있는 것이다.

제10장

전방의 전쟁기억과 기념

스몰렌스크

이 장에서는 앞 장에서 살펴보았던 '군사명예의 도시' 프로젝트를 통한 러시아 정부의 전쟁기억을 이용한 국민 단합과 애국심 고양 정책이 실제로 러시아 도시들에 어떤 영향을 미쳤는지에 대해 살펴볼 것이다. 이를 위해 소련의 서부 국경지역에 위치한 스몰렌스크(Смоленск)주를 사례로 들어 살펴보고자 한다.

스몰렌스크 지역은 지리적 위치로 인해 14세기부터 리투아니아, 폴란드, 프랑스, 독일 등 다양한 외적의 침략을 받았는데, 그중 두 번의 커다란 외침은 1812년 나폴레옹 군대의 침략(조국전쟁)과 1941년 나치독일군의 침략(대조국전쟁)이었다. 나폴레옹 군대가 쳐들어왔을 때 스몰렌스크 주민들은 프랑스 군대가 가옥을 점거하는 것을 막기 위해 도시의 전체 가옥을 불 질렀고, 이어서 수일에 걸쳐 스몰렌스크 전투가 벌어졌다.[1] 그런가 하면 129년 후 대조국전쟁 때 독일 군대도 나폴레옹 군대와 마찬가지로 스몰렌스크로 쳐들어

그림 1 스몰렌스크 중심부의 '영웅도시' 훈장 기념물

자료: 필자 촬영(2014.7.22)

왔고, 강력한 화력을 지닌 중부집단군의 공격을 정면으로 받아 1941년 7월 중순부터 두 달 동안 스몰렌스크 전투가 지속되었다. 이 전투에서 소련군 48만 6,000명이 전사하는 비극을 경험했다.[2] 이후 스몰렌스크 지역은 1941년 9월 부터 1943년 9월까지 2년 동안 독일군에 점령당했다.

이 같은 전쟁경험으로 인해 스몰렌스크주에는 전쟁 관련 유산과 기억이 뚜렷이 남아 있다. 2010년 당시 대조국전쟁 때 전사한 소련군의 묘지 800여 개가 자리 잡고 있었고,[3] 오늘날에도 스몰렌스크의 들판, 숲 곳곳에서 유해 발굴 작업이 계속되고 있다. 1985년 소련 정부는 대조국전쟁 당시 스몰렌스크의 희생과 공훈을 기리는 의미로 스몰렌스크시에 '영웅도시'라는 칭호를 수여했으며,[4] 푸틴 정부는 2007년과 2009년 스몰렌스크주의 소도시 옐냐 (Ельня, 인구 10만 명)와 뱌지마(Вязьма, 인구 5만 7,000명)에 '군사명예의 도시' 칭호를 각각 수여했다. 이렇게 영웅도시와 군사명예의 도시 칭호를 모두 받

그림 2　스몰렌스크 지역

자료: 구글(Google) 지도를 필자가 재구성함. https://www.google.com/maps/@54.7782953,31.77
　　20952,10.5z?entry=ttu&g_ep=EgoyMDI0MTAyOS4wIKXMDSoASAFQAw%3D%3D

은 지역은 러시아에서 무척 드물다. 따라서 이 지역에서 전쟁의 기억은 지역
정체성의 중요한 부분을 차지하고 있다. 이런 이유로 이 장에서는 스몰렌스
크주를 전쟁기억과 기념에 대한 사례연구 대상으로 선정했다.

　필자는 스몰렌스크 지역 주민들의 전쟁기억과 군사명예의 도시 프로젝
트에 대한 반응을 살펴보기 위해 2014년 7월 스몰렌스크는 물론 앞에서 언
급한 옐냐와 뱌지마, 그리고 '군사명예의 도시' 칭호를 받기 위해 신청서를
제출한 스몰렌스크주 북서지역에 위치한 인구 7,000여 명의 벨리시(Велиж)
그리고 도시가 아니기 때문에 '군사명예의 도시' 칭호 신청 자격은 없지만 신
청 자격을 부여해 달라고 중앙정부에 요청한 인구 5,000명의 카르디모보
(Кардымовский район)를 방문해서 해당 지역의 대조국전쟁 참전용사, 주
민, 학생 및 관리들과 만나 인터뷰를 수행했다. 이 장은 이 같은 현지조사를
통해 획득한 정보를 기반으로 집필한 것이다.

지역 주민과 지방정부의 '군사명예의 도시' 칭호에 대한 인식

러시아 정부가 '군사명예의 도시' 프로젝트 시행을 발표하자 지방 도시들은 중앙정부의 전쟁기억 정책에 적극 호응했고 '군사명예의 도시'라는 영예로운 칭호를 얻기 위해 적극적인 노력을 기울였는데, 스몰렌스크주도 예외는 아니었다. 사실 군사명예의 도시라는 프로젝트가 시행되기 전에는 중앙정부가 작은 마을들의 전쟁 시기 공훈을 기리는 데 그다지 큰 관심을 기울이지 않았다. 스몰렌스크의 한 언론인은 그런 현실을 "사실 이제까지 지방 사람들의 자부심 고양에 관심 가진 이는 아무도 없었다"라고 표현할 정도였다.[5] 따라서 정부가 군사명예의 도시 프로젝트를 발표했을 때 스몰렌스크 지역 주민들은 그 프로젝트를 국가가 소도시 주민들의 전쟁 당시 희생과 공훈을 비로소 공식적으로 인정해 주는 것으로 받아들이고 적극 환영했던 것이다. 즉 전방 지역의 주민들에게 이 칭호는 명예와 자부심과 직접 연결된 것이었다.

하지만 한 가지 염두에 두어야 할 점은 지방의 모든 주민들이 전쟁의 경험을 군사명예의 도시 프로젝트가 중요시하는 '승리'의 서사로만 기억하고 있지는 않았다는 점이다. 필자가 2014년 스몰렌스크에서 인터뷰한 73세의 여성은 1943년 어머니와 함께 '오스트아르바이터'로 동원되어 1945년 종전 때까지 독일의 강제수용소에서 지냈는데, 그녀는 전쟁을 고통스러운 경험으로 기억하고 있었다. 그녀는 오스트아르바이터의 자녀로 독일과 독일 점령 지역으로 끌려간 200만 명의 아이들 중 10분의 1인 단 20만 명만 살아남았다고 강조하면서 "우리는 전쟁과 나치즘의 희생자일 뿐이다"라고 말했다.[6] 그녀는 독일 의사들이 강제수용소에서 오스트아르바이터들을 대상으로 피를 뽑거나 실험약품을 주사하는 등 의료실험을 자행했는데, 자신에게는 눈에 약품을 주사했다고 증언하면서 끔찍했다고 말했다.

즉, 오스트아르바이터의 아이들은 전쟁 참전용사처럼 영웅으로 추대받거

그림 3 강제수용소에서 사망한 오스트아르바이터의 자녀들을 추모하는 비석

주: 헐벗은 아이들의 모습을 연약한 민들레꽃으로 형상화했고 잎사귀에는 나치독일 강제수용소 명칭을 표기했다. 스몰렌스크.
자료: 필자 촬영(2014.7.27)

나 주택 제공, 의료 지원, 보조금 지원 등 정부로부터의 다양한 물질적 혜택의 수여 대상이 아니었으며, 정부가 선전하는 전쟁 관련 공식 서사에 포함되지도 않았다. 따라서 참전용사들은 전쟁의 참혹한 기억을 대체할 수단으로서의 영웅적 서사가 존재하지만 전쟁 당시 어린 나이에 가혹한 경험을 한 오스트아르바이터의 자녀들에게 전쟁의 기억은 오로지 항구적인 트라우마로만 남아 있었다. 즉, 이들에게 '군사명예의 도시' 칭호는 정부의 의도대로 지역 주민들에게 자부심을 불어넣어 주는 것만은 아니었고 개인의 아픈 경험과 희생 또한 상기시켜 주었다.[7]

또한 지역 주민들 중에는 군사명예의 도시 프로젝트를 반기지 않는 이들도 있었다. 예를 들어 스몰렌스크 북동쪽에 위치한 인구 4만 5,000명의 소도시 야르체보(Ярцево)의 역사박물관장 및 일부 주민들은 지방 관리들이 군사명예의 도시 신청서를 제출하려고 하자 자신들의 도시 인근에서는 대규모 전투가 벌어진 적이 없다면서 반대 의사를 표명하기도 했다. 또한 앞서 언급한 뱌지마의 경우도 대조국전쟁 시 뱌지마에서 벌어진 전투에서 소련 병사 수십만 명이 비극적으로 전사한 것은 그들의 영웅적 전투의 결과라기보다는 소련군의 작전 실패에 의한 결과이므로 군사명예의 도시 칭호에 대한 반대 의사를 표명하기도 했다.[8]

이 외에도 소비에트 시기 교육받은 나이 많은 세대에 비해 포스트소비에트 세대는 전쟁기억에 그다지 많은 관심을 갖고 있지는 않다. 필자가 인터뷰한 스몰렌스크시의 한 공무원은 "나는 1968년생이다. 내가 학교 다닐 때는 교과서의 절반이 대조국전쟁에 관한 내용이었다. 그런데 오늘날에는 10페이지 정도뿐이다. 이게 뭔가? 이건 그냥 겉핥기다!"라고 하면서 소비에트 세대가 받은 교육과 오늘날의 역사교육의 차이점을 지적하면서 포스트소비에트 세대의 전쟁기억에 대한 무관심의 원인을 비판했다.[9] 또한 앞서 소개한 오스트아르바이터의 자녀 여성도 오늘날 젊은 세대의 애국심이 부족하다고 지적하면서 특히 소련 붕괴 후 첫 10년 동안 태어난 1990년대 생들에게서 그런 경향이 두드러진다고 말했다. 1990년대는 옐친 정부 시기인데 앞 장에서 살펴보았듯이 소비에트사회주의 체제의 붕괴 이후 시장자본주의로 이행하는 과도기로서 많은 혼란이 있었고, 국가정체성도 확고히 수립된 시기가 아니었음을 감안한다면 이는 분명 틀린 말은 아니다.

하지만 포스트소비에트 세대 중에서도 푸틴 정부 시기인 2000년대에 성장한 청소년들은 옐친 시기 성장한 청소년 세대와는 달랐다. 뱌지마에서 만난 17세 여학생은 대조국전쟁 당시 전사한 소련군의 유골을 발굴해서 안치하는 발굴단원으로 활동하고 있는데, 그 학생은 자기 도시가 받은 '군사명예의 도시' 칭호가 자기가 살고 있는 도시에 대한 애향심의 근원이라고 밝히면서 그 칭호가 이전과 비교해 뱌지마의 지위를 스몰렌스크주에서는 물론 전국적인 차원에서 월등히 제고시켰다고 주장했다.[10] 그녀는 애국교육이 강조되기 시작한 푸틴 정부 시기에 성장한 포스트소비에트 세대로서 군사명예의 도시 칭호에 대해 긍정적인 태도를 지니고 있었다.

이렇게 지역 주민들의 '군사명예의 도시' 프로젝트에 대한 태도는 나이에 따라, 전쟁 당시 경험에 따라 적극 수용하는 태도부터 무관심한 태도, 심지어 반대하는 태도까지 다양하게 표출되고 있었지만 다수의 주민들은 이 칭호가 자신들뿐만 아니라 자신의 부모 또는 조부모가 전쟁 당시 겪었던 고통과 희생 그리고 전쟁수행을 위해 치렀던 노고에 대한 인정의 징표로서 중요하게 생각하고 있었다. 비록 오스트아르바이터들의 자녀들의 경우 개인적 차원에서 전쟁을 기억하고 있었지만 그렇다고 그들이 '군사명예의 도시'와 같은 국가 프로젝트의 가치를 인정하지 않는 것은 아니었다. 그들은 전쟁에서 작은 지방 도시의 공헌을 인정하는 것은 필요하다는 데에 동감하고 있었으며 스몰렌스크의 구석구석이 모두 군사명예의 도시 칭호에 걸맞은 에피소드를 지닌 곳이라고 강조했다. 비록 그들의 전쟁기억은 트라우마를 먼저 떠올리기는 했지만 자신의 고향에 대한 애향심에 기반한 승리의 서사도 수용하고 있었다.

군사명예의 도시 칭호 획득은 '상상의 공동체'를 토대로 한 지역 주민의 심리적·의식적 측면 외에 지방 도시의 재정적 이해관계와도 직접적으로 연관된 문제였기에 지방 관리들은 칭호에 대해 당연히 긍정적으로 인식하고 있었다. 군사명예의 도시에 선정되면 중앙정부와 주정부로부터 해당 도시의 전쟁 관련 기념물을 포함한 관련 시설 유지·보수 비용, 도시 환경 미화 비용 등 재정적 지원을 받을 수 있기 때문이다. 예를 들어 2007년 군사명예의 도시에 선정된 옐냐의 경우 그해 말 주정부로부터 1,000만 루블의 재정을 도로 보수 비용으로 지원받았다.[11] 그런가 하면 2009년에는 국가 법령에 따라 도로 건설, 군인 묘지, 전쟁기념비 주변 환경 미화 비용으로 2,000만 루블의 재정지원을 받았는데, 이 액수는 옐냐시 연간 재정의 10%에 해당하는 적지 않은 금액이었다.[12] 이에 더해 연방정부도 군사명예의 도시에 대한 재정지원을 제공했는데, 2011년에는 총 21개 군사명예의 도시와 '영웅도시'에 6억 5,000만 루블의 재정지원을 했다.[13] 이는 한 도시당 약 30만 루블을 제공한 셈인 것이다. 이러한 재정적 지원이 분명 지역사회로 하여금 이 칭호를 얻기 위한 동기부여를 했음은 분명하다. 왜냐하면 당시까지 러시아의 많은 소도시들은 중앙 및 지방정부로부터 충분한 재정지원을 받지 못해서 열악한 상태에 놓여 있었고, 그로 인해 투자 유치를 위한 경제적 장점도 많지 않은 상태였기 때문이다.

다만 옐냐의 한 관리는 재정적 지원의 혜택은 군사명예의 도시 칭호를 얻는 데 대한 부수적인 이득이지 최우선의 동기는 아니라고 지적했다. 그 증거로 그는 옐냐가 군사명예의 도시 신청서를 제출한 2007년 초에는 칭호를 받은 도시에 대한 어떠한 재정적 지원 계획도 없었다는 점을 든다. 옐냐의 관리와 주민들에게는 재정지원과는 상관없이 전쟁 승리에 대한 옐냐의 공훈에 대해 국가 차원에서 인정받는 것이 가장 중요한 목표였다는 의미이다.[14]

칭호를 받음으로써 국가 차원에서의 인정을 받고 재정지원이라는 부수적 이득을 얻는 것 외에도 지역개발을 통한 관광 수입 증대도 지방 도시들이 얻을 수 있는 혜택이었다. 이 같은 다양한 혜택을 염두에 두고 2000년대 말부터 스몰렌스크 지역 정부와 관리들은 스몰렌스크 지역이 조국전쟁과 대조국전쟁 승리에 기여했음을 효과적으로 보여줄 수 있는 상징을 만들어내기 시작했다. 이 과정에서 스몰렌스크 지방정부는 스스로를 외적의 침략으로부터 조국을 구해낸 '러시아의 방패(Щит России)'라는 별칭을 선전하기 시작했는데, 2008년 8월 스몰렌스크 주지사는 전국 언론매체 '인테르팍스'와의 인터뷰에서 다음과 같이 스몰렌스크의 역사적 공헌에 대해 선전했다.

우리 지역의 역사와 지리적 위치는 독특하다. 스몰렌스크는 우연이 아니라 실제로 거점도시, 방패도시로 불렸다. 17세기 초반 ['동란의 시기'에] 나라를 구했고 나폴레옹 군대에게는 보로디노 전투 이전에 이미 [스몰렌스크에서] 격렬한 저항에 직면케 했다. … 1941년 9월 대조국전쟁 중에는 최초의 소비에트 근위대가 옐냐에서 탄생했다. 오늘날 스몰렌스크는 '영웅도시'라는 영광스러운 칭호를 갖고 있고 옐냐는 [지난해에] '군사명예의 도시'라는 영예로운 칭호를 받았다.[15]

이렇게 스몰렌스크 지역 주민들과 지방정부는 군사명예의 도시 칭호가 가져다주는 명예와 그에 더해 부수적인 혜택에 대해서도 명확히 인식하고 있었고 따라서 다음 절에서 보듯이 칭호를 받기 위해 다방면의 노력을 기울였다.

스몰렌스크 지역의 '전쟁기억 붐'

러시아 정부가 군사명예의 도시 프로젝트를 시작한 이후 스몰렌스크의 지방정부들은 자기 지역의 전쟁기억을 소환해서 되살리고 추모하는 활동을 적극 추진했다. 스몰렌스크 지역은 앞서 언급했듯이 독일군이 급속히 진격해 와서 점령당하고 또 소련군이 추후 반격을 가하면서 치열한 전투가 벌어진 곳이며, 그 과정에서 전진과 후퇴를 거듭하면서 많은 소련군 전사자가 발생했다. 하지만 전투 중에 시신을 찾아내 묘역을 조성할 시간이 없었을 뿐더러 종전 후에는 물자와 식량 부족으로 허덕이던 일상을 보내던 주민들에게 황폐화된 광활한 스몰렌스크 들판과 숲속에 널브러져 있던 전몰병사 시신을 수습하는 일은 자연히 뒷전으로 밀려날 수밖에 없었다. 또한 스탈린 정부는 앞 장에서 보았듯이 전쟁 초기 지도부의 부실 대응으로 엄청난 인명 피해를 입은 사실을 은폐하고자 했고, 그런 이유에서 유해 발굴 및 안장식을 주도해서 인민들의 아픈 기억을 되살리는 것을 원치 않았다. 그렇게 시간이 흐르는 사이 시신들은 들판과 수풀, 숲속에 남아 있게 되었다. 그 결과 이후 지역 주민들이

들판에서 농지를 경작할 때 심심치 않게 전몰장병의 유해를 발견하게 되었던 것이다.[16] 다만 소련의 개혁·개방이 한창 진행되던 1988년부터 소련 정부는 공식적으로 유해 발굴단을 조직하고 안장식을 시행하기 시작했다.

이후 옐친 정부가 대조국전쟁 승전 50주년 행사를 성대히 치르고 '군대명예의 날'을 제정하면서 스몰렌스크주에서는 전쟁기억에 대한 관심이 고조되었고, 이윽고 1997년에 스몰렌스크 주정부는 '돌크(Долг: 의무)'라는 이름의 자체 발굴단을 조직해서 유해 발굴을 본격적으로 시작했다. 이후 2010년 대조국전쟁 승리 65주년을 기점으로 2012년 조국전쟁 승리 200주년, 2013년 스몰렌스크시 창건 1150주년, 2015년 대조국전쟁 승리 70주년 등을 맞이하면서 스몰렌스크 주정부와 지방 도시는 전쟁기억과 관련한 다양한 행사를 마련하여 자신들 지역의 상징을 개발하는 쪽으로 발전했다. 그 사례로 '바흐타 파먀티(Вахта памяти: 추모의 당직근무)'로 명명된 행사를 들 수 있다. 이는 전쟁 중 사망한 전몰병사의 유해를 발굴하여 안장하고 추모식을 치르는 행사이다. 이 같은 '전쟁기억의 붐' 속에서 2010년 '추모와 애도의 날'(6월 22일, 대조국전쟁 발발일)에는 스몰렌스크의 25개 지역구 중 22개 구에서 '바흐타 파먀티' 행사(유해 안장 및 추모식)가 개최되었다.[17] 그리고 2012년에는 '돌크' 단체 소속 700명의 자원봉사자들이 유해 발굴에 참여해서 스몰렌스크 지역에서 2,500구의 유해를 발굴했고, 이듬해인 2013년에는 '돌크' 단체가 54개 팀을 운영하면서 25회의 유해 안장 및 추모식을 거행했다.[18]

이러한 발굴 활동과 추모식은 치열한 전투가 벌어졌던 전방지역 스몰렌스크의 전쟁경험 및 기억과 긴밀히 연결되어 있었다. 그리고 그 전쟁경험과 기억은 지역정체성의 중요한 부분을 형성하고 있었다. 그런 중에 정부가 제정한 '군사명예의 도시' 프로젝트로 인해 주민들 사이에서는 그동안 제대로 인정받지 못하고 무관심 속에 묻혀 있었던 자신들의 전쟁 중 희생과 노고 등 지역의 공훈을 '군사명예의 도시'가 됨으로써 정부로부터 인정받고자 하는 욕구가 강하게 발현되기 시작했다. 지방정부 입장에서는 군사명예의 도시가 되고자 노력하는 것은 한편으로는 국가정책을 충실히 수행하는 것이고 또 한편으로는 지역사회에 활력을 불어넣고 지역정체성을 새롭게 만들어나갈 수 있으며, 전쟁기억을 활용한 지역 관광상품 개발을 통해 스몰렌스크의 인지도를 전국 차원에서 제고할 수도 있는 1석 3조의 효과를 얻는 일이었다.

그럼 스몰렌스크의 지역 관리들과 주민들이 '군사명예의 도시' 칭호를 얻기 위해 어떻게 노력했는지 대조국전쟁 중 전형적인 전방 도시로서의 경험을 공유하고 있는 옐냐, 벨리시, 카르디모보의 사례를 통해 좀 더 자세히 살펴보자.

'군사명예의 도시'에 대한 갈망

옐냐는 전쟁경험에 있어서 벨리시와 카르디모보에 비해 좀 더 많은 강점을 지니고 있다. 옐냐는 소련의 대조국전쟁사에서 소련 군대가 나치독일군에 대항하여 최초로 성공적인 반격을 가한 지역으로 기록되어 있다. 독일군이 스몰렌스크 지역을 침공한 지 두 달 후인 1941년 9월 6일 옐냐 주둔 소련군은 독일군을 도시 바깥으로 몰아냈다. 비록 옐냐는 두 달 후에 다시 독일군에 점령되어 1943년 8월까지 2년간 독일군 치하에 있었지만 대조국전쟁 중 최초로 독일군을 퇴패시킨 지역이 되었으며, 그로 인해 독일군의 모스크바 진격을 두 달 반 동안 지연시킬 수 있었다.[19] 또한 독일군을 몰아낸 직후인 1941년 9월 18일 옐냐에서 소련 군사령부는 옐냐 전투에서 싸운 연대에서 병력을 차출해 '소비에트 근위대'라는 엘리트부대를 창설했으며,[20] 1943년 8월 소련군의 대반격이 이루어진 스몰렌스크 전투에서 옐냐는 독일군의 퇴각에 결정적 역할을 수행한 지역이 되었다. 이렇게 옐냐 지역에서 격전이 치러지면서 결국 대조국전쟁 중 총 10만 명의 소련군이 이 지역에서 전사했다.[21] 이런 이유로 옐냐에는 전사한 소련군을 추모하는 기념비가 상당히 많은데, 총 93개 기념비 중 83개가 대조국전쟁과 관련된 것이다.[22]

옐냐시 정부는 이러한 전쟁경험을 토대로 옐냐가 '군사명예의 도시' 칭호를 받을 충분한 자격이 있다고 판단하고 2006년 스몰렌스크주를 통해 이 칭호를 받기 위한 신청서를 제출했다. 옐냐 주민들은 2007년 4월 정부의 심사 결과가 발표되기 전부터 시장에게 경축행사를 거행하자고 건의할 정도로 칭호를 받는 것을 확신하고 기대하고 있었다.[23] 그러나 2007년 최초로 행한 정부의 군사명예의 도시 선정 명단에 옐냐가 포함되어 있지 않자 옐냐 시민들은 너무 실망한 나머지 당시 옐냐 출신 연방의회 상원의장이자 정의러시아당 당수 세르게이 미로노프의 스몰렌스크주 방문에 맞춰 주민 100여 명이 서명한 탄원서를 제출했다. 2007년 9월 전달한 탄원서에 주민들은 다음과 같이 그들의 실망을 표출했다.

> 우리 옐냐 주민들은 우리 도시가 '군사명예의 도시'라는 영예로운 칭호를 받을 수 있도록 당신께서 도와주기를 간청드리는 바입니다. 우리는 '대조국전쟁' 당시 옐냐에서 벌어진 역사적 사건들을 생생히 기억하고 있습니다. 이 땅은 우리 아버지들과 할아버지들의 피로 물들었습니다. 우리는 단지 말에만 그치지 않고 명예로운 칭호를 받기 위해 필요한 모든 서류를 제출했습니다. 이후 1년이 경과한 지금까지 아무 통보도 받지 못하고 있습니다. 전승기념일 [5월 9일]에도, 그리고 옐냐 해방의 날[8월 30일]에도 아무 연락 없이 지나갔으며 이제 내일이면 옐냐에서 창설된 소비에트 근위대의 날[9월 18일]이며 곧 스몰렌스크가 [독일군 치하로부터] 해방된 날[9월 25일]입니다. 푸틴 대통령이 많은 사안에 대해 결정을 내려야 함을 알고 있습니다. 우리 고장 출신인 당신께서 옐냐를 지지해 주기를 간청합니다.[24]

하지만 이러한 청원에도 불구하고 군사명예의 도시 선정 임무를 담당한 자문기관인 '승리위원회'의 9월 말 2차 선정 과정에서도 옐냐는 배제되고 다른 도시(말고베크, 르제프, 블라드캅카스)가 선정되었다. 이에 옐냐의 한 언론매체는

그림 4 옐냐의 '군사명예의 도시' 기념비

자료: 필자 촬영(2014.7.23)

승리위원회의 결정을 비난하는 다음과 같은 기사를 실었다.

> 위원회가 한 것은 그냥 주사위를 던진 것이다! … 왜 위원회 수장인 이바노프
> 부총리는 칭호를 받은 도시들의 참전용사와의 관계를 특히 강조했는가? 그
> 들 도시들이 참전용사들을 더 존중한다는 말인가? 옐냐 주민들은 참전용사
> 를 모욕하고 있다는 말인가? 이건 완전히 언어도단이다![25]

이어서 이 기사는 대조국전쟁 때 히틀러의 군대를 성공적으로 저지한 장소는
옐냐이고 이곳에서 "차르 개인의 근위대가 아닌 인민과 국가의 자부심인 소
비에트 근위대가 창설되었다"라고 강조했다.

이러한 기사가 보도된 직후인 그해 10월 놀랍게도 승리위원회는 옐냐를
군사명예의 도시로 선정했고, 스몰렌스크주에서 처음으로 이 영예로운 칭호

를 받은 도시가 되었다. 비록 지역 주민들의 청원서와 지역 언론의 승리위원회에 대한 불만 가득한 비판이 정부의 최종 결정에 영향을 미쳤는지 확실히 알 수는 없지만 지역 주민과 언론의 이 같은 반응은 군사명예의 도시 칭호 획득에 대한 스몰렌스크 주민들의 절박한 바람과 정부 프로젝트에 대한 뜨거운 관심과 호응을 보여주는 것임은 틀림없다.

다음으로는 벨리시의 경우를 살펴보자. 벨리시는 대조국전쟁 동안 레닌그라드처럼 1년 이상 전쟁이 지속된 지역으로 손꼽히는데, 그 과정에서 5만 명의 소련군 병사가 전사했고 2만 명에 가까운 민간인이 희생되었다. 전쟁 당시 전방지역이었던 벨리시 지역 주민들도 옐냐 주민들처럼 전쟁 중의 희생과 공훈을 인정받고 싶고자 하는 바람이 컸다. 따라서 2008년 군사명예의 도시 신청서를 제출했다. 벨리시는 신청서를 제출한 지 4년 후인 2012년 국방부로부터 심사가 아직 진행 중이라는 통보를 받았으나 이후 별다른 통보를 받지 못했다. 2014년 필자가 벨리시를 방문해서 인터뷰한 현지 주민 중 1942년 16세의 나이에 군에 지원하여 간호병으로 근무했던 한 여성은 엄청난 고통을 가져온 전쟁을 견뎌낸 모든 도시는 '군사명예의 도시' 칭호를 받아야 한다고 목소리를 높이면서 다음과 같이 심정을 밝혔다.

> 만약 어떤 도시는 칭호를 받고 어떤 도시는 그 칭호를 받지 못한다면 못 받은 도시에게는 모욕이다.[26]

벨리시의 한 관리도 지역 주민들은 벨리시의 이름이 현재 모스크바에 조성된 '군사명예의 도시' 기념비에 적혀 있지 않은 데 대해 '모욕감'을 느끼고 있다고 말하면서 다음과 같이 강조했다.

> 내 고장이 작은 마을이었기 때문에 … 르제프, 모스크바, 노보시비르스크와는 달리 역사책에는 등장하지 않는다. … 비록 벨리시는 작은 마을이었지만

600일 동안 적군과 아군 간에 전선이 형성되어 전투가 지속된 곳이었다. …
벨리시는 국경지역에 위치해 있어서 역사상 늘 국경 방어를 위해 나섰다. 이
것이야말로 우리 고장의 역사적 근간을 이루고 있는 것이다.[27]

그런가 하면 2008년 벨리시 지역의 수장은 스몰렌스크주 당국에 대통령
메드베데프에게 벨리시가 군사명예의 도시 칭호를 받을 수 있게 해달라고 청
원해야 한다고 요청했고, 스몰렌스크 주지사는 그 요청을 받아들여 그해 6월
대통령에게 청원서까지 보냈다.[28] 하지만 벨리시는 이후 정부로부터 아무 연
락도 받지 못했다. 하지만 벨리시는 칭호를 받는 것을 포기하지 않고 지속적
인 노력을 기울였다. 그 노력 중 하나가 대조국전쟁의 전몰장병 유해 발굴과
추모식의 개최였다.

대조국전쟁 당시 전방지역이었던 스몰렌스크 지역에서는 2000년대 중반
이후 유해 안장 및 추모식이 매달 2~3번에 걸쳐 일상처럼 진행되고 있었는
데, 벨리시도 전몰병사 유해 발굴과 안장 및 추모식을 지역 인지도를 전국적
차원으로 고양하는 계기로 활용했다. 이는 분명 벨리시가 '군사명예의 도시'
칭호를 받는 것을 정당화하는 데 도움이 되는 것이었다. 벨리시 지역에서 발
굴된 유해의 친인척들은 안장식에 참석하기 위해 카잔, 타타르스탄, 노보시
비르스크 등 러시아 전역은 물론, 카자흐스탄에서도 벨리시를 방문했다. 또
한 안장식 후에도 일가친척들은 정기적으로 벨리시를 방문하여 전몰병사들
의 무덤을 찾았는데, 벨리시 당국은 타지에서 온 전몰병사 가족들을 위해 벨
리시 지역의 기념비나 추모 장소 방문을 도와주는 프로그램까지 만들어 운영
하기 시작했다.[29] 이렇게 전몰병사 안장식은 벨리시를 전국에 알리는 역할을
톡톡히 했다. 이바노보주에서 안장식 참석 차 벨리시에 온 한 방문객은 벨리
시에서 유해가 발견되지 않았다면 솔직히 벨리시가 어디 있는 도시인지 알지
못했을 것이라 밝히기도 했으며, 이바노보와 블라디미르주 정부는 벨리시로
TV 취재팀을 파견해서 유해 발굴 작업을 보도하기도 하는 등 병사의 유해 발

그림 5 벨리시의 대조국전쟁 전몰장병 추모공원의 기념비

자료: 필자 촬영(2014.7.29)

굴과 안장 및 추모식은 벨리시의 상징이 되어가고 있었다.[30] 이런 상황에서
2008년 7월 벨리시 시위원회 책임자 알렉산드르 그렌코는 다음과 같이 강
조했다.

> "우리가 벌이고 있는 캠페인은 헛된 것이 아니다. … 죽은 병사들이 벨리시를
> 러시아 전역의 사람들과 연결시켜 주고 있다."[31]

주의회 의원이나 부주지사 등 지역의 고위 관리들과 정치인들도 유해 안장식
및 추모식의 상징적 중요성을 인식하고 그 행사에 참여하곤 하는데, 이 행사
는 이제 벨리시의 대표적 '브랜드' 역할을 톡톡히 하고 있다. 벨리시 지도자
들은 이러한 전쟁기억을 활용한 행사를 통해서 도시의 특성과 정체성을 만들

그림 6   스몰렌스크 지역에서 거행된 전몰병사 유해 안장식(2013.8)

자료: http://xn--80aafbpfcowwcbbdmqnh4f3dsb6c.xn--p1ai/news/1378205454

어가고 있으며, 그를 바탕으로 자신들의 도시가 군사명예의 도시에 선정될
수 있도록 노력하고 있다.

전몰장병 유해 발굴과 안장식을 활용하고 있는 벨리시와는 달리 카르디모
보 지역은 전쟁 당시 격전지를 전쟁기억 상징으로 활용하고 있다. 그중 한곳은
루비노(Лубино)이다. 스몰렌스크 동쪽 20km에 위치한 이 지역은 1812년
나폴레옹 군대가 침공했을 때 프랑스와 러시아군의 전투가 벌어진 곳인데,
그 전투에서 5,000명의 러시아 군인과 8,000명의 프랑스 군인이 사망할 정
도로 치열한 공방전이 벌어졌다. 마침 2007년 러시아 정부가 지방의 전쟁기
억을 고취하는 군사명예의 도시 프로젝트를 시작한 이후 지방정부들이 지역
의 전쟁기억을 새롭게 발굴해서 조명하기 시작했는데, 카르디모보 지방정부
도 예외는 아니었다. 카르디모보 지방정부는 2010년 지방의 비영리단체 '프
리미레니예(Примирение: 화합)'의 후원으로 제1회 '루비노 전투 재연 행사'

를 개최했다.[32] 2011년에도 개최된 이 행사에는 러시아 전국은 물론 인근 국가에서 40여 개의 군사사(軍事史) 동호인 모임이 참가해 성황을 이루었는데, 행사를 후원한 '프리미레니예' 단체의 야신스키 회장은 루비노 전투가 1812년 벌어진 조국전쟁의 10대 전투 중 하나임에도 불구하고 역사 교과서에는 등장하지 않는다고 지적하면서 정부에 이 문제를 제기하고 교과서 개정을 요청할 것이라고 밝혔다.[33] 그런가 하면 행사 이후 스몰렌스크 주지사는 앞으로 매년 이 행사를 개최할 것이라고 공식 발표를 했다.[34] 조국전쟁 200주년을 앞두고 전국적으로 조국전쟁 관련 행사, 전시회, 언론보도가 점증하는 상황 속에서 스몰렌스크의 한 작은 지방정부가 전쟁기억 발굴과 행사를 시작하자 주정부가 나서서 적극 지원에 나선 것이다.

이러한 전쟁기억 고취 분위기 속에서 2013년 카르디모보 지방정부 홈페이지는 루비노 전투를 "러시아군의 부인할 수 없는 전략적 승리"라고 평가하면서 "루비노 전투에 바치는 기념비"라는 제목의 사이트를 소개했다. 이 사이트는 루비노 전투로 인해 나폴레옹은 개전 이후 처음으로 러시아와 평화협정 체결을 고민하게 되었고, 결국 차르 알렉산드르 1세에게 협정 체결 의사를 묻는 서신을 보냈다고 강조하고 있다.[35] 또한 이 사이트는 루비노 전투에서 치른 희생의 대가로 러시아군은 곧 다가올 결정적인 전투인 보로디노 전투를 위한 주력 부대와 자원을 보존할 수 있었다고 강조하면서 루비노 전투의 중요성을 다시 한 번 일깨우고 있다. 이런 맥락에서 카르디모보 지방정부는 매년 루비노에서 개최되는 전쟁 기념행사 행사의 선전 문구를 "과연 루비노 전투가 없었다면 보로디노 전투에서 싸우는 것이 가능했을까?"로 적고 있다.

이렇게 카르디모보 지방에서 벌어진 전투 자체의 중요성을 선전하고 강조하면서 카르디모보 지방정부는 200년 전 전투가 벌어진 루비노를 성지로 만들 수 있는 상징도 개발해서 선전하고 있다. 그 상징은 '자작나무'이다. 다만 이 나무는 평범한 나무가 아니라 정교회 십자가 형상을 하고 있는 나무로, 2011년 루비노 전장 근처에서 우연히 눈에 띈 것이었다. 이후 지방정부는

그림 7   루비노 들판의
십자가 형상의 자작나무

자료: http://primirenie-sml.ru/lubinskoe-chudo/in
dex. html

이 나무에 '루비노의 기적'이라는 이름을 붙여서 2012년 개최된 전투 재연 행사 참석자에게 소개했다. 그리고 지방정부는 조국전쟁 승리 200주년 해인 2012년 이 나무의 이미지를 조국전쟁 승리 기념으로 1883년 건설된 모스크바의 '구세주 그리스도 대성당(Храм Христа Спасителя)'에 헌정했다.[36] 이는 그야말로 지방당국과 지방의 엘리트들이 원했던 지방의 전쟁 경험을 국가 단위의 전쟁 서사에 '삽입'시키는 작업이자 성과였다.

카르디모보 지방정부는 루비나 들판 외에 또 다른 장소를 전쟁기억의 상징으로 만들어 선전하고 있다. 그곳은 다름 아닌 스몰렌스크에서 동쪽으로 100km 떨어진 솔로비요보(Соловьёво)라는 작은 마을 옆을 흐르는 드네프르강 옆의 나루터이다. 이 나루터에서 조국전쟁 때인 1812년 7~8월 러시아 군대와 주민들이 강을 건너 후퇴했고, 129년 후에 발발한 대조국전쟁 초반인 1941년 7월 주민들이 역시 이 나루터에서 강을 건너 피난을 갔다. 반면 소련군은 이 나루터로 강을 건너와서 인근의 독일군과 치열한 전투를 벌였다. 이처럼 이 나루터는 전략적 요충지였다. 1941년 7월 말에는 독일군이 이 나루터를 점령했으나 곧 소련군 장군 로코솝스키가 이끄는 부대가 탈환했고, 이때 독일군에게 포위되었던 소련군 수만 명과 수천 대의 차량이 강을 건너 후퇴할 수 있었다. 하지만 곧 독일군이 이곳을 재탈환해 1943년까지 점령하게 된다. 이렇게 나루터를 놓고 공방을 벌이는 과정에 10만 명 이상의

그림 8 대조국전쟁 중 솔로비요보 나루터의 파괴된 군용 장비

자료: https://glavnayatema.com/?p=109447

소련군이 전사했다.[37]

　소비에트 시기에는 솔로비요보 전투에 대해서 공식적으로나 비공식적으로 거의 논의되지 않았다. 왜냐하면 정부 차원에서 지도부의 실책으로 인해 다수의 아군 희생을 야기한 전투에 대해 언급하는 것을 피했기 때문이다. 따라서 소련 시기 발간된 역사책에는 솔로비요보 전투에 대해서 "파시스트 공격 능력을 약화시키고 시간을 벌어 소련군 지도부가 모스크바 방어선을 강화할 수 있는 시간을 벌어주었다"라고만 간략히 기술하고 있다.[38] 소련 말기 개혁·개방 시기가 되어서야 솔로비요보 전투에서 소련군의 엄청난 희생이 있었다는 점을 언급하기 시작했으며,[39] 2000년대 초에 비로소 지방정부는 나루터 부근에 기념비를 세우고 나루터에서 100여m 떨어진 곳에 작은 예배당을 세워 죽은 병사들을 추모하기 시작했다. 하지만 2000년대 말까지만 해도 솔로비요보 전쟁터를 찾는 방문객은 거의 없었다.[40]

그림 9 솔로비요보 나루터의 대조국전쟁 기념비

자료: 필자 촬영(2014.7.21)

하지만 2010년 대조국전쟁 승리 65주년 기념일을 계기로 지방정부는 솔로비요보 나루터를 실패한 군사작전이나 치욕의 관점에서가 아닌 소련군 병사들의 '조국을 위한 희생과 용기'가 발현된 '성스러운 장소'로 묘사하기 시작했다. 카르디모보 지방정부는 2010년 7월 30일 '솔로비요보 나루터 국제관광 축제'를 개최해서 애국 노래 경연대회, 대조국전쟁 당시 나루터 부근의 전투 장면 재연 행사는 물론, 밤에는 조국전쟁과 대조국전쟁에서 전사한 병사를 추모하는 촛불을 강 위에 흘려보내는 '촛불의 밤' 행사도 개최했다.[41]

또한 이 행사 이후 스몰렌스크 지역 언론과 지방정부는 솔로비요보 나루터를 단지 지방 한 곳에 국한된 관광지가 아니라 전국 차원의 관광 명소로 선전하기 시작했다. 일례로 2010년 8월 스몰렌스크의 지역신문 ≪라보치 푸티(Рабочий путь: 노동자의 길)≫는 솔로비요보 나루터를 러시아 역사에서 조국을 방어한 3대 전투가 벌어진 장소(1242년 알렉산드르 넵스키가 러시아를 침공

그림 10 카르디모보 지방정부가 제작한 선전용 비닐봉지와 접시

주: 비닐봉지의 지도에 솔로비요보 나루터가 둥근 점으로 표시되어 있고, 조국전쟁과 대조국전쟁
　　발발 연도인 1812년, 1941년이 쓰여 있다. 오른쪽의 접시 상단에는 루비노 들판의 십자가 형상
　　의 나무와 솔로비요보 나루터의 이미지가 그려져 있다.
자료: 필자 촬영(2014.7.31)

한 독일기사단을 물리친 '기적의 호수', 1380년 드미트리 돈스코이가 킵차크칸국 군대
를 물리친 '쿨리코보 평원', 1812년 조국전쟁 중 나폴레옹 군대에 엄청난 희생을 안겨준
'보로디노 평원')와 동급으로 묘사하면서 국가 차원의 명승지로 묘사했다.[42]
　카르디모보 지구의 수장 올레크 이바노프(Олег Иванов)도 2011년 지방
언론과 가진 인터뷰에서 솔로비요보 나루터는 단순히 카르디모보나 스몰렌
스크주의 상징이 아니라 '러시아의 상징'이라고 강조하면서 다음과 같이 비
판했다.

　　스몰렌스크 지역의 역할이 러시아 역사에서 경시되어 있는 것처럼 스몰렌스
　　크 지역의 역사에서 카르디모보의 역할이 경시되어 있다.[43]

결국 카르디모보 지방 당국은 2012년 2월 솔로비요보 나루터를 지역 차원
의 명소가 아닌 국가 차원의 전국 수준의 명소로 만들기 위해 대담한 조치를
취했다. 푸틴 대통령에게 다음과 같은 공개 청원서를 보낸 것이다.

푸틴 대통령님,

저희 스몰렌스크주 카르디모보 주민들은 대통령님께 탄원드립니다. 오늘날 … 사람들은 역사를 망각하고 개인 일에만 몰두합니다. … 나라의 미래에 대해서는 생각하지 않습니다. 그 결과 우리 역사와 영웅적인 역할을 한 선조들의 역사에 대해서는 망각합니다. … 현재 러시아의 법은 조국을 위해 치열한 전투에서 용기, 인내, 영웅심을 발휘한 도시에 '영웅도시'와 '군사명예의 도시'라는 영예로운 칭호를 수여한다고 규정하고 있습니다.

그러나 우리나라에는 [도시 외에도] 러시아 역사는 물론 세계사 전개 과정 속에서 심대한 영향을 미친 '장소'들이 많이 있습니다. 솔로비요보 나루터는 그런 장소 중 한 곳으로 치열한 전투가 벌어지고 용기, 인내, 영웅심이 발휘된 곳입니다. 그럼에도 불구하고 러시아에서 아주 독특한 이 장소는 아직까지 국가 차원에서 합당한 법적 지위를 얻지 못했습니다. … 이 같은 상황은 우리나라와 카르디모보의 운명에 대해 깊은 우려를 낳고 있습니다. 따라서 저희는 대통령님께 [도시는 아니지만 특정 장소에 대해서도] '용기와 명예의 장소(Место доблести и славы)'와 같은 칭호를 부여하는 규정을 연방법령으로 마련해 주실 것을 호소합니다.[44]

카르디모보 지구의 경우 이제까지 살펴보았듯이 대조국전쟁 중에 치열한 전투가 벌어진 곳이지만 앞서 살펴본 벨리시보다 인구가 적어서 행정단위가 시가 아니고 지구(район)에 속하므로 군사명예의 '도시' 자격 요건을 갖추지 못했다. 이바노프 지구장은 2014년 필자와의 인터뷰에서 현행법에는 '영웅도시', '군사명예의 도시' 외에 대상을 더 확장한 '영웅마을', '영웅부락'과 같은 칭호는 명시되어 있지 않다고 지적하면서 이런 이유로 푸틴 대통령에게 군사명예의 도시 칭호와는 별개로 '용기와 명예의 장소'라는 칭호를 제정해 달라고 탄원했다고 설명했다.[45]

$$* \quad * \quad *$$

그러나 카르디모보 지역 주민의 청원은 수용되지 않았다. 또한 앞서 살펴본 벨리시도 현재까지 군사명예의 도시에 선정되지 못했다. 하지만 한 가지 확실한 것은 소도시의 전쟁 공훈을 기리는 군사명예의 도시 프로젝트는 분명 전례 없는 국가 프로젝트로서 전방지역에서 위치해 수많은 외적의 침략을 경험한 스몰렌스크 지역 도시들의 큰 관심을 불러일으켰다는 점이다.

스몰렌스크 지역의 전쟁경험은 분명 후방지역의 도시들과는 전혀 다른 것이었다. 따라서 스몰렌스크의 주민들, 특히 참전용사와 전쟁을 경험한 세대들에게 '군사명예의 도시' 칭호는 진작 받았어야 할 명예의 징표였다. 그에 더해 지방의 작은 도시와 마을의 경우 그 칭호는 단지 명예로운 상징 외에도 중앙정부로부터의 재정지원을 받을 수 있는 계기를 마련하는 것이며 또 한편으로 지역의 관광사업 활성화를 용이케 해 경제적 이득을 얻을 수 있는 기회이기도 한 것이었다. 이런 점에서 1990년대 이래 한동안 중앙 및 지방정부로부터 적절한 지원과 관심을 받지 못해 어려운 상황에 놓였던 지방의 소도시에게 '군사명예의 도시'라는 칭호는 국가로부터의 인정을 의미하는 것은 물론 '재생' 내지 '부활'의 의미도 내포하고 있다.

이런 점에서 군사명예의 도시 프로젝트는 지역 주민들에게 자기 도시와 마을에 대한 새로운 관심과 애향심을 불러일으켰고, 지방정부는 자기 고장의 새로운 상징을 만들어내기 시작했다. 이러한 작업은 지역의 전쟁기억을 토대로 지역정체성을 재정의·재해석하는 일종의 '지역 브랜딩' 작업으로,[46] 전몰용사 유해 발굴과 안장식 거행, 역사적으로 유명한 전쟁터에서의 전투 장면 재연 등을 예로 들 수 있다. 그에 더해 지방정부는 자기 지역의 전쟁경험과 기억을 전국 차원, 국가 차원의 역사 서술에 '등재'시켜 지역의 위상 제고를 위한 노력을 기울이기 시작했다.

지역 주민들과 지방정부의 이 같은 적극적이고 자발적인 반응은 중앙정부의 전쟁기억 프로젝트가 특정 지역, 즉 전방지역에 활력을 불어넣고 애향심을 부추기며 동시에 애국심 고양 및 중앙정부 시책에 적극 반응하고 큰 관심을 기울이게 하는 데 성공했음을 보여준다. 동시에 군사명예의 도시 프로젝트는 전방지역 곳곳에 중앙정부의 존재감과 위상을 각인시키면서 변방지역을 단속하고 중앙과의 결속을 강화시키는 역할도 했음을 보여준다.

제11장

극동의 전쟁기억과 기념

사할린과 하바롭스크

1939년 9월 1일 독일의 폴란드 침공으로 시작되어 1945년 9월 2일 일본의 무조건 항복으로 종식된 6년에 걸친 제2차 세계대전과 관련하여 오늘날 러시아인들에게 가장 중요한 기념일은 제2차 세계대전 기간 중 소련이 나치독일과 싸워 승리한 대조국전쟁 승전일인 5월 9일이다. 그에 비해 제2차 세계대전 막바지인 1945년 8월 9일부터 9월 2일까지 20여 일 동안 극동지역에서 전개된 소련-일본전쟁에서 소련의 승리는 이미 소련 시절에 잊히기 시작했다.

　1945년 2월 얄타회담에서 처칠, 루스벨트, 스탈린은 독일 항복 2~3개월 후 소련이 나치독일의 동맹국인 일본에 대한 공격을 개시하는 데에 합의했고 그에 따라 소련은 8월 8일 일본에 선전포고하고 다음 날 새벽, 일본 관동군이 점령하고 있던 만주지역, 남사할린, 쿠릴열도, 그리고 한반도 북부지역을 공격했다. 3주 후인 8월 말 소련 군대는 일본군을 궤멸시키고 일본군 점령

지역을 해방했으며, 얄타회담에서 3개국 정상이 합의한 대로 소련은 남사할린과 쿠릴열도를 자국 영토로 합병했다.[1] 결국 9월 2일, 일본은 미국 순양함 미주리호 갑판 위에 집결한 미국, 소련, 중국, 영국, 프랑스 등 연합국 대표 앞에서 무조건 항복문서에 서명했고, 그다음 날 스탈린 정부는 9월 3일을 1905년 러-일전쟁 패배 이후 "40년을 기다렸던" '일본에 대한 전승기념일'로 선언했다.[2] 이듬해인 1946년 9월 3일 스탈린 정부는 모스크바를 비롯한 소연방공화국 수도와 하바롭스크, 블라디보스토크에서 축포를 쏘며 일본에 대한 전승일 행사를 거행했다.[3]

그러나 1947년 스탈린 정부는 대조국전쟁 초기 소련 지도부의 실책과 전쟁의 상처를 되살리지 않기 위해 대조국전쟁 전승일인 5월 9일을 평일로 전환했고 마찬가지로 소-일전쟁 승리기념일도 평일로 바꿔버림으로써[4] 인민들 사이에서 전쟁의 기억을 축소하고자 했다. 이후 소련 정부는 소-일전쟁 승리기념일 행사는 개최하지 않고 대신 간헐적으로 9월 3일 자 당 기관지 ≪프라브다≫에 소-일전쟁 승리의 의의에 대한 해설 기사만을 실었다.[5] 이후 1965년 브레즈네프 정부는 대조국전쟁 동안 영웅적으로 싸웠던 전쟁기억을 소비에트 애국심 강화 기제로 사용하기 위해 5월 9일을 다시 공휴일로 전환하고 전승기념일 행사를 성대히 치르기 시작했지만,[6] 9월 3일은 공휴일로 전환하지 않고 계속 평일로 남겨두었다. 다만 1965년부터 1985년까지 5년 주기로 9월 3일 즈음에 ≪프라브다≫에 소련의 대일본 전쟁 승리 의의에 대한 기사를 실었고, 10년 주기로 9월 3일에 모스크바와 각 공화국 수도, 그리고 극동의 거점도시인 하바롭스크와 블라디보스토크, 치타, 페트로파블롭스크-캄차츠키와 소련군이 해방한 유즈노-사할린스크에서 축포를 쏘는 행사를 개최했을 뿐이다.[7] 이렇게 공식적인 대일 전승일 행사가 뜸하게 행해지면서 소-일전쟁은 '잊힌 전쟁'이 되어갔고 대조국전쟁에서의 소련 승리와는 달리 일본에 대한 승리의 기억은 소련 인민의 집단기억이나 대중문화 속에 깊게 스며들지 못했다.

소련 정부가 소-일전쟁 승리기념일을 상대적으로 '홀대'한 이유와 소-일
전쟁이 '잊힌 전쟁'이 된 이유는 대조국전쟁과 비교해 그 규모, 기간, 사상자
수가 월등히 적었고, 그에 따라 소련 사회에 미친 여파 또한 미약했기 때문이
다. 소-일전쟁의 성격에 대해 좀 더 상세히 살펴보자. 첫째, 극동지역이라는
제한된 지역에서 상대적으로 짧은 시기에 제한된 수의 군인들이 참전했던 소
-일전쟁은 '국지전' 성격이 강했다. 그와 달리 대조국전쟁은 '총동원 전쟁'으
로 말 그대로 전 국민이 동원되어 일부는 전방의 군인으로, 나머지는 후방 군
수공장 노동자로 싸우고 일했던 전쟁이었다. 또한 제2차 세계대전의 사망자
대부분은 대조국전쟁 중에 발생했고, 제2차 세계대전과 관련한 영웅담은 대
부분 나치독일과의 전투와 관련된 것이었다. 비록 일본군 점령지역을 해방
하는 과정에서도 소련군 사상사가 발생했지만, 그 수는 대조국전쟁의 사상
자 수에 비교하면 비교가 안 될 정도로 적은 숫자였다. 소-일전쟁 중 소련군
그리고 소련연합군으로 참전한 몽골군의 사망자 총수는 1만 2,000명이었던
데 비해 대조국전쟁 당시 사망한 소련군 숫자는 866만 8,000명에 이른다.[8]
즉 722배가 더 많다.

둘째, 러시아의 일본 전문가 드미트리 스트렐츠코프가 강조했듯이 나치독
일과 달리 일본은 소련을 직접 공격하지도 않았고 소련 인민에게 큰 고통을
안기거나 소련 경제에 큰 손실을 입히지도 않았다.[9] 비록 남사할린, 쿠릴열
도 등에서는 8월 초 소련-일본 군대 간 전투가 벌어졌지만, 그 외의 극동지
역은 제2차 세계대전 중 전투가 일어난 적이 없었다. 또한 나치독일에 대한
전시 선전과는 달리 스탈린 정부는 제2차 세계대전 기간 중 일본에 대한 어
떠한 증오나 부정적 감정을 불러일으키는 선전·선동을 한 적이 없다.[10] 그 이
유는 스탈린 정부가 1941년 4월 일본과 불가침조약을 체결한 후 경솔하게
일본을 자극하면 일본이 독일 편에 합류하여 소련에 대항할 수도 있다고 판
단하고 불필요한 행동을 피했기 때문이다. 그도 그럴 것이 일본이 공격해 올
경우 소련은 서부와 극동, 두 개의 전선에서 싸워야 했기 때문이다.[11]

셋째, 만주지역과 쿠릴열도에서 일본군과의 전투는 일본군이 8월 20일경부터 항복하기 시작하면서 실제로는 2주간만 지속했다. 반면 나치독일과의 전투는 거의 4년이 지속했다. 이런 다양한 이유로 인해 이미 소련 시절 서서히 잊혀간 소-일전쟁 승리에 대한 기억은 소련 붕괴 후 러시아 정부가 대일전승일을 공식 기념일에 아예 포함하지 않음으로써 한동안 러시아 시민들의 기억에서 거의 사라져갔다.

그러나 제9장에서 보았듯이 메드베데프 정부는 갑작스레 9월 2일을 '제2차 세계대전 종전일'이라는 기념일로 지정했다.[12] 왜 러시아 정부는 전쟁 종식 반세기가 지나서 잊힌 전쟁의 기억을 되살려야 했을까? 과연 소-일전쟁이 일어났던 극동지역 주민들에게 이 전쟁의 승리는 어떤 의미를 갖는가? 극동의 지방정부와 엘리트들은 어떤 방식으로 소-일전쟁의 승리를 지역정체성을 공고히 하고 지역의 위상을 제고하는 데 이용했는가?

이에 대해 살펴보기 위해 이 장에서는 소-일전쟁 전승일을 중앙정부와 극동지역 지방정부가 각각의 이해관계를 위해 어떻게 사용하고 있는지, 지방정부가 소-일전쟁 승리와 관련한 상징을 어떻게 만들어내고 있으며, 그것을 이용해 어떻게 지역정체성을 재구축하고 공고히 하고 있는지 살펴보겠다. 이를 통해 궁극적으로 극동지역의 전쟁기억과 지역정체성의 상관관계를 밝히고자 한다.

이제까지 러시아의 전쟁기억에 대해서는 주로 대조국전쟁과 관련한 연구가 많으며 그 때문에 지리적으로 주로 서부 전전과 우랄산맥 이서의 유럽 러시아 지역의 전쟁기억에 대해 관심이 집중되었다.[13] 극동지역에서 벌어진 소련-일본 간 전쟁에 대한 연구 또한 최근 늘어나고 있지만 전쟁의 양상과 종전 후 소련-일본 간 영토분쟁에 대해 중앙정부 및 국가 차원에서 접근한 연구가 대부분이고,[14] 소-일전쟁에 대한 탈소비에트 시기 극동지역의 전쟁기억과 그 기억을 이용한 극동의 지방정부 및 엘리트들의 지역정체성 확립 모색에 대한 연구는 찾아보기 어렵다. 따라서 본 연구는 이제까지 많이 연구되지 않은 1945년 8월 소-일전쟁 기억이 포스트소비에트 러시아에서 어떻게 소비되고 있는지에 대해 중앙-지방 관계, 전쟁기억, 기억의 정치학 등의 접근법을 이용해 중앙의 관점은 물론 극동지역의 관점에서도 살펴봄으로써 기존 연구의 공백을 메우고자 한다.

극동지역의 경우 아무르와 하바롭스크 지역은 물론 특히 사할린주의 사례에 주목했는데, 그 이유는 사할린섬 남부는 소-일전쟁 후 40년 동안의 일본 점령에서 해방되었고, 종전 후 오늘날까지 일본과 영토분쟁을 겪고 있는 남쿠릴열도 또한 사할린 행정구역에 포함되므로 소-일전쟁에 대한 기억이 극동 내 여타 지역보다 강하게 남아 있기 때문이다.

극동지역의 전쟁기억

2010년 러시아 정부가 제2차 세계대전 종전일인 9월 2일을 기념일로 제정하기 전에는 러시아에서 이날을 매년 정기적으로 기념하는 도시는 거의 없었다. 소련 붕괴 이후 20년 동안 '대조국전쟁'과 '제2차 세계대전'이라는 용어 사용의 빈도를 추적해 보면 러시아인들은 제2차 세계대전의 기억과 관련해서는 압도적으로 대조국전쟁의 승리와 연결 짓고 있었고, 소-일전쟁 승리는 파시스트 침략자·점령자들에 대항해 조국을 수호한 것과는 직접적 연관성이 없는 것으로 인식하고 있었다.[15] 다만 러시아 주요 도시들은 2000년의 제2차 세계대전 종전 55주년, 2005년의 60주년 기념행사 정도만을 개최하는 정도였다. 예를 들어 모스크바시는 2000년 9월 2일 제2차 세계대전 종전 55주년 행사 일환으로 무명용사의 묘, 모스크바-영웅도시 기념비, 주코프 장군 동상 등에 헌화하고, 볼쇼이 극장에서 기념 콘서트 등을 개최했다.[16] 제2차 세계대전 기간 내내 후방으로 남았던 서시베리아의 튜멘시 경우 시의 참전용사회가 제2차 세계대전 종전 60주년 행사 일환으로 2005년 9월 2일 참전용

사 70명을 초청하여 소-일전쟁 당시 전사자들을 위한 묵념 행사와 간단한 축하연을 베풀었다.[17]

하지만 극동지역 도시들은 달랐다. 제2차 세계대전 종전 55주년, 60주년과 같은 중요한 해 외에도 이미 2010년 이전부터 매년 제2차 세계대전 종전기념일 행사를 개최했다. 왜냐하면, 극동지역은 소-일전쟁의 '전방'이었고 20세기 초반부터 극동지역에서 지속되어 온 일본과의 마찰이 소-일전쟁 승리로 일단락되었다는 역사적 의의를 지니기 때문이었다. 일본은 러-일전쟁(1904~1905)의 승리 이후 남사할린을 점령하여 1945년 소-일전쟁 발발 시까지 점령하고 있었고, 러시아 내전 때에는 러시아의 혼란스러운 정국을 틈타 일본군이 극동지역에 진출(1918~1922)하기도 했으며, 만주지역에서는 1939년 소련과 국경분쟁을 벌이는 등 극동지역에서 위협적인 존재로 오래 남아 있었다. 그러나 1945년 8월 소-일전쟁의 승리로 극동지역에서 일본의 위협은 일단락되었고, 그에 더해 러-일전쟁 패배 후 빼앗긴 사할린 남부지역의 영토를 탈환했고, 쿠릴열도도 점령하여 소련 영토로 귀속시켰다. 이 같은 성과를 이룬 소-일전쟁은 여타 지역에 비교해 극동 러시아에서는 더 특별한 의미를 지니는 것이다.

이런 연유로 1945년 8월 9일 일본 관동군에 대한 소련군의 공격이 개시된 지점 중 한 곳인 아무르주 블라고베셴스크시 정부는 이미 2010년 이전부터 매년 제2차 세계대전 종전기념일 행사를 거행해 왔다. 다만 2010년 이전에는 소련 시기 관행에 따라 9월 3일에 종전기념일 행사를 치렀다. 일례로 2004년 9월 3일, 블라고베셴스크시 당국은 '군국주의일본에 대한 승리' 기념행사의 일환으로 1945년 8월 당시 아무르강을 도하해서 일본군이 장악하고 있던 헤이허(당시 명칭: 사할란)시를 공격할 때 사용한 소련군 보트 기념비에 헌화했고 당시 작전 중 전사한 병사를 추모하는 화환을 아무르강에 띄워 보냈다.[18]

마찬가지로 사할린섬과 쿠릴열도를 행정구역으로 포괄하고 있는 사할린주 정부도 2010년 이전부터 9월 3일 종전기념일 행사를 거행해 왔다. 사할린주에서 이날은 러시아의 그 어느 지역보다도 특별한 의미를 지닌다. 일본의 패망으로 인해 남사할린과 쿠릴열도가 소련 영토로 귀속되었기 때문이다. 이 때문에 사할린주야말로 알렉산드르 호로샤빈(A.B. Хорошавин) 주지사가 2013년에 강조했듯이 "수십 년 동안 이날을 기념해 온 러시아에서 몇 안 되는 지역"인 것이다.[19] 그 예로 2002년 사할린주의 수도 유즈노-사할린스크에서 전승기념일 행사가 개최되었는데, 당시 주지사 이고리 파르훗디노프(И.П. Фархутдинов)는 기념연설에서 극동지역에서의 "위대한 승리"의 가치는 결코 전쟁 기간이 짧다고 해서 감소하는 것이 아니라고 지적하면서 "우리는 이 영토를 누구한테도 넘겨주지 않기 위해 모든 일을 다 해야 한다"라고 강조했다.[20] 이듬해인 2003년 9월 3일 사할린주 정부가 개최한 기념식 행사는 참전용사, 지역 주민, 학생, 지방 관리 등 1,000명 이상의 군중이 모인 가운데 성대하게 치러졌고 지방 언론은 "일본 군국주의자들로부터 남사할린과 쿠릴열도 해방 58주년 행사"라는 제목으로 기념식을 보도했다.[21] 또 다른 지방 언론은 사할린 주민들에게 9월 3일은 5월 9일에 이은 또 하나의 "승리의 날(День Победы)"이라고 보도했다.[22] 이윽고 2008년 6월 사할린주 정부는 9월 3일을 '일본 군국주의자들로부터 남사할린과 쿠릴열도를 해방한 날'로 제정했다.[23]

위 도시 외에도 하바롭스크, 블라디보스토크, 페트로파블롭스크-캄차츠키 같은 극동지역 주요 도시들도 2010년 이전부터 매년 9월 2일 또는 3일에 전승 기념 및 제2차 세계대전 종전 기념행사를 개최했다. 하바롭스크주는 2009년 9월 2일 하바롭스크에서 제2차 세계대전 종전 64주년 기념행사를 개최했는데, 그 행사에 극동연방관구 대통령 전권대표, 하바롭스크변강 주지사, 하바롭스크 시장 등 주요 인사들이 참석한 가운데 추모 묵념, '영원한 불꽃'에 헌화 행사가 진행되었고, 소-일전쟁 당시 자바이칼관구 사령관이었던 로디온 말리놉스키(Р.Я. Малиновский) 장군 동상에 헌화 행사가 거행되

었다.[24]

이렇게 러시아 여타 지역과는 달리 극동지역에서는 소-일전쟁의 승리와 제2차 세계대전 종전일을 이미 2010년 러시아 정부가 공식 기념일로 지정하기 전부터 매년 기념해 왔다. 이는 극동지역 주민들과 지방정부 당국자들에게 소-일전쟁의 승리는 제2차 세계대전에서 잊혀서는 안 될 극동지역 고유의 역할이 있음을 보여주는 역사적 사건으로 극동지역의 지방정체성을 구성하는 주요 요소임을 의미한다.

사할린 정부의 자기 정체성 찾기

사할린주의 경우 소-일전쟁의 기억은 러시아 여타 지역은 물론 극동지역 내에서도 남다르다. 남사할린은 1905년 러-일전쟁 패배 이후 일본에 점령당했고, 내전의 혼란기였던 1920년에는 일본군이 북사할린까지 점령하는 사태가 벌어졌다. 5년 후 일본은 북사할린을 소련에 반환했지만 1920~1925년은 일본군이 사할린섬 전체를 점령한 치욕의 시기였으며,[25] 이후에도 남사할린은 1945년 소-일전쟁 때까지는 여전히 일본의 영토로 남아 있었다. 이렇게 20세기 들어서 일본과 영욕의 역사를 나눈 사할린 지역 주민들과 정치인들 그리고 지역의 소-일전쟁 참전용사들에게 소-일전쟁 승리는 중요한 의미를 지닌다.

이러한 역사적 경험을 지닌 사할린 지역 정부 지도자와 정치인들은 소련 붕괴 이후 여타 지방정부와 엘리트들처럼 자기 지방의 역사와 기억을 소환하면서 탈소비에트 지방정체성을 재구축하려는 노력을 기울였다.[26] 사할린주 정부가 지방정체성 재수립을 위해 사용한 전략 중 하나는 바로 지역의 전쟁 기억을 적극적으로 활용하는 것이었다. 이는 옐친 정부가 1990년대 중반부터 소비에트 국가 상징과 이념을 대체할 수 있는 수단으로 전쟁의 기억, 특히 대조국전쟁의 기억을 이용하기 시작했는데, 지방정부가 이에 호응하면서 나타난 현상이었다. 사실 사할린주는 아무르주나, 연해주처럼 19세기 중후반이 되어서야 비로소 러시아 영토로 귀속된 지역으로,[27] 여타 지방에 비해 뿌리 깊은 러시아 전통이나 내세울 만한 풍부한 역사적 경험을 지니고 있지는 않다. 그 와중에 20세기 들어서 일본에게 몇 차례 휘둘린 역사적 경험은 사할린 지방정부와 정치인들, 엘리트들로 하여금 1945년 소-일전쟁 승리의 기억을 포스트소비에트 시기 사할린의 새로운 정체성 정립과 지역의 위상 제고를 위한 도구로 삼게 했다. 이 같은 상황은 다음에서 보듯 중앙정부의 소위 '군대명예의 날' 선정에 대한 사할린주 정부 지도자, 정치인 등의 적극적인 반응에서 명확히 나타났다.

앞 장에서 보았듯이 1995년 3월 옐친 정부는 러시아 역사상 러시아 군대가 승리한 중요한 날 16개를 선정해 기념하는 '군대명예의 날'이라는 새로운 기념일 제정에 대한 법령을 공포했는데, 16개 군대명예의 날 중 대조국전쟁과 관련해서는 5개의 날이 선정되었지만 제2차 세계대전 막바지 극동지역에서 일본과 싸워 거둔 승리의 날인 1945년 9월 3일은 포함되지 않았다.[28] 정부의 발표 직후인 1995년 4월과 5월, 사할린주 두마대표인 발리울라 막수토프(B.C. Максутов)와 주지사 파르훗디노프는 옐친 대통령과 정부 대표에게 9월 3일을 군대명예의 날로 지정해 달라고 호소하는 편지를 다음과 같이 보냈다.[29]

우리나라 역사에서 이날은[9월 3일] 제2차 세계대전 종전과 함께 파시스트 독일의 주요 동맹국이었던 군국주의일본을 극동지역에서 패배시킨 날로 중요한 역사적인 날입니다. 주지하듯 소련의 승리 결과로 중국과 한국 등 아시아 국가들이 군국주의일본 군대로부터 해방되어 독립을 얻었습니다. 이 승리의 가장 중요한 결과 중 하나는 이전에 러시아 영토였던 남사할린과 쿠릴열도의 소련 귀속입니다. … 사할린 주민을 대표하여 저희는 여러분께 연방

법령에 다음과 같은 추가 조항을 요청하는 바입니다. '러시아의 군대명예의 날(승리의 날) – 1945년 9월 3일 — 제2차 세계대전 종전일 및 군국주의일본 패배의 날.'[30]

이 같은 사할린 지방정부 수장의 요청은 지방정부와 지역 정치인들이 자기 지방의 전쟁기억과 그 역사적 의의를 부각하고 선전하면서 소련 붕괴 이후 새로운 지역정체성을 구축하는 과정에서 중앙정부의 전쟁기억 관련 정책이 자신들의 지방에 미치는 영향에 대해 민감하게 반응했음을 보여준다.

이러한 사할린주의 요구에 대해 같은 해 5월 11일 국가두마의 지정학위원회 의장 우스티노프(В.И. Устинов)는 사할린주의 청원을 결국에 가서는 내각에 전달하게 된 우여곡절을 말하는 중에 다음과 같이 밝혔다.

[애초에는] 두마 지정학위원회 참석자 아무도 [일본에 대한] 승리가 결정적이었다고 생각하지 않았다. 무엇보다도 그 승리는 대조국전쟁의 범주 바깥에 있었다.[31]

이는 당시 모스크바의 정치지도자 중 소-일전쟁과 그 전쟁의 승리가 역사적으로 중요하다고 생각하는 이들은 거의 없었다는 것을 뜻하며 동시에 그들은 여전히 대조국전쟁의 승리를 소련의 제2차 세계대전 경험 중 가장 중요한 역사적 사건으로 인식하고 있음을 보여주는 것이다.

하지만 이러한 분위기에 전환점이 있었다. 바로 소-일전쟁에 참전했던 참전용사들의 청원이었다. 이 청원서로 인해 위원회는 최종적으로 사할린주의 청원을 수용하기로 결정하면서 다음과 같이 밝혔다. "… 바로 이때 극동지역의 참전용사들로부터 청원이 도착했다. … 의심할 바 없이 당신들의 제안은 합당하며 우리도 기존 [군대명예의 날에 대한] 법안이 최종안이 되지 않길 바란다. … 당신들은 추가 조항을 온당하게 제안했다."[32] 그해 6월 20일 국방부는 사할린주의 청원이 국방부의 지지를 받고 내각에 전달되었다고 밝혔다.

　이후 2년이 훌쩍 지나갔고 옐친 행정부로부터 청원에 대한 답변을 기다리는 동안 사할린주 의회는 국가두마에 '9월 3일—군국주의일본에 대한 승리의 날'을 군대명예의 날에 추가한 법령 제정을 공식 요청하면서 1997년 9월 18일 다음과 같은 성명서를 발표했다.

> 극동지역 전투에 참가하고 사할린과 쿠릴열도를 해방한 후 이 지역에 남은 참전용사들은 약 900여 명이다. … 이들은 일본에 대한 승리의 날이 연방법령에 포함되지 않은 것에 대해 당혹감을 감추지 못하고 있다. 이날은 러시아 역사에 있어서 법령에 명시되어 있는 다른 여느 날 못지않게 중요한 날이다. 사할린 남부와 쿠릴열도 해방을 위한 전투에서 2,135명이 사망했다. 30만 8,000명의 병사들은 관동군을 무찌르는 전투에서 용맹을 발휘한 데에 대해 훈장과 메달을 받았으며 93명이 '소련 영웅' 칭호를 받았다.[33]

이 성명서는 1945년 8월 일본과의 전쟁에서 극동지역의 역할이 정부와 국민들 사이에서 오랫동안 잊히고 무시당해 왔기에 그에 대한 합당한 평가와 인정을 바라는 지역사회의 강한 희망을 표출한 것이다.

옐친 정부의 기억정치와 실용주의

사할린주 의회의 이러한 요청에 대해 국가두마 내부에서는 1945년 일본은 소련에 항복한 것이 아니라 연합국에 항복한 것이므로 대(對)일 전승기념일을 제정하는 것에 반대한다는 의견이 대두되기도 했지만 결국 옐친 대통령은 1997년 11월 22일 국가두마에 9월 3일보다는 9월 2일을 기념일로 정하고 명칭도 '제2차 세계대전 종전일'로 하자고 제안했다.[34] 이는 곧 스탈린 정부가 1945년 9월 3일을 일본에 대한 승리의 날이라고 명명한 것을 수용하지 않았음을 의미하며, 9월 3일을 군대명예의 날로 지정해 달라는 사할린주 의회의 요청도 받아들이지 않은 것이었다. 하지만 약 1년 후인 1998년 10월 옐친 대통령은 1년 전의 제안을 철회하고 9월 2일을 기념일로 만드는 것 자체를 거절하면서 다음과 같이 그 이유를 밝혔다.

군국주의일본에 대한 승리를 기념하는 날을 연방법으로 제정하는 것은 최근 러시아와 일본 양국 간 조성되기 시작한 긍정적 분위기를 거스르게 될 것이다.[35]

옐친 대통령의 이러한 결정은 경제적 이해관계 도모와 전쟁기억을 활용한 국민 단합 정책이 상호 마찰하는 과정에서 경제적 이해관계를 더 중요시함으로써 실용적 선택을 했음을 의미한다. 당시 러시아 정부로서는 소련 붕괴 이후 시장자본주의로의 성공적인 이행을 위해서 일본의 대러시아 투자는 결코 무시할 수 없는 사안이었다.[36] 사실 옐친 대통령은 1993년 10월 일본에서 진행된 양국 정상회담 직후 러시아에 대한 일본의 자본투자를 유치하고, 양국 간에 논란이 되고 있는 남쿠릴열도는 일본으로부터 금전적 보상을 받은 후에 일본에 팔겠다고 선언했다. 하지만 이 발표 직후 옐친 대통령은 사할린주 정부와 지역 어부들, 국가두마, 군 관계자, 지식인들로부터 격렬한 반대에 부딪혔고 결국 계획을 실행에 옮길 수 없었다.[37]

하지만 옐친 정부에게 일본의 투자는 러시아, 특히 극동지역 경제부흥을 위해서 무엇보다도 중요했기에 일본과 경제협력 논의를 지속했고, 그 결과 1994년 러시아 정부는 일본과 무역 및 경제 현안 논의를 위한 위원회 창설에 합의했다.[38] 이후 1995년 위원회의 구체적 활동 내용에 대한 양국 정부 간 합의를 거쳐 1996년 일본과 제1회 '러-일 무역 및 경제 현안 위원회' 회의를 개최했고,[39] 옐친 대통령 2기 출범 후 행해진 그해 11월 러-일 양국 외무장관 회담에서 러시아는 일본에 경제협력 증진을 강력히 요청했다.[40] 이렇게 1990년대 초부터 일본 자본 유치를 위해 노력해 온 러시아 정부로서는 일본과 우호적인 관계가 필요했고 일본의 패배를 강조한 전쟁기념일을 제정해 일본을 불필요하게 자극하는 일은 피해야 했다. 러시아 정부의 이러한 경제 우선 원칙은 옐친 정부 이후에도 10여 년 이상 지속되었다.

사할린주 의회는 그 10년간 지속적으로 9월 3일을 일본에 대한 소련 승리 기념일로 지정해 달라는 청원을 국가두마에 보냈지만, 매번 돌아온 답변은 정부로부터 먼저 승인을 얻으라는 것이었다.[41] 사할린주 정부 자문위원이자 러시아지리학회 사할린지부 대표인 세르게이 포노마료프(С.А. Пономарёв)는 옐친 대통령의 1998년 결정을 비난하면서 "실제 역사를 기반으로 해서 민족 정체성을 구현할 수 있는 가장 중요한 사건 하나가 일본과 당장의 관계 때문에 희생되었다"라고 지적했다.[42] 그는 또한 옐친 정부가 독일, 스웨덴, 프랑스, 투르크, 몽골-타타르와 싸워 승리한 날을 '군대명예의 날'로 지정했는데, 그중 몇 개는 규모 면에서 볼 때 '전쟁'이라기보다는 소규모 '전투'의 성격이 강했고 지엽적 성격을 지닌 것도 있다고 지적하면서 일본에 대한 승리를 '군대명예의 날'로 지정하지 않은 것은 현재의 대일 관계만 고려한 '명백한 기회주의적' 처사라고 비판했다.[43] 포노마료프는 또한 옐친이 제안했던 '제2차 세계대전 종전일' 명칭에 대해 "과연 [그 명칭에] 러시아가 들어가 있는가?"라고 되물으면서 그 명칭에는 "누가 누구와 싸웠는지", "누가 누구한테 승리했는지"에 대한 정보가 전혀 나타나지 않는다고 비판했다.[44]

메드베데프 정부의 영토 수호 의지

하지만 10여 년이 지난 2010년 7월 23일 러시아 정부는 갑자기 9월 2일을 '제2차 세계대전 종전기념일'로 선언하면서 "국가와 사회의 존속에 중요한 역사적 사건이 일어난 날로 연방법이 정한 기념일에 포함한다"라고 발표했다.[45] 메드베데프 정부는 비록 이날을 사할린주 의회가 요청한 날짜와 명칭을 수용하지 않았고 '군대명예의 날'로도 지정하지 않았지만 그럼에도 불구하고 옐친 정부가 기념일 제정 자체를 거부했던 것을 고려하면 정부 입장의 큰 변화라 할 수 있다.

그렇다면 메드베데프 정부는 왜 9월 2일을 제2차 세계대전 종전기념일로 선포했을까? 그것은 다름 아닌 쿠릴열도의 영유권을 둘러싼 일본 정부의 '도발적' 행보 때문이었다. 소비에트 시기에 이어 소련 붕괴 후에도 일본은 러시아에 남쿠릴열도 네 개 도서 모두를 반환할 것을 요구했고, 그 과정에서 2008년 7월 일본 정부는 "러시아가 불법으로 점유하고 있는 일본 고유의 영토인 남쿠릴열도"에 대한 일본의 영유권에 대해 학생들에게 가르치겠다는 계획을 발표했다.[46] 그런가 하면 2009년 5월에는 아소 다로 일본 총리가 러시아가 "불법으로 [북방 네 개 도서를] 점유하고 있다"라고 주장했고,[47] 그다음 달에는 일본 의회가 남쿠릴열도 네 개 도서에 대한 일본의 영유권을 명시한 수정법안을 승인했다.[48] 연이어 2010년 3월 일본 정부는 초등학교 교과서에 러시아가 일본의 고유 영토인 남쿠릴열도 네 개 섬을 불법점거하고 있다고 기술하는 것을 허용키로 했다.[49] 앞서 보았듯이 일본이 러시아의 쿠릴열도 점유를 불법이라고 보는 이유는 일본이 1945년 9월 2일에 항복문서에 서명했지만 이미 8월 15일에 종전 의사를 밝혔으므로 8월 15일을 종전일로 간주하며, 따라서 8월 15일 이후 소련이 쿠릴열도를 점령한 것은 인정할 수 없다는 입장이기 때문이다.[50]

한편 일본 정부가 쿠릴열도 관련 내용을 교과서에 명시하도록 허락했다는 결정이 나오자 러시아 대통령 행정실장 세르게이 나리시킨(С.Е. Нарышкин)은 국가두마에 9월 2일을 국가기념일로 제정하는 입법 절차를 시작할 것을 요청했고, 대통령실의 요청에 따라 보리스 그리즐로프(Б.В. Грызлов) 국가두마 대변인이 두마에 그 사안을 상정했다.[51] 이후 2010년 7월 7일 국가두마는 상정된 안을 승인했고, 7월 23일 마침내 러시아 정부가 9월 2일을 '제2차 세계대전 종전기념일'로 제정한다는 연방법을 공포했다. 러시아 정부는 그해 9월 2일 모스크바 '승리공원'에서 제2차 세계대전 종전기념일 65주년 행사를 대규모로 거행했다.[52] 결국 9월 2일을 제2차 세계대전 종전기념일로 선포한 것은 러시아 정부가 옐친 시기 일본과의 관계에 있어 영토 문제보다는 경제적 이해관계를 우선시했던 정책에서 영토 분쟁지역에 대해서는 영토 수호에 우선을 두는 정책으로 선회했음을 보여준다.

이는 한편으로는 유가 인상으로 인한 러시아 경제 회복에 대한 자신감의 반영이라 할 수 있고,[53] 또 한편으로는 2008년 러시아-조지아전쟁에서 보여주듯이 러시아에 지정학적·지경학적·지전략적으로 중요한 국경지역의 영토 수호에 대한 러시아의 강력한 의지를 재확인하는 제스처이기도 했다.[54] 사실 러시아는 당시 남쿠릴열도에서 각종 천연자원 채굴 가능성을 확인했고 동시에 그곳이 새롭게 대두되고 있는 북극항로와 태평양항로의 연결 지점이 될 것으로 보고 있었다.[55]

9월 2일을 전격적으로 제2차 세계대전 종전기념일로 선언한 이후 러시아 정부는 극동의 영유권 분쟁 지역에 대한 러시아의 권리를 확인하는 행보를 더해갔다. 2010년 11월 1일 메드베데프 대통령은 쿠릴열도 최남단의 쿠나시르(Кунашир)섬을 전격 방문했고, 며칠 후에는 극동지역 도시 중 처음으로 블라디보스토크를 '군사명예의 도시'로 선정해 발표했다. 러시아 정부가 2007년부터 수여하기 시작한 '군사명예의 도시' 칭호는 연방법에 따르면 외적과 전투 중에 "용기와 인내 그리고 대중의 영웅적 행위"를 보여준 도시에 수여된다고 명시되어 있는데, 주로 대조국전쟁 동안 영웅적으로 나치독일군에 맞서 싸워 소련의 승리에 궁극적으로 기여한 지방 도시에 주어졌다. 따라서 2010년 이전에는 주로 서부 국경지역의 도시들이 이 칭호를 받았다. 그러나 앞 장에서 보았듯이 2010년 11월 블라디보스토크가 칭호를 받은 것을 필두로 2011년 11월에는 페트로파블롭스크-캄차츠키, 2012년 11월에는 하바롭스크 등 극동지역의 세 개 주요 도시가 연달아 이 영예로운 칭호를 받았다.

이들 극동의 세 도시는 모두 1945년 8월까지는 나치독일과의 전투가 벌어진 서쪽 국경지역에서는 멀찌감치 떨어진 '후방의 도시'였으나 8월이 되어서야 비로소 '전방의 도시'가 되었다. 하지만 실질적으로 단 2주 정도만 전투가 벌어졌던 이들 극동지역 도시들의 전쟁 중 역할은 서쪽 전방 도시들과는 확연히 달랐다. '군사명예의 도시' 공식 사이트에 기술된 제2차 세계대전 중 극동 세 개 도시의 역할을 살펴보면 블라디보스토크의 주 역할은 서부 전선을 위한 군수물자 보급기지였고,[56] 페트로파블롭스크-캄차츠키는 쿠릴열도를 점령했던 소련 낙하산부대의 기지가 있었던 곳이며,[57] 하바롭스크의 경우는 주민의 5분의 1에 해당하는 5만 명이 서부 전선으로 징집되어 나치독일과 전투에 참여했다.[58] 즉, 극동지역 도시들은 서부 전방 도시와는 달리 적에게 점령당하는 고초를 겪거나 적과의 직접적인 전투를 경험하지도 않았다. 그런데도 러시아 정부는 2010~2012년에 걸쳐 이들 극동 도시에 '군사명예의 도시' 칭호를 수여한 것이다. 이는 일본의 남쿠릴열도 영유권 주장에 맞서 러시아 정부가 대내적으로 극동의 국경지역을 단속하고, 러시아 영토의 공간 통합의 의지를 보이기 위한 전략이었음을 의미하는 것이다.[59]

극동지역의 기념일 정치와 새로운 상징 만들기

그럼 과연 극동러시아 지역은 메드베데프 정부가 9월 2일을 기념일로 선포한 것에 대해 어떻게 반응했는가? 2010년 중앙정부가 9월 2일을 제2차 세계대전 종전기념일로 공식 지정한 이후부터 극동의 지방정부는 그날을 소-일전쟁의 승리에 자기 지역의 도시가 어떻게 기여했는지를 적극 선전하는 기회로 활용하기 시작했고, 더 나아가 전쟁 승리와 관련한 새로운 전통과 상징도 개발하기 시작했다. 예로서 2014년 9월 하바롭스크주 주지사는 제2차 세계대전 종전기념일 행사에서 다음과 같이 9월 2일이 극동지역에서 지니는 의미에 대해 강조했다.

> 9월 2일 – 이날은 파시스트 침략자들에 맞서 싸운 오랜 혈투의 마지막 순간이었습니다. … 그 순간은 바로 여기 극동지역에서 일어났습니다. 150만 명의 관동군은 우리 지역 사람들(наши земляки)의 특별한 공훈에 의해 패했습니다. 그들이 이룬 성과는 러시아 대통령과 정부에 의해 값진 것으로 인정받았고, 하바롭스크는 '군사명예의 도시'라는 명예로운 칭호를 받았습니다.[60]

이 연설은 소련 시기를 포함해 최근까지 극동 바깥 지역에서는 별 주목받지 못했던 9월 2일의 의미를 수년에 걸친 치열한 제2차 세계대전을 종식한 날로 묘사하면서 전쟁 종식이 일어난 곳이 극동지역임을 다시 한 번 되새기며, 그 위업을 달성한 군인들이 바로 하바롭스크 지역 및 극동지역 출신 사람들이라는 것을 강조하고 있다.

이에 더해 사할린 지역 정치인들, 엘리트들은 극동지역에서의 전쟁 승리를 군국주의일본에 대한 승리로 명시하고 9월 2일이 아닌 1945년 당시 스탈린이 포고한 대로 9월 3일을 국가적 차원에서 기념하자고 요구했다. 2017년 10월 사할린주 정부 자문위원이자 지리학자 포노마료프 주도하에 사할린주 및 여타 지역의 참전용사, 정치인, 학자 등 총 97명이 서명한 푸틴 대통령에게 보내는 청원서는 이 같은 주장을 명확히 보여준다. 이들은 첫째, 정부가 9월 2일을 단순히 '기념일'로 지정했을 뿐 '군대명예의 날'로 지정하지 않았는데, 이 상태로는 후손들에게 소련과 소련 국민들이 제2차 세계대전 승리를 위해 어떤 역할을 했는지 적절하게 설명할 수 없다고 주장했다.[61] 이들은 제2차 세계대전 당시 일본은 나치독일의 파시스트 동맹국 중 하나였고 극동에서 소련군이 이들을 궤멸시키지 않았다면 제2차 세계대전에서 승리는 도래하지 않았을 것이라고 강조한다. 따라서 극동에서 일본을 물리친 전승일은 나치 독일을 물리친 전승일과 마찬가지로 국가 차원에서 대대적으로 기념해야 한다고 주장했다.

둘째, 9월 3일을 일본과의 전쟁에서 승리한 날로 지정하는 것이 일본 국민에 대한 모욕이 될 수 있다는 우려는 황당무계한 것이고 일본 국민의 의사에 반하는 것도 아니라고 지적한다. 왜냐하면 오늘날 "일본 국민도 [제2차 세계대전] 당시 군국주의일본 지도부에 대해 비난"하고 있기도 하며, 그에 더해 만약 "[우리의] 아버지, 할아버지, 증조부가 이루어낸 승리 때문에 누군가 모욕당하는 것이 우려된다면, 우리는 독일 국민에게 상처를 입히지 않기 위해서 독일에 대한 승리를 기념하는 5월 9일 전승 행사를 중단해야 한다"라고 주장했다.[62]

셋째, 이들 청원자들은 일본에 대한 승리를 기념하는 것은 범국민적 의미를 지닌다고 강조하면서 그 이유는 러시아가 러-일전쟁 때 남사할린을 빼앗겼고 내전의 혼란한 틈을 타 일본 간섭군이 북사할린 지역까지 진주했는데, 이러한 역사적 사건들이 "러시아 국민들 의식 속에 힘든 기억으로 남아 있기 때문"이라고 설명한다. 따라서 이들은 청원서에서 다음과 같이 주장했다.

> 우리 국민은 남사할린과 쿠릴열도가 우리나라로 귀속되어서 러시아가 대양으로부터 분리되지 않고, 또 우리 극동지역이 일본의 전초기지로 전락하지 않고 대신 우리나라를 대양과 직접 연결하고, 그 어떤 공격으로부터도 방어할 수 있는 기지가 되기를 믿고 기다렸다.[63]

이 같은 이유로 이들은 푸틴 대통령에게 9월 3일을 "일본에 대한 승리를 기념하는 범국민적 경축일로 공식 지정할 것"을 요청했다.

이에 더해 극동지역 도시들은 소-일전쟁 승리에 관한 다양한 '지역 상징'을 만들어냈다. 그중 하나는 극동지역 전쟁과 관련한 영웅의 동상을 세우는

그림 1 바실렙스키 장군 동상(유즈노-사할린스크)

자료: https://historical-baggage.ru/post/ploshchad-slavy-1135

것이었다. 2015년 9월 1일 유즈노-사할린스크시는 '제2차 세계대전 종전 및 군국주의일본으로부터 남사할린과 쿠릴열도 해방 70주년'을 맞이하여 1945년 8월 일본과의 전쟁을 진두지휘했던 극동군 총사령관 알렉산드르 바실렙스키 장군의 동상을 제막했다(그림 1).[64] 지역 언론은 바실렙스키 장군 동상은 당시 전국에서 단 두 개뿐인데 하나는 그가 제2차 세계대전 중 작전사령관직을 맡았던 칼리닌그라드에 세워진 것이고[65] 나머지 하나가 사할린에 세워진 것이라고 밝히고 심지어 모스크바에조차 바실렙스키 동상은 물론 기념 현판조차 없음을 지적하면서 사할린의 바실렙스키 동상의 의미를 강조했다.[66] 사할린주가 바실렙스키 동장을 제막한 직후인 2015년 9월 말 극동연방관구의 수도인 하바롭스크시 또한 바실렙스키 장군 동상 건립 계획을 발표했고,[67] 이듬해인 2016년 9월 동상을 제막했다. 이로써 러시아에서 세 번째로 그리고 극동지역에서는 두 번째의 바실렙스키 장군의 동상이 건립되었

그림 2 무아르 리본과 '일본에 대한 승리' 메달(1945)

자료: https://news.myseldon.com/ru/
news/index/215496954

다. 하바롭스크 주지사 뱌체슬라프 시포르트(В.И. Шпорт)는 제막식 연설에서 "동상 건립 전에는 단순한 도로였던 이곳이 이제 참전용사들과 젊은이들이 즐겨 찾는 장소가 될 것"이라고 언급하면서 지역의 새로운 상징이 탄생했음을 강조했다.[68]

그런가 하면 사할린주는 소-일전쟁 승전기념일을 위한 또 다른 상징도 만들어 냈다. 바로 '리본'이다. 2005년 대조국전쟁 승전 60주년 기념일 행사의 일환으로 시작된 황금색과 검은색의 게오르기 리본 달기 캠페인을 본떠 2010년 9월 사할린주는 흰색-노란색-붉은색으로 된 '무아르 리본(Муаровая лента)'달기 행사를 시작했다. 이

리본은 다름 아닌 1945년 9월 30일 스탈린 정부가 제정하여 183만 명에 달하는 소-일전쟁 참전 용사들에게 수여한 '일본에 대한 승리(За победу над Японией)' 메달의 끈이었다(그림 2).[69] 이 리본 달기 행사는 매년 '극동에서의 승리'를 기념하는 행사로 극동의 여타 지역으로 확산하면서 극동지역의 제2차 세계대전 종전기념일과 '군국주의일본에 대한 승리' 행사로 점차 자리 잡았다. 2011년에는 하바롭스크시에서 행사 기간 중 4,000개의 무아르 리본을 배포했는데,[70] 매년 8월 31일부터 9월 2일까지 진행되는 리본 달기 행사 규모가 커지면서 2015년 종전기념 70주년 행사에서는 1만 개,[71] 2017년에는 하바롭스크주에서 행사 기간 중 총 3만 5,000개의 리본을 '승리의 자원봉사자(Волонтёры Победы)'로 명명된 청년들이 배포하는 계획을 세웠다. 또한 하바롭스크 지역 언론은 2017년 처음으로 모스크바와 상트페테르부르크에서도 9월 2일 종전기념일 행사에서 무아르 리본을 배포했다고 보도했

다.[72] 그런가 하면 2018년에는 하바롭스크주 정부 산하 '청년정책 위원회'는 주 전체에 걸쳐 3일의 행사 기간 동안 총 5만 5,000개의 무아르 리본 배포 계획을 수립하고 행사 기간 수개월 전에 지방 도시들에 리본을 발송했다.[73] 무아르 리본 달기 행사에 참여한 한 자원봉사자는 이 리본 달기 행사의 목적에 대한 다음과 같이 견해를 밝혔다.

> 우리는… 대조국전쟁뿐만 아니라 제2차 세계대전도 기억해야 한다. 그리고 [이] 전쟁이 극동에서 끝났다는 것도 기억해야 한다. 이 사실을 널리 알려야 한다. 왜냐하면 역사의 이정표 같은 이 사건이 늘 잊히고 있기 때문이다.[74]

이는 곧 극동지역 정부 기관이 일본과의 전쟁 승리와 극동지역 역할의 중요성에 대해 지역 주민들에게 널리 알리기 위해 노력을 기울였음을 보여준다. 무아르 리본은 2010년 이후 극동지역에서 '극동의 승리'를 기념하기 위해 만들어낸 새로운 상징 중 하나로, 리본 달기는 극동지역 종전기념일 행사의 '새로운 전통'이 되었다.[75]

이 외에도 하바롭스크시와 주 정부는 종전기념일과 소-일전쟁 승리의 날과 관련하여 또 다른 상징을 만들어냈다. 다름 아닌 2,000여 명 이상이 참여하는 플래시 몹이다. 2017년 9월 2일 처음 시작된 이 행사는 '기억과 우정의 인간 띠(Стена Памяти и Дружбы)'라 명명되었다. 이날 행사에는 하바롭스크시의 초중고 학생은 물론 대학생들 약 2,000여 명이 손에 손을 잡고 1945년 해를 상징하는 1,945m의 인간 띠를 만들었다. 가슴에 무아르 리본을 단 학생들로 이루어진 이 행렬은 도시를 가로지르는 아무르강변의 선착장에서 시작하여 앞서 언급한 극동 승리의 상징인 바실렙스키 장군 동상까지 한 줄로 연결한 다음, 선착장 쪽에서부터 액자 하나를 릴레이식으로 전달하여 바실렙스키 동상에서 기다리고 있는 소-일전쟁 참전용사에게 건네주는 플래시 몹이다(**그림 3**). 이 액자에는 한 장의 사진이 들어 있는데, 그것은 1945년 9월

그림 3 '기억과 우정의 인간 띠' 플레시 몹(하바롭스크, 2017.9.2)과 일본 항복 포고문
  액자

자료: https://tvtransporta.ru/novosti/v-chest-dnya-okonchaniya-vtoroy-mirovoy-voynyi-v- gorode
  -voinskoy-slavyi-habarovske-2-sentyabrya-2017-goda-proshla-aktsiya-stena-pamyati-i-druz
  hbyi

2일 일본의 무조건 항복에 대한 스탈린의 포고문과 함께 미주리호 선상에서
일본 대표가 소련 대표 앞에서 항복문서에 서명하는 모습, 그리고 일본 대표
의 서명이 합성된 사진이다. 이 사진 가장자리는 대조국전쟁 승리의 상징인
게오르기 리본이 아닌 소-일전쟁 승리의 상징 무아르 리본으로 둘러싸여 장
식되어 있다.[76] 무아르 리본 달기 캠페인처럼 '기억과 우정의 인간 띠' 행사
의 목적에 대해서 하바롭스크시와 주 정부는 "이 중요한 날에 대한 하바롭스
크 시민들의 관심을 유도하기 위해" 조직했다고 밝히고 있다.[77]

　이 외에도 서부 국경지역에서 대조국전쟁 중 나치독일군과 치열한 전투가
벌어졌던 장면을 재연하는 행사를 매년 개최하는 것처럼 극동지역에서도
1945년 8월 관동군과 전투를 재연하는 행사를 9월 2일에 개최하기 시작했
다. 2015년 9월 2일 아무르주 블라고베셴스크시는 아무르강변 공터에서 종

전기념일 행사로 소련군 역할 119명, 일본군 역할 42명, 중국인 역할 3명 등의 인력은 물론 비행기, 박격포, 수류탄까지 동원하여 시민들이 지켜보는 가운데 1945년 8월 소련-일본군 간 전투 장면을 실감나게 재연하는 행사를 개최했다.[78] 이와 같이 극동의 지방정부들은 2010년 러시아 정부가 9월 2일을 제2차 세계대전 종전기념일로 공식 지정한 이래 '극동에서의 승리'를 기념하는 다양한 상징과 행사를 만들어내고 9월 2일을 '우리 극동의 전승일(Наш Дальневосточный День Победы)'이라고 부르면서 5월 9일에 이은 두 번째 '전승일'로 만들려는 노력을 기울였다.

기억정치의 딜레마

그러나 이처럼 극동의 승리를 기념하는 것은 전국적인 차원에서 관행으로 자리 잡지는 못했다. 비록 2010년부터 정부가 9월 2일 제2차 세계대전 종전일을 공식 기념일로 지정해서 지방정부 수도에서는 해마다 그날 기념식 행사를 진행하지만 그 행사는 주로 대조국전쟁 승리를 기념하는 데에 초점이 맞춰져 있다. 이러한 관행은 대조국전쟁 중 전방지역이었던 서부지역에서 두드러진다. 예로 스몰렌스크주에서는 매년 9월 2일을 '봉사의 날(День доброхотов)'로 칭하면서 자원봉사자들이 대조국전쟁 전몰장병의 기념비를 정비하고 청소하는 활동을 벌인다.[79]

사실 극동지역이라 해도 사할린 이외의 지역에서는 소-일전쟁보다는 여전히 대조국전쟁을 애국심과 외적에 맞선 항전의 상징으로 인식하는 경향이 강하게 남아 있다. 예를 들어 2018년 9월 2일 아무르주 주지사권한대행 오를로프는 제2차 세계대전 종전기념일 행사 연설에서 "아무르 지역의 병사 10만 명이 극동지역의 대조국전쟁에서 싸웠다"라고 강조했다.[80] 이는 무엇을 의미하는가? 이는 바로 소-일전쟁을 별도로 인식하기보다는 러시아인들의 의식 속에 뿌리 깊게 박혀 있는 대조국전쟁을 확장하여 극동지역의 전쟁에 적용함으로써 극동지역도 큰 틀에서 대조국전쟁 승리에 기여했음을 강조하는 것이며 또한 소-일전쟁을 대조국전쟁의 연장선으로 인식하면서 대조국전쟁에서 발휘된 병사들의 용기, 희생, 승리의 영광을 극동지역이 누릴 가치가 있다는 점을 은연중에 나타낸 것이다. 또한 필자가 2019년 블라디보스토크에서 만난 한 학자도 "소-일전쟁 승리는 대조국전쟁 승리에 비하면 한참 급이 낮다"라고 말했다.

이렇듯 극동지역 정부가 소-일전쟁의 역사적 의의를 전국 수준으로 격상시키려고 많은 노력을 기울이고 있지만 여전히 극동 이외의 지역에서 그리고 심지어 극동지역 내에서도 소-일전쟁 승리는 대조국전쟁 승리의 위상 정도로 인식되지는 못하고 있다. 중앙정부도 비록 소-일전쟁의 승전일을 공식 기념하고 있지만 그와 관련한 기억정치를 수행하는 데 있어서는 어느 정도 실용적인 태도를 취하고 있다. 일본과의 관계를 생각해서이다. 그 같은 맥락에서 제2차 세계대전 종전일을 공식 기념일로 정한 2010년 11월 메드베데프 대통령이 쿠릴열도를 방문해서 그 지역에 대한 러시아의 영유권을 재확인하는 행보를 보였지만 동시에 그해 12월에는 다음과 같이 일본과의 대화와 협력에 대해 열린 자세를 표명했다.

> 이것[쿠릴열도 방문]이 우리 정부가 일본과 함께 협력할 의지가 없음을 의미하는 것은 아닙니다. 우리는 [일본과] 경제협력 프로젝트를 수행할 준비가 되어 있습니다. 우리는 일본과 협력할 준비가 되어 있습니다.[81]

그런가 하면 2015년부터 러시아 정부는 매년 일본을 비롯한 아시아-태평양 국가의 지도자 및 경제관료들을 초청해서 블라디보스토크에서 '극동경제포럼'을 개최하면서 이들 국가와의 경제협력을 도모하고 있다. 특히 2017년 포럼에서 푸틴 대통령은 남사할린과 홋카이도 북단을 다리로 연결하여 유라시아 대륙과 연결되는 운송망을 구축하자고 일본에 제의했다.[82] 이렇게 극동의 국경지역 영토 보존을 위한 입장을 확고히 하면서도 동시에 일본과의 경제협력을 위한 노력도 지속하는 이중적 행보를 보이면서 중앙정부는 사할린 지방정부가 꾸준히 요구하고 있는 소-일전쟁의 전승일 명칭 변경과 전승기념일 날짜 변경을 수용하지 않았다.

하지만 러시아 정부는 태도를 바꿨다. 2020년 4월 러시아 정부는 제2차 세계대전 종전기념일의 날짜를 사할린 정부가 지속적으로 요구해 왔던 9월 3일로 변경하고 기념일 명칭도 '9월 3일 ― 제2차 세계대전 종전일'로 변경했으며, 동시에 그날을 '군대명예의 날'로 지정했다.[83] 이는 1995년 사할린 의회가 9월 3일을 '군대명예의 날'로 지정해 달라고 중앙정부에 청원한 지 25년 만에 이루어진 일이었다.

그럼 러시아 정부는 왜 25년이 지난 시점에서 사할린 정부의 요청을 수용했을까? 이에 대해 관련 법령을 통과시킨 러시아 상원의장은 극동지역 참전용사의 청원을 무시할 수 없었다며 이유를 밝혔다.[84] 하지만 사실 수십 년 동안 소-일전쟁 참전용사들이 지속적으로 제2차 세계대전 종전기념일 명칭과 날짜 변경에 대해 정부에 청원을 넣었던 것을 고려한다면 '왜 하필 이제 와서?'라는 질문의 답이 되기에는 부족하다.

이에 더 적절히 답하기 위해서는 극동지역 참전용사의 요청이라는 국내 요인은 물론 국제 요인도 고려해야 한다. 그런 점에서 우리는 당시 극동지역이 아니라 유럽 국가들과 러시아 간 제2차 세계대전 관련 '기억전쟁'의 측면에서 답을 유추해 낼 수 있을 것이다. 2019년 9월 유럽의회(European Parliament)는 제2차 세계대전 발발 80주년을 맞이하여 나치독일과 소련이 1939년 비밀리에 상호불가침조약을 체결함으로써 제2차 세계대전을 유발하는 데 결정적 역할을 했고, 따라서 소련을 독일과 함께 제2차 세계대전을 유발한 국가로 규정하는 결의안을 채택했다.[85] 이런 상황에서 러시아 정부는 유럽의회 결의안에 대한 대응책의 일환으로 제2차 세계대전 중 소련은 나치독일 편이 아니라 연합국의 일원으로 싸웠음을 일깨우고, 이를 선전하기 위해 1945년 소련이 제2차 세계대전 종전을 기념했던 방식대로 9월 3일을 종전일로 바꾸고 단순 기념일이 아닌 한 단계 격상된 국가 기념일인 '군대명예의 날'로 규정한 것으로 유추할 수 있다.

하지만 이 과정에서도 여전히 전쟁기억의 정치에서 중앙정부의 딜레마를 엿볼 수 있다. 즉 러시아 정부는 제2차 세계대전 종전일의 날짜는 지방정부의 요구대로 소련 시기에 제정된 9월 3일로 변경하고 그 위상도 격상시켰지만 기념일 자체의 명칭은 변경하지 않고 그대로 두었다. 따라서 사할린 지방정부가 1990년대 중반부터 25년 동안 줄기차게 요구해 왔던 용어인 '승리', '군국주의일본' 등의 단어를 삽입한 기념일 명칭은 채택되지 않았다. 이는 바로 일본과 불필요한 긴장을 불러일으키는 것은 득보다 실이 더 많을 것이라는 중앙정부의 판단을 보여주는 것이다.

이 같은 러시아 정부의 우려는 제2차 세계대전 종전일을 9월 2일에서 9월 3일로 변경한 것에 대한 일본 정부의 반응으로부터도 간접적으로 확인할 수 있다. 2020년 4월 러시아 정부가 당시 코로나 확산으로 인해 5월 9일 '대조국전쟁' 승전 75주년 기념행사를 연기하여 9월에 개최할 수 있다고 발표하자 일본 정부는 만약 9월 3일에 승전기념 행사를 개최한다면 아베 신조 일본 총리는 참석할 수 없다고 발표했다. 그 이유에 대해 일본 정부는 러시아 정부가 제2차 세계대전 종전일을 9월 2일에서 9월 3일로 변경한 것은 실질적으로 소련 시기의 대일 전승기념일을 부활시킨 것이며, 이는 소련이 전쟁 승리 결과로 점유한 북방영토를 러시아의 영토로 정당화하는 것으로 이어질 수 있기 때문에 기념일 변경을 수용할 수 없고, 그날 개최되는 기념식에도 참석할 수 없다고 밝혔다.[86] 이러한 일본 정부의 날선 반응은 러시아 정부가 기념일의 날짜는 소련식으로 변경했지만 기념일 명칭 자체는 변경하지 않은 이유를 암시하는 것이었다.

이렇게 일본의 반응을 우려해 여전히 중립적인 뉘앙스를 지닌 기념일 명칭

을 유지한 중앙정부의 결정에 대해 2020년 6월 이제는 러시아공산당(КПРФ)
이 나서서 기념일의 명칭을 1995년 이래 사할린 지방정부가 꾸준히 요구해
왔던 '9월 3일 — 군국주의일본에 대한 승리 및 제2차 세계대전(1945년) 종전
일'로 바꾸자는 법안을 제출했다.[87] 하지만 이 같은 요청에 대해 러시아 정부
는 부정적인 의사를 표명했는데, 그 이유는 일본의 항복은 특정 국가(소련)에
의해 이루어진 것이 아니고 다수 연합국의 노력으로 달성된 것이며 또한 특
정 국가(일본)에 대한 승리로 명시하는 것도 적절치 않은데, 왜냐하면 제2차
세계대전은 소-일전쟁은 물론 독-소전쟁(대조국전쟁)도 포함하므로 일본이라
는 특정 국가를 명시하면 독일에 맞서 싸운 소련 인민들의 역할을 간과하게
되기 때문이라고 설명했다.[88]

그러자 한 달 후에 그동안 많은 실망과 좌절을 맛본 사할린 의회는 조금 더
양보하여 '군국주의', '일본'이라는 용어를 넣지 못한다면 최소한 '승리'라는
용어는 반드시 삽입해야 한다고 주장했다. 사할린 의회는 최근 들어 유럽의
회가 소련을 나치독일과 함께 제2차 세계대전을 일으킨 나라로 지명했기 때
문에 소련은 독일이 아니라 연합국 측에서 싸워 승리한 국가라는 점을 각인
시키기 위해서라도 '승리'라는 단어는 삽입해야 한다고 강조했다.[89]

그러나 그해 10월 15일 러시아 상원의원 그리고리 카라신(Г.В. Карасин)
은 사할린 대표들을 접견한 자리에서 다음과 같이 정부의 입장을 설명했다.

> 러시아에는 오직 한 개의 승전일이 있다. 1945년 5월 9일이 그날이다. 우리
> 는 쿠르스크 전투의 승리, 스탈린그라드 전투의 승리, 극동에서의 승리를 각
> 각 개별적으로 기념할 수 없다. 러시아에서 '승전일'은 하나이다.[90]

정부 입장을 대변한 카라신의 발언은 전쟁기억과 관련하여 다음 두 가지를
명확하게 보여준다. 첫째, 러시아에서 대조국전쟁 승리의 기억과 그것의 공
식적인 위상은 20세기 러시아 역사에서 일종의 '신화'와 같은 존재로서 신성

불가침하고 절대적이라는 점이다. 둘째, 러시아 정부는 극동지역 개발, 유라시아 교역로 연결 등을 고려할 때 일본과 불필요한 마찰을 일으키는 것은 궁극적으로 러시아에 득보다는 실이 더 클 수 있다고 판단하고 어떻게 해서든 일본을 지나치게 자극하는 것을 피하고자 했다는 점이다.

하지만 러시아 정부의 이 같은 입장은 결국 '또 다른 전쟁'에 의해 바뀌게 되었다. 그 전쟁은 다름 아닌 2022년 2월 24일 러시아의 우크라이나 침공으로 시작된 러시아-우크라이나전쟁이다. 전쟁 발발과 함께 미국과 유럽연합 등 서방국가들은 러시아의 침공을 규탄하면서 러시아 은행, 기업에 대한 제재 조치를 시작했고 일본 또한 이 제재에 합류했다.[91] 이에 더해 이듬해인 2023년 초 일본이 미국에 포탄 원료로 사용되는 화약을 지원하는 방식으로 우회적으로 우크라이나에 군사지원을 하는 것을 논의하고 있다는 보도가 나왔으며,[92] 이윽고 그해 6월 9일 러시아 외무부는 주러 일본대사를 초치하여 우크라이나에 대한 일본의 우회 무기 공급에 대해 항의했다.[93]

그리고 결국 10여 일 후인 2023년 6월 20일 러시아 국가두마는 9월 3일 군대명예의 날의 공식 명칭을 기존의 '9월 3일 ― 제2차 세계대전 종전일'에서 '9월 3일 ― 군국주의일본에 대한 승리의 날 및 제2차 세계대전 종전일'로 변경하는 법령을 통과시키면서 다음과 같이 그 배경을 설명했다.

> 우크라이나에서 특별군사작전이 개시되면서 도쿄[일본 정부]는 서방국가들과 협력하여 최근의 러-일 관계에 있어서 전례가 없던 우리나라에 대한 비우호적인 캠페인을 시작했다. 러시아에 대한 최혜국 대우를 취소하는 법적절차를 시작했고 러시아 고위 정부 인사에 대한 제재 조치를 시작했고 러시아 은행의 엔화 보유를 차단했다.[94]

이렇게 사할린 지방의회와 지방정부 그리고 참전용사들이 1995년 처음 제안했던 '군국주의일본에 대한 승리'라는 단어가 모두 들어간 기념일 명칭이

28년 만에 수용된 배경은 다름 아닌 러시아-우크라이나전쟁으로 인해 악화된 일본과의 관계 때문이었다. 러시아 입장에서 마지노선을 넘은 일본에 대해 더 이상 눈치를 볼 필요가 없다고 판단한 것이다. 전쟁기억을 이용한 외교와 정치는 이렇게 이행되었다. 이 새로운 기념일 명칭 채택으로 러시아-일본 간 '기억전쟁'은 새롭게 시작되었지만 중앙정부와 사할린 지방정부 간 기억전쟁은 일단락되었다.

＊　＊　＊

결국 2023년 사할린주 정부는 소-일전쟁의 기억을 일개 지역 수준에서 국가적 수준으로 격상시키는 데 궁극적으로 성공했다. 그리고 이 성공에 기반하여 향후 전쟁기억을 활용하여 지방정체성을 더 공고히 구축해 나갈 수 있는 발판을 마련했다고 평가할 수 있다. 하지만 이 같은 지방정부의 성공은 중앙정부나 중앙의 정치인에 대한 로비를 통해서 가능한 것은 아니었다. 왜냐하면 중앙정부는 이웃 국가와의 관계에 있어 전쟁기억이 국익에 결정적으로 도움이 될 때 한해서 지방정부의 전쟁기억 관련 요청을 수용했고 국익에 저해되는 면이 있다면 지방의 요구를 수용하지 않았다. 중앙정부는 지방의 전쟁기억보다 국익에 우선순위를 두었던 것이다.

한 가지 지적해야 할 점은 러시아-우크라이나전쟁 이전까지는 러시아 중앙정부가 러시아 국내의 전쟁기억과 일본과의 경제협력을 분리하여 후자에 우선순위를 둔 실리 추구 정책을 수행해 온 것처럼 사할린 지방정부도 포스트소비에트 지역정체성 강화와 확립, 사할린 지역의 전국적 위상 제고 등 국내 차원의 목표를 달성하기 위해 전쟁기억을 활용한 것이지, 그 기억을 대외관계와 결부시켜 일본과의 관계를 단절하거나 일본에 대한 적대감을 고취하기 위해 활용한 것은 아니라는 점이다.

일례로 사할린주 정부는 일본에 대한 전승기념일 행사를 대대적으로 그리고 다채롭게 진행하면서도 1998년 일본과 '우정의 배' 민간 교류 프로그램을 만들어 매년 수십 명의 일본 학생과 일반인을 초청해 유즈노-사할린스크 가정집에서 며칠 머무르면서 양국 주민들이 상대방의 문화, 전통, 생활 양식, 교육제도 등을 체험할 수 있는 기회를 마련하고 지역 관광까지 제공했다.[95] 그런가 하면 2003년 5월 9일 대조국전쟁 승전기념일에는 유즈노-사할린스크시와 일본의 '비둘기날리기' 협회가 공동으로 평화기원 행사의 일환으로 유즈노-사할린스크에서 비둘기 1,000마리를 일본으로 날려 보내는 행사를 개최하고 6개월간 일본영화제를 개최하기도 했다.[96] 특히 '우정의 배' 프로그램은 최근까지 계속되었는데, 1998~2017년까지 20년 동안 러시아인과 일본인 1,000여 명이 참가했다.[97]

이 같은 예는 러시아-우크라이나전쟁 발발 전까지는 사할린 지방정부가 전쟁기억 정치와 일본과의 민간 교류는 분리하여 진행함으로써 중앙정부와 마찬가지로 '명분'과 '실리' 사이에서 균형 잡기 노력을 기울였음을 보여주는 것이다. 우크라이나전쟁 전까지 러시아 중앙정부와 지방정부의 이러한 명분과 실리 사이의 균형 잡기 노력을 고려한다면 우크라이나전쟁 이후 일정 시일이 경과한 후에는 그 같은 노력이 재개될 가능성이 클 것으로 보인다. 이는 다른 한편으로는 '기억정치의 한계'를 보여주는 것이기도 하겠다.

제**3**부

신생독립국과
러시아의 기억전쟁

제12장

에스토니아와

조지아의 기억전쟁

제1부와 제2부에서는 소련 및 러시아의 제2차 세계대전 기억에 대해서 살펴보았다. 특히 제2부에서는 소련 붕괴 후 러시아 정부가 전쟁기억을 국민 단합의 도구로 활용하여 새로운 포스트소비에트 국가정체성의 핵심 요소로서 얼마나 신성하게 만들어나가고 있는지 살펴보았다. 제2부 8장에서는 그 같은 전쟁기억의 신성화 과정 속에서 러시아 정부가 제2차 세계대전 당시 발트 지역 합병에 대해서 어떻게 설명하고 있는지, 그리고 그와 대비하여 자유주의적이고 진보적인 성향의 학자는 동일한 사건을 완전히 다른 프리즘을 통해 바라보고 있는 것도 살펴보았다. 그렇다면 전쟁 당시 소련에 합병당했던 당사국의 제2차 세계대전의 기억은 어떠할까? 그리고 소련 시기 소연방의 일원이었으나 소련 붕괴 이후 독립한 신생독립국들은 소비에트 시기 건립된 소련의 전쟁기억 상징으로서 대조국전쟁 기념비를 어떻게 바라보고 있을까?

전쟁기억은 기억의 주체, 즉 누가 기억하는가에 따라 그 성격이 완전히 달라질 수 있다. 한국전쟁의 기억을 예로 들어보자. 2020년 중국의 한 관영 언론은 세계적으로 명성을 날리고 있는 한국의 대중 가수 그룹 '방탄소년단(BTS)'이 한 시상식장에서 한국전쟁 70주년과 관련하여 "[한국과 미국] 양국이 함께 나눈 고통의 역사, 수많은 희생을 기억하겠다"라고 말한 것에 대해 중국 네티즌들로부터 '항미원조(抗美援朝: 한국전쟁을 일컫는 중국 용어)' 당시 중국군의 희생을 염두에 두지 않았다고 강한 비판을 받았다고 보도했다.[1] 중국 입장에서 중국군 수십만 명의 희생자를 낸 전쟁에 대해 중국의 전쟁기억이 무시된 발언이기 때문이었다. 그런가 하면 같은 해 일본 정부는 독일의 한인 시민단체가 베를린에 세운 소녀상이 독일과 일본의 관계를 심각하게 훼손하므로 철거할 것을 베를린시에 강력하게 요청했다.[2] 일본 입장에서 전쟁기억이 왜곡되었다고 주장하며 그러한 상징물을 설치한 것에 대해 좌시하지 않겠다는 정부 차원에서의 의사 표명이었다. 이 사태들은 바로 중국과 일본이 자국의 전쟁기억이 이웃 국가에 의해 무시당하거나 왜곡되었다고 간주했기 때문에 일어난 사건들이다.

러시아의 경우도 소련 붕괴 이후 자국의 전쟁기억이 포스트소비에트 신생독립국에서 무시되고 공격받는 것을 목격했다. 소비에트 시기 소련 정부는 '대조국전쟁'의 승리를 소비에트 사회주의 체제가 서구 자본주의 체제의 '사생아'인 파시스트 나치정권을 괴멸시킴으로써 유럽을 파멸 속에서 구하고 사회주의 체제의 도덕적 우월성을 입증한 사건으로 선전했다. 소비에트 시절 대조국전쟁과 관련된 수사와 담론 속에서 에스토니아는 소비에트 군대에 의해 나치의 속박에서 '해방'된 나라로, 조지아는(소련 당시 그루지야) 소연방의 여타 공화국처럼 전쟁 승리를 위해 헌신한 공화국으로 '우리' 소련의 구성원이었다. 소비에트 시기 동안 이들 국가(소연방공화국)들은 대조국전쟁에 대해서 공식적으로는 서로 협력하여 나치즘을 궤멸시키고 유럽을 구했다는 신념을 공유하고 있었다.

하지만 소련 붕괴 후 신생독립국들에서 그리고 러시아에서도 대조국전쟁의 역사적 의의와 기억은 변화했다. 러시아는 앞 장에서 살펴보았듯이 1990년대 중반 이후, 역사적으로 외적과 싸워 물리쳤던 전쟁의 기억을 포스트소비에트 시기 새로운 국민국가 건설과 애국심 고양을 통한 국가통합의 도구로 사용하기 시작했고, 이 과정에서 소비에트 이데올로기나 체제 선전이 아닌 러시아인들의 애국심을 강조하면서 대조국전쟁을 러시아 애국심을 바탕으로 한 단합과 희생을 통해 조국을 지켜낸 역사적 사건으로 강조하기 시작했다. 즉 소비에트 시기와 비교해 러시아에서 대조국전쟁 기억의 위상은 국가 이념에 준하는 수준으로 격상되었다. 반면, 소련에서 독립한 신생국가들은 소비에트 유산을 청산하면서 소비에트 시기에 대해 재평가하기 시작했고, 그 과정에서 소비에트 시기 건립된 대조국전쟁 관련 전쟁기념물을 소비에트 체제의 유산으로 보고 제거하기 시작했다. 이 과정에서 과거 소연방의 일원으로 한 국가를 이루고 살았던 러시아와 이들 신생독립국들은 서로 '우리'에서 '남'으로 변하면서 상대방을 타자화하기 시작했다.

이 장에서는 에스토니아와 그루지야가 소련 붕괴 이후 독립국이 되고 나서 소비에트 시기에 건립된 '대조국전쟁' 기념비의 처분을 놓고 러시아와 벌인 '기억전쟁'에 대해 살펴보겠다. 이들 국가에 초점을 맞춘 이유는 이들 두 국가의 독립 이후 국민국가 건설 과정에서 우선순위를 두고 진행되었던 소비에트 흔적 지우기 정책이 공교롭게도 러시아의 국민국가 건설 과정의 핵심 요소인 전쟁기억의 정치와 맞물리면서 서로 충돌하게 되는 첫 사례들을 보여주기 때문이다. 그럼 먼저 에스토니아와 조지아에서 벌어진 기억전쟁에 대해 살펴보자.

에스토니아의 러시아 타자화 정책과 기념비 전쟁

발트지역 국가들의 러시아 및 러시아인에 대한 타자화 정책은 소련 해체 직후부터 본격화되었다. 특히 에스토니아의 경우 자국 내 러시아인 인구가 차지하는 비율은 1993년에 29%였는데,[3] 신생 정부가 볼 때 인구의 거의 3분의 1을 차지하는 러시아인의 비율은 에스토니아 민족 중심으로 새롭고 단일한 국가정체성을 수립하려는 정부 입장에서 상당히 우려스러운 요소였다. 따라서 1992년 에스토니아는 새로운 시민법을 제정하여 러시아 주민들을 '외국인'으로 규정하고 그들에 대해 까다로운 시민권 획득 자격 요건을 명시했다.[4] 새로운 시민법은 에스토니아가 소련에 강제 편입되었던 1940년 6월 16일 이전에 에스토니아공화국 시민이었던 자들에게만 시민권을 수여하는 것으로 규정했다. 소련 붕괴 당시 에스토니아 거주 러시아인 중 대부분은 1940년 소련의 합병 이후에 이주한 이들이었는데, 이들은 시민권을 획득할 수 없는 '외국인'이나 무국적자인 '타자'가 되었던 것이다.[5]

그에 더해 1993년 2월 에스토니아 정부는 시민권 획득 요건으로 에스토니아어로 헌법의 내용이나 시민법에 대해 설명할 수 있어야 한다고 규정하는 등 높은 수준의 에스토니아어 구사 능력을 요구 조건으로 설정했다.[6] 당시 에스토니아 거주 러시아인의 9% 정도만 에스토니아어를 유창하게 읽고 쓸 수 있었던 반면, 32%는 에스토니아어를 전혀 구사하지 못하는 상태였기 때문에 러시아인들이 에스토니아 시민권을 획득하는 것은 상당히 어려웠다.[7] 결국 소련 시기 명목상으로나마 '우리'였던 러시아인들은 에스토니아 독립 이후 에스토니아 정부의 에스토니아 민족정체성 강화 정책과 함께 '타자화' 정책이 본격적으로 시작되면서 '새로운 타자'가 된 것이다.

다만, 1990년대 말~2000년대 초에 이르자 에스토니아인들 사이에서 1990년대 초 독립 직후 팽배했던 강한 민족정체성과 러시아인에 대한 경계 심리가 점차 누그러졌다. 특히 2004년 에스토니아가 유럽연합(EU)에 가입하고 유럽 국가들의 군사동맹체인 나토(NATO)에 가입하면서 러시아로부터의 안보위협에 대한 우려가 상당히 줄어들었고 동시에 에스토니아 내의 러시아인과 그들의 언어, 문화에 대해 위험하다고 느끼는 감정도 줄어들게 되었다.[8] 이와 동시에 젊은 층을 중심으로 서구 사회의 소비주의, 물질적 부, 개인적 가치 추구 현상이 증대하면서 1990년대 초반에 비해 민족정체성에 대한 관심과 집착도 어느 정도 완화되었다. 그에 더해 1990년대 내내 에스토니아에서는 유럽연합 가입을 위해 당시 서유럽 사회가 공식적으로 표방하고 선전하던 가치인 '다문화주의'를 포용하려는 노력도 생겨났고 동시에 '정치적 올바름(political correctness)'에 근거하여 민족·인종·성별에 따른 차별을 잘못된 것으로 간주하는 의식도 생겨났다. 이런 과정에서 에스토니아인들 사이에서는 에스토니아가 다민족 국가라는 현실을 수용하고 자국 내 러시아인들을 같은 국가 시민으로 수용하려는 의식도 강화되었다.[9] 한 여론조사에 따르면 이 같은 포용적 태도를 지닌 에스토니아인들이 1991년 당시에는 10%에 머물렀는데, 2004년경에는 53%로 다섯 배 이상 증가했다.[10] 즉, 에스토니아 독립 이후 10년이 지나면서 에스토니아 내 러시아인에 대한 타자화는 상당히 약화되고 포용적 태도가 증가한 것이다.

그러나 2004년 이후부터 이러한 상황은 급변하게 되었다. 에스토니아인들과 에스토니아 내 러시아인들 사이에 상대방을 타자화하는 감정이 다시 급속히 증대했는데, 그 계기는 에스토니아인과 에스토니아 거주 러시아인들이 가지고 있던 제2차 세계대전에 대한 상반된 기억 때문이었다. 이 상반된 기억 간 충돌은 2007년 에스토니아 수도 탈린(Tallinn) 중심부에 위치해 있던 소비에트 병사의 동상 제거 사건을 통해 분출되었다.

2007년 탈린의 소비에트 병사 동상 제거 사건의 배경을 이해하기 위해서는 2002년으로 거슬러 올라가야 한다. 2002년 에스토니아의 패르누(Pärnu)라는 도시에 한 민간단체가 제2차 세계대전 때 나치독일군에 가담해서 소비에트 군대에 저항했던 에스토니아인을 기리는 기념비를 제막했는데, 그 기념비에 새겨진 부조는 상당히 충격적이었다. 왜냐하면 그 부조는 나치독일 군복을 입은 에스토니아인을 묘사했기 때문이다(그림 1). 에스토니아 정부는 이 부조가 자칫 나치즘을 찬양하고 합법화하는 것으로 보일 수 있는 점을 우

그림 1 리훌라(Lihula)의 에스토니아 저항군 기념비(사진: Urve Rukki)

자료: National Archive of Estonia. https://www.ra.ee/fotis/index.php/en/photo/
view?id=41160

려해 동상 설립 직후 철거해 버렸다. 하지만 그로부터 2년 후인 2004년 8월
동일한 기념비가 리훌라(Lihula)라는 도시로 옮겨져 다시 설치되었다. 이에
정부는 2주 후에 이 기념비를 지역 주민들에게 사전 공지 없지 또다시 전격
철거했다.[11]

　두 차례에 걸친 정부의 이 같은 조치는 결국 에스토니아 민족주의자들을
자극했고 곧바로 탈린에 위치한 소비에트 병사 동상(그림 2)에 대한 논쟁을
불러일으키는 계기가 되었다. 이 동상은 1944년 소비에트 군대가 나치독일
군을 격퇴하고 탈린에 진주한 3주년을 맞이한 1947년, 탈린 진격전 당시 희

그림 2 에스토니아 탈린(Tallinn)의 소비에트 병사 동상(1947년 건립)

자료: https://www.atlasobscura.com/places/the-bronze-soldier-of-tallinn-tallinn-estonia

생당한 소비에트 병사를 추모하기 위해 세운 것이었다.[12] 이후 반세기가 지나도록 수도 한복판의 공원에 세워져 있었다. 비록 에스토니아 주둔 소련군의 마지막 부대가 철수한 1994년 이래 이 동상을 수도 바깥으로 이전해야 한다는 여론이 심심찮게 등장했지만, 동상 이전은 실행되지 않았고 유야무야 상태로 남아 있었다.[13] 그러던 차에 앞서 언급한 리훌라의 에스토니아 저항군 기념비 철거 사건이 발생하면서 다수의 에스토니아 시민들은 에스토니아의 독립을 되찾기 위해 제2차 세계대전 당시 불가피하게 나치독일군에 가담하여 소련군과 싸우다 희생당한 이들을 기리기 위한 추모비는 철거하면서 '점령군' 소비에트 병사의 동상은 그대로 수도 한복판에 놔두는 정부 정책이 불합리하다고 비판했다. 그 결과 이듬해인 2005년과 2006년 연이어 에스토니아 극우민족주의자들이 탈린의 소비에트 병사 동상에 붉은 페인트를 뿌리는 '테러'를 가하는 사건이 벌어졌다.[14] 이런 분위기 속에서 2006년 에스토니아 '개혁당'은 소비에트 병사 동상을 이듬해 러시아의 전승기념일인 5월 9일 전에 수도 바깥으로 이전하겠다는 공약을 내세웠고, 이 당은 에스토니아 시

민들에게 상당한 인기를 끌어 2007년 총선에서 제1당으로 등극했다.[15]

사실 다수의 에스토니아인들에게 1944년 나치독일군을 몰아내고 에스토니아를 점령한 소련군은 '돌아온 점령군'이었다.[16] 에스토니아는 1710년 러시아에 병합된 이후 200여 년 동안 러시아제국의 일부로 남아 있다가 러시아혁명 직후인 1918년 독립했다. 그러다가 1940년 제2차 세계대전 와중에 소련은 독일의 묵인하에 에스토니아를 다시 합병해 버렸다. 이후 소비에트 지도부는 에스토니아 경찰, 군인, 정치인 등 많은 에스토니아 시민들을 체포 및 처형했고, 강제노동소로도 보냈다.[17] 이후 1941년 독-소전쟁이 발발하자 에스토니아인들은 나치독일 편에 서서 조국의 독립을 위해 소련군에 맞서 싸웠지만 패배했다. 이런 이유로 에스토니아 시민들에게 소련군은 해방군이 아니라 점령군이었던 것이다.

더구나 이후 반세기 가까이 지속된 '소비에트 점령기' 동안 행해진 소비에트 러시아화 정책은 에스토니아 민족정체성의 상실에 대한 우려를 낳기에 충분했다.[18] 반면 소비에트 시기 에스토니아로 이주해 온 러시아인 대부분은 1940년 소련이 강제로 에스토니아를 합병한 것이 아니라 당시 에스토니아인들이 자발적으로 소련에 편입하기를 원했다는 소비에트 공식 역사 해석을 수용하는 경향이 강했다.[19] 그런 맥락에서 에스토니아의 러시아인들은 1944년을 에스토니아인들을 비롯해 소련 인민 전체에게 엄청난 고통을 안겨준 나치독일 침략자들을 물리치고 에스토니아를 '해방'시킨 해로 인식했다.[20]

이렇게 상반된 견해 속에서 소비에트 시기 '해방자 소비에트 병사'로 명명되었던 이 동상을 둘러싼 에스토니아 급진 민족주의자들과 러시아인들과의 충돌이 계속되자 에스토니아 정부는 2007년 1월 동상을 탈린에서 시 외곽으로 이전한다는 결정을 내렸다.[21] 이후 소비에트 병사 동상을 둘러싼 논쟁과 동상에 대한 각종 반달리즘에 민감해 있던 에스토니아의 러시아인들은 그해 4월 26일 동상 주변에서 동상 이전에 반대하는 대규모 폭동을 일으켰다. 이 과정에서 주변 상가가 파괴, 약탈되었고 폭동 진압 과정에서 사망자까지 발생하는 사태가 벌어졌다. 이에 에스토니아 정부는 다음 날 동상을 전격 철거해서 며칠 후 탈린 근교의 군인 묘지로 옮겨버렸다.[22] 이로써 1947년 이후 60년 동안 탈린 도심 한가운데를 지키고 서 있던 소비에트 병사의 동상은 탈린에서 완전히 쫓겨나게 된 것이다.

2004년 리홀라의 에스토니아 저항군 기념비 제거 사건 이후 에스토니아인과 에스토니아 거주 러시아인 간 상호 배타적 태도와 타자화는 급속 확대되었다. 2004년 이전, 통합적이며 다민족 사회의 정체성을 지녔던 에스토니아인의 비율은 53%에서 2007년에는 36%로 줄어들었다. 에스토니아 러시아인의 의식도 비슷했다. 2004년경까지만 해도 통합적이고 다민족 사회의 가치를 수용했던 러시아인의 비율은 46%에 달했지만 소비에트 동상 사건을 전후하여 그 비율이 27%로 감소해 거의 20%p나 줄어들었다.[23] 또한 에스토니아 내 러시아인의 존재는 인정하지만 그들과 관계를 맺지 않겠다는 배타적 태도는 리홀라 동상 사건 발발 이전의 28%(2002년)에서 소비에트 병사 동상 사건 전후인 2007년 40%로 증가했다. 이와 유사하게 에스토니아 내 러시아인들 사이에서도 에스토니아인에 대한 배타적 태도를 지닌 비율이 20%에서 33%로 증가했다.[24]

러시아인에 대한 타자화 현상은 2004년 전쟁기념비 사건을 계기로 고조되었다가 2007년 소비에트 병사 동상 제거로 정점에 달했는데, 이 현상은 국제 정세의 변화와 러시아의 국제 무대에서의 행보, 그리고 러시아의 정체성 정치에 의해서도 일정 정도 영향을 받은 결과였다. 앞서 살펴보았듯이 에스토니아가 유럽연합과 나토에 가입함으로써 국민들 사이에서 러시아의 위협에 대한 우려가 어느 정도 감소된 것은 사실이지만, 1710년 표트르대제의 탈린 정복 이후 소비에트 시기를 포함하여 근 280년 동안 러시아의 지배를 받았던 에스토니아 사람들에게는 러시아로부터의 위협에 대한 심리적 우려, 즉 '루소포비아'가 내재화되어 있었다.[25] 또한 에스토니아 사람들에게는 러시아가 2000년대 들어 본격적으로 제2차 세계대전의 전쟁기억을 국가정체성 강화에 활용하는 정책을 펴는 것도 거슬리던 참이었다. 왜냐하면 제2차 세계대전의 기억은 에스토니아인에게는 러시아의 경우처럼 영광스러운 승리와 연결되는 것이 아니라 자주권을 빼앗긴 불운한 기억과 연관되어 있기 때문이었다. 그에 더해 푸틴 정부 출범 이후 국제 무대에서 러시아의 팽창주의적 행보의 증대는 에스토니아인들에게 러시아의 제국주의적 팽창에 대한 우려를 증대시켰다. 또한 2000년대 들어 유럽에서 극우집단의 다문화주의에 대한 공격과 배타적 태도가 증가했는데, 이러한 국제 정세의 변화와 러시아의 국내외 정책은 소연방으로부터의 독립 이후 에스토니아에 내재되어 있던 러시아에 대한 배타적 타자 인식이 확대·강화되는 결과를 낳았던 것이다.[26]

이러한 사회 분열의 분위기 속에서 에스토니아 정부는 2007년경까지 에스토니아 전쟁기념비를 둘러싼 자국 국민들의 기억전쟁에서 어느 정도 중립적인 태도를 견지하려고 노력했다. 즉, 소비에트 병사 동상을 탈린 근교의 군인 묘지로 이전한 후 소비에트 병사 동상을 "해방자"로 지칭한 현판을 제거하고 대신 "제2차 세계대전의 희생자들에게"라는 문구와 함께 "무명용사에게, 1941~1945"라는 문구를 에스토니아어와 러시아어로 병기한 현판을 부착했다.[27] 전자는 제2차 세계대전 시기 희생당한 에스토니아인들을 위한 것이고 후자는 독-소전쟁 시기 러시아 병사의 희생을 추모하는 것으로, 양 민족 각각의 전쟁기억을 아우르기 위한 당국의 노력을 상징적으로 보여주는 것이다.

하지만 4년 후인 2011년, 에스토니아 당국은 소비에트 병사 동상이 위치한 군인 묘지 입구에 "1944년 9월 22일 탈린을 점령한 소비에트 군대의 기념비"라는 현판을 새롭게 부착했다.[28] 이에 대해 에스토니아의 반파시스트 운동단체는 해당 묘지를 관장하고 있는 에스토니아 국방부에 항의 서한을 보냈는데, 그에 대해 국방부는 "소비에트 군대가 점령군이라는 것은 역사적 사실로 검증된 것"이라고 답했다. 그러면서 에스토니아 국방부는 소련이 "1940년부터 1991년까지 에스토니아를 점령했던 것은 [2006년] 유럽인권법원(ECHR)

의 몇몇 판결에서 확인된 사항"이라고 강조했다.[29] 에스토니아 정부의 이러한 태도는 소비에트 병사 동상 사건 이후 정부 당국이 전쟁기억을 둘러싼 마찰에서 에스토니아 민족주의자들의 입장을 대변하는 쪽으로 기울었으며, 그 과정에서 러시아는 공식적으로 '타자화'되었음을 뜻하는 것이다.

조지아-러시아 갈등과 조지아의 기념비 전쟁

에스토니아처럼 조지아도 소비에트 시기 건설된 전쟁기념비에 대한 기억전쟁을 벌였다. 다만 에스토니아의 경우와 비교해 차이점은 에스토니아의 경우 제2차 세계대전을 둘러싼 기억전쟁이 위로부터가 아닌 밑으로부터, 즉 정부 주도가 아닌 급진 민족주의자들의 주도로 시작된 반면, 조지아의 경우 러시아와의 기억전쟁은 정부 주도의 '위로부터의 기억전쟁'이었다는 점이다.

조지아에도 에스토니아처럼 소비에트 말기 소연방으로부터 독립을 요구하는 급진적 민족주의 세력이 등장하기 시작했다. 이들은 조지아가 "러시아/소비에트 제국주의의 희생양"으로 민족의 기억과 역사를 억압당했다고 주장하면서 조지아 정교, 조지아어, 조지아인의 신화와 혈통 등을 기반으로 한 조지아 정체성 재건 운동을 펼쳤다.[30] 이 과정에서 1989년 9월 조지아는 공화국 주권을 선언하고 1991년 4월에는 소연방으로부터 독립을 선언했다. 이후 즈비아드 감사후르디아(Zviad Gamsakhurdia)와 같은 정치인들은 조지아 민족을 중심으로 '종족 국민주의' 수립을 추구하면서 러시아식 지명을 모두 조지아식으로 교체하는 등 탈러시아 정책을 펼치기 시작했다.[31] 하지만 조지아 정치권의 분열로 인해 탈러시아 정책은 일관성 있게 수행되지 못했다. 1991년까지 조지아 지도자로 군림했던 감사후르디아가 쿠데타로 축출된 후 집권한 셰바르드나제 대통령은 감사후르디아와는 달리 조지아 내 분리주의 세력이자 친러시아 성향을 지닌 압하지야인, 오세티아인 등의 소수민족을 끌어들여 통합된 국민국가를 건설하는 정책을 폈고,[32] 이 과정에서 탈러시아 및 러시아 타자화 정책은 우선순위를 갖지 못했다. 또한 에스토니아와는 달리 조지아를 구성하는 인구 비율 중 러시아인이 차지하는 비율은 1989년 6.3%에 지나지 않았고, 그나마 1990년대 동안 다수의 러시아인들이 모국으로 귀환하면서 2000년대 초에는 그 비중이 1.5%로 급격히 줄었다.[33] 즉, 조지아는 에스토니아처럼 자국 내 러시아인의 비율이 높아 국가정체성이 위협받는 상황은 아니었으므로 탈러시아 정책의 필요성이 낮았던 것이다.

하지만 이러한 상황은 2003년 미헤일 사카슈빌리(Mikheil Saakashvili) 대통령이 취임하면서 급변하게 된다. 러시아로부터의 에너지 수입과 러시아에의 식품류 수출로 인한 러시아에 대한 높은 경제의존도는 물론 조지아의 압하지야, 남오세티아 지역에 대한 영향력 등을 고려하여 사카슈빌리 정부는 집권 초기에는 러시아와 긴장 관계에 접어드는 것을 피하기 위해 노력했다.[34] 하지만 사카슈빌리 정부가 친서방 정책을 추진하게 되면서 러시아의 조지아에 대한 경계심이 강화되었고,[35] 그러던 중 결국 조지아 정부가 친러시아 성향을 지닌 남오세티아 자치공화국을 억압하는 과정에 러시아가 개입하면서 2008년 8월 러시아-조지아전쟁이 발발했다.[36] 2주 동안 치러진 이 전쟁에서 조지아는 군인과 민간인을 합해 총 390여 명이 사망함으로서 러시아 보다 여섯 배나 많은 인명 피해를 입었다.[37] 더구나 전쟁 후 러시아는 조지아 영토의 일부인 남오세티아와 압하지야의 독립을 승인하고 이 지역에 군대를 주둔시키면서 조지아-러시아 양국 관계는 극도로 악화되었고,[38] 조지아 정부의 러시아에 대한 적대화·타자화는 급속히 증가했다.

조지아 정부의 러시아에 대한 적대 정책의 일례로 소비에트 전쟁기념비의 파괴를 들 수 있다. 러시아-조지아전쟁 이듬해인 2009년 12월 19일 사카슈빌리 정부는 수도 트빌리시에서 서쪽으로 220km 떨어진 쿠타이시(Kutaisi)에 위치한 '대조국전쟁 기념비'를 파괴해 버렸다. 1981년 '군사명예기념비'로 세워진 높이 46m의 거대한 이 기념비는 독-소전쟁 동안 사망한 30만 명

그림 3 조지아 쿠타이시의 '대조국전쟁 기념비' 파괴 장면(2009년)

자료: Civil.ge. https://civil.ge/archives/119707

의 조지아 병사들을 추모하기 위해 세워진 것이었다(그림 3). 사카슈빌리 대통령은 이 기념비를 제거하기로 결정한 이유를 새로운 의회 건물을 짓기 위한 것이라 밝혔으나,[39] 당시 언론보도에 따르면 의회 건물을 지을 공간은 전쟁기념비가 위치한 공간 외에도 충분히 있었기 때문에 진짜 이유는 다른 데 있었다는 것이다.

즉, 조지아 정부는 러시아와의 전쟁 이후 러시아 타자화 정책을 적극적으로 수행하기 시작했고 그 과정에서 러시아가 가장 중요시하는 '대조국전쟁'과 관련된 기념물을 파괴함으로써 소비에트 잔재와 러시아의 영향력을 일소하기 위해 러시아를 상대로 '기억전쟁'과 '기억정치'를 본격적으로 시작한 것이다. 조지아 정부의 이 같은 의도는 쿠타이시 기념비를 제거한 직후 사카슈빌리 대통령의 언급에서 잘 나타난다. 그는 "러시아가 그 기념비를 제거하지 말라고 말하는 것은 경멸스럽다"라고 말하면서 그것은 바로 제2차 세계대전의 승리나 조지아 병사의 희생이 아닌 "소비에트 군대의 영광을 기리는"

기념물이라고 일갈했다. 그러면서 그는 2008년 러시아와 전쟁 이후 남오세티아 영토에 대한 실질적 통치권을 빼앗긴 상황을 빗대어 "러시아는 바로 소련의 계승국이고 우리 영토의 점령자이다"라고 규정했다.[40] 에스토니아처럼 소비에트/러시아 군대를 '점령군'으로 묘사하면서 러시아를 타자화한 것이다.

이에 더해 이듬해인 2010년 조지아 정부는 1921년 2월 25일을 '소비에트 군대 점령일'로 지정하고 러시아혁명 직후 제정러시아의 지배로부터 갓 독립한 조지아의 민족주의자들이 건립했던 조지아민주공화국(1918~1921)이 소비에트 군대에 의해 점령당해 무너진 날로 추모하기 시작했다.[41] 그런가 하면 2012년 2월 24일에는 조지아 제2도시인 바투미(Batumi)에 있는 소비에트 시기 건립된 대조국전쟁의 희생자 추모비도 철거해 버렸다.[42] 조지아 정부는 이 추모비를 '소비에트 군대 점령일' 하루 전에 철거했는데, 이는 소비에트/러시아의 점령에 대한 일종의 보복 행보라는 점에서 그 상징성을 더한다.

조지아 정부의 기억전쟁은 앞선 에스토니아 사례와 비교해 유사점과 차이점 모두를 지닌다. 소비에트 군대를 점령군으로 규정하고 그 잔재를 없애기 위해 조치를 취한 것은 공통점이지만 극우 민족주의자들의 주도로 기억전쟁이 시작된 에스토니아의 경우와는 달리 조지아에서 기억전쟁은 러시아와 무력 충돌을 경험한 이후 조지아 당국의 주도로 본격적으로 시작된 것이다.

하지만 조지아 지도부가 반러시아 정책에 기반하여 위로부터 수행한 기억전쟁과 러시아에 대한 타자화는 일반 시민들의 공감과 적극적 지지와 참여를 이끌어내는 데에는 한계가 있었다. 예를 들어 쿠타이시 주민 다수는 새로운 의회 건물 건설 부지 확보를 위해 전쟁기념비를 제거한다는 정부의 공식 입장에 대해 기념비를 파괴하지 않고서도 다른 곳에 의회 건물을 지을 공간이 많다며 기념비 제거를 반대했다.[43] 사실 조지아 국민 다수는 사카슈빌리 지도부와 달리 소비에트 유산에 대해 부정적 감정을 지니고 있지 않았다. 2012년 러시아 레바다센터와 조지아 학자가 행한 여론조사에 의하면 조지

표 1 다음의 사항에 대해 지지하는가, 반대하는가?(단위 %)

질문	찬성	반대	모르겠음	답변 거부	합계
야당 지도자 노가이델리의 푸틴 방문(2009.12.23)	11	62	21	6	100
야당 지도자 부르자나제의 푸틴 방문(2010.3.4)	12	59	22	7	100
러시아와 비행기 운항 재개(2010.1)	82	4	11	3	100
러시아-조지아 국경검문소(Zemo Larsi) 재개방(2010.3)	61	11	25	3	100

자료: Public attitudes towards elections in Georgia (Results of a April 2020 Survey carried out for NDI by CRRC).

표 2 오늘날 조지아 정부의 대러 정책을 지지하는가?(단위 %)

답변	비율
전적으로 지지	7
부분적으로 지지함	25
부분적으로 반대함	28
전적으로 반대	24
모르겠음	13
답변 거부	3
합계	100

자료: Public attitudes towards elections in Georgia (Results of a April 2020 Survey carried out for NDI by CRRC).

아 국민은 소비에트 시절에 경험했던 상대적인 안정과 번영에 대한 향수를 갖고 있었다.[44] 그리고 조지아 출신 소련 지도자 스탈린에 대해서는 응답자의 45%가 긍정적인 감정을 지니고 있음을 나타냈고, 응답자의 76%는 스탈린의 실책이나 악행에도 불구하고 그가 독-소전쟁을 승리로 이끈 것이 무엇보다도 중요하다고 답했다.[45]

　비록 기념비를 파괴한 몇 달 후인 2010년 4월 비정부단체인 국립민주주의연구소(NDI)가 조지아 국민 2,378명을 대상으로 행한 여론조사에 따르면 조지아의 대표적 야당 인사인 노가이델리(Zurab Noghaideli)와 부르자나제(Nino Burjanadze) 등이 기념비 파괴 직후 러시아와 관계 개선을 위해 당시 러시아 총리인 푸틴과 만난 것에 대해 응답자의 60% 정도가 부정적으로 보앉지만, 러시아-조지아 간 비행기 운항을 재개한 것에 대해서는 응답자의 82%가, 그리고 양국 간 국경 재개방에 대해서는 61%가 찬성한다는 의사를 표명했다(표 1). 반면 러시아와 적대적 관계를 지속해 온 사카슈빌리 정부의 대러시아 정책에 대해서는 응답자의 62%가 전적으로 또는 부분적으로 반대하는 것으로 나타났다. 이 비율은 사카슈빌리의 대러시아 정책을 지지한다는 비율(32%)의 거의 두 배에 달하는 수치이다(표 2). 이는 곧 러시아와 정면 충돌도 불사했던 사카슈빌리 지도부와는 달리 국민들은 자신들의 일가친척을 포함하여 조지아 인구의 4분의 1에 해당하는 약 100만 명의 조지아인들이 살고 있는 러시아와 극단적인 적대 관계로 치닫는 것을 극도로 꺼리고 있음을 보여주는 것이다.[46]

이 같은 조지아 국민들의 반응은 탈소비에트 정책을 추진하면서 소비에트 유산을 지우고 반러시아 정책을 통해 러시아를 타자화하는 정부 정책이 국민들의 공감을 불러일으키지는 못했음을 보여준다. 이 같은 조지아 국민들의 러시아에 대한 인식은 분명 에스토니아 국민들의 러시아에 대한 태도와 구분된다. 그 이유를 다음과 같이 설명할 수 있을 것이다.

첫째, 에스토니아와 조지아 각각은 러시아와의 역사적 관계가 상이하다. 에스토니아는 러시아혁명 직후인 1918년부터 1940년 소련에 강제 합병될 때까지 20여 년 동안 독립국가 지위를 유지했다. 반면 조지아는 에스토니아와 마찬가지로 1918년 러시아로부터 독립했지만 3년 만에 다시 소비에트 러시아에 합병되어 독립국의 지위를 상실했다. 따라서 에스토니아의 탈러시아 독립 경험은 조지아에 비해 더 선명하게 국민들 의식 속에 남아 있었고, 그로 인해 국민들의 러시아에 대한 타자 의식이 더 강하게 표출되었던 것이다.

둘째, 에스토니아는 러시아보다 서유럽 국가에 경제적 의존도가 높은 반면 조지아는 유럽보다 러시아에 대한 경제적 의존도가 높다. 더구나 러시아 내 디아스포라의 수는 에스토니아에 비해 수십~수백 배 많다. 즉, 러시아는 조지아인들의 경제생활과 직결되어 있고 따라서 러시아에 대한 타자 인식은 에스토니아에 비해 상당히 낮다. 이런 이유로 앞서 보았듯이 조지아의 여론 조사는 2008년 러시아와 전쟁을 치렀음에도 불구하고 러시아와 관계유지에 대해 중요하게 인식하고 있음을 보여준 것이다.

러시아의 기념비 전쟁과 타자 인식

그렇다면 앞에서 살펴본 바와 같이 과거 소련이라는 한 나라의 성원이었던 공화국들이 독립하여 국민국가를 건설해 나가는 과정에서 러시아가 가장 신성시하는 대조국전쟁의 기억을 폄하하고 지워버리는 것에 대해 러시아는 어떻게 반응했고 러시아 국민들은 어떻게 인식했는가? 당시 러시아는 여타 포스트소비에트 신생독립국가들과 마찬가지로 새로운 국가정체성을 건설해 나가는 과정에 있었는데, 러시아 정체성 수립의 핵심 소재는 대조국전쟁의 승리와 그에 대한 기억이었기에 지정학적으로 러시아의 안보와 경제적 이해관계가 직결된 이웃 국가에서 그 기억이 부정되는 것을 좌시하고 있을 수는 없었다.

 2007년 에스토니아 정부가 소비에트 병사 동상을 이전하기 전부터 러시아 정부는 에스토니아 정부에 소비에트 병사 동상 이전 결정을 철회하라고 지속적으로 요청했다. 하지만 결국 동상이 철거되자 당일인 4월 27일 러시아는 외무부 대변인을 통해 그 같은 결정이 "모독적이고 비인간적"이라는 비난 성명을 공표했다. 같은 날 세르게이 라브로프 외무부 장관도 에스토니아의 행위에 대해 러시아는 중대 조치를 취할 것이라 밝혔다.[47] 러시아 부총리 세르게이 이바노프는 러시아 국민에게 에스토니아 상품 불매운동을 호소하기까지 했으며 러시아 상원은 에스토니아와의 외교관계 단절을 정부에 제안한다는 결정을 만장일치로 통과시켰다.[48] 이에 더해 정부 지원을 받는 청년 애국단체인 '나시(Наши: '우리의')'도 모스크바의 에스토니아 대사관 앞에 몰

려가 항의시위를 벌였다.[49]

그 후 2011년 4월 에스토니아 당국이 소비에트 병사를 '점령군'으로 표기한 현판을 부착한 것에 대해서도 러시아 국가두마(하원의회)의 국제관계위원회 부의장 레오니드 슬루츠키는 그러한 문구는 "전 세계 러시아인에 대한 모욕"이라고 비난했고, 국가두마 부의장은 그 같은 행위는 제2차 세계대전의 결과와 역사를 다시 고쳐 쓰려는 음흉한 시도이자 에스토니아의 자유와 해방을 위해 피 흘려 싸운 소련 군인들에 대한 모독이라고 성토했다.[50]

그런가 하면 2009년 12월 조지아 정부가 대조국전쟁 기념비를 무너뜨린 사건에 대한 러시아의 대응은 에스토니아와의 기억전쟁에 비해 더 철저하고 광범위했다. 그 이유는 러시아-에스토니아 관계와 달리 러시아-조지아 관계는 한 해 전인 2008년 전쟁을 치를 정도로 악화된 상태였기 때문이었다. 또한 에스토니아에서와는 달리 조지아에서는 대조국전쟁 기념비가 이전된 것이 아니라 아예 파괴됨으로써 러시아의 국가 자존심과 국민정체성의 근간인 전쟁기억이 심각하게 공격받았기 때문이다. 따라서 조지아에 대한 러시아의 기억전쟁은 단순히 수사에 그치지 않았고 구체적 '행동', 즉 조지아가 무너뜨린 기념비를 러시아 수도 모스크바에 복원하는 것으로 진행되었다.

러시아 국방부는 조지아 정부가 쿠타이시 기념비를 제거하기 전부터 조지아 정부에 기념비를 파괴하는 것은 대조국전쟁 참전용사들을 무시하는 처사라고 우려를 표명했다.[51] 그러나 조지아 정부가 기념비 제거를 강행하자, 며칠 후 러시아 국가두마는 외국의 의회와 유엔 등 여러 국제조직에 대조국전쟁 영웅들에게 바쳐진 기념비를 제거해 버린 조지아 정부의 행위를 비난하는 데 합류할 것을 요청하는 서한을 보냈다.[52] 러시아 외무부는 특히 유엔총회가 나치즘과의 투쟁에서 사망한 자들에 대한 추모비나 기념탑을 훼손하거나 파괴하는 행위를 비난하는 결의안을 통과시킨 그 이튿날 이 같은 행위를 저지른 일을 지적하면서, 공식성명을 통해 조지아 정부가 자국의 역사 기억을 스스로 지워버리려고 하는 "미친 야망"을 지니고 있다고 신랄하게 비난했다.[53]

러시아 학자들은 이 사건과 관련하여 조지아뿐만 아니라 유럽까지 비난 대상에 올렸다. 국제관계 분석가인 나로츠니츠카야(Natalia Narochnitskaya) 는 조지아 정부의 행위에 대해 침묵하고 있는 유럽에 대해서 언급하면서, 유럽은 일반적으로 나치즘에 대항해 싸운 이들을 욕되게 하지 않는데, 조지아의 파괴 행위에 대한 유럽의 침묵은 명백한 "이중 잣대"라고 비난했다.[54] 그녀는 유럽 국가들은 2007년 에스토니아 정부가 수도 탈린의 중앙공원에 서 있던 소비에트 병사의 동상을 근교로 옮긴 것에 대해서도 역시 침묵으로 일관했으며 동일한 행위를 반복하고 있다면서 유럽 국가들의 태도를 비난했다.[55]

조지아 정부가 쿠타이시의 전쟁기념비를 폭파한 며칠 후 푸틴 러시아 총리는 "이전에 우리 연방[소련]의 수도였던 모스크바에 이 기념비를 다시 세우겠다"라고 밝혔다.[56] 그러면서 그는 러시아의 조지아 교포들이 기념비 건립에 필요한 자금을 마련하는 데에 적극 참여할 것으로 기대한다고 밝혔다. 한 러시아 두마의원은 그 기념비는 단순한 기념비가 아니라 "조지아 국민들의 기억"이며 "공동의 나라를 위해 싸웠던 조지아 병사들을 추모하는 것은 우리의 의무"라고 강조했다.[57] 즉 푸틴 총리는 조지아인들조차도 조지아 정부의 대조국전쟁 기념비 파괴에 반대한다는 점을 부각시키기 위해 러시아 내 조지아 교포들이 기념비 재건에 적극 참여하도록 유도한 것이다.

결국 러시아는 조지아 정부가 소비에트 전쟁기념비를 파괴한지 1년 만인 2010년 12월 모스크바 전쟁기념관이 위치한 '승리공원'에 그와 비슷한 모형 기념비를 건립했다(그림 4). 이 공원에 재건된 조지아 전쟁기념비는 쿠타이시에 원래 건립되었던 것과 비교하면 규모는 상당히 작다. 기념비의 모양은 거의 유사하지만 높이는 약 7분의 1 크기로 6~7m 정도이며, 기념비 전면에 "파시즘과의 전쟁에서 우리는 함께 싸웠다"라는 문구가 새겨져 있다. 기념비 뒤에는 "대조국전쟁에서 함께 싸워서 승리한 소련 인민들의 단합 기념비"로서 "전쟁 승리 기념비의 신성함을 상징하며 2009년 12월 19일 쿠타이시에서 야만적으로 파괴된 기념비를 기억하며"라는 취지문이 쓰여 있다.

그림 4 2010년 모스크바 승리공원에 복원된 조지아의 전쟁기념비

자료: 필자 촬영(2014.7.20)

특이한 점은 기념비 전면의 하단부에는 조지아의 쿠타이시를 포함하여 소연방공화국 15개 도시에 건립된 대조국전쟁 기념비의 형상을 새긴 작은 화강암 부조들이 부착되어 있는 점이다. 이는 소연방 민족 간의 우정을 상징하는 것이었다.[58]

12월 21일 이 기념비 개막식에 참석한 푸틴 총리는 기념비 파괴를 국가적 만행으로 규탄하고 그러한 행위로 자국민들조차 조지아 정부에 대해 강한 불신을 나타냈다고 강조하면서 그 이유를 "[조지아] 국민은 자신들의 영웅에 대한 기억을 파괴하고 자신의 역사에 등 돌린 자들과는 함께 살 수 없기 때문"이라고 성토했다.[59] 또한 푸틴 총리는 그 같은 파괴 행위가 [러시아-조지아] 간의 세기에 걸친 우정과 상부상조의 전통을 깨버린 것이라고 비난하면서 대조국전쟁에서의 승리는 소련의 "여러 민족들의 단합된 의지, 용기, 그리고 분투가 어우러져 달성된 것"이라고 강조했다.[60] 쿠타이시의 전쟁기념비 복원

표 3 러시아에 가장 적대적인 국가 5개를 고른다면?(단위: %, 괄호 안은 순위)

	2005년	2006년	2007년	2009년	2010년
에스토니아	32 (4)	28 (5)	60 (1)	30 (6)	28 (4)
조지아	38 (3)	44 (2)	46 (2)	62 (1)	57 (1)
라트비아	49 (1)	46 (1)	36 (3)	35 (4)	36 (2)
리투아니아	42 (2)	42 (3)	32 (5)	35 (4)	35 (3)
미국	23 (5)	37 (4)	35 (4)	45 (2)	26 (5)
우크라이나	13 (6)	27 (6)	23 (6)	41 (3)	13 (8)

자료: "Russia's Friends and Enemies." Levada Center, 2015.6.22; "Друзья" и "враги" России, Левада Центр, 2020.9.16.

표 4 당신이 러시아 역사에서 가장 자랑스럽게 여기는 사건은 무엇인가?(단위: %)

	2008년
대조국전쟁에서의 승리	89
우주개척에서 주도적 역할 수행	61
위대한 러시아 문학의 전통	49
러시아 과학의 업적	37
러시아의 영광스러운 군사 업적	37

자료: "Memory and Pride." Levada Center, 2020.11.5. https://www.levada.ru/en/2020/11/05/memory-and-pride/

행사에는 조지아 야당 대표 노가이델리와 부르자나제도 초청되었는데, 푸틴 총리와 마찬가지로 그들도 조지아 정부를 강하게 비판하면서 모스크바에 재건된 조지아의 기념비가 2008년 러시아-조지아 전쟁 이후 단절된 양국 간 관계를 정상화하기를 기대한다는 의사를 밝혔다.[61]

결국 모스크바에 조지아 전쟁기념비를 복원한 것은 러시아의 기억전쟁의 일환으로 러시아 정부가 그리고 러시아 국민들이 가장 자랑스럽고 신성한 기억으로 간주하는 역사기억을 파괴하는 것은 용납할 수 없다는 러시아 지도부의 정치·외교적 행보였다.

그렇다면 러시아와 포스트소비에트 신생독립국가들 간의 기억전쟁에 대해 과연 러시아 국민들은 어떻게 반응했는가? 러시아 여론 기관인 레바다센터(Levada-Center)가 에스토니아 정부가 소비에트 병사 동상을 제거한 사건이 일어났던 2007년과 조지아 정부가 대조국전쟁기념비를 파괴했던 2009년을 전후해서 시행한 여론조사를 살펴보자. 여론조사 결과는 많은 러시아인들이 에스토니아와 조지아를 러시아의 '제1의 적'으로 타자화했음을 보여준다(표 3). 동시에 대조국전쟁과 관련한 소비에트 기념물이 과거 소연방 구성 공화국에서 수난을 당할 즈음인 2008년 행해진 여론조사를 살펴보면 러시아 국민들이 자국 역사에서 가장 자랑스럽게 여기는 사건이 무엇인가라는 질문에 응답자의 89%에 달하는 압도적인 수가 대조국전쟁의 승리라고 답한 것을 감안하면(표 4), 러시아 국민들에게는 그 전쟁과 관련된 기념물이 훼손되고 파괴되는 것은 용납할 수 없고 그 전쟁을 지우고자 하는 주체는 당연히 '적'이 되는 것임을 보여준다.

*   *   *

소련 해체 이후 소연방 구성 공화국들은 신생독립국이 되어 각각 민족주의 색채가 강한 정책을 이용하여 새로운 국민국가 건설에 힘써왔다. 러시아도 마찬가지였으며 1990년대 중반 이후 러시아 지도부는 전쟁의 기억, 특히 대조국전쟁의 기억을 사회주의 이데올로기를 대체하는 국가정체성의 근간으로 활용하고 국가와 국민을 통합하는 기제로 사용하기 시작했다. 한 러시아 사회학자가 적절히 지적했듯이 포스트소비에트 러시아에 유일하게 남은 긍정적인 기억은 대조국전쟁 승리에 관한 것밖에 없었기 때문이다.[62]

하지만 발트와 캅카스 지역의 신생독립국가들의 역사기억은 러시아와는 상이했다. 에스토니아인들에게 제2차 세계대전은 강제적 소비에트화와 독립 상실의 기억과 직결되며, 조지아는 친서구 정책을 추진하면서 러시아의 영향력 견제를 위해 노력하던 차에 러시아와 전쟁까지 치렀기에 조지아 지도부에게 소비에트 시기 건립된 기념비는 소비에트/러시아의 잔재로 마땅히 제거해야 할 대상이었다. 이에 더해 2004년 푸틴 집권 2기에 들어서면서 러시아가 '강대국으로의 복귀' 외교정책을 적극 추구하자 친유럽 정체성을 추구하던 조지아, 에스토니아와 같은 역내 국가의 지도부는 러시아를 더욱 경계하게 되었다.[63] 이러한 상황에서 이들 국가들은 소비에트 병사 동상, 대조국전쟁 기념비를 제거하거나 파괴하는 기억전쟁을 수행하면서 러시아 타자화 정책을 강화해 나갔던 것이다.

그러나 이러한 포스트소비에트 시기 기억전쟁 과정에서 신생독립국의 러시아 타자화 정책과 러시아에 대한 타자 인식은 동일하지 않았다. 에스토니아와 조지아의 사례는 신생독립국의 역사적 경험, 지정학적 특성, 러시아와의 경제적 관계, 자국 내 러시아인 인구 비율 등에 따라 러시아에 대한 타자 인식 정도가 상이했음을 보여준다.

제13장

우크라이나의
기억전쟁

1991년 소연방으로부터 독립을 선포한 우크라이나는 발트와 캅카스 지역의
여타 신생독립국들과 마찬가지로 제2차 세계대전 기억과 관련하여 탈소비
에트, 반(反)러시아 기억전쟁을 수행해 왔다. 우크라이나의 기억전쟁은 앞 장
에서 살펴본 러시아와 조지아의 기억전쟁과 유사한 측면이 있다. 조지아는
친러시아 성향을 지닌 남오세티아 지역을 갖고 있었고 그 지역에 대한 통제
권을 놓고 러시아와 급기야 2008년 전쟁까지 치른 후, 제2차 세계대전에 대
한 기억전쟁을 본격적으로 시작했다. 우크라이나의 경우도 러시아와 국경을
맞대고 있는 동부와 러시아와 인접한 남부지역은 일찍이 러시아화가 진행되
어 친러시아 성향이 강했고, 따라서 이 지역에서 제2차 세계대전의 기억은
민족주의 성향이 강한 서부지역과는 상반되게 소비에트 향수에 기반하고 있
었고 러시아의 전쟁기억 서사와 많은 공통점을 지니고 있었다. 그런 중에
2014년 2월 러시아가 크름반도를 무력으로 점령한 이후부터 우크라이나 정

부는 탈소비에트, 반러시아 성격의 제2차 세계대전에 대한 기억전쟁을 강화하기 시작했다. 다만 우크라이나의 경우 에스토니아나 조지아와는 달리 제2차 세계대전 당시 경험에 대한 상반된 기억이 강하게 남아 있어서 러시아의 크름반도 병합과 동부 돈바스 지역의 분리가 이루어지는 2014년 이전까지는 기억전쟁의 양상이 일관되게 진행되기보다는 혼전을 거듭했음을 기억할 필요가 있다.

우크라이나 서부지역은 역사상 수세기에 걸쳐 오스트리아, 헝가리, 폴란드 등 외세의 지배를 받아왔기 때문에 현지 우크라이나 주민들 사이에서 일찍부터 민족주의 정서가 생겨났고, 20세기에 들어서는 소련에 의해 점령당하면서 반소비에트 의식이 생겨났다. 특히 제2차 세계대전 기간 중인 1941년 나치독일군이 소련을 침공하여 독-소전쟁이 발발하고 우크라이나 전 지역을 점령하자 서부지역의 우크라이나 극우민족주의 단체인 우크라이나민족주의자단(OУH)은 나치독일과 협력하여 독일군에 가담하여 소련군에 저항하는가 하면, 나치독일 세력에 부역하는 과정에서 폴란드인, 유대인 학살을 자행하였으며,[1] 1942년에는 나치독일이 그들의 우크라이나 독립 요구를 수용하지 않자 우크라이나봉기군(УПА)을 조직해서 나치와도 대립했다. 이들은 1944년 나치 군대가 소련 영토에서 퇴각한 후는 물론 1945년 5월 독-소전쟁 종전 이후 1950년대 초까지 소비에트 정부에 대한 저항을 이어나갔다.[2] 이런 이유로 소비에트 정부는 이들 우크라이나 민족주의자들을 나치에 협력한 반역자, 반소비에트 세력, 소수민족 인종청소를 자행한 악당들로 못 박았다.[3]

이 같은 상황에서 우크라이나 지역 중 일찍이 러시아화가 진행되고 20세기 들어서는 소비에트 산업화의 혜택을 받은 동남부 지역의 주민들은 소비에트 선전과 동일하게 서부지역의 민족주의자들을 부정적으로 인식하면서 이질적인 '타자'로 인식하고 있었다. 비록 동남부 지역과 비교해 정도의 차이는 덜했지만 드니프로강 유역을 중심으로 한 중부지역의 주민들도 서부지역의 민족주의자들을 타자화하고 부정적으로 인식하고 있었던 점은 유사했다.[4]

독립 후 우크라이나의 지도자들도 제2차 세계대전 기억에 대해 양분된 기억 정치를 수행했다. 몇몇 지도자들은 앞에서 언급한 극우민족주의 세력을 나치독일은 물론 소비에트 세력으로부터 독립을 추구한 진정한 애국자로 인정하고 신생독립국 우크라이나의 국가 영웅으로 추앙하고자 한 반면, 어떤 지도자들은 소비에트 서사와 향수에 기반하여 극우민족주의 세력에 대해 부정적으로 평가하고 대신 소비에트 시민으로서 우크라이나인들이 협심하여 나치독일을 물리치고 승리를 이룬 것을 우크라이나의 공식 제2차 세계대전 기억으로 기리고자 했다. 지도자에 따라 상이한 이러한 전쟁기억 정치는 지도자들의 정치적 성향, 즉 사회주의, 민족주의, 자유주의 성향에 따라, 그리고 외교정책의 방향, 즉 러시아와 유럽 중 어느 지역과 긴밀한 관계를 맺기 원하는지에 따라 상반된 방향으로 수행되었다. 또한 정치적 성향이나 외교정책 방향 외에도 2014년 러시아의 전격적인 크름반도 점령과 돈바스 지역 분리주의자들에 대한 지원은 물론, 2022년 2월 러시아의 침공으로 시작된 러시아-우크라이나전쟁도 우크라이나 지도자들의 제2차 세계대전 기억정치에 결정적으로 영향을 미쳤다.

이 장에서는 신생독립국 우크라이나의 지도자들이 제2차 세계대전의 기억을 활용하여 어떻게 기억정치를 전개해 나갔는지, 그리고 그 기억정치의 방향은 어떻게, 왜 변화했는지에 대해 우크라이나가 소연방으로부터 독립을 선언한 1991년부터 2023년까지 30여 년 동안 공포된 15개의 제2차 세계대전 관련 법령의 내용과 그와 관련한 지방법원의 판결, 그리고 이 기간 동안 우크라이나 정부가 추진한 전쟁기억 관련 정책의 비교 분석을 통해 살펴보고자 한다. 이에 더해 우크라이나의 기억정치에 대한 러시아의 반응도 살펴봄으로써 이 기간 동안 제2차 세계대전의 기억을 둘러싸고 벌어진 우크라이나 국내의 기억전쟁은 물론 러시아와의 기억전쟁에 대해서도 살펴보겠다.

1991년 우크라이나 독립 이후 기억정치

1991년 12월 우크라이나 독립 후 초대 대통령으로 선출된 레오니드 크라우추크(Леонід Кравчук, 임기: 1991.12~1994.7)는 소비에트공산당 고위 간부이자 최고회의 의장 출신으로서 소비에트 관행에 따라 소련 말기부터 시작된 우크라이나 민족주의 운동에 대해 신중한 태도를 유지하고 있었다. 제2차 세계대전 기억과 관련해서 당시 우크라이나에서는 1990년 민족주의자들이 설립한 '우크라이나민중운동당(HPY)'이 중심이 되어 소비에트 시기 반역자, 나치 협력자로 비난받았던 우크라이나민족주의자단과 우크라이나봉기군에 대한 복권 운동을 전개하고 있었는데,[5] 이러한 민족주의 부흥의 분위기 속에서 크라우추크 정부는 결국 태도를 바꿔 1992년 "민족전통으로의 회귀"를 선언하고 우크라이나가 최초 국가로 간주하는 9~12세기 키예프 루시와 이후 독립국가 형태를 이루었던 16~18세기 코자크 시대 그리고 1917년 볼셰비키혁명 직후에 탄생해 수년간 존속했던 '우크라이나 국민공화국'의 역사적 인물을 민족 영웅으로 소환하여 추앙하기 시작했다.[6]

이 과정에서 1993년에는 민족주의 정파가 주동이 되어 우크라이나봉기군의 활동을 재평가하기 위한 의회 활동을 시작했다. 제2차 세계대전 시기에 해외로 망명한 급진 민족주의자들이 귀환해서 1992년 조직한 정파들은 우크라이나민족주의자단과 우크라이나봉기군을 "우크라이나의 자유와 독립을 위해 싸운 투사"의 지위로 복권시키기 위한 노력을 기울이기 시작했다.[7] 결국 이들의 노력으로 1993년 2월, 우크라이나의회 상임위원회는 다음과 같은 내용을 담은 '우크라이나민족주의자단-우크라이나봉기군의 활동 문제에 대하여'라는 결의안을 채택했다.

> 우크라이나민족주의자단-우크라이나봉기군 활동과 관련된 사안을 종합적이고 객관적으로 해결하기 위해 우크라이나 법무부, 학술원, 외무부, 내무부,

보안부, 대검찰청, 대법원이 여타 정부 기관, 공공기관, 국제기구와 함께 조
사를 수행해서 도출해 낸 역사적으로 합당한 결과를 우크라이나 최고라다
(의회) 상임위원회에 제출한다.[8]

이 같은 결의안이 마련된 것은 제2차 세계대전 당시 활동했던 극우민족주의
자들에 대한 소비에트 평가를 뒤집겠다는 민족주의 정파들의 의도가 반영된
것으로 우크라이나 독립 초기 민족주의 부흥의 분위기 속에서 제2차 세계대
전의 기억의 탈소비에트화가 공식적으로 시작되었음을 의미한다.

이어서 같은 해 10월에는 크라우추크 대통령이 우크라이나봉기군을 '대
조국전쟁'의 참전용사로 인정하는 법령 '참전용사의 지위와 사회보장에 대
하여'에 서명했는데, 이 법령은 소비에트 시기에 반역자 집단이자 인종청소
를 자행한 집단으로 비난받았던 우크라이나봉기군을 '참전용사'로 공식적으
로 규정했음을 보여주고 있다. 이 법령의 제6조 9항은 다음과 같이 명시하고
있다.

> 1941~1944년 동안 우크라이나 영토를 점령했던 독일-파시스트 침략자들에
> 대항한 군사작전에 참여한 '우크라이나봉기군' 병사들, 단 그들 중 인도주의
> 적 범죄를 저지르지 않은 자들과 '우크라이나에서 정치적 억압을 당한 희생
> 자들의 복권에 대하여'의 법령에 따라 복권된 자들.[9]

이 규정은 우크라이나봉기군 모두를 참전용사로 규정하는 것은 아니고 1941~
1944년 동안 우크라이나 지역에서 나치독일군에 대항해 전투를 벌인 자들
에 한하며, 또한 나치독일군에 대항해 싸웠더라도 유대인, 폴란드인 등에 대
한 인종청소를 자행한 자들은 참전용사에 포함이 되지 않음을 명시하고 있
다. 즉, 이 조항은 1944년 소련군이 우크라이나 지역에서 나치독일군을 몰
아낸 이후에도 계속해서 저항하면서 1950년대 초까지 반소비에트 무장활동

을 벌인 우크라이나봉기군 병사들은 참전용사에 포함되지 않는다는 것을 의미한다.

이 법 조항은 비록 이렇게 우크라이나봉기군의 참전용사 자격을 한정했지만 소비에트 시기 '반역자'로 간주되어 소비에트 사회에서 철저히 매장당했던 사실과 소비에트 법에 규정된 '참전용사'라 하면 유일한 한 집단, 즉 "대조국전쟁"에 참전해서 나치독일군과 맞서 싸웠던 소련 군인들을 의미한 것[10]을 감안한다면 독립 후 2년 만인 1993년에 발표된 크라우추크 정부의 법안은 그야말로 '획기적으로' 탈소비에트적이면서 우크라이나 민족주의 정서를 강하게 내포한 것이었다. 결국 이같이 참전용사의 범주가 재정의됨으로써 우크라이나봉기군의 병사들도 '대조국전쟁'의 참전용사와 동일하게 이 법령의 제12조에 근거해 국가로부터 각종 지원을 받을 수 있게 되었다. 국가 지원의 구체적 예로는 무료 약 처방전, 무료 검진, 대중교통 수단 무료 사용, 소득세 면제, 주택 임대료 및 전기 사용료 75% 경감, 취업 기회 제공 등을 포함한다.[11]

크라우추크 정부의 대조국전쟁(독·소전쟁) 기억과 관련한 민족주의적 행보는 1994년 우크라이나 교육부가 추천한 역사 교과서의 내용에서도 찾아볼 수 있다. 역사학자 페디르 투르첸코(Федір Турченко)가 집필한 이 교과서에는 소비에트 시기 용어였던 '대조국전쟁'은 전혀 등장하지 않고 대신 우크라이나민족주의자단과 우크라이나봉기군을 우크라이나의 자치와 문화, 정체성을 간직한 유일한 집단으로 그리고 우크라이나의 완전한 통합을 위해 싸운 투사로 긍정적이고 영웅적으로 묘사하고 있다.[12] 이는 분명 소비에트 시기 이들 집단에 대한 평가와는 완전히 상반된 것이었다.

그렇다면 크라우추크 정부가 우크라이나봉기군의 민병대원들을 참전용사로 규정하고 각종 복지와 사회보장 혜택을 규정한 법령은 어떤 반응을 불러일으켰을까? 사실 이 법 규정은 우크라이나 사회에 큰 반향을 불러일으키지 못했다. 그 이유는 한편으로는 당시 정부가 참전용사에 대한 혜택과 서비스를 베풀 수 있는 예산을 확보하지 못한 상태였으며, 따라서 이 사안을 지방정부의 재량에 맡겼으나 역시 재원 부족 상태에 있었던 지방정부가 기존에 참전용사로 규정된 '대조국전쟁' 참전용사는 물론 새롭게 참전용사 범주에 포함된 우크라이나봉기군에게 혜택을 제공한 경우는 드물었다. 따라서 대다수 참전용사들은 정부의 복지, 사회보장 혜택에 관심이 거의 없었으며 실질적으로 도움이 전혀 안 되는 '무용지물'로 취급하는 경우가 많았다.[13] 이 외에도 지방정부들은 이 법안을 자의적으로 해석하는 경우도 많았다. 민족주의 경향이 강한 서부지역에서는 우크라이나봉기군 참전용사들에게 복지 혜택을 제공하는 경우도 있었지만 극우민족주의자들에 대한 혐오와 불신이 팽배한 여타 지역에서는 우크라이나봉기군 참전용사들은 설령 여건이 허락하더라도 재량권을 지닌 지방정부로부터 혜택을 받을 수 있는 상황이 전혀 아니었다.[14]

이러한 이유 외에도 이 법령이 별다른 반향을 일으키지 않았던 또 다른 이유가 있다. 이 법령은 우크라이나봉기군 중 참전용사 지위를 획득할 수 있는 자격을 "1944년까지 활동한 자들"과 "인도주의적 범죄를 저지르지 않은 자들"로 한정하고 있는데, 서부지역을 제외하고는 대부분의 우크라이나 시민들은 우크라이나봉기군이 인도주의 범죄를 저질렀고, 1944년 이후에도 계속 반정부 활동을 지속한 것으로 인식하고 있었다. 따라서 우크라이나 시민들 다수는 이 법령에 의해 복권될 수 있는 대상자가 거의 없는 것으로 이해하고 있었고, 결국 이 법령을 크라우추크 정부의 형식적인 제스처이자 사문화된 것으로 이해했기 때문에 별다른 관심이나 반응을 보이지 않았던 것이다.

한편 우크라이나민족주의자단과 우크라이나봉기군을 애국자로 묘사한 교과서도 일선 교육현장에서 공개적인 반발을 불러일으키는 않았는데, 그 이유는 동부지역의 경우 많은 역사 교사들이 그들의 시각에 부합하는 교과서를 자체적으로 선정하여 사용하고 있었기 때문이다.[15] 따라서 크라우추크 정부의 새로운 역사기억의 정치는 실질적으로 우크라이나 사회에 커다란 반향을 불러일으키지 않았다. 하지만 한 가지 분명한 점은 독립 이후 수립된 최초의 정부로서 크라우추크 정부는 우크라이나 민족주의에 기반하여 탈소비에트 성격의 독-소전쟁 기억의 정치를 시작했다는 점이다.

하지만 크라우추크 정부의 민족주의에 기반한 독-소전쟁 기억정치는 지속될 수 없었다. 그 이유는 우크라이나 민족주의에 대한 지역별로 확연히 상반된 인식 때문이었다. 크라우추크와 경쟁하여 차기 대통령으로 선출된 레오니드 쿠치마(Леонід Кучма, 임기: 1994.7~2005.1)는 친러시아 성향이 강한 동남부 지역을 지지 기반으로 갖고 있었고, 따라서 선거운동 때부터 유권자들에게 러시아와 관계를 강화하고 러시아어를 제2공용어로 채택할 것이라는 공약을 내세웠다.[16] 이에 따라 그는 소련의 과거와 완전히 결별하는 것을 부정적으로 보았고, 우크라이나 민족주의를 강조하는 것은 국가 통합에 적절치 않다고 판단하여 크라우추크 정부와는 달리 독-소전쟁의 승리를 우크라이나 전체 국민을 단결시키는 상징으로 선전하는 기억의 정치를 수행했다.[17]

이러한 정책의 일환으로 쿠치마 정부는 독-소전쟁 승리 55주년을 맞이한 2000년 4월 "대조국전쟁(1941~1945)의 승리를 기념하는 것에 대하여"라는 제목의 법령을 공포했다.[18] 이 법령은 사실 1995년 러시아 정부가 '대조국전쟁 승리 50주년'을 맞이하면서 채택한 법안을 본뜬 것으로[19] 소비에트 시기 전통과 관행을 지속하는 것을 의미했고, 러시아와 마찬가지로 소비에트 시기 기억을 새로운 우크라이나 국가건설에 활용하려는 의도를 담고 있었다. 따라서 이 법령 제1조는 "전승일인 5월 9일은 국경일"이라고 규정하면서 "학문연구, 교육자료, 교과서, 방송·언론에서 대조국전쟁과 관련된 역사를 왜곡하는 것을 허용치 않을 것"이며, "대조국전쟁 참가자의 영웅적 행동을 문학·예술 작품, 서적, 기념사진집, 방송·언론을 통해 재현"하도록 명시하고 있다.[20] 이는 크라우추크 정부와 상반되게 독-소전쟁 기억에 대한 소비에트 전통의 계승이자 보존을 의미하는 것으로 러시아처럼 소비에트 서사를 그대로 공식 기억의 서사로 채택하는 것을 의미했다.[21]

하지만 쿠치마 정부도 민족주의 성향이 강한 서부지역의 지지 확보를 위해서 소비에트 기억 서사와 친러시아 행보만을 고집할 수는 없었다. 사실 2002년 3월 총선에서 여당은 서부지역에서 참패했고 이러한 상황을 개선하기 위해서는 서부지역 유권자를 무시할 수 없었다. 따라서 그해 7월 우크라이나봉기군 창설 60주년을 맞이하여 전쟁 당시 극우민족주의자들의 활동 본거지였던 서부지역의 르비우(Львів) 지방정부가 쿠치마 대통령과, 의회 및 정부에 우크라이나민족주의자단과 우크라이나봉기군을 국가 차원에서 공식적으로 인정해 달라는 청원서를 제출했을 때 키나흐 국무총리는 쿠치마 대통령의 동의를 얻어 우크라이나민족주의단원들과 우크라이나봉기군에 가입했던 자들에 대한 복권 작업을 시작했다.[22]

이렇게 우크라이나 독립 이후 독-소전쟁 기억과 관련하여 소비에트 시기와는 달리 우크라이나 민족주의 서사에 기반한 기억의 정치가 새롭게 시행되기도 했지만 그렇다고 소비에트 서사에 기반한 전쟁기억이 완전히 사라진 것은 아니었다. 두 기억은 공존하고 있었고 그에 따른 기억정치가 수행되었다. 하지만 이러한 상반된 전쟁기억의 공존은 2000년대 중반 우크라이나 국내 정세와 국제관계의 급변에 따라 민족주의에 기반한 전쟁기억과 기억정치로 기울게 되었다.

2004년 '오렌지혁명' 이후 기억정치

앞서 보았듯이 쿠치마 정부는 독-소전쟁 기억과 관련하여 민족주의 서사에 기반한 전쟁기억과 거리를 둔 정책을 시행했지만 완전한 단절을 선언하지는 않았다. 이에 비해 2004년 11월 대통령 선거에서 친러시아 성향의 야누코비치 후보 측의 부정선거로 촉발된 오렌지혁명으로 당선된 빅토르 유셴코 대통령(Віктор Ющенко, 임기: 2005.1~2010.2)은 전임 정부와는 달리 유럽연합(EU)

가입을 목표로 내세우고 친유럽 정책을 추구하면서 소비에트 잔재를 없애기 위한 탈공산화와 탈러시아, 그리고 우크라이나 민족주의 정책을 적극적으로 추진하기 시작했고, 이에 따라 민족주의 색채를 강하게 띤 독-소전쟁 기억정치를 수행하기 시작했다.

유셴코 정부는 이전 정부와는 달리 출범 이듬해인 2006년 5월 우크라이나 국가기억연구소(Український Інститут Національної Пам'яті)를 설립하여 독-소전쟁과 관련한 역사 서술 및 기억에 남아 있는 소비에트 서사를 제거하기 위한 기억정치를 본격적으로 시작했다. 유셴코 대통령의 주도로 설립된 이 연구소는 단순한 연구기관이 아니고 우크라이나 국무회의 산하 기관으로서 제2차 세계대전을 포함한 각종 역사적 사건에 대한 기억을 관장하는 역할을 수행했다.[23]

2006년 7월 유셴코 정부는 이 연구소의 역할을 규정한 법 조항을 승인했는데, 그 조항은 "우크라이나 민족 기억의 복원과 보존을 국가정책의 일환으로 수행"하는 것을 국가기억연구소의 주요 임무로 규정하고 있으며 그 일환으로 "20세기 우크라이나 역사에서 국가 복원을 위한 노력"에 대한 연구를 수행하는바, 그중 "제1차, 2차 세계대전 동안 일어났던 민족해방을 위한 투쟁의 기억을 기리도록 한다"라고 명시하고 있다.[24]

독-소전쟁의 기억을 민족주의적 시각에서 재해석·재평가하고 소비에트 서사와 신화에서 벗어나려는 강한 의지를 지닌 유셴코 대통령은 우크라이나 봉기군 창립 65주년을 맞이하는 2007년 10월, 봉기군의 수장이었던 로만 슈헤비치(Роман Шухевич)에게 '우크라이나의 영웅(Герой України)' 칭호를 수여하는 대통령령을 다음과 같이 발표했다.

> 우크라이나의 자유와 독립을 위한 민족해방 투쟁에 개인적으로 뛰어난 기여를 한 데에 우크라이나봉기군 창립 65주년의 날과 [슈헤비치] 탄생 100주년을 맞이하여 다음과 같이 공표함: 우크라이나봉기군 사령관(1942~1950) 로

만 오시포비치 슈헤비치에게 국가훈장과 '우크라이나의 영웅' 칭호를 수여
함.[25]

그런가 하면 유셴코 대통령은 임기를 한 달 남긴 2010년 1월 '우크라이나 단
합의 날'을 맞이하여 우크라이나민족주의자단의 수장 스테판 반데라에게 "우
크라이나 독립국가 수립을 위한 투쟁에서 영웅심과 자기희생을 발휘한 민족
정신"과 불굴의 신념을 기리면서 '우크라이나의 영웅' 칭호를 수여한다는 대
통령령을 공포했다.[26] '우크라이나의 영웅' 칭호는 쿠치마 정부가 1998년에
제정한 것으로 대통령이 우크라이나 국민에게 수여하는 최고명예의 칭호인
데, 이 칭호를 극우민족주의 단체인 우크라이나민족주의자단의 수장과 그
조직 중심으로 설립된 우크라이나봉기군 지도자에게 수여한 것은 그야말로
획기적인 사건이었다. 유셴코 정부의 이 같은 결정은 분명 극우민족주의를
지지하는 기억의 정치였다. 이러한 기억의 정치는 당시 러시아 정부가 '대조
국전쟁'의 기억을 러시아 국가정체성의 모체로 규정하여 선전하고 찬양하는
기억의 정치를 수행하고 있었던 점을 감안하면 분명 탈소비에트적이자 반러
시아적인 것이었다.

독-소전쟁 기억과 관련하여 극우민족주의 세력의 지도자들을 국가 영웅
으로 추대한 유셴코 대통령의 기억정치는 적지 않은 반향을 불러일으켰는
데, 우크라이나의 공산당 지지 세력과 소비에트 향수를 지닌 독-소전쟁 참전
용사는 물론 서구식 민주주의의 가치를 추구하는 자유주의 진영으로부터도
상당한 반감을 유발했다.[27]

이런 분위기 속에서 2010년 2월 말 임기를 시작한 차기 대통령으로서 우
크라이나 민족주의 세력을 국수주의 세력으로 비난하고 친러시아 정책을 추
진한 빅토르 야누코비치(Віктор Янукович, 임기: 2010.2~2014.2)는 친유럽 성
향의 유셴코와는 반대 방향으로 전쟁기억의 정치를 추진했다. 야누코비치는
소비에트 전통이 강하게 남아 있고 친러시아 성향이 강한 동부 도네츠크 출신

으로 소비에트 노스탤지어와 친러시아 성향을 지닌 우크라이나 '지역당(Партія perioнів)'의 당수이기도 했다. 야누코비치 정부의 요직은 지역당 출신이 장악하고 있었으며, 우크라이나 의회도 지역당이 다수 의석을 점하고 있었고, 비슷한 성향의 우크라이나공산당(КПУ)과 연합전선을 형성하고 있었다.[28] 우크라이나공산당 지도부는 스스로를 "소비에트 애국자"로 부를 정도로 소비에트 시기에 대한 향수를 지니고 있었고, 우크라이나 민족을 친슬라브-정교 문명과 "소비에트 사람"의 일원으로 간주하며 소비에트 시기를 명백히 긍정적 시기로 평가한 반면 우크라이나의 독립은 부정적인 사건으로 보았다.[29]

이러한 정국에서 유셴코 대통령의 반데라에 대한 국가 영웅 칭호 수여 결정은 곧 무효화되었다. 이미 2010년 2월 초 대선에서 야누코비치의 당선이 확정된 직후, 2월 말 공식 임기 시작을 앞둔 2월 중순경에 이미 집권 여당인 우크라이나 지역당은 나치가 등장한 1933년부터 제2차 세계대전 종료 시점인 1945년 동안 나치독일에 부역한 우크라이나인들에 대한 복권을 금지한다는 법안을 채택하기로 결정했다.[30] 지역당 관계자는 이미 대통령령으로 수여된 '우크라이나 영웅' 칭호를 취소하는 것은 법적으로 간단한 문제가 아님을 시사했고 그뿐만 아니라 만약 반데라와 슈헤비치에게 수여된 영웅 칭호를 취소하면 그들 외에도 칭호를 받은 300여 명의 시민들의 위상에도 부정적인 영향을 미칠 수 있음을 우려했다. 따라서 새로운 법안을 만들어 그 법에 근거해서 반데라와 슈헤비치에게 수여한 '우크라이나의 영웅' 칭호를 무효화하는 전략을 세운 것이다.[31]

2010년 3월 초 야누코비치 대통령은 그해 2월 유럽의회도 반데라에게 '우크라이나의 영웅' 칭호를 수여한 데에 대해 깊은 유감을 표명하고 우크라이나의 새 정부가 이를 취소할 것을 요청했던 것을 상기시키면서 "유셴코의 법령은 우크라이나와 유럽 모두에게 수용될 수 없는 법령"이라고 지적하고, 법령 철회 결정이 "[대조국전쟁] 전승기념일 이전에 내려질 것"이라고 밝혔다.[32] 이런 상황에서 4월 2일 우크라이나 동부 도네츠크주 법원은 반데라에게 우크라이나 영웅 칭호를 수여한 것은 불법이고 해당 법은 폐기되어야 한다는 판결을 내리면서 그 이유는 반데라는 우크라이나 독립 이전인 1959년 사망했으며 "1991년 [독립] 이전에 사망한 자들은 우크라이나의 시민이 될 수 없기 때문"이라고 판결했다.[33] 이어서 2주 후인 4월 21일 도네츠크주 법원은 유셴코 대통령이 2007년 우크라이나봉기군 지도자 슈헤비치에게 수여한 '우크라이나의 영웅' 칭호 또한 동일한 이유로 불법임을 선언했다.[34]

이러한 지방법원의 판결에 대해 이윽고 이듬해인 2011년 8월 2일 지방법원을 관장하는 사법기관인 우크라이나 최고행정법원은 유셴코 전임 대통령이 민족주의자 지도자 두 명에게 불법으로 '영웅' 칭호를 수여했다고 판결 내렸다.[35] 이 판결에 대해 야누코비치 대통령은 문제 제기를 하지 않을 것이라고 밝히면서 "사람들은 스스로 영웅이 되는 것이지 누군가 그 칭호를 수여해서 영웅을 만들 수 있는 것은 아니다"라는 견해를 표명했다. 그리고 그에 더해 "만약 우리가 수많은 모순을 지닌 과거 역사를 토대로 우리의 미래를 만들어간다면 우리는 미래를 망칠 것"이라고 단언했다.[36] 우크라이나 최고행정법원의 결정은 당시 정치평론가들과 반정부 인사들이 지적했듯이 상당히 "정치적"인 판결이었고, 야누코비치 대통령은 법원의 결정을 존중해야 한다는 태도를 견지하면서 우크라이나 민족주의 세력을 지지한 유셴코 대통령의 법령을 간접적으로 비난한 것이었다.

이러한 분위기 속에서 우크라이나공산당은 2011년 '대조국전쟁' 승전 행사에 당시 러시아가 사용하고 있던 '승리깃발'을 상징적으로 사용하는 법안을 마련했다. '승리깃발'은 1945년 5월 1일 소련군이 베를린을 점령하면서 독일 제국의회 건물 위에 게양했던 깃발인데(그림 1), 공산당의 연합세력인 지역당이 다수를 차지하는 우크라이나 의회에서 이 법안은 손쉽게 통과되었고, 야누코비치 대통령은 승리깃발을 "소비에트 인민과 군대가 파시스트 독일에 대해 거둔 승리의 상징"으로 공식 행사에서 사용한다고 규정한 법안을 최종 승인했다.[37] 이는 2000년 쿠치마 정부가 제정한 '대조국전쟁 승전기

그림 1 승리깃발

주: 깃발에 적힌 표기는 "제1벨라루스전선 제3돌격군 79소총군단소속 2급-쿠투조프훈장보유 제150 이드리차 소총사단"의 약어로 1945년 당시 서부 전선 및 독일에서 전투를 수행한 소련군 부대의 명칭과 소속을 명시한 것이다.

자료: "Что такое знамена? Красное знамя. Знамя Победы. Чем флаг отличается от знамени." SYL.ru, https//www.syl.ru/article/ 364603/ chto-takoe-znamena-krasnoe-znamya-znamya-pobedyi- chem-flag-otli chaetsya-ot-znameni

념' 관련 법안을 더 구체화한 수정안으로, 쿠치마 정부의 정책과 동일선상으로 소비에트 향수에 기반한 기억정치의 결과였다. 이후부터 '승리깃발'은 5월 9일 '대조국전쟁' 전승일(1945년)과 소련군이 우크라이나를 나치독일군의 점령으로부터 해방시킨 10월 28일(1944년), 그리고 '대조국전쟁' 발발일인 6월 22일(1945년)에 공식적으로 등장하게 되었다.[38] 결국 야누코비치 정부하에서 독-소전쟁의 기억과 서사는 유셴코 정부 때의 급진적 민족주의 성향에서 다시 소비에트식으로 돌아간 것이다.

2014년 '유로마이단 혁명' 이후 기억정치

이처럼 친러시아 성향의 야누코비치 정부 시기에 강화된 소비에트 기억의 부활 정치는 2014년 급작스러운 국내 정치와 지정학적 변화로 역풍을 맞았다. 야누코비치 대통령은 2013년 11월 유럽연합보다는 러시아가 주도하는 유라시아관세동맹(EACU)에 가입해 러시아와의 경제협력을 우선적으로 추진하기로 결정했다.[39] 그러자 친유럽 지지자들이 반정부를 시위를 조직하면서 '유로마이단 혁명'이라 불리는 대규모 소요 사태를 일으켰고, 그 과정에서 2014년 2월 야누코비치가 급기야 권좌에서 물러나 러시아로 망명하는 사태가 벌어졌다. 그러자 그해 3월 야누코비치 정부를 지원하던 러시아가 갑작스레 크름반도에 군대를 파견하여 무력 점령했고, 4월에는 러시아와 국경을 맞대고 있는 우크라이나 동부 돈바스 지역의 친러시아 분리주의 세력이 러시아의 비공식적 지원하에 우크라이나 정부에 반기를 들면서 무장봉기를 일으키고 분리독립을 선언했다.

혼란스러운 국내 상황과 급작스러운 지정학적 질서의 변화 속에서 야누코비치 정권이 붕괴한 후 집권한 페트로 포로셴코 대통령(Петро Порошенко, 임기: 2014.6~2019.5)은 소비에트 전통에 기반한 전쟁기억 정치를 전면 뒤집는 기억정치를 시작했다. 이러한 급격한 변화 조치를 유발한 데에는 2014년 3월 18일 러시아가 크름반도 합병을 선언한 후 푸틴 대통령이 행한 연설도 일정 정도 영향을 미쳤다. 이 연설에서 푸틴은 2013년 말부터 2014년 초까지 벌어진 유로마이단 혁명을 "쿠데타"로 칭하면서 "민족주의자, 신나치주의자, 러시아혐오자, 반유대주의자들"이 테러, 살인, 폭동을 사용해서 "쿠데타"를 일으켰다고 주장했으며, 야누코비치 하야 이후에 우크라이나에는 합법적인 정부가 존재하지 않는다고 단정 지었다.[40] 푸틴은 또한 크름반도와 우크라이나 남동부 지역을 "역사적으로 러시아의 영토"라고 선언하면서 소련 붕괴 후 러시아가 크름반도를 "강탈당했다"라고 강조했으며, 러시아의 크름 점령을 상실했던 영토의 수복으로 정당화했다.[41] 유로마이단 혁명으로 야누코비치 대통령이 갑작스레 도피하면서 생긴 권력 공백 상태에서 러시아에게 크름반도를 뺏기고 난 후에 출범한 포로셴코 정부에게 우크라이나 정부의 정통성을 부인하고 폄하하며 우크라이나의 영토주권을 인정하지 않는 푸틴 대통령의 이러한 태도는 위기 의식과 함께 보다 강력한 탈소비에트, 반러시아 정책 수

행의 필요성을 일깨워 주었던 것이다.[42]

이런 상황에서 2014년 포로셴코 대통령은 기존 국경일인 2월 23일 '조국 수호자의 날'을 폐기하고 대신 10월 14일을 새로운 국경일인 '우크라이나 수호자의 날'로 정한다는 대통령령을 공포했다.[43] 2월 23일은 원래 1999년 쿠치마 대통령이 소비에트 전통을 부활시킨 것으로 소비에트 시기에 소련 군인들을 위한 국경일로 기념했던 2월 23일 '조국 수호자의 날'을 명칭, 날짜까지 동일하게 부활시킨 것이었다. 2월 23일은 러시아도 동일하게 국경일로 기리는 날이었다.[44] 포로셴코 대통령은 바로 이 국경일의 명칭을 '우크라이나 수호자의 날'로 바꾸고 날짜도 극우민족주의 집단으로서 논란이 많은 '우크라이나봉기군'이 창설된 날인 10월 14일(1942년)로 변경한 것이다. 포로셴코는 이미 그해 우크라이나 독립기념일인 8월 24일 축하 연설에서 "우크라이나는 절대로 러시아의 군 달력에 맞춰 [우크라이나의] 조국 수호자의 날을 축하하지 않을 것이다"라고 선언했고,[45] 이 선언을 실행에 옮긴 것이다. 이처럼 10월 14일을 우크라이나 수호자의 날로 정한 것은 유셴코 대통령처럼 우크라이나 정부가 독-소전쟁 당시 극우민족주의자 단체인 '우크라이나봉기군'을 조국의 수호자로 공식 인정한다는 것을 의미하는 획기적인 행보였고, 이는 곧 러시아의 우크라이나 합병, 그리고 우크라이나 정부 및 영토의 정통성을 인정하지 않는 러시아 지도부에 대한 기억전쟁을 시작한 것이었다.

더 나아가 포로셴코 대통령은 이듬해인 2015년 5월 15일 잔존하는 소비에트 관행 및 러시아와의 연관성을 제거하는 것을 목표로 한 네 개의 '탈공산화' 법안을 승인하고 공포했다.[46] 우크라이나 국가기억연구소가 마련한 이 법안이 의회에서 무난하게 통과할 수 있었던 이유는 아이러니하게도 러시아의 크름반도 합병과 그 직후 돈바스 지역 친러 분리주의자들의 독립 선포 때문이었다. 2014년 3~4월에 벌어진 이러한 일련의 사태로 친러 성향의 주민이 다수를 이루는 우크라이나 남동부 지역에서는 그해 4월 실시된 총선이 수행될 수 없었고, 따라서 친러시아 정당인 지역당은 해당 지역의 선거구 상실로 인해 소속 의원 선출이 불가능해짐으로써 세력이 급속히 쇠퇴하게 되었다. 그에 더해 우크라이나 독립 이후 처음으로 공산당 당원들이 한 명도 선출되지 않았던 것이다.[47] 이러한 우크라이나 정치지형의 변동은 탈공산화 법안이 의회를 손쉽게 통과할 수 있게 만들었다.

네 개의 탈공산화 법령은 ① 제2540호 '1917~1991년 동안 공산주의 전체주의 정권의 억압기구의 문서보관소 개방',[48] ② 제2558호 '공산주의 및 나치 전체주의 정권의 상징에 대한 선전을 금하고 해당 정권을 규탄' ③ 제2538-1호 '20세기 우크라이나 독립을 위해 투쟁한 자들의 법적 지위와 그들에 대한 추모', ④ 제2539호 '1939~1945년의 제2차 세계대전에서 나치즘에 대한 승리를 영속화하는 것'에 대한 것이다.[49] 이 중 독-소전쟁 기억과 직접적인 관련이 있는 법령은 3번과 4번이며 다음 절에서 살펴보겠지만 2번 법령 또한 일정 정도 연관성을 갖고 있다.

3번 법령은 법의 취지에 대해 "20세기에 우크라이나 독립을 위한 투쟁에 참가한 자들의 공훈과 상훈, 군 계급을 [공식적으로] 인정하고… 그들에 대한 국가 및 지자체의 사회보장을 규정한다"라고 명시하고 있다. 이어 이 법령의 제1조 "20세기 우크라이나 독립투사들의 법적 지위"는 이 법령에 해당하는 단체 및 개인에 대해 열거하고 있는데, 제10번 항목에 '우크라이나민족주의자단'과 제12번 항목에 '우크라이나봉기군'을 명시하고 있다.[50] 그리고 제3조 "20세기 우크라이나 독립투사에 대한 사회보장"은 다음과 같이 규정하고 있다.

> 이들 투사들과 그 가족들에게 국가는 사회보장 혜택 또는 기타 금전적 보상을 지급하고 … 지방정부 기관은 지방예산으로 추가 사회보장 혜택 또는 금전적 보상을 지급한다.[51]

이 같은 법령은 앞서 보았던 크라우추크 정부의 1993년 법령과 유사하지만 결정적인 차이점은 2015년 법령은 사회보장 지원을 받을 수 있는 우크라이나봉기군 병사들의 자격에 대해 아무런 제약 조건을 부과하지 않고 있다는 점이다. 이는 이제까지 실질적으로 참전용사의 지위를 부여받지 못하고 복지 지원 혜택을 받지 못했던 우크라이나민족주의단과 우크라이나봉기군 참가자들이 공식적으로 복권되고 '대조국전쟁' 참전용사와 동등한 권리를 갖게 되었음을 의미한다.[52] 이 두 민족주의자 집단의 단원들을 '대조국전쟁' 참전용사로 규정하려는 법안은 2015년 이전에도 무려 일곱 번이나 우크라이나 의회에서 표결에 붙여졌지만 번번이 부결되었다.[53] 하지만 러시아의 크름반도 점령과 돈바스 지역의 분리독립 선언으로 해당 지역 의원들이 배제된 채 치러진 2014년 10월 총선으로 구성된 의회는 달랐다. 친러시아 세력이 대폭 축소되었고 그 결과 법안이 쉽게 통과된 것이다.[54]

4번 법령은 앞서 살펴본 2000년 쿠치마 대통령 시기에 제정된 법령 "대조국전쟁(1941~1945)의 승리를 기념하는 것에 대하여"를 대체하는 것이었다. 이 법령에서는 비로소 '대조국전쟁'이라는 용어를 사용하지 않고 대신 유럽 국가들이 사용하는 '제2차 세계대전'이라는 용어를 사용하면서 전쟁의 시작도 나치독일이 소련을 침공한 1941년이 아닌 1939년 8월 나치독일과 소련이 상호불가침조약을 체결한 후 소련이 독일의 묵인하에 폴란드 동부와 발트 국가(에스토니아, 리투아니아, 라트비아)를 점령·합병했던 1939년으로 규정하고 있다.[55] 그에 더해 이 법령은 "나치정권과 소련의 공산·전체주의 정권의 협약의 결과로 제2차 세계대전(1939~1945)이 시작되었다"라고 명시하고 있다. 또한 이 법령은 제2차 세계대전 중에 "나치와 공산주의·전체주의 정권이 우크라이나 영토에서 수많은 반인륜 범죄, 전쟁범죄, 집단학살을 자행함으로써 우크라이나와 우크라이나인들에게 엄청난 손실을 가져왔다"라고 명시하고 있다. 이에 대해 이 법령의 제1조는 매년 5월 8일을 '추모와 화합의 날'로 정하고 5월 9일은 '제2차 세계대전에서 나치즘에 대해 승리한 날(승전일)'로 정한다고 명시하고 있다.[56]

또한 이 법령 제7조는 본 법령이 제정됨에 따라 2000년 쿠치마 정부가 소비에트 관행에 따라 규정한 대조국전쟁 전승일 관련 규정은 "효력을 상실한다"라고 밝히면서 기존 법령의 "5월 9일 — 대조국전쟁에서 승리한 날"이라는 문구는 "5월 9일 — 제2차 세계대전에서 나치즘에 승리한 날"로 수정된다고 밝히고 있다.[57] 이렇게 소비에트 시기의 용어이자 오늘날 러시아에서 사용하고 있는 '대조국전쟁'을 '제2차 세계대전'이라는 명칭으로 변경하면서 자연스레 전쟁의 기간도 1941년부터가 아닌 소련이 나치독일과 상호불가침 조약을 체결한 1939년부터 1945년까지로 변경했다. 이는 곧 소련을 나치독일과 제2차 세계대전을 일으킨 '공범' 국가로 규정한 것이었다. 이 같은 기억법령의 제정은 궁극적으로 '대조국전쟁'이라는 이름하에 뿌리 깊게 잠재해 있던 소비에트 노스탤지어와 전쟁 신화를 몰아내고 우크라이나 민족주의 서사로 대체하는 것이었다.

포로셴코 정부의 이 같은 의도는 이듬해인 2016년 4월 우크라이나 교육기관에 하달된 공문 「추모와 화합의 날에 관하여」에도 명확히 나타나 있다. 2015년 제정한 새로운 기념일인 5월 8일과 5월 9일의 의의를 상기시키면서 교육기관에서 이날을 어떻게 추모하고 기념할 것인가에 대해 상세히 설명하고 있는 이 공문은 2015년 공포된 "1939~1945년의 제2차 세계대전에서 나치즘에 대한 승리를 영속화하는 것에 대하여"의 법령이 5월 8일과 9일을 추모하고 기리도록 규정한 것은 "우크라이나가 유럽의 정신에 따라 새로운 전통을 시작한 것"이라고 명시하고 있다.[58] 이와 함께 이 공문은 "소련은 나치독일 편에 서서 1939년 9월 17일 제2차 세계대전에 개입했다"라고 명시하면서 "2년 동안 모스크바는 베를린의 동맹이었다"라고 언급하고, "두 전체주의 체제는 [결국] 우크라이나를 차지하기 위해 서로 싸웠다"라고 강조했다. 이 공문은 또한 이 과정에서 우크라이나는 소련-독일 간은 물론 소련-폴란드, 독일-폴란드, 소련-헝가리, 소련-우크라이나 전쟁의 전쟁터로 변했고 막대한 희생을 치렀다고 지적하면서 5월 8일과 9일 양일은 "경축보다는 경

그림 2   2014년 우크라이나 정부가 새롭게 제정한 제2차 세계대전 기념일 상징 양귀비꽃과 "절대로 다시는…" 문구

자료: https://en.wikipedia.org/wiki/Day_of_Remembrance_and_Victory_over_Nazism_in_World_War_II_1939_%E2%80%93_1945

의를 표하는 것"에 초점을 맞추고 이를 위해 우크라이나 정부가 제2차 세계대전 기념일을 위해 2014년에 새롭게 정한 상징인 붉은 양귀비꽃과 새롭게 만든 문구 "1939~1945, 절대로 다시는…"을 사용한다고 명시하고 있다(그림 2).[59] 이 공문은 또한 우크라이나 전통에서 양귀비꽃

은 영원한 생존, 자부심, 코자크의 피와 죽음을 상징한다고 설명하면서 5월 8, 9일 행사에 소련을 상징하는 별 문양이나 게오르기 리본 등은 사용하지 말고 우크라이나 국장과 양귀비꽃을 형상화한 이미지를 사용할 것을 명시하고 있다.[60] 이 같은 조치에 더해 포로셴코 대통령은 2017년 6월에는 러시아에서 '대조국전쟁' 전승기념일인 5월 9일에 국가적 차원에서 선전용으로 광범위하게 사용하고 있는 '성(聖)게오르기 리본'을 금지하는 법안에 서명했다.[61] 2014년 러시아의 크름 점령과 돈바스 지역이 분리독립을 선언한 이후 해당 지역에서 성게오르기 리본이 광범위하게 사용되자 포로셴코 정부는 이 리본을 러시아의 우크라이나에 대한 침탈 야욕의 상징으로 규정했고 이를 금지하기에 이른 것이다.[62] 이 법령은 게오르기 리본이나 리본이 그려진 물품을 공개적으로 착용 및 전시하는 사람에게 "벌금을 부과한다"라고 명시하고 있으며, 이러한 행위를 반복적으로 할 경우 "체포하여 15일 동안 구금할 수 있다"라고 규정하고 있다.[63] 그런가 하면 2018년 12월 우크라이나 의회는 반데라의 생일인 1월 1일을 '반데라 국가기념일'로 선언했고[64] 포로셴코 대통령 임기 말에는 우크라이나민족주의자단이 사용했던 행진가를 우크라이나군의 행진가로 공식 채택했다. 또한 포로셴코 대통령은 이 행진가를 2019년 대통령 선거 캠페인에서 사용하기도 했다.[65] 포로셴코 대통령의 이 같은 정

책은 야누코비치 정부가 반데라의 '우크라이나 영웅' 칭호를 박탈한 것과는 명백히 대조되는 것이었다.

또한 2015년부터 탈공산화 법령을 시행하면서 이전까지는 전쟁기억과 관련한 정책 집행에 있어서 큰 제약을 받지 않았던 지방정부의 자율성이 제약받기 시작했고, 포로셴코 정부는 탈공산화 기억법을 따르지 않는 지방정부에 대해서 범죄행위로 간주한다고 선포하기에 이르렀다.[66]

이렇게 강력한 기억정치를 수행한 포로셴코 대통령은 2019년 대선 캠페인에서 자신을 우크라이나 민족주의 수호자로 자처하면서 돈바스 지역의 친러 분리주의자들과 전쟁을 수행하고 있는 것을 본인의 치적으로 내세웠다.[67] 하지만 볼로디미르 젤렌스키 후보는 동부지역에서 전쟁을 종결짓는 방안을 모색하겠다고 밝히면서 푸틴과의 대화도 모색하겠다고 선언했다.[68] 결국 2019년 4월 젤렌스키가 대통령(2019.5~2024년 현재)에 당선되었고 정식 임기를 시작하기 직전인 5월 8일 '추모와 화합의 날'에 우크라이나 남부도시 자포리자(Запоріжжя)를 방문해서 독-소전쟁 당시 소련군 참전용사는 물론 우크라이나봉기군 소속 연락병으로 활동했던 참전용사를 함께 만나 그동안 전쟁기억으로 인해 지역 간 극심하게 분열된 우크라이나 민심을 화합으로 이끌겠다는 중용적인 태도를 내비쳤다.[69] 이러한 정책의 일환으로 젤렌스키 정부는 출범한 지 4개월 만인 2019년 9월에는 민족주의 성향이 깊이 내재된 '탈공산화 법안'을 마련하는 데 핵심 역할을 담당했던 국가기억연구소 소장 볼로디미르 뱌트로비치(Володимир В'ятрович)를 해임했다.[70]

그러나 젤렌스키 정부의 러시아와의 이러한 화해 몸짓과 타협 노력은 러시아의 비협조적인 태도와 우크라이나 국내의 반발에 부딪혀 성과를 도출해내지 못했다.[71] 이런 상황 속에서 러시아의 지원을 받고 있는 돈바스 지역에서 점차 우크라이나-러시아 간 군사적 충돌 긴장이 고조되자 젤렌스키 정부는 그동안의 중용적 태도를 버리고 점차 민족주의 성향을 표출하기 시작했다. 대표적인 사례로 2021년 정부 산하 기관인 국가기억연구소가 스테판 반데라를 국가 차원에서 추모해야 할 인물로 등록한 일을 들 수 있다. 국가기억연구소는 2020년 11월 연구소 홈페이지에 우크라이나 독립을 위해 투쟁한 인물 중 해외에서 사망한 자들을 추모하는 '우크라이나 이민자들의 가상묘지 (Віртуальний некрополь української еміграції)'를 개설했는데, 이 사이트에 반데라가 등록된 것이다.[72] 이 사이트는 반데라를 "1930~1950년대 우크라이나 민족해방 운동의 이론가이며 핵심 지도자"라고 정의하고 있다.[73]

그러나 정부의 이러한 기억정치를 우크라이나 사회 전체가 수용한 것은 아니었다. 앞서 보았듯이 제2차 세계대전 중 극우민족주의자들에 대한 평가는 우크라이나 사회, 정계를 양분하는 주요 소재 중 하나였다. 이 같은 우크라이나 사회의 기억전쟁 상황은 반데라의 이름을 따서 거리 명칭을 정하는 과정에서 극명하게 드러났다. 2015년 탈공산화법 제정 이후 우크라이나 지방정부는 소비에트식, 러시아식 거리 명칭을 우크라이나 명칭으로 변경해야 했고, 이 과정에서 곳곳에서 반데라의 이름을 딴 거리가 생겨났다. 하지만 탈공산화, 탈러시아 정책에 반대하는 단체와 정치인, 그리고 시민들의 소송에 의해 다시 원래의 소비에트식, 러시아식 명칭으로 복원되었다가 그에 반대하는 측의 소송에 의해 다시 반데라 및 우크라이나 관련 명칭으로 돌아오기를 수차례 반복한 지역이 많았다. 예를 들어 수도 키이우의 경우, 2016년 7월 키이우 시의회가 탈공산화 법령 이행 조치로 '모스크바 거리'를 '반데라 거리'로 변경했으나 2019년 6월 키이우주 행정법원은 키이우 시의회의 결정을 취소했다. 그러나 그해 12월 키이우 항소법원은 주법원의 결정과는 반대로 시의회를 결정을 지지하여 '반데라 거리' 명칭을 승인했다.[74] 그러나 2년 후인 2021년 2월 키이우주 법원은 항소법원의 결정을 취소하는 판결을 내림으로써 '반데라 거리'는 다시 '모스크바 거리'로 변경되었다.[75] 이로써 키이우에서는 5년 동안 네 번에 걸쳐 반데라의 이름을 딴 거리 명칭이 변경된 것이다.

유사한 사태는 동부지역의 하르키우에서도 일어났다. 2016년 5월 하르키우 주지사는 탈공산화법 이행 조치로 독-소전쟁 당시 소련군 사령관 주코프 장군의 이름을 딴 '주코프 거리'를 흐루쇼프 시기의 소비에트 반체제 인물이자 우크라이나인인 페트로 흐리호렌코(Петро Григоренко)의 이름을 따서 개칭했다. 하지만 2019년과 2020년 두 번에 걸쳐 하르키우 시의회는 다시 '주코프 거리'로 변경했고 주법원은 시의회의 결정을 탈공산화법에 저촉된다는 이유로 두 번 모두 취소했다. 하지만 시의회는 이에 굴하지 않고 2021년 2월 다시 '페트로 흐리호렌코 거리'를 '주코프 거리'로 개칭한다는 결정을 내렸다. 이 같은 시의회의 결정에 대해 하르키우 시장은 다음과 같이 그 이유를 밝혔다.

> 과거를 망각하는 사람들에게 미래는 없다. … 나치 세력을 물리치고 승리를 거둔 인물을 존경하는 것은 우리의 의무이다.[76]

이렇게 하르키우시 경우도 키이우시처럼 5년 동안 네 번에 걸쳐 거리 이름이 개칭된 것이다. 이렇게 거리 명칭에 대한 결정이 번복된 것은 우크라이나 사회에서 제2차 세계대전의 기억이 2014년 러시아의 크름반도 점령 이후에도 여전히 양분되어 있음을 보여주는 상징적인 사례이다.

2022년 러시아-우크라이나전쟁 발발 이후 기억정치

2014년 러시아의 크름반도 점령과 돈바스 지역의 분리독립 선언 이후에도 지속된 제2차 세계대전의 기억에 대한 이러한 중앙정부, 지방정부 간 불협화음과 우크라이나 사회의 분열된 양상은 2022년 2월 러시아-우크라이나전쟁의 발발로 상당히 줄어들기 시작했다. 동시에 반데라에 대해서도 긍정적 평가가 전반적으로 증가하고 부정적 평가는 줄어들었다. 키이우 국제사회학

연구소가 러시아의 크름반도 점령과 돈바스 지역 분리 이전인 2013년에 행한 여론조사에서는 반데라가 이끌었던 우크라이나민족주의자단과 우크라이나 봉기군에 대한 우크라이나 국민들의 긍정적 평가는 22%에 그쳤으나 2022년 9월 전쟁 중에 행한 반데라에 대한 여론조사는 긍정적 평가가 43%로 두 배 이상 증가하고, 부정적 평가는 2013년 42%에서 2022년 8%로 약 다섯 배 이상 줄어든 것을 보여준다. 또한 이들 극우민족주의 집단에 대해 판단하기 어렵다고 유보적인 태도를 취한 응답은 27%에서 37%로 증가했다.[77]

다만 2022년 행한 여론조사는 키이우 국제사회학연구소가 밝혔듯이 크름 지역과 러시아가 점령한 동남부 지역 주민들의 견해는 거의 반영이 안 된 것이고 여론조사 대상인 성인 인구 중 약 15%에 해당하는 인구가 전쟁이 발발하면서 난민으로 국외로 빠져나간 상태에서 행한 것이라는 점 등 여론조사의 신뢰도 측면에서 일정 정도의 한계를 지닌다. 하지만 이 같은 한계를 감안하고도 한 가지 분명한 점은 여론조사 기관도 지적하고 있듯이 전쟁 전에 비해 전쟁 이후 우크라이나 민족주의자들에 대한 긍정적 인식이 증가했다는 점은 부인할 수 없는 사실이라는 것이다. 그 예로 여론조사의 응답을 지역별로 분류한 통계에서도 이 같은 경향이 전통적으로 민족주의자들에 대한 불신이 깊은 남부, 동부 지역에서도 예외 없이 나타난 사실을 들 수 있다.[78]

여론조사에 나타난 이러한 경향은 러시아-우크라이나전쟁 기간 동안 동남부 지역에 위치한 도시들의 거리명 변경 등 탈공산화, 반러시아 정책 수행에서도 동일하게 나타났다. 2022년 전쟁 발발 이후 수도 키이우를 비롯하여 전통적으로 친소비에트 정서가 강하고 우크라이나 민족주의 성향이 약한 남부의 드니프로(Дніпро), 동부의 하르키우 등에서도 소비에트 시기 세워진 기념비를 제거하기 시작했으며 동시에 러시아식, 소비에트식 마을 이름, 거리명을 우크라이나식 명칭으로 바꾸기 시작했다. 일례로 2022년 전쟁 발발 이후 러시아의 미사일 공격으로 지역 공항이 완전히 파괴되고 수십 명의 사상자가 발생한 드니프로시는 그해 9월 소비에트 과학자 이름을 딴 '슈미트 거리'

를 '반데라 거리'로 개칭했다.[79] 또한 동부지역 하르키우주의 이지움(Iзюм) 시도 전쟁 발발 직후 6개월 동안 러시아군에 점령되면서 최소 400명 이상의 민간인이 학살당하고 난 후 8월경에 우크라이나군이 이 도시를 탈환했는데, 그해 12월 이 도시는 러시아, 소비에트 명칭의 거리 이름을 모두 우크라이나 명칭으로 개칭했다. 일례로 러시아의 대문호 푸시킨의 이름을 딴 거리는 '스테판 반데라 거리'로 변경되었다.[80] 동남부 지역에서 전쟁 전에는 반데라의 이름을 딴 거리를 갖게 되리라고는 상상하기 힘들었지만 전쟁이 모든 것을 바꿔놓은 것이다.

전쟁 발발 후 젤렌스키 정부도 보다 확고한 탈소비에트-반러시아 정책으로 선회했다. 젤렌스키 대통령은 전쟁이 발발한 지 1년이 경과한 2023년 3월 21일 "우크라이나에서 러시아의 제국주의 정책 선전을 금하는 동시에 비판하는 것과 지명의 탈식민화에 대하여"라는 법령을 공포했다. 이 법령의 다음 내용은 2022년 2월 발발한 러시아와의 전면전이 법령 제정에 결정적인 영향을 미쳤음을 보여준다.

> 러시아연방이 우크라이나와 우크라이나 국민들에 대해 국제법을 무시하고 인도주의 범죄를 자행하면서 개시한 전면전으로부터 국가이익과 안보를 수호하고 우크라이나 시민, 국가, 사회의 권리, 자유와 법적 이해관계를 보호하기 위해…[이 법을 제정한다].[81]

이 법령은 러시아가 전면전을 일으킨 목적이 "우크라이나인들의 독립과 주권을 박탈하고 제정러시아와 소연방 시기처럼 종속 상태로 되돌리려는 것"이라고 비난하면서[82] 이 법령의 제2조는 제정러시아 및 소련의 국기, 국가, 문장 등의 상징물 전부를 '러시아의 제국주의 정책'의 상징으로 규정하고 이것들을 사용하는 것을 '러시아 제국주의의 선전'으로 간주한다고 규정하면서 이러한 상징의 사용을 전면 금지했다.[83]

이 법령을 발표한 지 한 달 후인 4월 19일, 젤렌스키 대통령은 매해 제2차 세계대전에서 나치 세력을 물리친 승리의 날로 기념해 왔던 5월 9일을 폐지하고 대신 이날을 '유럽의 날'로 지정한다는 법령을 공포했다.[84] 러시아는 5월 9일을 가장 중요한 국경일로 기념하고 있는데, 우크라이나 침공 이후 푸틴 정부가 우크라이나전쟁을 마치 제2차 세계대전 시기 나치 세력과 전쟁하는 것처럼 선전을 이어나가자 우크라이나 정부는 이날을 유럽연합 회원국들이 매년 5월 9일 유럽의 평화와 단합을 기념하는 날인 '유럽의 날'로 바꾸고, 동시에 기존에 공휴일이었던 이날을 평일로 전환했다.[85] 즉, 소비에트 시기부터 계속 이어져 왔으며 소련 붕괴 후에도 '대조국전쟁' 전승일을 '제2차 세계대전' 전승일로 명칭만 변경한 채 유지되어 오던 국경일을 완전히 없애버린 것이다.

이어 5월 29일 젤렌스키 대통령은 기존의 5월 8일 '추모와 화합의 날'을 '추모와 제2차 세계대전(1939~1945)에서 나치즘에 대한 승리의 날'로 새롭게 지정한다는 법령을 공포했다.[86] 이는 2015년 포로셴코 정부가 탈공산화법의 일환으로 '추모와 화합의 날'로 새롭게 제정한 5월 8일을 유럽 국가들의 방식대로 제2차 세계대전 전승일로도 함께 기념하는 것을 의미한다. 이같이 러시아와 전쟁을 벌이고 있는 상황에서 발표된 두 개의 법령을 통해 우크라이나는 제2차 세계대전과 관련한 기억정치에서 탈소비에트, '반러시아'라는 목표를 완전히 달성한 것이다.

이 외에도 젤렌스키 정부가 탈소비에트, 반러시아 법령을 통해 독-소전쟁의 기억정치를 수행한 상징적 예로 2023년 8월 키이우의 드니프로 강가에 서 있는 62m의 거대한 '조국 어머니' 동상의 방패에서 소련 국가 문장인 '낫과 망치'를 제거하고 우크라이나 국장인 '삼지창'을 부착한 것을 들 수 있다.[87] 브레즈네프 시기인 1981년 '우크라이나의 대조국전쟁 박물관' 개장식에 맞추어 제막된 이 동상의 명칭은 '조국-어머니'로, 당시 조국 소련을 상징하는 여성이 한 손에는 길이 16m의 거대한 칼과 다른 한 손에는 소련 문장이 새겨진 8m 높이의 방패를 들고 있는 형상을 하고 있으며, 20~30톤에 달하는 스테인리스 강판으로 만들어졌다. 이 동상은 우크라이나에서 가장 거대한 동상으로 수도 키이우의 랜드마크 역할을 해왔는데, 2015년 포로셴코 정부의 탈공산화법 공포 이후에도 아무런 영향을 받지 않고 굳건하게 서 있었다. 그 이유는 해당 법령이 "제2차 세계대전과 관련된 기념물은 예외"로 한다는 규정을 명시하고 있기 때문이었다.[88]

하지만 러시아와의 전면전이 발발한 후 젤렌스키 정부는 러시아를 '제국주의' 야망을 지닌 국가로 새롭게 규정했고, 더구나 러시아가 우크라이나와 전쟁을 수행하면서 독-소전쟁 당시처럼 우크라이나에서 나치 세력을 축출한다는 '우크라이나 탈(脫)나치화'라는 목표를 내세워 우크라이나에 대한 공격을 정당화하자 젤렌스키 정부는 러시아에서 가장 신성시하는 '대조국전쟁'의 기억과 관련된 상징을 제거하는 법령을 2023년 5월 3일 공포한 것이다. "고정된 기념물의 국가등록의 특수성과 관련한 법의 수정에 대하여"라는 제목으로 공표된 이 법령의 내용 중 아래 규정은 '조국-어머니' 동상에서 소련 국장을 제거할 수 있는 법적 근거를 마련한 것이었다.

> 우크라이나 국가기억연구소의 권고와 문화전통 보호에 관한 국가 정책을 이
> 행하는 집행부의 전문가 견해에 의거해… 공산주의·전체주의 정권의 상징의
> 일부를 제거 또는 해체 가능하다.[89]

법령이 발표되고 2개월 후, 2023년 7월 13일 우크라이나 정부 산하 '국가건축 및 도시설계 조사국'은 '조국-어머니' 동상의 방패에서 소련 국가 문장을 떼어내고 우크라이나 국가 문장을 부착하는 것을 승인했다.[90] 우크라이나 국가기억연구소는 이미 2020년 2월 신임 소장 드로보비치(Антон Дробович)가 이 동상의 방패에서 "반드시 소련 문장을 제거해야 한다"라는 입장을 밝힌 상태였다.[91] 또한 2022년 7월 우크라이나 국민을 대상으로 실시된 여론

그림 3 조국-어머니 동상

주: 작업자들이 조국-어머니 동상에서 소련 문장을 떼어내고 우크
   라이나 문장을 부착하고 있다.
자료: 위 사진) https//www.gazetametro.ru/articles/s-schita-monu
   menta-rodina-mat-v-kieve-demontirovali-gerb-sssr-zameniv
   - ego-trezubtsem-06-08-2023
   아래 사진) https://nikk.agency/uk/ukrainy-na- shhit/

조사에서도 응답자 77만 8,000명 중 85%가 문장 교체에 찬성 의사를 표명한 상태였다.[92]

이에 따라 우크라이나 문화정보부는 우크라이나 독립기념일인 8월 24일에 맞추어 우크라이나 국장이 부착된 동상을 공개하고 동상의 명칭도 소련시기의 명칭 '조국-어머니'에서 '어머니-우크라이나(Україна-Мати)'로 변경한다는 계획을 수립하고 7월부터 소련 문장 교체 작업을 시작하여 8월 초에 작업을 완료했다(그림 3).[93] 문장 교체 과정에서 전쟁 중에 너무 과도한 경비를 시급하지 않은 데 소요한다는 여론의 비난도 있었지만 이 과정을 주도했던 올렉산드르 트카첸코(Олександр Ткаченко) 전(前) 문화부 장관은 다음과 같이 기억전쟁과 기억정치의 관점에서 문장 교체 작업의 중요성과 시급성을 역설했다.

어떤 이들은 전쟁 중에 문화에 돈을 소비할 때가 아니라고 말한다. 하지만 지금 우리는 무엇을 위해 싸우고 있는가? 우리의 문화, 정체성, 언어, 역사를 지키기 위해 싸우고 있는 것 아닌가? **전쟁 중에 문화는 드론만큼이나 중요하다.**[94]

우크라이나에 대한 러시아의 기억전쟁

제2차 세계대전에 대한 우크라이나 기억정치의 핵심 성격이 탈소비에트화(탈공산화), 반러시아화라면 그에 대한 대응책으로 러시아가 우크라이나에 대해 일관되게 내세우는 것은 '탈나치화(денацификация)'이다. 1945년 제2차 세계대전이 종식되면서 독일 나치도 생명력을 다했지만 우크라이나 독립 이후 서부지역을 중심으로 민족주의 정서가 부활하면서 제2차 세계대전 동안 나치독일과 협력하여 소비에트 세력으로부터 독립을 꾀했던 우크라이나 민족주의자들은 러시아의 입장에서는 볼 때는 나치주의자들인 것이다. 앞서 살펴보았듯이 우크라이나 내에서도 제2차 세계대전 시 극우민족주의자들에 대한 평가는 한편으로는 우크라이나의 영웅, 그리고 또 다른 한편으로는 나치와 협력하고 인종청소를 자행한 집단으로 상반된 평가가 존재하는 논란의 대상이었다. 따라서 러시아는 우크라이나민족주의자단과 우크라이나봉기군을 영웅시한 유셴코 정부의 정책과 당시 분위기에 대한 지속적인 비난을 쏟아냈다. 러시아 정부는 2002년 쿠치마 정부가 행한 우크라이나민족주의자단과 우크라이나봉기군의 복권 시도에 대해 러시아외무부는 "민족주의 세력을 복권한다"는 비난 성명을 내기도 했지만[95] 우크라이나 정부의 전쟁기억정치에 대해 본격적으로 비난을 가하기 시작한 것은 유럽과 밀접한 관계를 추구하고 민족주의 서사로 제2차 세계대전 기억을 강조하기 시작한 유셴코 정부 때부터이다. 러시아는 2004년 '오렌지혁명'을 러시아 국익에 직접적인 위협으로 보면서 이때부터 본격적으로 우크라이나와 역사 기억전쟁을 시작했다.[96] 마침 러시아는 2000년대 중반부터 본격적으로 제2차 세계대전의 기억을 국가통합의 기제로 사용하기 시작했기 때문에 이러한 국내 상황과 연계하여 러시아가 국가적 차원에서 신성하게 간주하는 전쟁기억을 역행하는 우크라이나 민족주의를 기반으로 한 기억정치는 수용하기 어려운 문제였다. 한편 러시아의 공세가 강화되자 우크라이나도 유셴코 정부부터 역사기억에 대한 법제화를 본격적으로 시작했다.[97]

러시아 외무부는 2007년 12월 우크라이나 서부지역에서 소련 병사의 기념비가 훼손된 것과 르비우에서 기존의 러시아 대문호 푸시킨의 이름을 딴 거리 이름을 우크라이나봉기군 지도자 슈헤비치 거리로 바꾼 것에 대해 "파시스트 꼭두각시"의 이름으로 변경했다고 비난하면서 이러한 조치가 "러시아 대중의 진정한 분노를 유발하고 있다"라며 불만을 표명했다.[98] 그런가 하면 2008년 6월 러시아 외무부는 유셴코 정부가 제2차 세계대전 당시 나치독일 부대의 일원으로 소련을 침공한 슈헤비치에게 '우크라이나 영웅' 칭호를 수여한 것에 대해 나치친위대를 범죄단체로 규정한 뉘른베르크 재판의 결정에 위배되는 행위라고 강력히 비난했다.[99] 2009년 5월에는 메드베데프 러시아 대통령이 러시아를 제2차 세계대전의 '침략국'으로 묘사하는 우크라이나 언론에 대한 대응 조치로 '러시아 이익에 해를 입히는 역사왜곡 기도에 대한 대응을 위한 대통령 산하 위원회'를 조직하기도 했다.[100] 또한 2010년 1월 유셴코 대통령이 이번에는 스테판 반데라에게 '우크라이나의 영웅' 칭호를 수여한다고 발표하자 러시아 외무부는 그 다음 날인 1월 27일 즉시 성명을 내고 그 소식은 "러시아에서 신랄한 빈정거림과 극심한 비판을 불러일으키고 있다"라고 지적하면서 "그러한 가증스러운 결정은 우크라이나에서 명백히 부정적인 반응을 불러일으킬 것"이고 "우크라이나의 여론을 단결시키는 데 하등의 기여를 하지 못할 것"이라고 신랄하게 비판했다.[101]

이러한 러시아의 기억전쟁은 앞서 보았듯이 우크라이나에서 친러 성향의 야누코비치 정부가 등장한 후 탈민족주의와 소비에트 서사에 기반한 전쟁기억의 정치를 수행하면서 중단되었다. 하지만 유로마이단 혁명으로 야누코비치 대통령이 축출된 된 후 출범한 포로셴코 정부가 본격적으로 탈소비에트, 반러시아를 목표로한 '탈공산화' 전쟁기억 정치를 수행하자 러시아는 즉각 기억전쟁을 재개했다. 탈공산화법이 우크라이나 의회에서 통과된 직후인 2015년 4월 러시아 외무부는 성명을 통해서 다음과 같이 우크라이나 지도부를 신랄하게 비판했다.

탈공산화법은… 궁극적으로 반러시아 법이다. … 이 법에서 '대조국전쟁'이라는 용어를 '제2차 세계대전'이라는 용어로 대체한 것은 현 우크라이나 당국이… 조국방어를 위해 소련군의 일원으로 싸웠던 수백만 명의 우크라이나 군인들의 기억을 배신하고 그들의 정당한 국경일을 앗아가는 것이며… 나치의 하수인인 우크라이나민족주의자단과 우크라이나봉기군을 계속 영웅시하면서 그들을 대조국전쟁의 참전용사와 동등하게 대하고 있다.[102]

러시아 외무부는 2017년 5월에는 우크라이나 의회에서 러시아에서 '대조국전쟁' 전승기념 상징으로 사용하고 있는 게오르기 리본 사용을 금지하는 법안을 마련하고 있는 것에 대해 즉각 성명을 발표하여 "전승기념 상징을 금지한 것에 대해 분개한다"라는 입장을 밝혔고,[103] 그해 10월 12일에는 언론 브리핑에서 우크라이나 민족주의자들과 우익정당이 우크라이나봉기군 창설일 75주년인 10월 14일에 횃불 행진을 기획하고 있는 것에 대해 우크라이나에서 네오나치 활동이 더 심해지고 있다고 경고했다.[104] 이후 러시아 외무부는 2018년 "네오나치즘: 인권,민주주의,법치주의에 대한 도전"이라는 제목의 보고서를 발표하면서 2014년 유로마이단 혁명을 "쿠데타"로 규정함으로써 포로셴코 정부의 합법성을 인정하지 않고 그 정부가 공포한 '탈공산화' 법안을 준비한 우크라이나 국가기억연구소 소장 뱌트로비치에 대해서도 "러시아와 소비에트 전통에 대해 불타오르는 증오를 지닌 자"로 비난을 가하면서 탈공산화법에 의해 수많은 우크라이나의 지명, 거리명에서 러시아 관련 명칭이 제거되고 기념비가 파괴된 것을 우크라이나의 제노포비아, 루소포비아 현상이라고 비난했다.[105]

러시아 정부는 2022년 2월 우크라이나 침공 직전까지 우크라이나에 대해 제2차 세계대전 당시 나치 부역자의 행보를 지적하고 그들이 복권된 것을 나치주의의 부활로 간주하면서 급기야 우크라이나에 대한 공격을 정당화하는 논리로 사용했다.[106] 기억전쟁을 실제 전쟁으로 이행한 것이었다. 전쟁이 한창 진행 중인 2023년 7월 6일에는 러시아 외무부가 이틀 전인 7월 4일 밤, 미국 독립기념일을 맞이해서 우크라이나 정부가 키이우 드니프로 강변에 서 있는 제2차 세계대전 승리 상징인 '조국-어머니' 동상에 미국의 전쟁 지원에 대한 감사 표시로 우크라이나 국기와 성조기의 이미지를 번갈아 가며 비춘 것에 대해 "[미국이] 바로 현재 그들의 조국이다"라고 비아냥거리는 성명을 발표했다.[107] 그리고 8월 초에는 우크라이나 정부가 조국-어머니 동상의 방패에서 소련 문장을 제거하고 삼지창을 부착하고 동상의 이름을 '조국-우크라이나'로 변경하자 러시아 외무부는 성명을 통해 "이 동상은 최근에 미국 국기로 색칠되었다. 대체 이 동상이 어떻게 '조국-우크라이나'가 될 수 있는 가?"라고 비판했다.[108]

*　　*　　*

소련 붕괴 후 우크라이나 민족주의 부흥의 분위기 속에서 제2차 세계대전 당시 활동한 극우민족주의자들은 우크라이나 독립을 위해 싸운 투사, 애국자로 새롭게 조망되기 시작했다. 하지만 우크라이나에서 이들 극우민족주의자들에 대한 평가와 전쟁기억은 통일되지 않았고 지역별로 판이하게 달랐다. 수세기 걸쳐 외세의 지배를 받아온 서부지역은 민족주의 성향이 강하게 자리잡고 있었지만 반대로 수세기에 걸쳐 러시아화가 진행되고 또 소비에트 시기 산업화의 혜택을 톡톡히 본 동남부 지역에서는 친러시아 성향과 소비에트 향수가 강하게 남아 있었다. 이에 따라 우크라이나에서 극우민족주의 세력에 대한 평가는 독립투사 대(對) 범죄자로 상반되게 나타났다.

이렇게 분열된 신생독립국을 다스려야 하는 우크라이나 지도부는 소비에트 유산을 극복해야 하는 동시에 국정 안정도 꾀해야 하는 이중 부담을 지니고 있었다. 이 과정에서 2014년 러시아에 크름반도를 점령당하기 전까지는 정도의 차이는 있지만 민족주의 정서에 기반한 기억정치와 소비에트 향수에 기반한 기억정치가 번갈아 가며 시행되었다. 하지만 러시아의 크름점령 이후와 특히 2022년 러시아와 전면전이 발발한 이후 우크라이나 지도부와 정치권은 독-소 전쟁을 포함한 제2차 세계대전 기억에 대한 보다 촘촘하고 엄격한 탈소비에트, 반러시아 법령을 공포함으로써 탈소비에트, 탈공산화, 반러시아 기억정치를 수행했고 제도적·상징적 측면에서의 기억전쟁을 통해 러시아로부터의 '탈식민화' 목표를 달성한 것이다.

물론 러시아는 우크라이나 정부의 기억정치에 대해 가만히 보고만 있지는 않았다. 러시아 정부는 2000년대 중반부터 본격적으로 '대조국전쟁'의 기억을 신성시하고 국가 단합의 기제와 애국심을 불러일으키는 도구로 사용하고 있었기 때문에 그 기억을 변형하고 제거하려는 시도를 용인할 수 없었다. 사실 러시아 입장에서는 우크라이나의 기억정치에 대한 비판의 정당성을 주장하기는 무척 용이했다. 왜냐하면 우크라이나 정부가 영웅시한 극우민족주의자들은 제2차 세계대전 당시 인종청소를 자행함으로써 러시아뿐만 아니라 폴란드나 '유럽의회' 조차도 우크라이나 정부에 문제 제기를 했기 때문이다. 따라서 러시아는 극우민족주의자를 복권시킨 우크라이나 정부를 '나치세력'으로 규정하고 우크라이나와 기억전쟁을 시작했다.

이렇게 불리한 상황에서도 반러시아, 탈러시아 정책을 추진하고 친유럽정책을 지향한 우크라이나 지도부는 제2차 세계대전 당시 나치와 협력했지만 궁극적으로 나치와 소련 모두로부터 독립을 추구한 극우민족주의 집단을 복권시켜 그들을 활용할 수밖에 없었다. 왜냐하면 비록 나치 세력과 협력하고 인종청소를 자행했지만 우크라이나 현대사에서 가장 치열하게 독립투쟁을 벌인 집단이기 때문이었다. 이렇게 아이러니한 역사적 경험 속에서 관계가 형성된 두 국가의 기억전쟁은 이제 실제 전쟁으로 비화되어 지속되고 있다.

출처

이 책의 각 장은 다음의 학술지에 게재한 논문을 수정·보완한 것이다.

제1장. 「대중잡지『불꽃(Огонёк)』에 나타난 소비에트 병사 이미지와 그 정치적 함의, 1944-1953」.
≪노어노문학≫, 제21권 3호(2009.9)
제2장. 「제2차 세계대전과 소련 젊은이들의 반체제 운동」. ≪서양사론≫, 제103호(2009.12)
제3장. 「스탈린 정부의 반유대주의와 제2차 대전 기억 만들기」. ≪국제지역연구≫, 제17권 2호(2013.7)
제4장. 「중앙-지방 관점에서 바라본 스탈린 시기 전쟁의 기억: 레닌그라드와 세바스토폴의 경우」.
≪슬라브학보≫, 제28권 1호(2013.3)
제5장. 「The Impact of World War Ⅱ on the Formation of the Home-Front Identities」. ≪슬라브研究≫,
제24권 2호(2008.12)
제6장. "Rule of Inclusion: The Politics of Postwar Stalinist Care in Magnitogorsk, 1945~1953." *Journal
of Social History*, Vol.43, No.3(2010)
제7장. 「제2차 세계대전 이후 스탈린 정권의 소비에트 정체성 재정립 노력」. ≪서양사론≫, 제99호(2008.12)
제8장. 「러시아 역사교과서에 묘사된 제2차 세계대전의 '어두운 과거': 옐친과 푸틴 시기 교과서 비교」.
≪中蘇研究≫, 제41권 2호(2017.8)
제9장. 「기억의 정치학: 러시아 국가통합 도구로서 전쟁의 기억」. ≪中蘇研究≫, 제36권 1호(2012.5)
제10장. "Symbolic Politics and Wartime Front Regional Identity: 'The City of Military Glory' Project
in the Smolensk Region." *Europe-Asia Studies*, Vol.70, No.2(2018)
제11장. 「극동 러시아의 1945년 소련-일본 전쟁 기억과 기념일 정치」. ≪슬라브학보≫, 제34권 3호(2019.9)
제12장. 「러시아와 포스트소비에트 신생독립국의 기념비 전쟁과 타자 인식」. ≪슬라브研究≫, 제37권
1호(2021.3)
제13장. 「우크라이나의 제2차 세계대전 기억정치와 탈소비에트-반러시아 법령, 1991-2023」. ≪서양사론≫,
제161권(2024.6)

참고문헌

러시아 문서보관소 자료

ГАРФ(국립문서보관소), ГАРФ, ф.8131, оп.22, д.5
ГАРФ, ф.8131, оп.22, д.14
ГАРФ, ф.А-150, оп.2, д.20

РГАСПИ(사회정치사문서보관소), ф.17, оп.117, д.533
РГАСПИ, ф.17, оп.132, д.196

АОАМ(마그니토고르스크문서보관소), ф.10, оп.1, д.383
АОАМ, ф.10, оп.1, д.383
АОАМ, ф.10, оп.1, д.402
АОАМ, ф.10, оп.1, д.415
АОАМ. ф.10, оп.1, д.443
АОАМ, ф.118, оп.1, д.174
АОАМ, ф.118, оп.1, д.184
АОАМ, ф.118, оп.1, д.225
АОАМ, ф.160, оп.3, д.6
АОАМ. ф.202, оп.1, д.12

ОГАЧО(첼랴빈스크문서보관소), ф.Р-234, оп.19, д.18
ОГАЧО, ф.П-288, оп.17, д.169
ОГАЧО, ф.П-234, оп.19, д.78
ОГАЧО, ф.П-234, оп.19, д.79
ОГАЧО, ф.П-234, оп.19, д.88
ОГАЧО, ф.П-234, оп.19, д.92
ОГАЧО, ф.П-234, оп.20, д.9
ОГАЧО, ф.П-234, оп.20, д.18
ОГАЧО, ф.П-234, оп.21, д.83
ОГАЧО, ф.П-234, оп.22. д.1
ОГАЧО, ф.П-234, оп.22, д.72
ОГАЧО, ф.П-234, оп.23, д.11
ОГАЧО, ф.П-234, оп.23, д.15

ОГАЧО, ф.П-234, оп.25, д.68

ОГАЧО, ф.П-234, оп.34, д.111

ОГАЧО, ф.П-288, оп.11, д.189

ОГАЧО, ф.П-779, оп.1, д.1191

러시아 법령

1965.5.8. Указ президиума ВС СССР от 08 Мая 1965. Об Утверждении положения о высшей степени отличия звании "Город герой."

1993.1.14. Об увековечении памяти погибших при защите отечества. Закон от 14 января 1993 г.

1995.5.19. Об увековечении победы советского народа в Великой Отечественной войне 1941-1945 годов. Федеральный закон от 19. 05. 1995. N 80-ФЗ.

1995.1.12. О ветеранах. Федеральныйзакон. от 12.01. 1995 5-ФЗ (принят ГД ФС РФ 16. 12. 1994).

1995.3.13. Федеральный закон от 13 марта 1995 г. N 32-ФЗ "О днях воинской славы и памятных датах России."

1995.5.19. Об увесковечении победы советского народа в Великой Отечественной войне 1941-1945 годов. Федеральный закон от 19.05.1995 N 80-ФЗ.

1997.9.18. Постановление САХАЛИНСКОЙ ОБЛАСТНОЙ ДУМЫ от 18.09.97 No.11/222-2 "О законодательной инициативе Сахалинской областной думы в Государственную думу Федерального собрания РФ по внесению дополнений в Федеральный закон «О днях воинской славы (победных днях) России»."

1997.12.8. Об установлении постоянного поста почетного караула в г. Москве у Вечного огня на могиле Неизвестного солдата (декбря 8, 1997), Указ Президента Российской Федерации.

2001.2.16. "Постановление Правительства РФ от 16 февраля 2001 г. N 122. 'О государственной программе "Патриотическое воспитание граждан Российской Федерации на 2001-2005 годы'."

2006.5.9. Федеральный закон о почетном звании Российской Федерации "Город воинской славы."

2008.6.17. Пояснительная записка к проекту закона Сахалинской области «О внесении изменения в статью 1 Закона Сахалинской области «О памятных днях Сахалинской области».

2010.7.23. Федеральный закон от 23.07.2010 N 170-ФЗ "О внесении изменения в статью 1.1 Федерального закона "О днях воинской славы и памятных датах России."

2020.4.24. "О внесении изменений в статьи 1 и 1 Федерального закона 'О днях воинской славы и памятных датах России'." Российская Федерация. Федеральный закон.

우크라이나 법령

1993.2.1. До питання про перевірку діяльності ОУН-УПА.

1993.10.22. Про статус ветеранів війни, гарантії їх соціального захисту.

2000. Про увічнення Перемоги у Великій Вітчизняній війні 1941-1945 років.

2007. УКАЗ ПРЕЗИДЕНТА УКРАЇНИ No. 965/2007. Про присвоєння Р.Шухевичу звання Герой України.

2010.1.20. УКАЗ ПРЕЗИДЕНТА УКРАЇНИ. Про присвоєння С. Бандері звання Герой України.

2014.10.14. Указ Президента України. Про День захисника України.

2015.4.9. Про доступ до архівів репресивних органів комуністичного тоталітарного режиму 1917-1991 років.

2015.4.9. Про увічнення перемоги над нацизмом у Другій світовійвійні 1939-1945 років.

2016.4.28. Про відзначення Дня пам'яті та примирення.

2017.5.16. Про внесення зміни до Кодексу України про адміністративні правопорушення щодо заборони виготовлення та пропаганди георгіївської (гвардійської) стрічки.

2023.3.21. Про засудження та заборону пропаганди російської імперської політики в Україні і деколонізацію топонімії.

2023.5.3. Про внесення змін до деяких законів України щодо особливостей формування Державного реєстру нерухомих пам'яток України.

2023.5.8. "Указ Президента України. Про День Європи." Верховна Рада України. Законодавство України.

2023.5.29. Про День пам'яті та перемоги над нацизмом у Другій світовій війні 1939-1945 років.

러시아 대통령실 보도자료

2010.5.4. "Вручены грамоты о присвоении звания «Город воинской славы»." Президент России.

2010.12.24. "Review of the year with President of Russia." President of Russia.

2012.2.23. "Грамоты о присвоении звания «Город воинской славы» вручены преставителям Говрова, Домоносова, Таганрога и Петропавловска-Камчатского." Президент России.

2014.1.16. "Встреча с авторами концепции нового учебника истории." Президента России.

2014.3.18. "Address by President of the Russian Federation." President of Russia.

2014.11.5. "Встреча с молодыми учёными и преподавателями истории." Президента России.

2017.9.7. "Plenary session of the Eastern Economic Forum." President of Russia.

러시아 외무부 보도자료

2007.12.14. "Заявление МИД России в связи с антироссийскими проявлениями на Украине 2007." МИД РФ.

2008.6.23. "Комментарий Департамента информации и печати МИД России в связи с обращением старосты Русской общины Ивано-Франковской области (Украина) А.Н.Волкова к Президенту России Д.А.Медведеву." МИД РФ.

2009.5.21. Нестеренко, А.А. "В связи с высказываниями Премьер-министра Японии Т. Асо, Брифинг официального представителя МИД России."

2015.4.10. "Комментарий Департамента информации и печати МИД России в связи с предпринимаемыми на Украине шагами по борьбе с историей своего государства." МИД РФ.

2017.5.12. "Выступление Постоянного представителя Российской Федерации при ОБСЕ А.К.Лукашевича на заседании Постоянного совета ОБСЕ, Вена, 11 мая 2017 года." МИД РФ.

2018. "Неонацизм – опасный вызов правам человека, демократии и верховенству права." МИД РФ.

2022.3.3. "Брифинг официального представителя МИД России М.В.Захаровой." МИД РФ.

2023.7.6. "Брифинг официального представителя МИД России М.В.Захаровой." МИД РФ.

2023.8.2. "Брифинг официального представителя МИД России М.В.Захаровой." МИД РФ.

잡지

Огонёк
Партийное строительство

신문

Правда
Известия
Красная Звезда
Магнитогорский рабочий

인터뷰 (지명 및 날짜)

마그니토고르스크(Магнитогорск) - 2001.7.4~7.6

솔로비요보(Соловьёво) - 2014.7.21

스몰렌스크(Смоленск) - 2014.7.21~7.22/ 7.29

뱌지마(Вязьма) - 2014.7.25

옐냐(Ельня) - 2014.7.23

벨리시(Велиж) - 2014.7.29

단행본

Аболина, Р.Я. 1981.*Советское изобразительное исскуство, 1917-1941*. М.: Искусство.

Александров, Ю. 1974. *Смоленск. Путеводитель*. Москва: Московский рабочий.

Бабурина, Н.И. 1993. *Россия 20-й век. История страны в плакате*. М.: Панорама.

Баканов, В.П. 2001. *Магнитогорск исторический очерк*. Магнитогорск: ПМП 'MiniTip'.

Василевский, А.М. 1973. *Дело всей жизни*. М: Госполитиздат.

Высоков, М.С. 2008. *История Сахалина и Курильских островов с древнейших времен до начала XXI столетия*. Южно-Сахалинск.

Галигузов, И.Ф., Чурилин, М.Е. 1978. *Фагман отечественной индустрии: история Магнитогорского металлургического комбината имени В.И. Ленин*. Москва: Мысль.

Данилов, А. Филиппов, А. 2012. *История России 1900-1945. 11 класс. Учебник для общеобразовательных учреждений* (2-е издание). Москва: Просвещение.

Данилов, А.А., Ружиков, А.В. 2001. *Рождение сверхдержавы СССР в первые послевоенные годы*. Москва: Российская политическая энциклопедия Рождение сверхдержавы.

Дегтярев, А.Г. 1993. *Летопись горы Магнитной и города Магнитогорска*. Магнитогорск: Издательский отдел Магнитогорского полигорфического предприятия.

Долуцкий, И. 2001. *Отечественная история XX век. 10-11 классы. Учебник для общеобразовательных учреждений. Часть 1* (5-е издание). Москва: Мнемозина.

Долуцкий, И. 2003. *Отечественная история XX век. 10-11 классы. Часть 2* (7-е издание). Москва: Мнемозина.

Зубкова, Е.Ю. 1993. *Общество и реформы 1945-1964*. Москва: Россия молодая.

Зуев, М. 2003. *Отечественная история. Учебное пособие для старшеклассников и поступающих в вузы. Книга 2. Россия в XX - Начале XXI века*. Москва: ОНИКС 21 век.

Иванов, Ю.Г. 2011. *Город-герой Смоленск. 500 вопросов и ответов о любимом городе* Смоленск: Русич.

Кистанов, В.О., В.Н. Павлятенко, Т.И. Суркова. 2016. *Советский Союз и Япония во второй мировой войне: участие и последствия*. М.

Лжков, Ю.М., Титов, И.Б. 2008. *Курильский синдром*. М.

Любимов, А.В. 1968. *Торговля и снабжение в годы великой отечественной войны*. Москва Издательство экономика.

Люди Сталинской Магнитки. 1952. Челябинск: Челябинское областное государственное издательство.

Максимов, Евгений. 1990. *Смоленск. Страницы героической защиты и освобождения города 1941-1943.* Москва: Политиздат.

Маслов, В., Сынкин, Ю. (ред.). 2003. *Смоленская область. Энциклопедия. Том 2.* Смоленск: СГПУ.

Моряков, В., Федоров, В., Щетинов, Ю. 1996. *История России Пособие для старшеклассников и абитуриентов.* Москва: Москвский Университет, ГИС.

Неизвестная Россия XX век. 1993. Vol.4. Москва: Изд. историческое наследие.

Потемкина, М.Н. 2002. *Эвакуация в годы великой отечественной воина на урале. люди и судьбы.* Магнитогорск: МаГУ.

Сенявская, Е.С. 1941-1945. 1995. *Фронтовое поколение. Историко-психологическое исследование.* Москва: ИРИ РАН.

Сталин, И.В. 1997. *Сочинения.* Т.15. Москва: Издательство "Писатель."

Уральская новь. 1992. Челябинск.

Филипович, Е. 2000. *От советской пионерки до человека-пенсионерки мой дневник.* Подольск: Издательское содружество.

Шумиолов, М., Рябикин, С. 1996. *История России IX-XX вв. Пособие по отечественной истории для старшеклассников, абитуриентов и студентов.* Санкт-Петербург: Простор.

Юность Магнитка. 1981. Москва Мол. Гвардия.

Baker, P. and S. Glasser. 2005. *Kremlin Rising: Vladimir Putin's Russia and the End of Revolution.* Washington, D.C.: Potomac Books, Inc.

Banerji, A. 2008. *Writing History in the Soviet Union: Making the Past Work.* New Delhi: Esha Beteille & Social Science Press.

Barber, John and Mark Harrison. 1991. *The Soviet Home Front 1941-1945: A Social and Economic History of the USSR in World War II.* London and New York: Longman.

Barkan. E. and A. Lang, ed. 2022. *Memory Laws and Historical Justice: The Politics of Criminalizing the Past.* London: Palgrave Macmillan.

Berkhoff, Karel C. 2012. *Motherland in Danger: Soviet Propaganda during World War II.* Cambridge and London: Harvard Univ. Press.

Bernhard, Michael, and Jan Kubik, ed. 2014. *Twenty Years After Communism: The Politics of Memory and Commemoration.* Oxford: Oxford Univ. Press.

Boterbloem, Kees. 1999. *Life and Death under Stalin: Kalinin Province, 1945-1953.* Montreal & Kingston: McGill-Queen's Univ. Press.

Bown, Matthew Cullerne and Brandon Taylor, eds. 1993. *Art of the Soviets: Painting, Sculpture and Architecture in a One-Party State, 1917-1992.* Manchester and New York: Manchester Univ. Press.

Bown, Matthew Cullerne. 1998. *Socialist Realist Painting.* New Heaven and London: Yale Univ. Press.

Brandon, Ray and Wendy Lower, eds. 2010. *The Shoah in Ukraine: History, Testimony, Memorialization.* Bloomington and Indianapolis: Indiana Univ. Press.

Broekmeyer, Marius. 2004. *Stalin, the Russians, and Their War.* Madison: Univ. of Wisconsin Press.

Brooks, Jeffrey. 2000. *Thank You, Comrade Stalin! Soviet Public Culture from Revolution to Cold War.* Princeton: Princeton Univ. Press.

Carson, Jr., George Barr. 1956. *Electoral Practices in the U.S.S.R.* London: Atlantic Press.

Cienciala, A., N. Lebedeva, and W. Materski, eds., 2007. *Katyn: A Crime Without Punishment.* New Heaven and London: Yale Univ. Press.

Clark, Alan. 2005. *Barbarossa: The Russian - German Conflict 1941-1945.* London: Cassell.

Davies, Sarah. 1997. *Popular Opinion in Stalin's Russia: Terror, Propaganda, and Dissent, 1934-1941.* Cambridge: Cambridge Univ. Press.

Dunham, Vera. 1990. *In Stalin's Time: Middleclass Values in Soviet Fiction.* Durham and London: Duke Univ. Press.

Dunmore, Timothy. 1980. *The Stalinist Command Economy: The Soviet State Apparatus and Economic Policy 1945-1953.* London and Basingstoke: Palgrave Macmillan.

Edele, Mark. 2008. *Soviet Veterans of the Second World War: A Popular Movement in An Authoritarian Society 1941-1991.* Oxford and New York: Oxford Univ. Press.

Fedor, Julie, Markku Kangaspuro, Jussi Lassila, Tatiana Zhurzhenko, eds., 2017. *War and Memory in Russia, Ukraine, and Belarus.* Cham: Palgrave Macmillan.

Felkay, Andrew. 2002. *Yeltsin's Russia and the West.* Westport. Conn: Praeger.

Figes, Orlando. 2007. *The Whisperers: Private Life in Stalin's Russia.* New York: Metropolitan Books.

Filtzer, Donald. 2002. *Soviet Workers and Late Stalinism: Labour and Restoration of the Stalinist System after World War II.* Cambridge: Cambridge Univ. Press.

Fitzpatrick, Sheila, ed. 2000. *Stalinism: New Directions.* London and New York: Routledge.

Fitzpatrick, Sheila. 1994. *Stalin's Peasants: Resistance & Survival in the Russia Village After Collectivization.* New York and Oxford: Oxford Univ. Press.

Fürst, J. ed., 2006. *Late Stalinist Russia: Society Between Reconstruction and Reinvention.* London: Routledge.

Gallagher, Matthew P. 1976. *The Soviet History of World War II: Myths, Memories, and Realities.* Westport, CT: Greenwood Press.

Galmarini-Kabala, Maria Cristina. 2016. *The Right to be Helped: Deviance, Entitlement, and the Soviet Moral Order.* DeKalb: NIU Press.

Garrard, John and Carol Garrard, eds. 1993. *World War 2 and the Soviet People.* London: Palgrave Macmillan.

Garros, V., N. Korenevskaya and T. Lahusen, eds. 1995. *Intimacy and Terror: Soviet Diaries of the 1930s.* New York: The New Press.

Gitelman, Zvi, ed. 1997. *Bitter Legacy: Confronting the Holocaust in the USSR.* Bloomington: Indiana Univ. Press.

Gitelman, Zvi. 2001. *A Century of Ambivalence: The Jews of Russia and the Soviet Union, 1881 to the Present.* Bloomington and Indianapolis: Indiana Univ. Press.

Gorelik, I. 1951. *Mikhail Sinitsyn: Urals Metal worker.* Moscow.

Gorlizki, Yoram and Oleg Khlevniuk. 2004. *Cold Peace: Stalin and the State Ruling Circle, 1945-1953.* Oxford and New York: Oxford Univ. Press.

Harris, James R. 1999. *The Great Urals: Regionalism and the Evolution of the Soviet System.* Ithaca and London: Cornell Univ. Press.

Hasegawa, Tsuyoshi. 2005. *Racing the Enemy: Stalin, Truman, and the Surrender of Japan.* Cambridge, MA: Harvard Univ. Press.

Hessler, Julie. 2004. *A Social History of Soviet Trade: Trade Policy, Retail Practices, and Consumption, 1917-1953.* Princeton, N.J.: Princeton Univ. Press.

Hochschild, Adam. 1994. *The Unquiet Ghost: Russians Remember Stalin.* New York: Viking.

Hoffmann, David L. 2003. *Stalinist Values: The Cultural Norms of Soviet Modernity, 1917-1941.* Ithaca: Cornell Univ. Press.

Hoffmann, David L. ed., 2022. *The Memory of the Second World War in Soviet and Post-Soviet Russia.* London: Routledge.

Hosking, Geoffrey. 2006. *Rulers and Victims: The Russians in the Soviet Union.* Cambridge, M.A., London, England: Harvard Univ. Press.

Ironside, Kristy. 2021. *A Full-Value Ruble: The Promise of Prosperity in the Postwar Soviet Union.* Cambridge and London: Harvard Univ. Press.

Johnston, Timothy. 2011. *Being Soviet: Identity, Rumour, and Everyday Life under Stalin, 1939-1953.* Oxford: Oxford Univ. Press.

Kasianov, Georgiy. 2022. *Memory Crash: The Politics of History in and around Ukraine 1980s-2010s.* Budapest: CEU Press

Kenney, Padraic. 1997. *Rebuilding Poland: Workers and Communists, 1945-1950.* Ithaca: Cornell Univ. Press.

Kirschenbaum, Lisa A. 2006. *The Legacy of the Siege of Leningrad, 1941-1995: Myth, Memories, and Monuments.* Cambridge: Cambridge Univ. Press.

Kolsto, P. and H. Blakkisrud, eds. 2004. *Nation-Building and Common Values in Russia.* Lanham: Rowan & Littlefield Publishers.

Koposov, Nikolay. 2018. *Memory Laws, Memory Wars: The Politics of the Past in Europe and Russia.* Cambridge: Cambridge Univ. Press.

Kotkin, Stephen. 1995. *Magnetic Mountain: Stalinism As a Civilization.* Berkeley: Univ. of California Press.

Kuromiya, Hiroaki. 1998. *Freedom and Terror in the Donbas: Ukrainian-Russian Borderland, 1870-1990s.* Cambridge: Cambridge Univ. Press.

Linz, Susan. ed., 1985. *The Impact of World War II on the Soviet Union.* Totowa, New Jersey: Rowman & Allanheld.

Lipman, Maria, Lev Gudkov, and Lasha Bakradze. 2013. *The Stalin Puzzle: Deciphering Post-Soviet Public Opinion.* Carnegie Endowment.

Lopukhovsky, Lev. 2013. *The Vyaz'ma Catastrophe, 1941: The Red Army's Disastrous Stand against Operation Typhoon*. Solihull, Helion & Company.

Lovell, Stephen. 2010. *The Shadow of War: Russia and the USSR, 1941 to the Present*. Oxford: Wiley-Blackwell.

Marples, David R. 2007. *Heroes and Villains: Creating National History in Contemporary Ukraine*. Budapest, CEU press.

McCagg, Jr., William. 1978. *Stalin Embattled 1943-1948*. Detroit: Wayne State Univ. Press.

Moskoff, William. 1990. *The Bread of Affliction: The Food Supply in the USSR during World War II*. Cambridge: Cambridge Univ. Press.

Motadel, D. 2014. *Islam and Nazi Germany's War*. Cambridge: Belknap Press.

Naimark, Norman and Leonid Gibianskii, ed. *1997. The Establishment of Communist Regimes in Eastern Europe, 1944-1949*. Colorado: Westview Press.

Naimark, Norman M. 1995. *The Russians in Germany: A History of the Soviet Zone of Occupation, 1945-1949*. Cambridge, MA: Harvard Univ. Press.

Nekrich, Aleksandr. 1991. *Forsake Fear: Memoirs of an Historian*. Boston: Unwin Hyman.

Osokina, Elena. 2001. *Our Daily Bread: Socialist Distribution and the Art of Survivial in Stalin's Russia, 1927~1941*. Armonk: M.E.Sharpe.

Outline History of the Soviet Working Class (Краткая история советского рабочего класса). 1973. trans. by David Fidlon. Moscow: Progress Publishers.

Outline History of the U.S.S.R. (История СССР Краткий очерк). 1960. trans. by George H. Hanna. Moscow: Foreign Language Publishing House.

Qualls, Karl D. 2009. *From Ruins to Reconstruction: Urban Identity in Soviet Sevastopol after World War II*. Ithaca and London: Cornell Univ. Press.

Raleigh, Donald J. 2001. *Provincial Landscapes: Local Dimensions of Soviet Power, 1917-1953*. Univ. of Pittsburgh Press.

Remarque, Erich Maria. 1956. *All Quiet on the Wester Front*. trans. by A. W. Wheen. New York: Little Brown & Co.

Rubenstein, Joshua and Ilya Altman, ed. 2008. *The Unknown Black Book: The Holocaust in the German-Occupied Soviet Territories*. Bloomington and Indianapolis: Indiana Univ. Press.

Rubenstein, Joshua and Vladimir P. Naumov, eds., 2005. *Stalin's Secret Pogrom: The Postwar Inquisition of the Jewish Anti-Fascist Committee*. trans. by Laura Esther Wolfson. New Haven and London: Yale Univ. Press.

Sakaida, Henry. 2003. *Heroines of the Soviet Union, 1941-45*. Elms court: Osprey Publishing Ltd.

Salisbury, Harrison E. 1985. *The 900 Days: The Siege of Leningrad*. New York: Da Capo Press.

Schuetz, A.D. Hans. 1997. *Davai, Davai!! Memoir of a German Prisoner of World War II in the Soviet Union*. Jefferson. NC and London: McFarland & Company, Inc., Publishers.

Scott, James C. 1985. *Weapons of the Weak: Everyday Forms of Peasant Resistance*. New Heaven: Yale Univ. Press.

Scott, John. 1989. *Behind the Urals: An American Worker in Russia's City of Steel*. Bloomington and

Indianapolis: Indiana Univ. Press.

Siegelbaum, Lewis H. 1988. *Stakhanovism and the Politics of Productivity in the USSR, 1935-1941.* Cambridge, Cambridge Univ. Press.

Simon, Gerhard. 1991. *Nationalism and Policy Toward the Nationalities in the Soviet Union: From Totalitarian Dictatorship to Post-Stalinist Society.* trans. by Karen Forster and Oswald Forster. Boulder: Westview Press.

Smith, Kathleen E. 2002. *Mythmaking in the New Russia: Politics and Memory during the Yeltsin Era* Ithaca and London: Cornell Univ. Press.

Solzhenitsyn, Aleksandr. 1975. *The Gulag Archipelago. Part Two.* New York: Harper & Row.

Stites, Richard, ed. 1995. *Culture and Entertainment in Wartime Russia.* Bloomington and Indianapolis: Indiana Univ. Press.

Stoner-Weiss, Kathryn. 2006. *Resisting the State: Reform and Retrenchment in Post-Soviet Russia.* Cambridge: Cambridge Univ. Press.

Suny, Ronald Grigor. 1998. *The Soviet Experiment: Russia, the USSR, and the Successor States.* New York and Oxford: Oxford Univ. Press.

The Heroic Defence of Sevastopol. 1942. Moscow: Foreign Languages Publishing House.

Thompson, E.P. 1963. *The Making of the English Working Class.* New York: Vintage Books.

Thurston, Robert W. 1996. *Life and Terror in Stalin's Russia, 1934-1941.* New Haven and London: Yale Univ. Press.

Tillett, Lowell. 1969. *The Great Friendship: Soviet Historians on the Non-Russian Nationalities.* Chapel Hill: Univ. of North Carolina Press.

Tumarkin, Nina. 1994. *The Living & the Dead: The Rise and Fall of the Cult of World War II in Russia.* New York: Basic Books.

Viola, Lynne, ed., 2002. *Contending with Stalinism: Soviet Power & Popular Resistance in the 1930s.* Ithaca and London: Cornell Univ. Press.

Wandycz, Piotr S. 1993. *The Price of Freedom: A History of East Central Europe from the Middle Ages to the Present.* London; Routledge.

Wanner, Catherine. 1998. *Burden of Dreams: History and Identity in Post-Soviet Ukraine.* University Park.

Weiner, Amir. 2001. *Making Sense of War: The Second World War and the Fate of the Bolshevik Revolution.* Princeton and Oxford: Princeton Univ. Press.

Werth, Alexander. 1964. *Russia at War 1941-1945.* New York: Carroll & Graf Publishers, Inc.

Werth, Alexander. 1971. *Russia: The Post-War Years.* New York: Taplinger Publishing Co.

Wilson, Andrew. 1997. *Ukrainian Nationalism in the 1990s: A Minority Faith.* Cambridge.

Winter, Jay and Emmanuel Sivan, eds. 1999. *War and Remembrance in the Twentieth Century.* Cambridge: Cambridge Univ. Press.

Winter, Jay. 1995. Sites of Memory, *Sites of Mourning: The Great War in European Cultural History.* Cambridge: Cambridge Univ. Press.

Wortman, R. 1995. *Scenarios of Power: Myth and Ceremony in Russian Monarchy. From Peter the*

Great to the Death of Nicholas I. Volume 1. Princeton: Princeton Univ. Press.

Yarmolinsky, Avrahm. 1969. *Literature under Communism: The Literary Policy of the Communist Party of the Soviet Union from the End of World War II to the Death of Stalin.* Bloomington: Indiana Univ. Press.

Zubkova, Elena. 1998. *Russia After the War: Hopes, Illusions, and Disappointments, 1945-1957*, trans. and ed. by Hugh Ragsdale. Armonk, N.Y.: M. E. Sharpe.

노브, 알렉. 1998. 『소련경제사』. 김남섭 옮김. 창작과 비평사.

다닐로프, A.·L. 코술리나. 2015. 『새로운 러시아 역사』. 문명식 옮김. 신아사.

대니어리, 폴. 2023. 『우크라이나와 러시아: 차가운 결별에서 참혹한 전쟁으로』. 허승철 옮김. 고려대학교출판문화원.

두다료노크, S.M. 외. 2018. 『러시아 극동지역의 역사』. 양승조 옮김. 진인진.

랴자놉스키, 니콜라이·마크 스타인버그. 2010. 『러시아의 역사(하)』, 조호연 옮김. 까치.

로트, 파울. 1984. 『소련의 보도기관과 정보정책』. 최정호 옮김. 정음사.

박노자. 2024. 『전쟁 이후의 세계: 다원 패권 시대, 한국의 선택』. 한겨레출판.

볼코고노프, 드미트리. 1996. 『크렘린의 수령들: 레닌에서 고프바초프까지(상)』, 김일환 외 옮김. 한송.

송준서. 2012. 『프스코프 주 이야기: 변방의 요새에서 북서 러시아의 관문으로』. 한국외국어대학교출판부 지식출판원(HUINE).

앤더슨, 베네딕트. 2003. 『상상의 공동체: 민족주의의 기원과 전파에 대한 성찰』. 윤형숙 옮김. 나남.

오버리, 리처드. 2003. 『스탈린과 히틀러의 전쟁』. 류한수 옮김. 지식의 풍경.

일리, 제프. 2008. 『미완의 기획. 유럽 좌파의 역사』. 유강은 옮김. 뿌리와 이파리.

전진성. 2005. 『역사가 기억을 말하다: 이론과 실천을 위한 기억의 문화사』. 휴머니스트.

정근식 외. 2018. 『탈사회주의 체제전환과 발트3국의 길』. 서울대학교출판문화원.

정한구. 2005. 『러시아 국가와 사회: 새 질서의 모색, 1985-2005』. 한울엠플러스.

최상훈 외. 2007. 『역사교육의 내용과 방법』. 책과함께.

톰슨, 존 M. 2004. 『20세기 러시아 현대사』, 김남섭 옮김. 사회평론.

틸리, 찰스. 1994. 『국민국가의 형성과 계보: 강압, 자본과 유럽국가의 발전』. 이향순 옮김. 학문과 사상사.

파울, 로트. 1984. 『소련의 보도기관과 정보정책』, 최정호 옮김. 정음사.

홍석우. 2008. 『우크라이나: 코자크와 오렌지혁명의 나라』. 한국외국어대학교출판부.

흐루시초프, 니키타. 2006. 『개인숭배와 그 결과들에 대하여』. 박상철 옮김. 책세상.

논문

Жигнлин, А. 1988. "Чёрные камни автографическая повесть." *Знамия*, No.7.

Касьянов, Г.В. 2016. "Историческая политика и 'мемориальные' законы в Украине: Начало XXI в." *Историческая экспертиза* 2.

Курилла, И. 2012. "Политическое «использование истории» в современной России." *Вестник Волгоградского государственного университета*. No.1(21).

Левинтова, Е., Дж. Баттерфилд, 2009. 6~9. "Как формируется история и отношение к ней: школьные учебники о новейшей отечественной истории." *Вестник общественного мнения*, No.3(101).

Панеях, В.М. 1993. "Упразднение Ленинградского отделения Института истории АН СССР в 1953 году." *Вопрос истории*, No.3.

Bielinska, Daria. et. al, 2015. "Reintegration of veterans of ATO/JFO on a community level in Ukraine." *Folke Bernadotte Academy.*

Brandenberger, David. 2004. "Stalin, the Leningrad Affair, and the Limits of Postwar Russocentrism." *Russian Review* 63(April).

Brandenberger, David. 2009. "A New Short Course? A.V. Filippov and the Russian State's Search for a 'Usable Past'." *Kritika: Explorations in Russian and Eurasian History* 10, No.4(Fall).

Caroli, Dorena. 2003. "Bolshevism, Stalinism, and Social Welfare(1917~1936)." *International Review of Social History* 48.

Clowes, Edith. 2016. "'Branding Tiumen': Official Image and Local Initiatives." *REGION: Regional Studies of Russia, Eastern Europe, and Central Asia* 5, No.2(July).

Danilova, Natalia. 2007. "Veteran's Policy in Russia: a Puzzle of Creation." *Journal of Power Institutions in Post-Soviet Societies*, Issue 6/7.

Ehala, Martin. 2009.3. "The Bronze Soldier: Identity Threat and Maintenance in Estonia." *Journal of Baltic Studies* 40, No.1.

Ellman, Michael and S. Maksudov. 1994. "Soviet Deaths in the Great Patriotic War: A Note." *Europe-Asia Studies* 46, No.4.

Fedinec, Csilla and Istvan Csernicsko. 2017.12. "(Re)conceptualization of Memory in Ukraine after the Revolution of Dignity." *Central European Papers* 1.

Feferman, Kiril. 2003.12. "Soviet Investigation of Nazi Crimes in the USSR: Documenting the Holocaust." *Journal of Genocide Research* 5, No.4.

Filtzer, Donald. 1999. "The Standard of Living of Soviet Industrial Workers in the Immediate Postwar Period, 1945-1948." *Europe-Asia Studies* 51, No.6.

Fieseler, Beate. 2006. "The bitter legacy of the 'Great Patriotic War': Red Army disabled soldiers under late Stalinism." Juliane Fürst, ed., *Late Stalinist Russia; Society between reconstruction and reinvention* . London and New York: Routledge.

Fitzpatrick, Sheila. 1993. "Ascribing Class: The Construction of Social Identity in Soviet Russia." *Journal of Modern History* 65, No.4.

Fitzpatrick, Sheila. 1996. "Supplicants and Citizens: Public Letter-Writing in Soviet Russia in the 1930s." *Slavic Review* 55, No.1(Spring).

Forest, Benjamin and Juliet Johnson. 2002. "Unraveling the Threads of History: Soviet-Era Monuments and Post-Soviet National Identity in Moscow." *Annals of the Association of American Geographers* 92, No.3.

Fürst, Juliane. 2002. "Prisoners of the Soviet Self?—Political Youth Opposition in Late Stalinism."

Europe-Asia Studies 54, No.3.

Fürst, Juliane. 2003. "Re-examining Opposition Under Stalin: Evidence and Context-A Reply to Kuromiya." *Europe-Asia Studies* 55, No.5.

Gjerde, K. 2015. "The Use of History in Russia 2000-2011: The Kremlin and the Search for Consensus." *East European Politics* 31, No.2.

Hellbeck, Jochen. 1996. "Fashioning the Stalinist Soul: The Diary of Stepan Podlubnyi"(1931-1939), *Jahrbücher für Geschichte Osteuropas* 44.

Ignatieff, Michael. 1984. "Soviet War Memorials." *History Workshop Journal* 17, No.1

Ironside, Kristy. 2018. "I Beg You Not to Reject My Plea": The Late Stalinist Welfare State and the Politics of One-Time Monetary Aid, 1946~1953." *Journal of Social History* 51, No.4.

Jilge, Wilfried. 2006. "The Politics of history and the Second World War in Post-Communist Ukraine (1986/1991-2004/2005)." *Jahrbücher für Geschichte Osteuropas*, Vol.54, No.1.

Kangaspuro, Markku, Jussi Lassila. 2012. 9~12. "Naming the War and Framing the Nation in Russian Public Discussion." *Canadian Slavonic Papers* 53, No.3-4.

Kaplan, V. 2009. "The Vicissitudes of Socialism in Russian History Textbooks." *History & Memory* 21, No.2(Fall/Winter).

Kattago, Siobhan. 2009. "War Memorials and the Politics of Memory: the Soviet War Memorial in Tallinn." *Constellations* 16, No.1.

Korostelina, Karina. 2010. "War of textbooks: History education in Russia and Ukraine." *Communist and Post-Communist Studies* 43.

Krylova, Anna. 2001.7. "'Healers of Wounded Souls': The Crisis of Private Life in Soviet Literature, 1944-1946." *The Journal of Modern History* 73.

Kuromiya, Hiroaki. 2002. "World War II, Jews, and Post-War Soviet Society." *Kritika: Explorations in Russian and Eurasian History* 3, No.3(summer).

Kuromiya, Hiroaki. 2003. "'Political Youth Opposition in Late Stalinism': Evidence and Conjecture." *Europe-Asia Studies* 55, No.4.

Lisovskaya, E. and V. Karpov. 1999. 11. "New Ideologies in Postcommunist Russian Textbooks." *Comparative Education Review* 43, No.4.

Malvern, Sue. 2000. "War, Memory and Museums: Art and Artefact in the Imperial War Museum." *History Workshop Journal* 49.

Melchoir, Inge and Oane Visser. 2011. "Voicing past and present uncertainties: The relocation of a soviet world War II memorial and the politics of memory in Estonia." *Focaal-Journal of Global and Historical Anthropology* 59.

"Modernizing the Twentieth-Century National History Textbook for Elementary and Secondary Schools: A Roundtable." 2005. *Russian Studies in History* 43, No.4(Spring).

Penter, Tanja. 2005. "Collaboration on Trial: New Source Material on Soviet Postwar Trials against Collaborators." *Slavic Review* 64, No.4(Winter).

Rodgers, Peter W. 2007. "'Compliance or Contradiction'? Teaching 'History' in the 'New' Ukraine. A View from Ukraine's Eastern Borderlands." *Europe-Asia Studies*, Vol.59, No.3(May).

Siegelbaum, Lewis H. 1998. "'Dear Comrade, You Ask What We Need': Socialist Paternalism and Soviet Rural 'Notables' in the Mid-1930s." *Slavic Review* 57, No.1(Spring).

Smith, David. 2008.12. "'Woe from Stones': Commemoration, Identity Politics and Estonia's 'War of Monuments'." *Journal of Baltic Studies* 39, No.4.

Song, Joonseo. 2010. "Rule of Inclusion: The Politics of Postwar Stalinist Care in Magnitogorsk, 1945-1953." *Journal of Social History* 43, No.3.

Song, Joonseo. 2018.6. "Branding Local Towns in Post-Soviet Russia through Reinventing Local Symbols." *Siberian Socium.*

Song, Joonseo. 2018.3. "Symbolic Politics and Wartime Front Regional Identities: The 'City of Military Glory' Project in the Smolensk Region." *Europe-Asia Studies* 70, No.2.

Weiner, Amir. 2004. "In the Long Shadow of War: The Second World War and the Soviet and Post-Soviet World." *Diplomatic History* 25, No.3(Summer).

Weiner, Amir. 1999. "Nature and Nurture in a Socialist Utopia: Delineating the Soviet Socio-Ethnic Body in the Age of Socialism." *American Historical Review* (October).

Weiner, Amir. 1996.10 "The Making of a Dominant Myth: The Second World War and the Construction of Political Identities within the Soviet Polity." *Russian Review* 55.

강봉구. 2010. 「푸틴주의 정치 리더십의 권위주의적 특성과 전망」. ≪국제지역연구≫, 제14권 2호.

강봉구. 2014. 「'강대국'으로의 복귀?: 푸틴 시대의 대외정책(2000~2014)」. ≪슬라브硏究≫, 제30권 1호.

고가영. 2012. 「러시아 혁명기 유대인 사회주의운동: 분트의 활동을 중심으로」. ≪역사와 문화≫, 제3호.

구자정. 2023. 『우크라이나 문제의 기원을 찾아서』. 박영사.

권철근. 1990. 「사회주의 리얼리즘의 이론과 실제」. ≪노어노문학≫, 제3권.

김남섭. 2004. 「"우리 안의 스탈린": 스탈린의 테러와 러시아인들의 기억」. ≪러시아연구≫, 제14권 2호.

김상현. 2009. 「러시아 국가정체성의 역학관계 모델과 정치-문화 상징의 함의: 푸틴 시대의 국가정체성 재고를 위한 시론」. ≪국제지역연구≫, 제12권 4호.

김인성. 2007. 「발트 3국의 러시아인들」. ≪민족연구≫, 제32권.

김인성. 2012. 「러시아 쿠릴열도 정책의 변화와 함의: 2009년 이후를 중심으로」. ≪영토해양연구≫, 제3권.

남상구. 2012. 「남쿠릴열도 영토분쟁의 역사적 경위와 현황: 일본 정부 대응을 중심으로」. ≪영토해양연구≫, 제4권.

노경덕. 2014. 「푸틴 시대 러시아의 스탈린주의 다시 읽기: 필리포프 현대사 교과서를 중심으로」. ≪서양사연구≫, 제50호.

류한수. 2005. 「전쟁의 기억과 기억의 전쟁: 영화 ＜한 병사의 발라드＞를 통해 본 대조국전쟁과 소련 영화의 '해빙'」. ≪러시아연구≫, 제15권 2호.

민경현. 2003. 「러시아의 중등학교 역사 교과서와 소비에트 시대」. ≪서양사론≫, 제77호.

박벨라. 2014. 「러시아 쿠릴열도의 영토정치학」. ≪이사부와 동해≫, 제7호.

박원용. 2001. 「네프기(1921-1928) 학생집단의 생활양식: 노동자 예비학부(rabochii fakul'tet)를 중심으로」. ≪서양사론≫, 제69호.

박종효. 2011. 「러시아 쿠릴열도에 관한 러-일 분쟁사 연구」. ≪군사≫, 제80권.

송준서. 2004. 「우랄 지역의 고려인 커뮤니티와 한국학 연구, 1991-2003」. ≪한국시베리아연구≫, 제7집.

송준서. 2009. 「전후 스탈린 시기 사회주의적 경쟁의 퇴조와 '대협약'의 성립, 1944-1953」. ≪슬라브학보≫, 제24권 1호.

송준서. 2010. 「포스트소비에트 시기 러시아 지역 정체성의 변화: 우랄 지역의 모노고로드(Моногород)를 중심으로」. ≪슬라브학보≫, 제25권 4호.

송준서. 2012. 「포스트소비에트 러시아 국경지방의 상징 만들기: 프스코프의 상징, 알렉산드르 네프스키」. ≪서양사론≫, 제112호.

송준서. 2013. 「러시아의 방패,' 스몰렌스크를 다녀와서」. Russia & Russian Federation, 제14호.

송준서. 2014. 「'바흐타 파마티' 러시아의 전몰병사 유해발굴과 애국교육」. Russia & Russian Federation, 제19호.

송준서. 2024. 「우크라이나의 2차 세계대전 경험: 지역별 상이성과 분열의 씨앗」. ≪슬라브硏究≫, 제40권 1호.

심헌용. 2018. 「제2차 세계대전 전후 동북아 영토의 귀속에 대한 소련의 입장」. ≪국가전략≫, 제28권 1호.

양호환. 2012. 『역사교육의 이론과 구상』. 책과함께.

엄구호. 2007. 「남코카서스의 '신거대게임'과 그루지야의 친서구 정체성」. ≪中蘇硏究≫, 제113호(봄).

유의정. 1999. 「발트 해 연안 국가 내 러시아인 문제와 러시아의 정책(1992-1997)」. ≪『슬라브학보≫, 제14권 1호.

유진숙. 2007. 「그루지아의 러시아 디아스포라」. ≪민족연구≫, 제32권.

이종훈. 2010. 「승전의 공식기억 만들기: 통합과 균열 사이에서: 모스크바 승리공원과 포스터 논쟁을 중심으로」. ≪역사와 문화≫, 제20호.

이종훈. 2012. "제2차 세계대전과 소련-동유럽 유대인: 반나치 투쟁과 반유대주의 사이에서」. ≪역사와 문화≫, 제3호.

최아영. 2012. 「러시아 제국의 반유대주의: 1880년대 초 남부 지역 포그롬을 중심으로」. ≪역사와 문화≫, 제23호.

최호근. 2007. 「나치독일 정규군의 유대인 학살과 과거사 극복」. ≪제노사이드연구≫, 제2호.

현승수. 2012. 「포스트소비에트 조지아의 국가건설: 국민주의와 제도화, 분쟁의 상관관계를 중심으로」. ≪동유럽연구≫, 제29권.

홍완석. 2000. 「러·일 북방영토분쟁: 그 역사와 전망." ≪동북아연구≫, 제5권.

황동하. 2005. 「자연발생적인 탈-스탈린화." ≪러시아연구≫, 제15권 2호.

황동하. 2006. 「국가 상징과 현대 러시아의 국가정체성." ≪러시아연구≫, 제16권 2호.

인터넷 자료

각 사이트의 URL은 해당 자료가 인용된 장의 주석 참조.

극동러시아 지역 언론 기사 및 그 외 자료

Вязанкин, Юрий. "Стена Памяти и Дружбы в Хабаровске: Мир вошему дом." Еженедельник 'Молодой Дальневосточник'

Голубкова, Наталья. "Сахалинские депутаты продолжают биться за "победу" в названии дня воинской славы." *Sakhalin.info*, 2020. 7.8.

Груздева, Любовь. "В День Победы в сахалинское небо взлетит тысяча голубей." *Sakhalin.info*, 2003.5.8.

Груздева, Любовь. "Жители области празднуют 58-ю годовщину освобождения Южного Сахалина и Курильских островов от японских милитаристов." *Sakhalin.info*, 2003.9.3.

Ларина, Татьяна. "Благовещенск отметил осенний День Победы." *Амурская правда*, 2006.9.5.

Петренко, Роман. "У звільненому Ізюмі з'явилася вулиця Бандери." Українська правда. 2022.12.3, ономарев, Сергей. "День Победы над Японией." *Regnum*, 2017.9.2.

Раичев, Дмитрий. "Звание 'Город воинской славы' денег Ельне не принесет." *Российская газета*, 2009.3.25.

"2 сентября в Хабаровске торжественно отметили 64-ю годовщину окончания Второй мировой войны." *РИА «27 Регион»*, 2009.9.2.

"Благовещенская набережная превратилась в поле боя." *Порт Амур.* 2015.9.2.

"В Госдуме прдложил назвать 3 сентября Днем победы над *Японией, Известия.*" 2022.6.22.

"В России предлагают учредить День победы над Японией." *РИА Новости*, 2017.10.31.

"В Хабаровском крае раздадут 55000 муаровых лент." Комитет по молодежной политике Правительства Хабаровского края, 2018.8.31.

"Венки поплывут по Амуру." *Амурская правда*, 2004.9.2.

"Владивосток в годы Великой Отечественной войны." Союз Городов воинской славы.

"День гордости и скорби: Благовещенск отмечает 73-ю годовщину окончания Второй мировой войны." *Amur News*, 2018.9.2.

"День окончания Второй мировой войны отметили в Хабаровске возложением цветов к Стеле Героев Статья полностью." Новости Хабаровска на *DVHAB.RU*, 2014.9.2.

"День окончания Второй Мировой Войны — День воинской славы." Армия России.

"День окончания Второй мировой войны на Поклонной горе в Москве появился 'партизанский лагерь'." *ИТАР-ТАСС*, 2010.9.2.

"День освобождения Сахалина и Курил отметили большим военным парадом." *SakhalinMedia.ru*, 2013.9.2.

"Десять тысяч муаровых лент раздали хабаровчанам в роамках акции Дальневосточная победа." *DVHAB.ru*, 2015.9.2.

"Дума отказалась переименовать День окончания Второй мировой в День Победы над Японией." *ТАСС*, 2022.6.21.

"Живую стену из хабаровчан выстроили на городской набережной." *Habinfo.ru*, 2017.9.4.

"История образования города Петропавловска-Камчатского." Администрации Петропавловск-Камчатского городского округа.

384

"К пятидесятипятилетию победы над Японей Сахалинское книжное издательство выпустило книгу-альбом «От Берлина до Курил»." ГТРК Сахалин, 2002.9.4. (*Sakhalin.info*).

"Муаровая лента стала символом акции 'Дальневосточная победа'." *Амурпресс*, 2017.8.31.

"Муаровые ленты." Вести-Хабаровск. Youtube, 2011.9.1.

"На Камчатке торжественно встретили грамоту «Город воинской славы»."

"На месте будущего памятника маршалу Александру Василевскому в Хабаровске установили камень." *Губерния*, 2016.9.30.

"Памятник Александру Василевскому открыт на Сахалине." *Руспех.ru*, 2015.9.1.

"Памятник Василевскому Александру Михайловичу в Южно-Сахалинске." *Руспех.ru*, 2015.

"Памятник маршалу Василевскому открыли в Хабаровске." Губерния, 2015.9.30.

"Праздник победы над Японией должен быть возвращен народу России!" *Regnum*, 2017.10.31.

"Приморский парк победы на Крестовском острове."

"Россия будет официально отмечать День Победы над Японией." *Новый День*, 2023.6.20.

"Россия впервые отмечает День окончания Второй мировой войны." *PPT.RU*, 2010.9.2.

"Сенатор Карасин не видит проблемы в отсутствии Дня Победы 3 сентября." *Sakhalin.info*. 2020.10.15.

"Третье сентября считается днем окончания Второй мировой войны." ГТРК Сахалин, 2002.9.4.(*Sakhalin.info*)

"Хабаровск в годы ВОВ." Союз Городов воинской славы.

"Японский парламент подтвердил суверенитет над Курилами." *Лента.ру*, 2009.6.11.

"Петропавловск-Камчатский в истории." Союз Городов воинской славы.

Streltsov, Dmitry. "Russian Views of Japanese history." The Asan Forum, 2016.8.29.

"China, Russia team up on territorial claims." *Daily Yomiuri Online*, 2010.9.29.

"Historians: Soviet Offensive, key to Japan's WWII surrender, was eclipsed by A-bombs." *Fox News World*, 2010.8.14

"Japanese schoolbooks to claim Russia's Southern Kuril Islands." *Russia Today*, 2008.7.16.

"Japan-Russia Intergovernmental Committee on Trade and Economic Issues." Ministry of Foreign Affairs of Japan, 2011.7.

"Russia hopes to solve territorial dispute with Japan by strengthening trust." *Xinhuanet*, 2008.7.19.

"Sakhalin welcomes another Ship of Friendship from Japan." *TASS*, 2017.8.2.

≪연합뉴스≫. 2020.4.28. "러 승전기념일 변경에 日 '발끈'…'아베, 기념식 참석 불가."

≪연합뉴스≫. 2023.6.21. "러, 일본제재에 맞서 소련시절 '대일전승일' 부활 추진."

≪아시아투데이≫. 2010.4.8. "러시아 신형 군함 구입, 日 경고 위한 것."

≪조선일보≫. 2010.11.2. "메드베데프, 쿠릴열도 남방 섬(일본명 북방영토) 전격 방문... 日·러 '영토 갈등'도 재점화."

≪조선일보≫. 2020.10.12. "日외무상 직접 나서자... 獨, 소녀상 철거명령."

Russia Beyond. 2015.8.6. 아제이 카말라카란, "러시아가 남쿠릴열도를 일본에 돌려주지 않는 이유."

스몰렌스크 지역 언론 기사 및 그 외 자료

Аметистов, Андрей. "Ельня готова заплатить за салют," *Рабочий путь*, 2007.2.8.

Бухалов, Юрий. "Нам не нужно звание «Город Воинской Славы»?" *Ярцево*, 2016.12.28.

Василенко, П. История Соловьевой переправы. Исследовательская работа по краеведению (Соловьево, Соловьевская муниципальная основаная общеобразавательная школаб 2011).

Жевак, Татьяна. "Глава региона Сергей Антуфьев дал интервью журналу «Отдых в России»," *Smolnews.ru*. 2011.9.7.

Захарченко, А. "Не понятно, почему Ельня не достойна носить президенское звание 'Город войской славы'," *Smolnews.ru*, 2007.10.1.

Королёв, В., Недбайлова, Е., Шилкин, А., Чулкова, О. "Кардымовский район – бренд России," *Смоленская газета*, 2011.2.14.

Снегина, А. "Их зарыли в шар земной...," *Рабочий путь*. 2007.5.16.

"70-летие освобождения Вязьмы," *Безформата*, 2013.3.13.

"В Ельне открыта часовня-памятник всем погибшим на Смоленщине," *Регнум*, 2010.6.24.

"В Смоленской области пройдет «День доброхотов»," *Рабочий путь*. 2019.8.29.

"Велиж должен получить звание Города Воинской славы!" *Аргументы и Факты-Смоленск*, 2008.7.23.

"Для жителей Ельни Сергей Миронов стал последней надеждой на справедливость," *Smolnews.ru*, 2007.9.7.

"За смоленские дороги ответят муниципалитеты," *Рабочий путь*, 2009.2.10.

"Зачем бюджету дефицит," *Рабочий путь*, 2008.10.17.

"Из-за Смоленского сражения перепишут учебники," *Рабочий путь*, 2012.7.31.

"Мемориал, просвещенны сражениям при Лубино," Администрация муниципального образования Кардымовский район Смоленской области; "Добро пожаловят!, Могло ли быть Вородино, кольне было бы Лубион?"

"Обращение к В.В. Путину (21 Февраля 2012 года)," Мемориальный комплекс Соловьева переправа.

"Прогремят ли в Велиже салюты?" *Рабочий путь*, 2008.6.4.

"Сергей Антуфьев: Доходы смолян выросли на девять процентов," *Смоленская газета*, 2010.11.3.

"Сергей Антуфьев: Доходы смолян выросли на девять процентов," *Смоленская газета*,

2010.11.3.

"Смоляне привезли в Храм Христа Спасителя Лубинское Чудо," *Инфорноагенство о чём говорит Смоленск*, 2012.12.27.

"Соловьево — старинная русская деревня с огромным багажом героического прошлого," *Smolnews.ru*, 2009.10.30.

"Список войнских захоронении, памятников и памятних мест," *Культурное наследие земли Смоленской*.

"Фестиваль 'Соловьева переправа' - новый бренд Смоленской области," *Рабочий путь*, 2010.

우크라이나 관련 언론 기사 및 그 외 자료

Панфілович, Олег. "Окружний адмінсуд Києва скасував перейменування Московського проспекту на честь Бандери," *Бабель*, 2021.2.11.

Скоропадский, Артем. "Однозначная реакция - МИД России прокомментировал присвоение Степану Бандере звания Героя Украины," *Коммерсантъ Украина*, №13 (1061), 2010.1.27.

"Бандера Степан Андрійович," Віртуальний некрополь української еміґроці. *SBS Україниською*.

"Батьківщини-мати!" Державна інспекція архітектури та містобудування України, *Декомунізація*, Facebook, 2023.7.13.

"В Запорожье Зеленский устроил встречу связной УПА и ветерана Советской арми," *061 Сайт міста Запоріжжя*, 2019.5.8.

"Верховная Рада одобрила перенос Дня победы на 8 мая." *Радио Свобода*, 2023.5.29.

"Дробович хоче демонтувати герб СРСР з пам'ятника «Батьківщина-мати» в Києві." *ГЛАВКОМ*, 2020.2.9.

"Комментарий Департамента информации и печати МИД России в связи с готовящимися провокациями украинских радикалов." *Министерство иностранных дел Российской Федерации*, 2017.10.12.

"Медведев считает важным присутствие Януковича и Лукашенко в Москве." *РИА Новости*, 2010.5.8.

"МИД: Реабилитация воинов УПА - внутреннее дело Украины." *Корреспондент.net*, 2002.7.16.

"Міська рада Харкова втретє повернула проспекту Григоренка ім'я Жукова." *LB.ua*, 2021.2.24.

"Путин подписал документы об аннексии четырех оккупированных регионов Украины в состав РФ." *Настоящее Время*, 2022.9.30.

"Украинцы выбрали новый символ на щите монумента "Родина-мать" в Киеве." *VGORODE КИЕВ*, 2022.7.21.

Eckel, Mike. "The Politics of Memory: A Struggle for an Institute and What It Means For Ukrainian Identity." *Radio Free Europe/Radio Liberty*, 2019. 10.20.

Kasianov, Georgiy. "'Ukrainian Nazis' as an invented enemy," *Russia.Post*, 2022. 6.8.

Liphshiz, Cnaan. "Ukraine celebrates Nazi collaborator, bans book critical of pogroms leader." *Times of Israel*, 2018.12.27,

Malpas, Anna. 'War for Identity': Kyiv Pulls Hammer, Sickle from Giant WWII Statue." *Moscow Times*, 2023.8.1.

Melkozerova, Veronika. "Kyiv's Motherland monument gets a makeover—but at what cost?" 2023.8.1. *Politico*.

Panfilovych, Oleg. "In Dnipro, a street was renamed in honor of Stepan Bandera." *Бабель*, 2022.

Semko, Liza. "Court cancels renaming capital's Moscow Avenue to Bandera Avenue." *Kyiv Post*, 2021.2.11.

Sharon, Jeremy. "Nazi collaborators included in Ukrainian memorial project." *Jerusalem Post*, 2021.1.21.

Shevel, Oksana. "De-Communization Laws" Need to Be Amended to Conform to European standards." *Vox Ukraine*, 2015.5.7.

Sokol, Sam. "Ukraine first historian criticised for rehabilitating wartime nationalists idolised by the far right." *The Jewish Chronicle*, 2019.9.19.

"Donetsk court deprives Shukhevych of Ukrainian hero title." *Kyiv Post*, 2010.4.21.

"Donetsk district administrative court cancels decrees on awarding Hero of Ukraine to Bandera." *Kyiv Post*, 2010.4.2.

"Dynamics of Evaluation of the Activities of the OUN-UPA during the Second World War: The Results of A Telephone Survey Conducted on September 7~13, 2022." Kyiv International Institute Sociology.

"Party of Regions proposes legal move to strip Bandera of Hero of Ukraine title." *Kyiv Post*, 2010.2.17.

"Poroshenko's Independence Day remarks in Kyiv." *Kyiv Post*, 2014.8.24.

"Ukraine Bans Russian St. George Ribbon." *Radio Free Europe/Radio Liberty*, 2017.6.12.

"Ukrainian Court Rejects 'Hero' Status For Nationalist Leaders." *Radio Free Europe /Radio Liberty*, 2011.8.3.

"Yanukovych backs decisions stripping Shukhevych, Bandera of hero titles." *Kyiv Post*, 2011.8.4.

"Yanukovych to strip nationalists of hero status." *Kyiv Post*, 2010.3.5.

송준서. 2023.12.4. 「낫과 망치에서 삼지창으로: 우크라이나의 역사기억 전쟁」. *Russia-Eurasia Focus*, 한국외국어대학교 러시아연구소.

조지아 관련 언론 기사

"Грузии помешал памятник красноармейцам." *НТВ*. 2012.2.24.

"ГД призывает мировое сообщество осудить снос мемориала в Кутаиси." *РИА*

Новости, 2009.12.24.

Gachava, Nino. "Georgian President Blasted Over Monument's Demolition." 2009.12.21, *Radio Free Europe Radio Liberty*.

Trukhachev, Vadim. "Georgia's Saakashvili Explodes His Reputation." *Pravda.ru*. 2009.12.22.

"A Year After Russia-Georgia War—A New Reality, But Old Relations." *Radio Free Europe Radio Liberty*, 2009.8.5.

"Demolished Georgian WWII memorial rebuilt in Moscow park." *Times of Malta.com*, 2010.12.23.

"February 25 Declared Day of Soviet Occupation." *Civil Georgia*, 2010.7.21.

"Georgia not ready to join European Union yet–PM." *Russia Today*, 2013.12.2.

"Russia Lost 64 Troops In Georgia War, 283 Wounded." *Dalje.com*, 2009.2.21.

"Saakashvili: 'Local Elections Huge Test'." *Civil.ge*, 2009.12.26.

"Two Die in Demolition of WWII Memorial." *Civil.ge*, 2009.12.19.

"Two More Arrested over Memorial's Deadly Blast." *Civil.ge*, 2009.12.22.

"WWII memorial blown up in Georgia to be rebuilt in Moscow—Putin." *RT*, 2009.12.22.

≪조선일보≫. 2011.2.24. ""조지아 방송국 폭탄 2개 발견..." 러시아 소행."

에스토니아 관련 언론 기사 및 그 외 자료

"Estonia removes Soviet memorial." *BBC News*, 2007.4.27.

"Persecution committed by the Soviet Union in Estonia in 1940-1941." *Estonica*.

"Soviet Memorial Causes Rift between Estonia and Russia." *Spiegel*, 2007.4.27.

그 외 언론 기사 및 자료

Бурцева, Наталия. "Владимир Путин: «В борьбе против фашизма мы действительно были вместе!»." *Forsmi.ru*, 2010.12.21.

Мисливская, Галина. "Важно для ветеранов." *Российская газета*, 2020.4.19.

Михайлов, А. "Лики войны командир субморины-спасительницы," *Pravda.ru*. 2013.2.11.

Набатникова, Марина. "С портретом прадеда. Как встать в ряды «Бессмертного полка»?" *Аргументы и факты*. 2014.4.23. № 17(1746), p.58.

Резчиков, Андрей. "Гнусная попытка переписать историю." *ВЗГЛЯД*, 2011.4.4.

Черникова, Ю. "«Учебник Филиппова»: продолжение последовало." Уроки истории. 2009.10.28.

"Белгороду, Орлу и Курску присвоены звания 'Город воинской славы'." РИА Новости, 2007.5.2.

"Быть достойными памяти первогвардейцев," *Знамя*, 2006.9.6.

"В Москвом парке Победы будет создан Музей памяти," *Фонтанка.ру*, 2003.11.10.

"Великая отечественная война, 1941-1945. Города герои."

"Ветераны Москвы на Поезде памяти посетят 5 городов воинской славы РФ." *РИА Новости*, 2011.6.6.

"Госдума завершит рассмотрение поправок в бюджет-2011." *РИА Новости*, 2010.5.20.

"Друзья" и "враги" *России, Левада Центр*. 2020.9.16.

"Зеленин предлагает присвоить Ржеву звание 'Город воинской славы'." *РИА Новости*, 2006.6.20.

"Зязиков предлагает присвоить Малгобеку звание 'города вониской славы'." *РИА Новости*, 2006.5.26.

"История звания 'Город воинской славы'," *ТАСС*, 2022.11.15.

"История Нальчика." Нальчик - столца Кабардино-Балкарии.

"История Поста №1," ПРЕЗИДЕНТСКИЙ ПОЛК.

"Московский парк Победы," Прогулки Петербург.

"О мероприятиях, посвященных 55-й годовщине окончания второй мировой войны. Правовые акты (Нормативная база)" Москвы Распоряжение мэра Москвы. № 922-РМ, 2000.8.30. *MosOpen.ru*

"Парад с перебоями," *Коммерсантъ Власть*, No.19 (923), 2011.5.16.

"Поезд воинской славы проедет по Архангельской области," *РИА Новости*, 2010.2.17.

"Положение о присвоении городу звания Город воинской славы," *Город Псков*.

"Посту № 1 у Вечного огня на Могиле неизвестного солдата исполняется пять лет," *РИА Новости*, 2002.12.12.

"Путин примет участие в открытии мемориала на Поклонной горе," *РИА Новости*. 2010.12.20.

"Путин: Учебники истории должный воспитывать чувство гордости за страну," *Грани.ру*, 2003.11.27.

"Путин: школьные учебники - не площадка для политической борьбы, с истории 'надоснять всю шелуху и пену,'" *Newsru.com*, 2003.11.27.

"Ретро-поезд "Победа" отправился из Ростова по городам боевой славы," *РИА Новости*, 2010.4.22.

"Севастополь в годы Великой Отечественной войны 1941-1945 гг." Севастопоьская городская государственнвя администрация.

"Старой Руссе и Феодосии присвоено звание 'Город воинской славы'," *РИА Новости*, 2015.4.6.

"Тюменские ветераны отметят 60-летие окончания Второй мировой войны," *Вслух.ru*.

"Улица Ефремова," *Севастополь*.

"ФЕОДОСИЯ," Победа! 1945-2020 (Российское военно историческое общество).

"Что такое знамена? Красное знамя. Знамя Победы. Чем флаг отличается от знамени," *SYL.ru*.

Babich, D. "A Story With No End: Controversy over the Right Way to Teach History Continues," Russia Profile.org. 2008.11.30.

Danilova, M. "Textbook Faces Ban Over Putin," *The Moscow Times*, 2003.11.28.

Gudkov, Lev. "The fetters of victory: How the war provides Russia with its identity," 2005.5.3. *Eurozine*.

Rodriguez, A. "Omitting the past's darker chapters," *Chicago Tribune*, 2005.5.29.

Simon, Stephanie. "Dmitri Volkogonov Dies; Exposed Soviet Horrors," *Los Angeles Times*, 1995.12.7.

Stanley, Alessandra. "Dmitri Volkogonov, 67, Historian Who Debunked Heroes, Dies," *New York Times*, 1995.12.7.

Zhurzhenko, Tatiana. "Heroes into Victims: The Second World War in Post-Soviet Memory Politics." *Eurozine*, 2012.10.31.

"Russia's Friends and Enemies," Levada Center, 2015.6.22.

"Struggle in Russia; Yeltsin Cancels Guards at Lenin's Tomb." *The New York Times*, 1993.10.7.

"Yeltsin to Alter Parade on V-E Day to Draw Clinton," *New York Times*, 1995.3.17.

송준서. 2002.5. 「우랄산맥 너머의 아시아的 러시아, 神話的 철강 도시, 마그니토고르스크를 가다」. ≪월간조선≫.

송준서. 2020.7.27. 「세계에 보내는 푸틴 대통령의 2차 세계대전 승전 75주년 메시지의 함의」. ≪Russia-Eurasia Focus≫. 한국외대 러시아연구소.

≪경향신문≫. 2017.5.31. "국정 역사교과서 완전히 퇴장."

≪매일경제≫. 2016.11.25. "역사교과서 국정화 사실상 '철회'…국·검정 혼용 검토."

≪연합뉴스≫. 1993.10.8. "수난 겪는 소비에트 혁명의 메카 레닌 묘."

≪KBS≫. 2020.10.12. "BTS '한국전쟁 고난의 역사' 수상소감에 中누리꾼 격앙."

미주

머리말

1   찰스 틸리, 『국민국가의 형성과 계보』(학문과 사상사, 1994), 제3장.
2   이 명제를 러시아의 국제적 위상과 연결 지어 설명한 예로는 박노자, 『전쟁 이후의 세계: 다원 패권 시대, 한국의 선택』(한겨레출판, 2024), 264~265쪽.

제1장

1   Michael Ellman & S. Maksudov, "Soviet Deaths in the Great Patriotic War: A Note." *Europe-Asia Studies*, Vol.46, No.4(1994), pp.671, 678.
2   존 M. 톰슨, 『20세기 러시아 현대사』, 김남섭 옮김(사회평론, 2004), 464쪽.
3   Lisa, A. Kirschenbaum, *The Legacy of the Siege of Leningrad, 1941-1995: Myth, Memories, and Monuments* (New York: Cambridge Univ. Press, 2006), p.134.
4   Nina Tumarkin, *The Living & the Dead: The Rise and Fall of the Cult of World War II in Russia* (New York: Basic Books, 1994), p.98.
5   Ibid., p.101; 황동하, 「자연발생적인 탈-스탈린화」, ≪러시아연구≫, 제15권 2호(2005), 484쪽.
6   이 잡지는 소련 붕괴 이후에도 계속 발간해 오다가 2020년 종간했다. https://www.kommersant.ru/doc/4624324.
7   파울 로트, 『소련의 보도기관과 정보정책』, 최정호 옮김(정음사, 1984), 165쪽.
8   1940, 1950년대 소비에트 지식인들은 이 같은 잡지의 성격 때문에 이 잡지를 다소 경멸적 의미에서 "미용실용 잡지(журнал для парикмахерских)"로 부르기도 했다.
9   Н.И. Бабурина, *Россия 20-й век. История страны в плакате* (М.: Панорама, 1993). pp.45, 59, 95.
10   "Героика великого народа." *Огонёк*, No.20-21(1944), pp.8-9.
11   А. Дейнека, 〈Оборона Севастополя〉, *Огонёк*, No.20-21(1944), p.9. 화가 자신이 나치독일군에게 점령당한 흑해 연안의 항구도시 세바스토폴 출신이다.
12   П. Мальков, П. Соколов-Скаля, П. Шухмки. В. Яковлев, 〈Разгром немцев под Москвой〉, *Огонёк*, No.20-21, p.8.
13   В. Серов, И. Серебрянный, А. Казанцев, 〈Прорыв блокады (18 января 1943 года)〉, *Огонёк*, No.20-21, p.9.
14   Эвальд Окас.(Эстонская ССР), 〈Встреча Эстонского гвардейского корпуса 22 сентября 1944 года в городе Таллине〉. *Огонёк*, No.5(1946.2).
15   예로서 Вот что творит гитлеровское зверье. фотодокументы о преступлениях немецких захватчиков. *Огонёк* (1943.1.3). p.7; Здесь были немцы...(1943.1.31). p.11;

Кровавые злодеяния гитлеровцев. *Огонёк* (1943.3.10). p.7.

16 В. Климашина, 〈Кавалер трех орденов Славы, медсестра Мотя Нечипорчукова〉, *Огонёк*, No.7, (1946.2). p.25.

17 Ф.С. Богородски. 〈Слава павшим героям〉, *Огонёк*, No.5(1946.2).

18 Г.Б. Беркович (УССР). 〈Рождение ненависти〉, *Огонёк*, No.5(1946.2).

19 Anna Krylova, "'Healers of Wounded Souls': The Crisis of Private Life in Soviet Literature, 1944-1946." *The Journal of Modern History*, No.73(2001.7), p.310.

20 Ibid.

21 Henry Sakaida, *Heroines of the Soviet Union, 1941-45* (Elms court: Osprey Publishing Ltd, 2003), pp.3-5.

22 На фронте и в тылу, *Огонёк*, No.46-47(1943.11.20).

23 Бить врага без промаха. *Огонёк*, No.42(1943.10.20). p.10.

24 Орлята. *Огонёк*, No.42 (1943.7.10). p.4.

25 В. Ардаматский. Город доблести. *Огонёк*, No.48 (1943.11.30). p.3.

26 Воздушных побед! *Огонёк*, No.15-16 (1943.4.20). 표지.

27 А.Ф. Пахомов, 〈На Марсовом поле в затишье〉, *Огонёк*, No.8(1946.2).

28 Alexander Werth, *Russia: The Post-War Years* (New York: Taplinger Publishing Co., 1971), p.15.

29 니키타 세르게예비치 흐루시초프, 『개인숭배와 그 결과들에 대하여』, 박상철 옮김(책세상, 2006), 72쪽.

30 Matthew P. Gallagher, *The Soviet History of World War II: Myths, Memories, and Realities* (Westport, CT: Greenwood Press, 1976), pp.31, 40, 44.

31 주코프는 스탈린 사후인 1953년 복권되었다. 리처드 오버리, 『스탈린과 히틀러의 전쟁』, 류한수 옮김(지식의 풍경, 2003), 406~409쪽.

32 Правда, 1945.5.25.

33 А.М. Василевский, *Дело всей жизни* (М: Госполитиздат, 1973), p.3; Lazar Lazarev, "Russian literature on the War and Historical Truth." John Garrard and Carol Garrard, eds., *World War 2 and the Soviet People* (London: Palgrave Macmillan, 1993), p.31에서 재인용.

34 Tumarkin, *The Living & the Dead*, p.104. 전승기념일이 다시 국경일로 환언된 것은 탈스탈린화가 진행되기 시작한 흐루쇼프 시기도 아닌, 브레즈네프 집권 후인 1965년이었다. Gallagher, *The Soviet History of World War II*, p.33.

35 당시 대조국전쟁의 '데카브리스트' 등장 가능성 및 이에 대한 당국 및 군지도부의 우려를 지적한 글로는 Aleksandr Nekrich, *Forsake Fear: Memoirs of an Historian* (Boston: Unwin Hyman, 1991), p.9; Zubkova, *Russia After the War*, pp.63-64; Е.С. Сенявская, *1941-1945. Фронтовое поколение. Историко-психологическое исследование* (Москва: ИРИ РАН, 1995), pp.38-39, 80-81.

36 Yoram Gorlizki and Oleg Khlevniuk, *Cold Peace: Stalin and the State Ruling Circle, 1945-1953* (Oxford and New York: Oxford Univ. Press, 2004), p.182(fn.72).

37 Ibid.

38 황동하, 「자연발생적인 탈-스탈린화」, 459~460쪽, 474-475쪽, 477쪽; Nina Tumarkin, "The War of

Remembrance." in Richard Stites, ed, *Culture and Entertainment in Wartime Russia* (Bloomington and Indianapolis: Indiana Univ. Press, 1995), p.196.

39 예를 들어 퇴역군인들의 '자기 몫' 찾기 노력에 대해서는 Mark Edele, *Soviet Veterans of the Second World War: A Popular Movement in An Authoritarian Society 1941-1991* (Oxford and New York: Oxford Univ. Press, 2008), ch.7~8.

40 Matthew Cullerne Bown, *Socialist Realist Painting* (New Heaven and London: Yale Univ. Press, 1998), p.223.

41 Ibid.

42 Ibid., p.224.

43 Правда, 1946.8.21.

44 Wolfgang Holz, "Allegory and Iconography in Socialist Realist Painting." in Matthew Cullerne Bown and Brandon Taylor, eds., *Art of the Soviets: Painting, Sculpture and Architecture in a One-Party State, 1917-1992* (Manchester and New York : Manchester Univ. Press, 1993), pp.73-74.

45 Musya Glants, "Images of the War in Painting." Garrard, eds., *World War 2 and the Soviet People*, p.100.

46 Avrahm Yarmolinsky, *Literature under Communism: The Literary Policy of the Communist Party of the Soviet Union from the End of World War II to the Death of Stalin* (Bloomington: Indiana Univ. Press, 1969), p.164.

47 권철근, 「사회주의 리얼리즘의 이론과 실제」. ≪노어노문학≫, 제3권(1990), 89쪽.

48 Н. Молева, "Вывалые солдаты." *Огонёк* (1952.2.17). pp.4-5.

49 예를 들어 О. Верейский. 〈Василий Теркин〉; В. Корецкий, 〈Не унесут фашестов ноги-добью врага в его берлоге〉. *Огонёк* (1952.2.17). p.5.

50 Н.Н. Жуков. 〈Разрешите попрощаться, товарищ полковой комиссар!〉, 〈Пошёл〉, *Огонёк* (1951.3.11).

51 Ю. Непринцев. 〈Отдых после война февраль〉, *Огонёк* (1952.2.17).

52 А. И. Лактиков. 〈Письмо с фронта〉, *Огонёк* (1948.4.16).

53 Н. Молева. Бывалые солдаты. *Огонёк* (1952.2.17), p.5. Б. Неменский. 〈О Далеких и близких〉.

54 А. Соколов, 〈Партизанская песня〉. *Огонёк* (1952.2.17), p.4.

55 *Огонёк* (1952.2.17). p.5.

56 С.А. Гельбергс, 〈Друзья мира〉, *Огонёк* (1951.1.14).

57 Д. Мочальский. 〈Они видели Сталниа〉, *Огонёк* (1950.1.1).

58 С. Григорьев, 〈Приём в комосомол〉 *Огонёк*, 1949.

59 스탈린 흉상이 제거된 〈콤소몰 입단〉 그림은 다음을 참조. Р.Я. Аболина, *Советское изобразительное исскусство, 1917-1941* (М.: Искусство, 1981).

60 "Досуг советского солдата." *Огонёк* (1950.1.19), p.27.

제2장

1 Erich Maria Remarque, *All Quiet on the Wester Front*, trans. by A. W. Wheen (New York: Little Brown & Co, 1956), pp.3, 18, 20.

2 Ibid., p.293

3 Ibid., p.123.

4 Ibid., p.122.

5 예를 들어 И.Ф. Галигузов, М.Е. Чурилин, *Флагман отечественной индустрии*(Москва: Мысль, 1978), pp.80-81; *Outline History of the U.S.S.R.*(История СССР Краткий очерк) trans. by George H. Hanna(Moscow: Foreign Language Publishing House, 1960), p.322; *Outline History of the Soviet Working Class*(Краткая история советского рабочего класса) trans. by David Fidlon(Moscow: Progress Publishers, 1973), pp.228, 244, 257.

6 Orlando Figes, *The Whisperers: Private Life in Stalin's Russia* (New York: Metropolitan Books, 2007), p.473; Amir Weiner, "The Making of a Dominant Myth: The Second World War and the Construction of Political Identities within the Soviet Polity." *Russian Review*, No.55(1996.10), p.657.

7 예로서 А. Жигнлин, "Чёрные камни автографическая повесть." *Знамия*, No.7(1988); Б.Я. Брук. "Снежное вино." *Уральская новь* (Челябинск, 1992.5).

8 소련 붕괴 이후 대중매체에 소개된 소련 시민들의 자서전을 분석한 서방 학자의 연구의 예로는 Marius Broekmeyer, *Stalin, the Russians, and Their War* (Madison: Univ. of Wisconsin Press, 2004).

9 1990년대 초반 이후부터 소련 시민들의 일기도 많이 공개되었다. 예를 들어 Е. Филипович. *От советской пионерки до человека-пенсионерки мой дневник* (Подольск: Издательское содружество, 2000); V. Garros, N. Korenevskaya and T. Lahusen, eds., *Intimacy and Terror: Soviet Diaries of the 1930s* (New York: The New Press, 1995); *Неизвестная Россия XX век*, Vol.4(Москва: Изд. историческое наследие, 1993).

10 Donald Filtzer, "The Standard of Living of Soviet Industrial Workers in the Immediate Postwar Period, 1945-1948." *Europe-Asia Studies*, Vol.51, No.6(1999).

11 Juliane Fürst, "The Importance of Being Stylish: Youth, Culture, and Identity in Late Stalinism." J. Fürst, ed. *Late Stalinist Russia: Society Between Reconstruction and Reinvention* (London: Routledge, 2006), pp.209-215.

12 Figes, *Whisperers*, p.477.

13 예로서 1920년대 신경제 정책 시기 청소년들의 탈선과 소비에트 당국의 "소비에트 인간형" 창조 실패에 대해서는 박원용, 「네프기(1921-1928) 학생집단의 생활양식: 노동자 예비학부(rabochii fakul'tet)를 중심으로」, ≪서양사론≫, 제69호(2001), 129~158쪽. 1930년대 소비에트 사회의 "이질적 계급"이었던 부농의 아들이 '진정한' 소비에트 시민으로 성장하기 위해 노력하는 모습을 고찰한 연구로는 Jochen Hellbeck, "Fashioning the Stalinist Soul: The Diary of Stepan Podlubnyi"(1931-1939), *Jahrbücher für Geschichte Osteuropas*, No.44(1996), pp.344-373.

14 Juliane Fürst, "Prisoners of the Soviet Self?: Political Youth Opposition in Late Stalinism." *Europe-Asia Studies*, Vol.54, No.3(2002), p.354.

15 Elena Zubkova, *Russia After the War: Hopes, Illusions, and Disappointments, 1945-1957* (Armonk, N.Y.: M. E. Sharpe, 1998). ch.11; Fürst, "Prisoners of the Soviet Self?"

16 "약자들의 무기"란 피지배 계층이 지배 계층에 대한 반항의 표시로 일상생활에서 사용한 소극적이고, 간접적인 형태의 저항을 일컫는다. 이 용어는 제임스 스콧(James Scott)이 사용한 것으로 1930년대 동남아시아 농민들이 농장주에 대한 반항의 표시로 농장주에 대해 공개적으로 저항하기보다는 게으름을 피운다든가, 수확물을 훔치거나, 방화 등의 행위를 통해 간접적으로 농장주의 이익에 반하는 행위를 했던 것을 일컫는다. James C. Scott, *Weapons of the Weak: Everyday Forms of Peasant Resistance* (New Heaven: Yale Univ. Press, 1985).

17 Lynne Viola, ed., *Contending with Stalinism: Soviet Power & Popular Resistance in the 1930s* (Ithaca and London: Cornell Univ. Press, 2002); Sarah Davies, *Popular Opinion in Stalin's Russia: Terror, Propaganda, and Dissent, 1934-1941*(Cambridge: Cambridge Univ. Press, 1997); Sheila Fitzpatrick, *Stalin's Peasants: Resistance & Survival in the Russia Village After Collectivization* (New York and Oxford: Oxford Univ. Press, 1994).

18 Zubkova, *Russia After the War*, p.112.

19 "О.Л. Плебейский." "В.И. Левицкий." "Б.Я. Брук." Энциклопедия Челябинск.

20 Davies, *Popular Opinion in Stalin's Russia*, pp.126-131, 170-171; Fitzpatrick, *Stalin's Peasants*, pp. 291-292.

21 Adam Hochschild, *The Unquiet Ghost: Russians Remember Stalin* (New York: Viking, 1994), p.34.

22 Ibid., pp. 31, 34.

23 Е.Ю. Зубкова, *Общество и реформы 1945-1964* (Москва: Россия молодая, 1993), p.72.

24 Zubkova, *Russia After the War*, p.112

25 Fürst, "Prisoners of the Soviet Self?" p.365

26 Ibid.

27 Figes, *The Whisperers*, p.461.

28 РГАСПИ, Ф.17, оп.132, д.196, лл.11, 75; Fürst, "Prisoners of the Soviet Self?" p.373에서 재인용.

29 송준서, 「전후 스탈린 시기 사회주의적 경쟁의 퇴조와 '대협약'의 성립, 1944-1953」. ≪슬라브학보≫, 제24권 1호(2009), 232~236쪽.

30 예를 들어 ГАРФ, ф.8131, оп.22, д.14, л.1, 12, 31, 32, 67, 70, 73. "Левыкин Сергей Степанова/Сторожев Василий Яковлеви."

31 ГАРФ. ф.8131, оп.22, д.14, л.1.

32 Ibid.. лл.31-32. "В военную коллегию верховного суда Союза ССР по делу Сторожева В.Я, и Левыкина С.С. по ст.137 ук."

33 Ibid., л.1.

34 Ibid.

35 Ibid.

36 Ibid., л.73.

37 Ibid., л.70.

38 이와 유사한 견해로는 Ann Livschiz, "Children's Lives After Zoia's Death: Order, Emotions and Heroism in children's Lives and Literature in the Post-war Soviet Union." in *Late Stalinist Russia*, p.194.

39 Hochschild, *The Unquiet Ghost*, pp.30-31.

40 Ibid., p.31.

41 Ibid.

42 "Докладная записка Челябинского областного комитета ВКП(б) О крупных педостатках в политико-воспитальной работе среди моложёжи выших и средных учебных заведении Челябниской области"(1946.9). РЦХИДНИ, ф.17 оп.125 д.424 лл.60-62. Zubkova, *Russia after the War*, p.220에서 재인용.

43 "'Снежное вино', тайное литературное общество студентов Челябинского педагогического института."; О.Л. Плебейский, Энциклопедия Челябинск.

44 "Снежное вино, журнал." Энциклопедия Челябинск; Zubkova, *Russia After the War*, p.113.

45 Zubkova, *Russia After the War*, p.113.

46 "'Снежное вино', тайное литературное общество студентов..."

47 "Снежное вино, журнал." Энциклопедия Челябинск.

48 Zubkova, *Russia after the War*, p.114. КПМ - Коммунистическая пратия молодёжи.

49 Анатолий Жигулин, "Чёрные камни автографическая повесть." *Знамия*, No.7:21 (1989); Zubkova, *Russia after the War*, p.114에서 재인용. 지굴린은 후에 시인으로 활동했는데, 앞에서 언급한 그의 자서전은 페레스트로이카가 한창 진행 중이었던 1988년에 출간되었다.

50 Zubkova, *Russia after the War*, p.115.

51 Figes, *The Whisperers*, p.462.

52 Ibid., p.463.

53 Ibid., p.461.

54 Ibid.

55 Ibid.

56 Fürst, "Prisoners of the Soviet Self?" p.367.

57 Robert W. Thurston, Life and Terror in *Stalin's Russia, 1934-1941*(New Haven and London: Yale Univ. Press, 1996), p.141; 김남섭, 「'우리 안의 스딸린': 스딸린의 테러와 러시아인들의 기억」, ≪러시아연구≫, 제14권 2호(2004), 321쪽.

58 Figes, *The Whisperers*, pp. 478-481.

59 Fürst, "Prisoners of the Soviet-Self?" p.372(주 47번). СДР - Союз борьбы за дело революции.

60 Hochschild, *The Unquiet Ghost*, p.33.

61 Zubkova, *Russia After the War*, p.113.

62 Fürst, "Prisoners of the Soviet-Self?" p.372(fn.45). 또한 유전학 그리고 신지학(神智學)과 같은 신비주의적 사상철학에 관련된 주제를 논의하는 것도 금지되었다.

63 Hochschild, *The Unquiet Ghost*, p.32.

64 Fürst, "Prisoners of the Soviet-Self." p.361.

65 Figes, *Whisperers*, p.462.

66 Ibid., p.463.

67 Ibid.

68 Ibid.

69 Ibid.

70 Zubkova, *Russia After the War*, p.115.

71 Ibid., p.114.

72 Ibid., p.115.

73 Ibid.

74 Hochschild, *The Unquiet Ghost*, p.31; Zubkova, *Russia After the War*, p.115.

75 Hochschild, *The Unquiet Ghost*, p.31.

76 Ibid., p.32.

77 Hiroaki Kuromiya, "'Political Youth Opposition in Late Stalinism': Evidence and Conjecture." *Europe-Asia Studies*, Vol.55, No.4(2003), pp.631-638.

78 Zubkova, *Russia After the War*, p.116 참조.

79 Hochschild, *The Unquiet Ghost*, p.32.

80 Ibid. pp.31, 33.

81 Juliane Fürst, "Re-examining Opposition Under Stalin: Evidence and Context-A Reply to Kuromiya." *Europe-Asia Studies*, Vol.55, No.5(2003), p.791.

82 제58조에 의해 중형을 받은 소위 "정치범"들에 대한 판례와 형량 등에 대해서는 Aleksandr I. Solzhenitsyn, *The Gulag Archipelago. Part Two* (New York: Harper & Row, 1975), pp.292-321. 1960년대 소련의 대표적 반체제 작가 솔제니친은 자서전인 이 책『수용소 군도』를 자신의 수용소 생활 경험과 200여 명에 이르는 수용소 수감자들의 증언 그리고 본인의 개인연구를 바탕으로 1958~1967년 동안 집필했다.

83 Zubkova, *Russia After the War*, p.116.

84 그는 형기를 마친 후 첼랴빈스크의 한 출판사에 편집인으로 일하면서 1960년대에는 자신의 시집을 출간했다. 그는 1997년 볼고그라드에서 생을 마쳤다. "О.Л. Плебейский." Энциклопедия Челябинск.

85 Solzhenitsyn, *The Gulag Archipelago. Part One & Two*, pp.xi (part 1), 300, 397 (part 2). 솔제니친이 수용소에서 소로킨을 직접 만났는지에 대한 정확한 정보는 없으나 이 책에서 그는 소로킨이 받은 형량을 소비에트 체제를 비판하는 수많은 사례 중 하나로 들고 있다는 점에서 전후 스탈린 시기 청소년 반체제 그룹의 활동이 솔제니친과 같은 이후 등장하는 반체제 세대에 영향을 주었음을 알 수 있다.

제3장

1   Tanja Penter, "Collaboration on Trial: New Source Material on Soviet Postwar Trials against Collaborators." *Slavic Review*, Vol.64, No.4(Winter 2005), p.783.

2   Mordechai Altshuler, "Antisemitism in Ukraine toward the End of World War II." Zvi Gitelman, ed., *Bitter Legacy: Confronting the Holocaust in the USSR* (Bloomington: Indiana Univ. Press, 1997), pp.77-90.

3   최아영, 「러시아 제국의 반유대주의: 1880년대 초 남부 지역 포그롬을 중심으로」, ≪역사와 문화≫, 제23호(2012), 174~177쪽.

4   Yizhak Arad, "The Destruction of the Jews in German-Occupied Territories of the Soviet Union." Joshua Rubenstein and Ilya Altman, ed., *The Unknown Black Book: The Holocaust in the German-Occupied Soviet Territories* (Bloomington and Indianapolis: Indiana Univ. Press, 2008), pp.viii-xvii.

5   Karel C. Berkhoff, *Motherland in Danger: Soviet Propaganda during World War II* (Cambridge and London: Harvard Univ. Press, 2012).

6   Amir Weiner, *Making Sense of War: The Second World War and the Fate of the Bolshevik Revolution* (Princeton and Oxford: Princeton Univ. Press, 2001); Kiril Feferman, "Soviet Investigation of Nazi Crimes in the USSR: Documenting the Holocaust." *Journal of Genocide Research* 5, No.4(2003.12).

7   Weiner, *Making Sense of War*, p.195.

8   이 같은 방법론을 이용한 연구의 예로는 전진성, 『역사가 기억을 말하다: 이론과 실천을 위한 기억의 문화사』(휴머니스트, 2005); Jay Winter, *Sites of Memory, Sites of Mourning: The Great War in European Cultural History* (Cambridge: Cambridge Univ. Press, 1995).

9   Zvi Gitelman, "Soviet Jewry before the Holocaust." Zvi Gitelman, ed., *Bitter Legacy*, pp.1-13.

10 Arad, "The Destruction of the Jews…" p.xvii.

11 Alexander Kruglov, "Jewish Losses in Ukraine, 1941-1944." Ray Brandon and Wendy Lower, eds., *The Shoah in Ukraine: History, Testimony, Memorialization* (Bloomington and Indianapolis: Indiana Univ. Press, 2010), p.273.

12 이종훈, 「제2차 세계대전과 소련-동유럽 유대인: 반나치 투쟁과 반유대주의 사이에서」, ≪역사와 문화≫, 제3호(2012), 276~277쪽.

13 Ibid., 277쪽.

14 Joshua Rubenstein, "The War and the Final Solution on the Russian Front." Joshua Rubenstein and Ilya Altman, eds., *The Unknown Black Book: The Holocaust in the German-Occupied Soviet Territories* (Bloomington and Indianapolis: Indiana Univ. Press, 2008), p.18.

15 Weiner, *Making Sense of War*, p.213; Feferman, "Soviet Investigation of Nazi Crimes in the USSR." p.596; 이종훈, 「제2차 세계대전과 소련-동유럽 유대인」, 282~283쪽.

16 Weiner, *Making Sense of War*, pp.220-221; 이종훈, 「제2차 세계대전과 소련-동유럽 유대인」, 278~282쪽.

17 Правда, 1941.11.7; И.В. Сталин, "Доклад на торжественном заседании Московского

Совета депутато в трудящихся с партийными и общественными организациями города Москвы. 6 ноября 1941 года." *Сочинения.* Т.15 (Москва: Издательство "Писатель." 1997), p.78.

18 "Вечернее сообщение." Советское информбюро, 1941.8.16. 전쟁 시기 소련의 주요 일간지에는 "От Совеского Информбюро"라는 제목으로 최근 전황에 대한 보도 기사가 거의 매일 게재되었다. 지토미르와 예밀치노 모두 제정 러시아 시기 '유대인 거주한정지역' 내에 있는 지역으로, 전통적으로 유대인 인구 비율이 높았다.

19 Berkhoff, *Motherland in Danger*, p.141.

20 Rubenstein, "The War and the Final Solution." p.21.

21 Berkhoff, *Motherland in Danger*, p.138.

22 "Москва, Кремь товарищу СТАЛИНУ." Красная Звезда. 1943.1.5.

23 "Вечернее сообщение." Советское информбюро, 1943.1.12. http://9may.ru/12.01. 1943/inform/m3891

24 А. Авлеенко, П. Олендер, "Бабий Яр." Красная Звезда, 1943.11.20. '바비 야르' 학살은 나치독일군 보안대와 보안경찰 출신으로 이루어진 살인특무부대가 키예프 지역 독일 경찰연대와 지역 주민(즉 우크라이나인)으로 이루어진 보조경찰의 도움을 받아 이틀에 걸쳐 총 3만 3,771명의 유대인을 처형한 사건을 일컫는다. 최호근, 「나치독일 정규군의 유대인 학살과 과거사 극복」, ≪제노사이드연구≫, 제2호(2007), 131쪽; Berkhoff, Motherland in Danger, p.292. 이 장소의 명칭은 우크라이나어로는 '바빈 야르(Бабин Яр)'이다.

25 В. Гроссман, "В городах и селах Польши." Красная Звезда, 1944.8.6.

26 Ibid.

27 Илья Эренбург, "Кровь и денги." Красная Звезда, 1945.1.16

28 "Боевое единство славянских народов." Красная Звезда, 1943.5.11.

29 Ibid.; Jeffrey Brooks, *Thank You, Comrade Stalin! Soviet Public Culture from Revolution to Cold War* (Princeton: Princeton Univ. Press, 2000), p.188.

30 Berkhoff, *Motherland in Danger*, p. 150.

31 이 위원회의 정식 명칭은 '독일 파시스트 점령자와 그 공범자들의 잔혹한 행위와 소련 시민, 집단농장, 공공조직, 정부 기업 및 기관에 대한 손실 확인 및 조사를 위한 국가특별위원회'이다. Feferman, "Soviet Investigation of Nazi Crimes." pp.598-599.

32 Weiner, *Making Sense of War*, p.213.

33 Feferman, "Soviet Investigation of Nazi Crimes." p.596.

34 Weiner, *Making Sense of War*, p.219.

35 "Заявление Д.З. Мануильского на пресс-конференции в Сан-Фрациско." Известия, 1945.5.9.

36 Weiner, *Making Sense of War*, p.222.

37 Ibid., p.231.

38 Ibid., p.195.

39 Berkhoff, *Motherland in Danger*, p.162.

40 Jeffrey Brooks, *Thank You, Comrade Stalin! Soviet Public Culture from Revolution to Cold War* (Princeton: Princeton Univ. Press, 2000), p.189.

41 Ibid.

42 Hiroaki Kuromiya, "World War II, Jews, and Post-War Soviet Society." *Kritika: Explorations in Russian and Eurasian History*, Vol.3, No.3(summer 2002), p.522.

43 Ibid.

44 Berkhoff, *Motherland in Danger*, p.141.

45 "Jewish Anti-Fascist Committee." The YIVO Encyclopedia of Jews in Eastern Europe, www.yivoencyclopedia.org.

46 Weiner, *Making Sense of War*, pp.212-213에서 재인용.

47 Berkhoff, *Motherland in Danger*, p.292.

48 Rubenstein, "The War and the Final Solution." p.28.

49 Zvi Gitelman, "Politics and the Historiography of the Holocaust in the Soviet Union." Zvi Gitelman, ed. *Bitter Legacy*, p.19.

50 Rubenstein, "The War and the Final Solution." p.28.

51 Gitelman, "Politics and the Historiography of the Holocaust." p.19.

52 스탈린이 1945년 5월 24일 소련군 사령관들에게 행한 연설 참조. Правда, 1945.5.25.

53 Brooks, *Thank You, Comrade Stalin!*, p.198.

54 Timothy Johnston, *Being Soviet: Identity, Rumour, and Everyday Life under Stalin, 1939-1953* (Oxford: Oxford Univ. Press, 2011), p.177; Ronald Grigor Suny, *The Soviet Experiment: Russia, the USSR, and the Successor States* (New York and Oxford: Oxford Univ. Press, 1998), p.374.

55 Weiner, *Making Sense of War*, p.197에서 재인용.

56 Johnston, *Being Soviet*, p.180.

57 대조국전쟁 참전용사 예메레프와의 필자 인터뷰. 마그니토고르스크, 2001.7.6.

58 РГАСПИ, ф.17, оп.117, д.533, лл.18-19. "Материалы к протоколу по 224 заседание орг бюро ЦК ВКР(б). О ходе репатриации, об устроистве на работу репатрированных советских граждании об организации политической роботы с ними"(1945.7.28).

59 Johnston, *Being Soviet*, p.135.

60 Joshua Rubenstein and Vladimir P. Naumov, eds., *Stalin's Secret Pogrom: The Postwar Inquisition of the Jewish Anti-Fascist Committee*, trans. by Laura Esther Wolfson, Abridged edition (New Haven and London: Yale Univ. Press, 2005), p.40.

61 Ibid.

62 Zvi Gitelman, *A Century of Ambivalence: The Jews of Russia and the Soviet Union, 1881 to the Present* (Bloomington and Indianapolis: Indiana Univ. Press, 2001), p.156.

63 Ibid.

64 Ibid., pp.155-156.

65 Suny, *The Soviet Experiment*, p.374.

66 Rubenstein and Naumov, *Stalin's Secret Pogrom*, p.xi; Suny, *The Soviet Experiment*, p.374;

Gitelman, *A Century of Ambivalence*, p.152.

67 Suny, *The Soviet Experiment*, p.374.

68 Weiner, *Making Sense of War*, p.294; Rubenstein and Naumov, *Stalin's Secret Pogrom*, pp.xi, 407.

69 고가영, 「러시아 혁명기 유대인 사회주의운동: 분트의 활동을 중심으로」, ≪역사와 문화≫, 제3호(2012), 228쪽.

70 Gitelman, "Soviet Jewry before the Holocaust." p.7.

71 Nina Tumarkin, *The Living & the Dead: The Rise & Fall of the Cult of World War II in Russia* (New York: Basic Books, 1994), pp.112-124, 136-138.

72 Michael Ignatieff, "Soviet War Memorials." *History Workshop Journal* 17, No.1(1984); Catherine Merridale, "War, Death, and Remembrance in Soviet Russia." Jay Winter and Emmanuel Sivan, eds., *War and Remembrance in the Twentieth Century* (Cambridge: Cambridge Univ. Press, 1999), p.62.

제4장

1 "Путин возложил цветы к вечному огню у Мамаева кургана в Волгограде." РИА Новости, 2013.2.2. http://ria.ru/society/20130202/920973499.html

2 이와 같은 지역주의와 지방-중앙 간 마찰, 저항, 타협에 대한 연구의 예로서 포스트소비에트 시기의 경우, Kathryn Stoner-Weiss, *Resisting the State: Reform and Retrenchment in Post-Soviet Russia* (Cambridge: Cambridge Univ. Press, 2006). 소비에트 시기, 특히 스탈린 시기에 대해서는 James R. Harris, *The Great Urals: Regionalism and the Evolution of the Soviet System* (Ithaca and London: Cornell Univ. Press, 1999); Donald J. Raleigh, *Provincial Landscapes: Local Dimensions of Soviet Power, 1917-1953* (Univ. of Pittsburgh Press, 2001).

3 독일식 명칭인 '상트페테르부르크'는 1914년 제1차 세계대전의 발발로 생겨난 애국적 분위기 속에서 러시아식 명칭인 '페트로그라드'로 개칭되었다가 1924년 레닌이 죽은 후에는 그의 이름을 따서 '레닌그라드'로 개칭되었다. 이후 도시 명칭은 1991년 탈공산주의와 소연방의 해체 분위기 속에서 '상트페테르부르크'로 환원되었다.

4 영웅도시 칭호 수여에 대한 스탈린의 명령문은 И.В. Сталин, "Приказ Верховного Главнокомандующего 1 Мая 1945 года, No. 20." Сочинения Т.15(Москва, 1997). p.221.

5 예를 들어 황동하, 「'자연발생적인 탈-스탈린화': 러시아인들이 되돌아 본 '대조국전쟁'의 한 단면」, ≪러시아연구≫, 제15권 2호(2005.12), 459~487쪽; 류한수, 「전쟁의 기억과 기억의 전쟁: 영화 '한 병사의 발라드'를 통해 본 대조국전쟁과 소련 영화의 '해빙'」, ≪러시아연구≫, 제15권 2호(2005); 이종훈, 「승전의 공식기억 만들기: 통합과 균열 사이에서: 모스크바 승리공원과 포스터 논쟁을 중심으로」, ≪역사와 문화≫, 제20호(2010).

6 존 M. 톰슨, 『20세기 러시아 현대사』, 김남섭 옮김(사회평론, 2004), 434쪽.

7 리차드 오버리, 『스탈린과 히틀러의 전쟁』, 류한수 옮김(지식의 풍경, 2003), 109쪽.

8 John Barber and Mark Harrison, *The Soviet Home Front 1941-1945: A Social and Economic History of the USSR in World War II* (London and New York: Longman, 1991), pp. 223-224.

9 William McCagg, Jr., *Stalin Embattled 1943-1948* (Detroit: Wayne State Univ. Press, 1978), p.126.

10 Lisa A. Kirschenbaum, *The Legacy of the Siege of Leningrad, 1941-1995: Myth, Memories, and Monuments* (Cambridge: Cambridge Univ. Press, 2006), pp.133-134.

11 "Приморский парк победы на Крестовском острове." http://www.primparkpobedy. ru/about/history.html; Kirschenbaum, *The Legacy of the Siege of Leningrad*, p.138.

12 "Приморский парк победы на Крестовском острове."

13 Kirschenbaum, *The Legacy of the Siege of Leningrad*, p.135.

14 Ibid., p.138.

15 "Московский парк Победы." Прогулки Петербург, http://walkspb.ru/sad/park_ pobedy.html

16 С. Иванов, "Всесожжение. Блокадинков, захороненных в Парке Победы, велено забыть." Советская Россия, No.53(12396), 2003.5.20, http://www.sovross.ru/old/2003/053/ 053_4_2.htm

17 Barber and Harrison, *The Soviet Home Front*, p.87.

18 "В Москвом парке Победы будет создан Музей памяти." Фонтанка.ру, 2003.11.10, http://www.fontanka.ru/2003/11/10/54063

19 "Московский парк Победы." Прогулки Петербург.

20 Kirschenbaum, *The Legacy of the Siege of Leningrad*, p.133.

21 Ibid., pp.116, 147-148

22 McCagg, Jr., *Stalin Embattled 1943-1948*, p.126.

23 Ibid.

24 *Партииное стороительство*, No.21(1944). pp.28~30; McCagg, Jr., *Stalin Embattled 1943-1948*, p.360 (각주 36)에서 재인용.

25 Ibid., p.127.

26 Ibid., p.131.

27 니키타 흐루시초프, 『개인숭배와 그 결과들에 대하여』, 박상철 옮김(책세상, 2006), 72쪽.

28 오버리, 『스탈린과 히틀러의 전쟁』, 405~408쪽.

29 Harrison E. Salisbury, *The 900 Days: The Siege of Leningrad* (New York: Da Capo Press, 1985), p. 579.

30 Kirschenbaum, *The Legacy of the Siege of Leningrad*, p.116.

31 Ibid., p.146.

32 Sue Malvern, "War, Memory and Museums: Art and Artefact in the Imperial War Museum." *History Workshop Journal*, No.49(2000), p.179.

33 Kirschenbaum, *The Legacy of the Siege of Leningrad*, p.144.

34 Ibid에서 재인용.

35 Ibid., pp.144-145; Salisbury, *The 900 Days*, p.580.

36 Kirschenbaum, *The Legacy of the Siege of Leningrad*, p.145.

37 Ibid.

38 В.М. Панеях, "Упразднение Ленинградского отделения Института истории АН СССР в 1953 году." *Вопрос истории*, No.3(1993). p.21.

39 Salisbury, *The 900 Days*, p.581.

40 Ibid.

41 흐루시초프, 『개인숭배와 그 결과들에 대하여』, 162쪽.

42 Ibid., 77쪽. 162-163; David Brandenberger, "Stalin, the Leningrad Affair, and the Limits of Postwar Russocentrism." *Russian Review*, No.63(April 2004), p.241.

43 Geoffrey Hosking, *Rulers and Victims: The Russians in the Soviet Union* (Cambridge, M.A., London, England: Harvard Univ. Press, 2006), p.250. 레닌그라드 사건에 대한 정확한 이유는 아직 밝혀지지 않았지만 학자들은 전쟁 기간과 전쟁 직후 레닌그라드 지역 당관료인 즈다노프와 쿠즈네초프의 부상으로 인해 스탈린의 최측근인 몰로토프(В.М. Молотов), 베리야(Л.П. Берия)가 자신들의 당내 영향력 감소를 우려하여 스탈린의 암묵적인 동의와 지원하에 꾸민 것으로 알려지고 있다. Ibid.; Salisbury, *The 900 Days*, p.580.

44 Kirschenbaum, *The Legacy of the Siege of Leningrad,* pp.141-142.

45 Hosking, *Rulers and Victims*, p. 251. 이와 비슷하게 쿠로미야(Hiroaki Kuromiya)는 1930년대 스탈린의 우크라이나 돈바스 지역에 대한 정치적 탄압 배경 중 하나는 돈바스 지역이 지닌 역사적 경험, 특성에 기인한다고 본다. 돈바스 지역은 18세기 말 예카테리나 여제 통치 시기 러시아제국에 합병된 이래 1917년 볼셰비키 정권 수립 때까지 러시아의 여타 지역과 비교하여 상대적으로 자주적이고 독립된 지역으로 남아 있었다. 스탈린은 이렇게 독립적인 역사적 경험을 지닌 이 지역에 혹시 중앙에 대한 저항의 기미가 없는지 늘 의심의 눈초리로 주시했다. 쿠로미야는 역사적·지리적으로 자주적이고 독립적인 돈바스 지역의 특성으로 인해 1930년대 이 지역이 대표적 정치 탄압 대상이 되었다고 주장한다. Hiroaki Kuromiya, *Freedom and Terror in the Donbas: Ukrainian-Russian Borderland, 1870-1990s* (Cambridge: Cambridge Univ. Press, 1998), p.340.

46 Alexander Werth, *Russia at War 1941-1945* (New York: Carroll & Graf Publishers, Inc., 1964), p.837.

47 Barber and Harrison, *The Soviet Home Front 1941-1945*, pp.225, 228.

48 "Севастопольская оборона 1941-42." *Большая советская энциклопедия* (Москва, 1969-1978). http://dic.academic.ru/dic.nsf/bse/130825

49 А. Михайлов, "Лики войны командир субморины-спасительницы." Pravda.ru. 2013.2.11. http://www.pravda.ru/ society/fashion/models/11-02-2013/1144486-boris_alekseev-0/

50 "Севастополь в годы Великой Отечественной войны 1941-1945 гг." Севастопоьская городская государственнвя администрация, http://www.sev.gov.ua/cityinfo/history/ second/:page45_1/

51 Karl D. Qualls, *From Ruins to Reconstruction: Urban Identity in Soviet Sevastopol after World War II* (Ithaca and London: Cornell Univ. Press, 2009), pp.18-19.

52 "Севастополь в годы Великой Отечественной войны."

53 Qualls, *From Ruins to Reconstruction*, p.18.

54 "Севастополь в годы Великой Отечественной войны."; Stephen Lovell, *The Shadow of War: Russia and the USSR, 1941 to the Present* (Oxford: Wiley-Blackwell, 2010). p.194.

55 예를 들어 1938년부터 세바스토폴의 시장(председатель Севастольского городского Совет) 에 임명되어 1941~1942년 동안 계속 도시의 수장으로 일했던 바실리 예프레모프(В.П. Ефремов)는 도시가 독일군에 의해 함락되기 직전인 1942년 6월 30일 잠수함을 타고 도시를 탈출했다. 이후 그는 도시가 소련군에 의해 재탈환된 1944년 돌아와서 1946년까지 계속 시장으로 일했다. "Улица Ефремова." Севастополь, http://www.sevastopol.info/streets/efremova.htm

56 Karl Qualls, "Local-Outsider Negotiations in Postwar Sevastopol's Reconstruction, 1944-53." Raleigh, ed., *Provincial Landscapes,* pp.280, 387-388.

57 *The Heroic Defence of Sevastopol* (Moscow: Foreign Languages Publishing House, 1942).

58 "Григорий Борисович Бархин (1880-1969)." *Большая советская энциклопедия* (Москва 1969-1978). http://dic.academic.ru/dic.nsf/bse/67583

59 Qualls, "Local-Outsider Negotiations." pp.280, 283.

60 Ibid., pp.283-284.

61 Qualls, *From Ruins to Reconstruction*, pp.61-62.

62 Qualls, "Local-Outsider Negotiations." p.285.

63 Qualls, *From Ruins to Reconstruction*, p.31.

64 Qualls, "Local-Outsider Negotiations." p.287.

65 Ibid., pp.285-286.

66 ГАРФ. ф.А-150, оп.2, д.20, л. 1-1об. Пункт 39 постановления Совнаркома СССР от 1 ноября 1945 года No.2722. "О мероприятиях по восстановлению разрушенных немецкими захватчиками городов РСФСР: Смоленска, Вязьмы, Ростова на Дону, Новороссийска, Пскова, Севастополя, Воронежа, Новгорода, Великих Лук, Калинина, Брянска, Орла, Курска, Краснодара и Мурманска." 필자는 이 문서보관소 자료를 제공해 준 칼 퀼스(Karl Qualls) 디킨슨대학(Dickinson College) 역사학과 교수에게 감사드린다.

67 송준서, 「포스트소비에트 러시아 국경지방의 상징 만들기: 프스코프의 상징, 알렉산드르 네프스키」, ≪서양사론≫, 제112호(2012.3), 224~225쪽.

68 Qualls, *From Ruins to Reconstruction*, p.62.

69 Qualls, "Local-Outsider Negotiations." p.285.

70 Qualls, *From Ruins to Reconstruction*, p.64.

71 이 주제에 대해 심도 있게 다루고 있는 연구로는 Weiner, *Making Sense of War* ; 구자정, 『우크라이나 문제의 기원을 찾아서』(박영사, 2023), 4-5장; 송준서, 「우크라이나의 2차 세계대전 경험: 지역별 상이성과 분열의 씨앗」, ≪슬라브硏究≫(2024.3).

제5장

1   Kees Boterbloem, *Life and Death under Stalin: Kalinin Province, 1945-1953* (Montreal & Kingston: McGill-Queen's Univ. Press, 1999), pp.181-182; Jeffrey W. Jones, "People Without a Definite Occupation." Donald J. Raleigh, ed., *Provincial Landscapes: Local Dimensions of Soviet Power, 1917-53* (Pittsburgh: Univ. of Pittsburgh Press, 2001), p.237.

2   알렉 노브, 『소련경제사』, 김남섭 옮김(창작과 비평사, 1998), 328쪽.

3   송준서, 「포스트소비에트 시기 러시아 지역 정체성의 변화: 우랄 지역의 모노고로드(Моногород)를 중심으로」, ≪슬라브학보≫, 제25권 4호(2010), 140~141쪽.

4   АОАМ, ф.10, оп.1, д.383, л.175(1945.5.24); М.Н. Потемкина, *Эвакуациия в годы великой отечественной воина на урале. люди и судьбы* (Магнитогорск: МаГУ 2002), p.256.

5   А.В. Любимов, *Торговля и снабжение в годы великой отечественной войны* (Москва Издательство экономика, 1968), p.28.

6   William Moskoff, *The Bread of Affliction: The Food Supply in the USSR during World War II* (Cambridge: Cambridge Univ. Press, 1990), ch.6.

7   예로서 Sheila Fitzpatrick, "Supplicants and Citizens: Public Letter-Writing in Soviet Russia in the 1930s." *Slavic Review*, Vol.55, No.1(Spring 1996); Lewis H. Siegelbaum, "'Dear Comrade, You Ask What We Need': Socialist Paternalism and Soviet Rural 'Notables' in the Mid-1930s." *Slavic Review*, Vol.57, No.1(Spring 1998).

8   이러한 관점을 사용한 연구의 예로는 Sheila Fitzpatrick, "Ascribing Class: The Construction of Social Identity in Soviet Russia." *Journal of Modern History*, Vol.65, No.4(1993); Sheila Fitzpatrick, ed., *Stalinism: New Directions* (London and New York: Routledge, 2000), p.16.

9   이 같은 접근법 활용의 효시로는 E.P. Thompson, *The Making of the English Working Class* (New York: Vintage Books, 1963), pp.9-13.

10   '상상의 공동체' 개념에 대해서는 베네딕트 앤더슨, 『상상의 공동체: 민족주의의 기원과 전파에 대한 성찰』, 윤형숙 옮김(나남, 2003); '포템킨 마을'의 개념을 활용하여 스탈린 시기 농민들의 수사를 분석한 연구의 예로는 Sheila Fitzpatrick, *Stalin's Peasants Resistance and Survival in the Russian Village after Collectivization* (New York: Oxford Univ. Press, 1994), p.16.

11   당시 소련의 전반적 물자 부족 상황에 대해서는 Sheila Fitzpatrick, "Postwar Soviet Society: The 'Return to Normalcy', 1945-1953." Susan Linz, ed, *The Impact of World War II on the Soviet Union* (Totowa, New Jersey: Rowman & Allanheld, 1985); Elena Zubkova, *Russia After the War: Hopes, Illusions, and Disappointment, 1945-1957* (Armonk, New York: M.E. Sharpe, 1998); Donald Filtzer, *Soviet Workers and Late Stalinism: Labour and Restoration of the Stalinist System after World War II* (Cambridge: Cambridge Univ. Press, 2004); Julie Hessler, *A Social History of Soviet Trade: Trade Policy, Retail Practices, and Consumption, 1917-1953* (Princeton, N.J.: Princeton Univ. Press, 2004).

12   АОАМ, ф.118, оп.1, д.174, лл.33, 39(1945.12.29).

13 АОАМ, ф.118, оп.1, д.184, лл.3-8(1948.3.24).

14 ОГАЧО, ф.П-234, оп.19, д.88, л.122(1946.5); ОГАЧО, ф. П-234, оп.22. д.1. л.121об (1947.11.26).

15 ОГАЧО, ф.П-288, оп.11, д.189, л.7(1947.8.4).

16 АОАМ, ф.10, оп.1, д.383, л.172об(1945.6.21).

17 ОГАЧО, ф.П-234, оп.19, д.79, л.137 (1945.7.18).

18 АОАМ, ф.10, оп.1, д.383, л.172об(1945.6.21).

19 ОГАЧО, ф.П-234, оп.19, д.78, л.125об; АОАМ, ф.10, оп.1, д.415, л.71об(1949).

20 Stephen Kotkin, *Magnetic Mountain: Stalinism As a Civilization* (Berkeley: Univ. of California Press, 1995).

21 О. Козлова, "Заметки о работе райкома в новых условиях." *Партиное строительство*, No.13-14(1945.7).

22 ОРС - Отдел рабочего снабжения

23 АОАМ, ф.118, оп.1, д.174, л.27.

24 АОАМ, ф.118, оп.1, д.174, л.24об.

25 АОАМ, ф.118, оп.1, д.225, л.51(1948.10.9).

26 АОАМ, ф.118, оп.1, д.174, л.28об-29.

27 АОАМ, ф.118, оп.1, д.174, л.28об-29.

28 각주 39번.

29 А.Г. Дегтярев, *Летопись горы Магнитной и города Магнитогорска* (Магнитогорск: Издательский отдел Магнитогорского полигорфического предприятия, 1993), pp.46-48.

30 ОГАЧО, ф.П-234, оп.23, д.15, лл.89-91(1948.10.25); ОГАЧО, ф.П-234, оп.23, д.11, лл.68-73 (1949.1.13). 편집인의 이름은 원문에 이니셜로만 표기되어 있다.

31 ОГАЧО, ф.П-234, оп.23, д.15, л.89.

32 ОГАЧО, ф.П-234, оп.23, д.11, л.71. 마그니트카(Магнитка)는 마그니토고르스크의 애칭이다.

33 Hessler, *A Social History of Soviet Trade*, pp.309, 317-318.

34 АОАМ, ф.118, оп.1, д.225, л.50(1948.10.9).

35 예로서 Amir Weiner, *Making Sense of War*.

36 예로서 Vera Dunham, *In Stalin's Time: Middleclass Values in Soviet Fiction* (Durham and London: Duke Univ. Press, 1990).

37 ОГАЧО, ф.П-779, оп.1, д.1191, лл.4-6(1953. 11.16~17).

38 ОГАЧО, ф.П-779, оп.1, д.1191, л.2(1953. 11.16~17); АОАМ, ф.10, оп.11, д.118, л.25(1955.4.9).

39 АОАМ, ф.118, оп.1, д.174, лл.28, 32.

40 АОАМ, ф.118, оп.1, д.174, лл.28, 34об.

41 ОГАЧО, ф.П-779, оп.1, д.1191, л.2.

42 ОГАЧО, ф.П-779, оп.1, д.1191, лл.10об-11. 소브나르콤은 서방의 '국무회의'에 해당한다.

43 Ibid.

제6장

1   Beate Fieseler, "The bitter legacy of the 'Great Patriotic War': Red Army disabled soldiers under late Stalinism." Juliane Fürst, ed., *Late Stalinist Russia; Society between reconstruction and reinvention* (London and New York: Routledge, 2006), pp.46-47. 최근 한 연구는 실제 상이군인의 수는 일곱 배 많은 1,800만 명으로 추산한다. Maria Cristina Galmarini-Kabala, *The Right to be Helped: Deviance, Entitlement, and the Soviet Moral Order* (DeKalb: NIU Press, 2016), p.197.

2   *Юность Магнитка* (Москва Мол. Гвардия, 1981), p.120.

3   ОГАЧО, ф.П-234, оп.19, д.92, лл.32, 159об.

4   Fieseler, "The bitter legacy of the 'Great Patriotic War', pp.53-57.

5   АОАМ, ф.202, оп.1, д.12, л.9(1948).

6   Elena Zubkova, *Russia After the War: Hopes, Illusions, and Disappointments, 1945-1957* (Armonk, NY: M.E.Sharpe, 1998), p.40.

7   예메례예프(Емереев)와 인터뷰. 마그니토고르스크(2001.7.6).

8   Е.С. Сенявская, 1941-1945. *Фронтовое поколение. Историко-психологическое исследование* (Москва: ИРИ РАН, 1995), pp.80-81에서 재인용.

9   Alexander Werth, *Russia at War, 1941-1945* (New York: Carroll and Graf Publishers, 1984), p.947.

10 РГАСПИ, ф.17, оп.117, д.533, лл.18-19(1945.7.28).

11 Ibid., л.84(1945.7.20).

12 Norman M. Naimark, *The Russians in Germany: A History of the Soviet Zone of Occupation, 1945-1949* (Cambridge, MA: Harvard Univ. Press, 1995), p.11.

13 "Об организации политико-воспитательной работы с репатрированными советскими гражданами." *Партинное сройтельство*, No.16(1945.8), p.39.

14 A.D. Hans Schuetz, *Davai, Davai!! Memoir of a German Prisoner of World War II in the Soviet Union* (Jefferson, NC and London: McFarland & Company, Inc., Publishers, 1997), p.137.

15 В.П. Баканов, *Магнитогорск исторический очерк* (Магнитогорск: ПМП 'MiniTip', 2001), p.305.

16 АОАМ, ф.160, оп.3, д.6, л.4 (1948.4.23). 1946년 8월에는 400명의 독일군 포로가 마그니토고르스크 병원에 입원해 있었다. АОАМ, ф.160, оп.3, д.6, л.21. УПВИ УМВД — Управление по делам военнопленных и интернированных управления Министерства внутренних дел.

17 "Через вселенную." Магнитогорский робочий, 1993.6.2.

18 Fieseler, "The bitter legacy of the 'Great Patriotic War'." p.46.

19 ГАРФ, ф.8131, оп.22, д.5, л.170.

20 Ibid., лл.89-90.

21 Ibid. л.89.

22 "Перед новой пятилеткой." *Партийно сторойтельство*, No.16(1945.8), p.8.

23 АОАМ, ф.10, оп.1, д.383, л.165.

24 АОАМ, ф.10, оп.1, д.402, л.129об.(1946.3.7).

25 ОГАЧО, ф.П-234, оп.21, д.83, л.19.

26 ОГАЧО, ф.П-234, оп.19, д.79, л.162об.

27 ОГАЧО, ф.П-234, оп.22, д.72, л.2(1948).

28 ОГАЧО, ф.П-234, оп.19, д.78, л.343об(1946).

29 Ibid., л.18.

30 АОАМ, ф.10, оп.1, д.415, л.92об.

31 Dorena Caroli, "Bolshevism, Stalinism, and Social Welfare(1917~1936)." *International Review of Social History* 48(2003), p.32.

32 Ibid., pp.34, 39, 45.

33 Donald Filtzer, "The Standard of Living of Soviet Industrial Workers in the Immediate Postwar Period, 1945~1948." *Europe-Asia Studies* 51(1999), p.1022.

34 Mark Edele, *Soviet Veterans of the Second World War: A Popular Movement in an Authoritarian Society 1941-1991* (Oxford: Oxford Univ. Press, 2008), p.191.

35 Ibid., p.193.

36 Mark Edele, "Soviet Veterans as an Entitlement Group." *Slavic Review* 65, No.1(2006), p.125. 각주 68.

37 Joonseo Song, "Rule of Inclusion: The Politics of Postwar Stalinist Care in Magnitogorsk, 1945-1953." *Journal of Social History* 43, No.3(2010), p.667; Kristy Ironside, "I Beg You Not to Reject My Plea": The Late Stalinist Welfare State and the Politics of One-Time Monetary Aid, 1946~1953." *Journal of Social History* 51, No.4(2018), p.1045.

38 Kristy Ironside, *A Full-Value Ruble: The Promise of Prosperity in the Postwar Soviet Union* (Cambridge and London: Harvard Univ. Press, 2021), pp.203-204.

39 Donald Filtzer, *Soviet Workers and Late Stalinism: Labour and the Restoration of the Stalinist System after World War II* (Cambridge: Cambridge Univ. Press, 2002), p.235.

40 АОАМ. ф.118, оп.1, д.203, лл.34-35.

41 Ironside, "I Beg You Not to Reject My Plea." p.1053.

42 송준서, 「전후 스탈린 시기 사회주의적 경쟁의 퇴조와 '대협약'의 성립, 1944-1953」, ≪슬라브학보≫, 제24권 1호(2009), 226~232쪽.

43 ОГАЧО, ф.П-234, оп.19, д.79, лл.113, 162; ОГАЧО, ф.П-234, оп.19, д.78, л.1.

44 ОГАЧО, ф.П-234, оп.19, д.79, л.113(1945.6.8).

45 АОАМ. ф.10, оп.1, д.402, л.192 (1946.3.25.). 소련 정부는 전쟁 중 상이군인 등급을 3등급으로 분류했는데, 1등급은 불구 정도가 심해서 노동을 할 수 없는 상태; 2등급은 장애가 있지만 약한 강도의 일을 할 수 있는 상태; 3등급은 장애가 있지만 어느 정도 강도의 일을 할 수 있는 상태이다. 마그니토고르스크의 전직 의사 유리 푼크(Ю.Г. Функ. 1911년생)와의 인터뷰(2001.7.4).

46 ОГАЧО, ф.П-234, оп.19, д.79, л.96(1945.4.18).

47 Ibid., л.130.

48 ОГАЧО, ф.П-234, оп.21, д.83, л.18об(1947.3.3).

49 ОГАЧО, ф.П-234, оп.19, д.92, л.48, 50.

50 АОАМ. ф.10, оп.1, д.383, л.164об, 167об; ОГАЧО, ф.П-234, оп.19, д.92, л.59.

51 АОАМ. ф.202, оп.1, д.12, лл.8-9.

52 Ibid., л.6.

53 Ibid., лл.7-8.

54 АОАМ. ф.10, оп.1, д.443, л.104(1952.12).

55 АОАМ. ф.10, оп.1, д.383, л.165 (1945.7.19).

56 Ibid, л.165об; ОГАЧО, ф.П-234, оп.21, д.83, л.18об(1947.3.3).

57 АОАМ. ф.10, оп.1, д.443, лл.104об-105(1952.12).

58 Elena Osokina, *Our Daily Bread: Socialist Distribution and the Art of Survivial in Stalin's Russia, 1927~1941* (Armonk: M.E.Sharpe, 2001), p.93.

59 ОГАЧО, ф.П-234, оп.19, д.92, л.47.

60 "Обзор писем: выполняют свой долг." Магнитогорский рабочий, 1945.6.17.

61 ОГАЧО, ф.П-234, оп.25, д.68, лл.9, 24.

62 Ibid., л.19.

63 George Barr Carson, Jr., *Electoral Practices in the U.S.S.R.* (London: Atlantic Press, 1956), pp.73, 76.

64 Ibid., p.75.

65 ОГАЧО, ф.П-288, оп.17, д.169, лл.129-140; ОГАЧО, ф.П-234, оп.25, д.68, л.6.

66 살다예프와의 인터뷰. 마그니토고르스크(2001.7.5).

67 Fieseler, "The bitter legacy of the 'Great Patriotic War', p.57.

제7장

1 제프 일리, 『더 레프트 THE left 1848~2000: 미완의 기획, 유럽 좌파의 역사』, 유강은 옮김(뿌리와 이파리, 2008), 529~533쪽.

2 Jan Gross, "War as Revolution." *Norman Naimark and Leonid Gibianskii, ed., The Establishment of Communist Regimes in Eastern Europe, 1944-1949*(Colorado: Westview Press, 1997), p.24; Piotr S. Wandycz, *The Price of Freedom: A History of East Central Europe from the Middle Ages to the Present* (London; Routledge, 1993), pp.240-241. 제2차 세계대전 기간 중 폴란드 노동자들의 좌편향에 대해서는 Padraic Kenney, *Rebuilding Poland: Workers and Communists, 1945-1950* (Ithaca: Cornell Univ. Press, 1997), pp.18-19 참고.

3 Amir Weiner, "The Making of a Dominant Myth: The Second World War and the Construction of Political Identities within the Soviet Polity." *Russian Review* 55(October 1996), p.638; idem,

"Nature and Nurture in a Socialist Utopia: Delineating the Soviet Socio-Ethnic Body in the Age of Socialism." *American Historical Review* (October 1999), pp.114-155.

4   예를 들어 James R. Millar, "Conclusion: Impact and Aftermath of World War II." Susan Linz, ed., *The Impact of World War II on the Soviet Union* (Totowa, N.J.:Rowman & Allanheld, 1985), p.290.

5   Sheila Fitzpatrick, "Postwar Soviet Society." Linz, ed., *The Impact of World War II*, pp.151-152.

6   Vera Dunham, *In Stalin's Time: Middleclass Values in Soviet Fiction* (Durham and London, 1976), pp.4, 17.

7   Amir Weiner, *Making Sense of War: The Second World War and the Fate of the Bolshevik Revolution* (Princeton and Oxford: Princeton Univ. Press, 2001), pp.54, 377.

8   Amir Weiner, "In the Long Shadow of War: The Second World War and the Soviet and Post-Soviet World." *Diplomatic History* 25, No.3(Summer 2004), pp.444-445.

9   John Scott, *Behind the Urals: An American Worker in Russia's City of Steel* (Bloomington and Indianapolis: Indiana Univ. Press, 1989), pp.xviii-xix.

10 Stephen Kotkin, *Magnetic Mountain: Stalinism as a Civilization* (Berkeley: Univ. of California Press, 1995).

11 И.Ф. Галигузов, М.Е. Чурилин, *Фагман отечественной индустрии: история Магнитогорского металлургического комбината имени В.И. Ленин* (Москва: Мысль, 1978), p.92. 소비에트 역사에서 마그니토고르스크가 갖는 위상과 포스트 소비에트 공간에서의 정체성 재정립 과정에 대해서는 송준서, 「우랄산맥 너머의 아시아的 러시아, 神話的 철강 도시, 마그니토고르스크를 가다」, ≪월간조선≫, 5월호(2002), 500~515쪽.

12 Григорий Носов, "Имени сталина." *Люди Сталинской Магнитки* (Челябинск: Челябинское областное государственное издательство, 1952), p.70; А.Г. Дегтярев, *Летопись горы Магнитноий города Магнитогорска* (Магнитогорск: Издательский отдел Магнитогорского полиграфического предприятия, 1993), pp.44-46.

13 "Речь товарища И.В. Сталина." Правда, 1946.2.10.

14 Elena Zubkova, *Russia After the War: Hopes, Illusions, and Disappointments, 1945-1957.* trans. and ed. by Hugh Ragsdale (New York: Routledge, 1998), p.135.

15 당시 대조국전쟁의 '데카브리스트' 등장 가능성 및 이에 대한 당국 및 군 지도부의 우려를 지적한 글로는 Aleksandr Nekrich, *Forsake Fear: Memoirs of an Historian* (Boston: Unwin Hyman, 1991), p.9; Zubkova, *Russia After the War*, pp.63-64; Е.С. Сенявская, *1941-1945. Фронтовое поколение. Историко-психологическое исследование* (Москва: ИРИ РАН, 1995), pp.38-39, 80-81.

16 "Об организации политико-воспитательной работы с репатриированными советскими гражданами." *Партийное строительство*, No.16(1945.8), p.39.

17 ОГАЧО, ф.П-234, оп.20, д.18, л.24(1946.10).

18 Ibid.

19 "Выше уровень партийно-организационной работы." Магнитогорский рабочий,

1945.5.26.

20 "Будущие специалисты." Магнитогорский рабочий, 1945.7.4.

21 Lowell Tillett, *The Great Friendship: Soviet Historians on the Non-Russian Nationalities* (Chapel Hill: Univ. of North Carolina Press, 1969), p.86.

22 "В дружной семье." Магнитогорский рабочий, 1945.10.21.

23 Ibid.

24 대조국전쟁 기간 중 연해주에 남아 있던 고려인들의 우랄지방으로 강제 이주의 예로는 송준서, 「우랄 지역의 고려인 커뮤니티와 한국학 연구, 1991-2003」, ≪한국시베리아연구≫, 제7집(2004), 13~14쪽.

25 "Великая заслуга советского народа перед историей человечество." Магнитогорский рабочий, 1945.6.5.

26 "Массоый митинг в Нью Иорке." Магнитогорский рабочий, 1945.6.5; "Пресс-конференция по вопросу о советского-американских отношениях, устроения группой членов конгресса США." Магнитогорский рабочий, 1945.6.6.

27 "Мнимое благополучие." Магнитогорский рабочий, 1945.6.5.

28 Б. Лейбзон, "Советское государство и политическое воспитание народа." *Партийное строительство*, No.1(1946.1), p.8.

29 I. Gorelik, *Mikhail Sinitsyn: Urals Metal worker* (Moscow, 1951), p.21.

30 "Литературный факультет Магнитогорского пединститут." Магнитогорский рабочий, 1945.7.4.

31 "15 лет научно-технической библиотеки комбината." Магнитогорский рабочий, 1945.6.22.

32 А.А. Данилов, А.В. Ружиков, *Рождение сверхдержавы СССР в первые послевоенные годы* (Москва: Российская политическая энциклопедия Рождение сверхдержавы, 2001), p.146.

33 А. Леоньтев, "Советский союз оплот свободы народов и мира между народами." *Партийное строительство*, No.19(1945.10), p.7.

34 "Слово вождя о русском народе." Правда, 1950.5.24.

35 Ronald Grigor Suny, *The Soviet Experiment: Russia, the USSR, and the Successor States* (Oxford: Oxford Univ. Press, 1998), pp.287-288.

36 Gerhard Simon, *Nationalism and Policy Toward the Nationalities in the Soviet Union: From Totalitarian Dictatorship to Post-Stalinist Society,* trans. by Karen Forster and Oswald Forster (Boulder: Westview Press, 1991), pp.158-159.

37 "Человек—самн ценный капитал советского общества." Магнитогорский рабочий, 1945.10.27.

38 Ibid.

39 "Когда нет заботы о людях." Магнитогорский рабочий, 1946.6.11.

40 Ibid.

41 "Чутко относиться к жаловам трудящихся." Магнитогорский рабочий, 1945.7.10.

42 Ibid.

43 Ibid.

44 Ibid.

45 "Человек—самн ценный капитал…"

46 "Моральный облик советского человека." Магнитогорский рабочий, 1945.7.31.

47 "Человек—самн ценный капитал…"

48 이 연설은 Правда. 1935.5.5에 게재되었다.

49 "Выполнить обязательства по благоусторйству города." Магнитогорский рабочий, 1946.8.20; Магнитогорский рабочий, 1945.6.16.

50 "Исполним свой долг." Магнитогорский рабочий, 1946.8.18.

51 "За чистоту и культуру на производстве." Магнитогорский рабочий, 1945.5.18.

52 "За чистоту и культуру в обшежитиях." Магнитогорский рабочий, 1946.6.15.

53 "За чистоту…" Магнитогорский рабочий, 1945.5.18.

54 Ibid.; Магнитогорский рабочий, 1945.6.16.

55 "За чистоту…" Магнитогорский рабочий, 1946.6.15.

56 Ibid.

57 "Выполнить обязательства…" Магнитогорский рабочий, 1946.8.20; "Отработать 30 чсов на благоустройстве города — патриотический долг каждого трудящегося Магнитки." Магнитогорский рабочий, 1946.8.16; "Благоустроим свой родной город." Магнитогорский рабочий, 1946.8.18.

58 David L. Hoffmann, *Stalinist Values: The Cultural Norms of Soviet Modernity, 1917-1941* (Ithaca: Cornell Univ. Press, 2003), pp.16, 22.

59 "За чистоту…" Магнитогорский рабочий, 1945.5.18.

60 Lewis H. Siegelbaum, *Stakhanovism and the Politics of Productivity in the USSR, 1935-1941* (Cambridge, Cambridge Univ. Press, 1988), pp.148-153.

61 "Звбота о матери и ребёнке." Магнитогорский рабочий, 1945.7.13.

62 "Оберечать здоровье женщины." Магнитогорский рабочий, 1945.7.18.

63 Ibid.

64 "Советская женщина." Магнитогорский рабочий, 1946.3.8.

65 "Слово советской матери." Магнитогорский рабочий, 1946.2.13.

66 Ibid.

67 Ibid.

68 Ibid.

69 Hoffmann, *Stalinist Values*, p.98.

70 Магнитогорский рабочий, 1945.6.16.

71 "Перед новой пятилеткой." *Партийное строительство*, No.16(1945.8), p.5

72 Ibid., p.6.

73 "Подготовка к выборам в Верховный Совет СССР и массово-политическая работа парторганизации." *Партийное строительство*, No.21-22(1945.11), p.15.

74 "Речь товарища И.В. Сталиа." Правда, 1946.2.10.

75 ОГАЧО, ф.П-234, оп.34, д.111, л.88(1945.7); ОГАЧО, ф.Р-234, оп.19, д.18, л.86, "О руководстве партийных организации социалистическим соревнованием."

76 ОГАЧО, ф.П-234, оп.19, д.18, л.87 (1945.9.4) "О руководстве партийных организации социалистическим соревнованием (доклад на городском собрании партактива 4 сентября 1945)."

77 АОАМ, ф.10, оп.1, д.383, л.152(1945.6.21), "Протокол: заседания 44-й сессии Магнитогорского городского совета депутатов трудящихся."

78 ОГАЧО, ф.П-234, оп.20, д.9, л.31об.(1946.6.1) "О роботе органов прокуратуру г. Магнитогорска по уходами рабочих и служащих с предприятии и самовольными января по 1 инюя 1946 года."

79 ОГАЧО, ф.П-234, оп.19, д.18, лл.88-89.

80 Donald Filtzer, *Soviet Workers and Late Stalinism: Labour and the Restoration of the Stalinist System after World War II* (Cambridge, Cambridge Univ. Press, 2002), p.177.

81 Timothy Dunmore, *The Stalinist Command Economy: The Soviet State Apparatus and Economic Policy 1945-1953* (London and Basingstoke: Palgrave Macmillan, 1980), p.37.

82 "Больше внимания нуждам трудящихся." Магнитогорский рабочий, 7 Октября 1945; "Умело организовать культурный отдых трудящихся Магнитогорска." Магнитогорский рабочий, 1945.5.27.

83 "Социалистическое соревнование в честь победу." Магнитогорский рабочий, 6 Июля 1945; "Поможем быстрее восстановить родой Донбасс." Магнитогорский рабочий, 1945.5.26.

84 "Поможем быстрее..." Магнитогорский рабочий, 1945.5.26.

85 Ibid.

86 "Моральный облик советского человека." Магнитогорский рабочий, 1945.7.31.

87 "Любят свой профессию." Магнитогорский рабочий, 1945. 6.5.

제8장

1 "역사교과서 국정화 사실상 '철회'...'국·검정 혼용 검토". ≪매일경제≫, 2016.11.25.

2 "국정 역사교과서 완전히 퇴장". ≪경향신문≫, 2017.5.31.

3 양호환, 『역사교육의 이론과 구상』(책과함께, 2012), 141쪽; 노경덕, 「푸틴 시대 러시아의 스탈린주의 다시 읽기: 필리포프 현대사 교과서를 중심으로」, ≪서양사연구≫, 제50호(2014), 311쪽.

4 최상훈 외, 『역사교육의 내용과 방법』(책과함께, 2007), 133~134쪽.

5 D. Babich, "A Story With No End: Controversy over the Right Way to Teach history Continues."

Russia Profile.org. 2008.11.30, http://russiaporfile.org/culture_ living/a1228057290.

6 E. Lisovskaya and V. Karpov, "New Ideologies in Postcommunist Russian Textbooks." *Comparative Education Review* 43, No.4 (November 1999), pp.531-532.

7 황동하, 「국가 상징과 현대 러시아의 국가정체성」, ≪러시아연구≫, 제16권 2호(2006), 360~364쪽; 김상현, 「러시아 국가정체성의 역학관계 모델과 정치-문화 상징의 함의: 푸틴 시대의 국가정체성 재고를 위한 시론」, ≪국제지역연구≫, 제12권 4호(2009), 40~41쪽.

8 И. Курилла, "Политическое «использование истории» в современной России." *Вестник Волгоградского государственного университета*. No.1(21)(2012), p.156.

9 Babich, "A Story With No End."

10 "Modernizing the Twentieth-Century National History Textbook for Elementary and Secondary Schools: A Roundtable." *Russian Studies in History* 43, No.4(Spring 2005), p.4. 이 논문의 원문은 "Каким быть современному школьному учебнику поотечественной истории века. Круглый стол." *Отечественная история*, No.3(2002), pp.3-56.

11 "Путин: Учебники истории должный воспитывать чувство гордости за страну." Грани.ру, 2003.11.27. https://grani-ru-org.appspot.com/Society/History/m.52082.html

12 И. Долуцкий, *Отечественная история XX век. 10-11 классы. Учебник для общеобразовательных учреждений. Часть 1* (5-е издание)(Москва: Мнемозина, 2001); И. Долуцкий, *Отечественная история XX век. 10-11 классы. Часть 2* (7-е издание)(Москва: Мнемозина, 2003).

13 А. Данилов, А. Филиппов, *История России 1900-1945. 11 класс. Учебник для общеобрɑзовательных учреждений* (2-е издание)(Москва: Просвещение, 2012). 이 교과서는 2009년 처음 출판되었다. 본고에서는 분석 대상으로 2012년에 출판된 제2판을 사용했다.

14 M. Danilova, "Textbook Faces Ban Over Putin." The Moscow Times, 2003.11.28.

15 Ibid.

16 A. Rodriguez, "Omitting the past's darker chapters." Chicago Tribune, 2005.5.29.

17 노경덕, 「푸틴 시대 러시아의 스탈린주의 다시 읽기」, 315~316쪽; D. Brandenberger, "A New Short Course? A.V. Filippov and the Russian State's Search for a 'Usable Past,'" *Kritika: Explorations in Russian and Eurasian History* 10, No.4 (Fall 2009), pp.825-826.

18 Ю. Черникова, "«Учебник Филиппова»: продолжение последовало." Уроки истории. 2009.10.28. http://urokiistorii.ru/current/view/2009/10/uchebnik-filippova

19 예로서, Lisovskaya and Karpov, "New Ideologies in Postcommunist Russian Textbooks"; 민경현, 「러시아의 중등학교 역사 교과서와 소비에트 시대」, ≪서양사론≫, 제77호(2003). 1990년대 역사교과서의 내용 중 지방 및 소수민족에 대한 내용을 분석한 연구로는 G. Khasanova, "Nation-Building and Values in Russian Textbooks." P. Kolsto and H. Blakkisrud, eds., *Nation-Building and Common Values in Russia* (Lanham: Rowan & Littlefield Publishers, 2004), pp.269-299.

20 예로서, T. Sherlock, *Historical Narratives in the Soviet Union and Post-Soviet Russia: Destroying the Settled Past, Creating an Uncertain Future* (New York: Palgrave Macmillan, 2007), ch.7;

푸틴 정부가 권장하는 방향으로 집필된 역사교과서에 대한 분석은 И. Карацуба, "«Учебник
Филиппова»: продолжение последовало." Международный Мемориал: Проект
«Уроки истории. XX век», 2009.10.28. http://urokiistorii.ru/current/view/2009/10/uchebnik=
filippova; 노경덕, 「푸틴 시대 러시아의 스탈린주의 다시 읽기」 참조. 자유주의적 성향의 역사교과서와
푸틴 시기 출판된 교과서의 비교분석에 대해서는 V. Kaplan, "The Vicissitudes of Socialism in
Russian History Textbooks." *History & Memory* 21, No.2(Fall/Winter 2009), pp.83-109; E.
Левинтова, Дж. Баттерфилд, "Как формируется история и отношение к ней:
школьные учебники о новейшей отечественной истории." *Вестник*
общественного мнения, No.3(101)(2009.6~9).

21 Долуцкий, *Отечественная история XX век*, p.259.

22 Ibid.

23 "Путин: школьные учебники - не площадка для политической борьбы, с истории
'надоснять всю шелуху и пену,'" Newsru.com, 2003. 11.27. http://www.newsru.com/russia/
27nov2003/pres.html

24 Долуцкий, *Отечественная история XX век*(2003), p.254; 노경덕, 「푸틴 시대 러시아의
스탈린주의 다시 읽기」, 316쪽.

25 P. Baker and S. Glasser, *Kremlin Rising: Vladimir Putin's Russia and the End of Revolution*
(Washington, D.C.: Potomac Books, Inc., 2005), p.365.

26 "Путин: школьные учебники"(2003).

27 Danilova, "Textbook Faces Ban Over Putin."

28 A. Banerji, *Writing History in the Soviet Union: Making the Past Work* (New Delhi: Esha
Beteille & Social Science Press, 2008), p.259.

29 Rodriguez, "Omitting the past's darker chapters."

30 Ibid.

31 Ibid.

32 존 M. 톰슨, 『20세기 러시아 현대사』, 김남섭 옮김(사회평론, 2004), 424~427쪽.

33 Sherlock, *Historical Narratives in the Soviet Union and Post-Soviet Russia*, p.171.

34 Долуцкий, *Отечественная история XX век*(2001), p.336.

35 Ibid.

36 Ibid., p.338.

37 Ibid., p.339. 이탤릭 강조체는 원문을 따른 것이다.

38 Ibid., pp. 339-340.

39 Ibid., p.340.

40 Ibid.

41 Данилов, Филиппов, *История России 1900-1945.* p.318.

42 Ibid., p.317.

43 A. Cienciala, N. Lebedeva, and W. Materski, eds., *Katyn: A Crime Without Punishment* (New
Heaven and London: Yale Univ. Press, 2007), pp. 1, 262.

44 Ibid., pp.1-2.

45 Ibid., pp.xv, 259.

46 Долуцкий, *Отечественная история XX век*(2003), p.6.

47 예를 들어 М. Шумиолов, С. Рябикин, *История России IX-XX вв. Пособие по отечественной истории для старшеклассников, абитуриентов и студентов* (Санкт-Петербург: Простор, 1996), p.389; В. Моряков, В. Федоров, Ю. Щетинов, *История России Пособие для старшеклассников и абитуриентов* (Москва: Москвский Университет, ГИС, 1996), p.403; М. Зуев, *Отечественная история. Учебное пособие для старшеклассников и поступающих в вузы. Книга 2. Россия в XX - Начале XXI века* (Москва: ОНИКС 21 век, 2003), p.300.

48 Долуцкий, Отечественная история XX век(2003), p.44.

49 Ibid., pp.6-8.

50 Ibid., p.8. 이탤릭 강조체는 원문을 따른 것이다.

51 Ibid.

52 Ibid.

53 Данилов, Филиппов, *История России 1900-1945*, pp.324-325.

54 Ibid., p.325.

55 Ibid.

56 소비에트 포로 수와 사망자 수는 폴란드 학자들과의 논란의 대상이 되고 있다. 폴란드 역사학자들은 소비에트군대 포로 수를 8만 명으로 추정하며 그 중 1만 5,000명이 사망했다고 밝히고 있다.

57 Ibid.

58 Долуцкий, *Отечественная история XX век* (2001), p.343.

59 Данилов, Филиппов, *История России 1900-1945*, p.325.

60 Ibid., p.331.

61 Ibid., pp.331-32.

62 Ibid., pp.330-31.

63 소연방 편입 후 몰다비아공화국이 되었다.

64 D. Motadel, *Islam and Nazi Germany's War* (Cambridge: Belknap Press, 2014), p.133.

65 톰슨,『20세기 러시아 현대사』, 438-439쪽.

66 Долуцкий, *Отечественная история XX век* (2003), p.46.

67 제2차 세계대전이 한창인 1942년 창설된 소련 방첩부대. 스메르시는 '스파이에게 죽음을(Смерть шпионам)'이라는 문구의 약자이다. 전투지역에서 도망치는 아군 병사들을 색출해서 처형하는 역할도 맡았다.

68 Долуцкий, *Отечественная история XX век*(2003), p.46.

69 예를 들어 다음을 참고. Шумиолов, Рябикин, *История России IX-XX вв.*, pp.396-397; Моряков, Федоров, Щетинов, *История России Пособие*, p.416; Зуев, *Отечественная история*, pp.346-348.

70 А. 다닐로프, L. 코술리나,『새로운 러시아 역사』, 문명식 옮김(신아사, 2015), 753~754쪽.

71 Долуцкий, *Отечественная история XX век*(2003), p.46.

72 Ibid., p.32.

73 이 프로그램은 2001~2005년의 5개년 과제로 시작했고, 이후 5년마다 계속 갱신되고 있다. Постановление Правительства РФ от 16 февраля 2001 г. N 122. "О государственной программе "Патриотическое воспитание граждан Российской Федерации на 2001-2005 годы." http://ivo.garant.ru/#/document/1584972/paragraph/1:1

74 Данилов, Филиппов, История России 1900-1945, pp.391-94.

75 Ibid., pp.391-392.

76 Ibid., p.393.

77 Ibid., p.394.

78 E. Zubkova, *Russia After the War: Hopes, Illusions, and Disappointment, 1945-1957*(Armonk, New York: M.E. Sharpe, 1998), p.15; Marius Broekmeyer, *Stalin, the Russians, and Their War* (Madison: Univ. of Wisconsin Press, 2004), p.203.

79 리처드 오버리, 『스탈린과 히틀러의 전쟁』, 류한수 옮김(지식의 풍경, 2009), 179~185쪽.

80 Broekmeyer, *Stalin, the Russians, and Their War*, p. 202; 니콜라이 랴자놉스키, 마크 스타인버그, 『러시아의 역사(하)』, 조호연 옮김(까치, 2010), 796~797쪽.

81 이들 주관적 요인을 강조하고 있는 소련 시기와 옐친 시기 교과서의 예로는 *Outline History of the U.S.S.R. trans by. G. Hanna* (Moscow: Foreign Languages Publishing House, 1960), p.335; Шумиолов, Рябикин, *История России IX-XX вв.*, p.402.

82 Долуцкий, *Отечественная история XX век* (2003), p.60.

83 Ibid., p.45.

84 Ibid., p.46.

85 Ibid.

86 Ibid., p.27.

87 Ibid. 드미트리 볼코고노프는 그의 군경력 초반에는 소비에트 체제와 스탈린에 대한 굳은 신념을 지니고 있었으나 1970년대 이후 군의 사상교육을 위해 당시 외부인에게는 열람이 엄격히 제한되어 있는 문서보관소 자료를 열람하기 시작하면서부터 스탈린을 비롯한 소련 지도자들과 소비에트 체제의 모순점, 잔혹성, 기만성 등을 발견하기 시작했다. 이후 1983년 그는 이러한 점을 밝힌 스탈린 전기를 집필했으나 당국에 의해 출판 금지되었고, 1991년 급기야 군사(軍史)연구소 소장직에서 해임되었다. 이후 1995년 사망 시까지 소비에트 체제에 대한 비판적 견해를 담은 다수의 역사서를 집필했다. 드리트리 볼코고노프, 『크렘린의 수령들: 레닌에서 고프바초프까지(상)』, 김일환 외 옮김(한송, 1996), 6쪽; Stephanie Simon, "Dmitri Volkogonov Dies; Exposed Soviet Horrors." Los Angeles Times, 1995.12.7; Alessandra Stanley, "Dmitri Volkogonov, 67, Historian Who Debunked Heroes, Dies." New York Times, 1995. 12.7.

88 Ibid., p.59.

89 Ibid., p.60.

90 Dmitry Babich, "A Story With No End: Controversy over the Right Way to Teach history Continues." Russia Profile.org. 2008.11.30. http://russiaporfile.org/culture_living/a1228057290

91 Данилов, Филиппов, *История России 1900-1945*, pp.378, 383,

92 Ibid., p.405.

93 Ibid., pp.334, 380-82, 418.

94 K. Gjerde, "The Use of History in Russia 2000-2011: The Kremlin and the Search for Consensus." *East European Politics* 31, No.2(2015), pp.158-59.

95 "Встреча с молодыми учёными и преподавателями истории. Президента России." 2014.11.5. http://news.kremlin.ru/news/46951; "Встреча с авторами концепции нового учебника истории." Президента России. 2014.1.16. http://news.kremlin.ru/news/20071

96 송준서, "세계에 보내는 푸틴 대통령의 제2차 세계대전 승전 75주년 메시지의 함의." *Russia-Eurasia Focus*, 2020.7.27.

제9장

1 "Александровская колонна." Российский гуманитарный энциклопедический словарь.

2 R. Wortman, *Scenarios of Power: Myth and Ceremony in Russian Monarchy. From Peter the Great to the Death of Nicholas I. Volume 1* (Princeton: Princeton Univ. Press, 1995), p.316.

3 Ibid.

4 Ibid., p.308.

5 Geoffrey Hosking, *Rulers and Victims: The Russians in the Soviet Union* (Cambridge, Mass.: Harvard Univ. Press, 2006), p.243.

6 소비에트 시기 대조국전쟁의 기억을 정치적 목적으로 사용한 예에 대한 연구로는 N. Tumarkin, *The Living & The Dead: The Rise & Fall of the Cult of World War II in Russia* (New York: Basic Books, 1994); Karl D. Qualls, "Local-Outsider Negotiations in Postwar Sevastopol's Reconstruction, 1944-53." Donald J. Raleigh, ed., *Provincial Landscapes: Local Dimensions of Soviet Power, 1917-1953* (Pittsburgh: Univ. of Pittsburgh Press, 2001), pp.276-298; L. Kirschenbaum, *The Legacy of the Siege of Leningrad, 1941-1995: Myth, Memories, and Monuments* (Cambridge: Cambridge Univ. Press, 2006).

7 Ibid., p.181.

8 Ibid., p.174. 이러한 젊은 세대의 반응은 1989년 여름 미국의 사학자 투마르킨(Tumarkin)이 소련에서 참관한 한 토론회에서 접한 것이다.

9 Ibid., p.190.

10 Benjamin Forest and Juliet Johnson, "Unraveling the Threads of History: Soviet-Era Monuments and Post-Soviet National Identity in Moscow." *Annals of the Association of American Geographers*, Vol.92, No.3(2002), p.531.

11 예를 들어 Kathleen E. Smith, *Mythmaking in the New Russia: Politics and Memory during the Yeltsin Era* (Ithaca and London: Cornell Univ. Press, 2002); 황동하, 「국가 상징과 현대 러시아의

국가정체성」, ≪러시아연구≫, 제16권 2호(2006); 김상현, 「러시아 국가정체성의 역학관계 모델과 정치-문화 상징의 함의: 푸틴 시대의 국가정체성 재고를 위한 시론」, ≪국제지역연구≫, 제12권 4호(2009).

12 예로서 Smith, *Mythmaking in the New Russia*, pp.85-91; Forest and Johnson, "Unraveling the Threads of History." pp.530-532; Julie Fedor, Markku Kangaspuro, Jussi Lassila, Tatiana Zhurzhenko, eds., *War and Memory in Russia, Ukraine, and Belarus* (Cham: Palgrave Macmillan, 2017); David L. Hoffmann, ed., *The Memory of the Second World War in Soviet and Post-Soviet Russia* (London: Routledge, 2022).

13 Smith, *Mythmaking in the New Russia*, p.86.

14 Ibid., p.89.

15 Ibid., p.88.

16 Ibid., p.87.

17 Ibid.

18 "Парад с перебоями." Коммерсантъ Власть, No.19(923), 2011.5.16, http://www.kommersant.ru/doc/1638990

19 "Yeltsin to Alter Parade on V-E Day to Draw Clinton." *New York Times*, 1995.3.17; Andrew Felkay, *Yeltsin's Russia and the West* (Westport, Conn: Praeger, 2002), p.114.

20 Об увековечении победы советского народа в Великой Отечественной войне 1941-1945 годов. Федеральный закон от 19.05.1995. N 80-ФЗ.

21 "Парад с перебоями."

22 Forest and Johnson, "Unraveling the Threads of History." p.532에서 재인용.

23 "Посту No. 1 у Вечного огня на Могиле неизвестного солдата исполняется пять лет." РИА Новости, 2002.12.12. https://ria.ru/20021212/281000.html

24 "수난 겪는 소비에트 혁명의 메카 레닌 묘." ≪연합뉴스≫, 1993.10.8.

25 "Struggle in Russia; Yeltsin Cancels Guards at Lenin's Tomb." *The New York Times*, 1993.10.7.

26 "Писатели требуют от правительства решительных действий." Известия, 1993. 10.5.

27 Об установлении постоянного поста почетного караула в г. Москве у Вечного огня на могиле Неизвестного солдата (декбря 8, 1997), Указ. Президента Российской Федерации; "История Поста No.1." ПРЕЗИДЕНТСКИЙ ПОЛК, http://www.ppolk.ru/istoriya-polka/istoriya-posta-%E2%84%961.html

28 Закон от 14 января 1993 г., Об увековечении памяти погибших при защите отечества.

29 О ветеранах. Федеральныйзакон. от 12.01. 1995 5-ФЗ (принят ГД ФС РФ 16. 12. 1994), www.consultant.ru/popular/veteran/

30 О днях воинской славы и памятных датах России, Федеральный закон от 13марта 1995 г. http://base.garant.ru/1518352

31 Об увесковечении победы советского народа в Великой Отечественной войне 1941-1945 годов. Федеральный закон от 19.05.1995 N 80-ФЗ.

32 소련으로부터 독립한 후 새로운 국경일을 만드는 데 가장 적극적인 국가 중 하나인 우크라이나의 예에 대해서는 홍석우,『우크라이나: 코자크와 오렌지혁명의 나라』(한국외국어대학교출판부 지식출판원, 2008), 93~103쪽.

33 Федеральный закон от 13 марта 1995 г. N 32-ФЗ "О днях воинской славы и памятных датах России." https://base.garant.ru/1518352/

34 Ibid. 신력(그레고리력)으로 전환한 1918년 1월 31일 이전에 벌어진 전투 날짜에 대해서는 구력(율리우스력)과 신력의 차이 13일을 더한 날짜로 계산되어 법령에 발표되었다. 그러나 구력과 신력의 날짜 차이가 13일이 나게 되는 것은 20세기 들어서이고 그 전에는 시기에 따라 조금씩 다르다. 예를 들어 17세기에는 양 달력 간의 차는 10일이었다. 이런 문제 때문에 역사학에서는 전투 날짜를 법령과는 다르게 실제로 일어났던 날짜를 사용한다.

35 Ibid.

36 Ibid.

37 황동하,「국가 상징과 현대 러시아의 국가정체성」(2006), 359쪽. 글린카의 곡을 바탕으로 한 러시아 국가는 푸틴 대통령 집권 수개월 후인 2000년 12월 소련 국가의 곡에 새로운 가사를 붙인 형태로 변경되었다.

38 정한구,『러시아 국가와 사회: 새 질서의 모색, 1985-2005』(한울엠플러스, 2005), 191쪽.

39 '재중앙집중화' 및 주변 국가에 대한 '강대국 러시아' 이미지 심기 등 푸틴 정권의 특성과 본질을 메드베데프 정부가 그대로 계승한 것으로 보는 시각에 대해서는 강봉구,「푸틴주의 정치 리더쉽의 권위주의적 특성과 전망」,《국제지역연구》, 제14권 2호(2010.7), 4, 11-15쪽.

40 Федеральный закон о почетном звании Российской Федерации "Город воинской славы." 9 мая2006.

41 Ibid.

42 Ibid.

43 Ibid.

44 Указ президиума ВС СССР от 08 Мая 1965. Об Утверждении положения о высшей степени отличия звании "Город герой"; Великая отечественная война, 1941-1945. Города герои, http://www.nivasposad.ru/school/homepages/all_kurs/konkurs2010/web-pages/belousova/stolyarova_yuliya/html/Goroda-geroi.html

45 "История звания 'Город воинской славы'." ТАСС, 2022.11.15.

46 Положение о присвоении городу звания "Город воинской славы." Город Псков, http://www.pskovgorod.ru/cats.html?id=633.

47 Положение о Российском организационном комитете "Победа." www.allbusiness.ru/BPravo/DocumShow_DocumID_16654.html; Федеральный закон о почетном звании Российской Федерации "Город воинской славы."

48 "Медведев считает важным присутствие Януковича и Лукашенко в Москве." РИА Новости, 2010.5.8.

49 Грамоты о присвоении звания Город воинской славы вручены преставителям Коврова, Ломоносова, Таганрога и Петропавловска-Камчатского. Президент

России, 2012.2.23, http://президент.рф.

50 Зеленин предлагает присвоить Ржеву звание "Город воинской славы." РИА
    Новости, 2006.6.20.

51 Alan Clark, *Barbarossa: The Russian - German Conflict 1941-1945* (London: Cassell, 2005),
    p.114.

52 "Зязиков предлагает присвоить Малгобеку звание 'города вониской славы'." РИА
    Новости, 2006.5.26.

53 예를 들어 2011년 6월 22일 행해진 아나파, 스타르이 오스콜, 콜피노시에 대한 수여식 장면은 다음의
    대통령실 사이트에서 볼 수 있다. Вручены грамоты о присвоении звания «Город
    воинской славы». Предизент России. http://kremlin.ru/news/11666

54 "Ретро-поезд "Победа" отправился из Ростова по городам боевой славы." РИА
    Новости, 2010.4.22.

55 Ibid.

56 Ветераны Москвы на Поезде памяти посетят 5 городов воинской славы РФ,
    РИА Новости, 2011.6.6, http://ria.ru/moscow/20110606/385001794.html.

57 "Поезд воинской славы проедет по Архангельской области." РИА Новости,
    2010.2.17. http://ria.ru/society/20100217/209628342.html.

58 "Белгороду, Орлу и Курску присвоены звания 'Город воинской славы'." РИА
    Новости, 2007.5.2, http://ria.ru/society/20070502/64759121.html

59 예를 들어 군사명예 도시 신청서를 제출한 블라디캅카스(Владикавказ)에 대한 승리위원회 실사단의
    방문 활동(2007.8.21~22)에 대한 시 홈페이지에 실린 기사 및 사진 참조. АМС г. Владикавказа,
    http://vladikavkaz-osetia.ru/news/index.php?news=1564&sphrase id=11141

60 "Грамоты о присвоении звания «Город воинской славы» вручены преставителям
    Говрова, Домоносова, Таганрога и Петропавловска-Камчатского." 2012.2.23,
    Президент России, http://президент.рф.

61 История образования города Петропавловска-Камчатского. Администрации
    Петропавловск-Камчатского городского округа, http://pkgo.ru/hitory.html

62 "러시아 신형 군함 구입, 日 경고 위한 것". ≪아시아투데이≫, 2010.4.8.

63 "China, Russia team up on territorial claims." Daily Yomiuri Online, 2010.9.29.

64 Ibid.

65 "В День окончания Второй мировой войны на Поклонной горе в Москве появился
    "партизанский лагерь." ИТАР-ТАСС, 2010.9.2.

66 "메드베데프, 쿠릴열도 남방 섬(일본명 북방영토) 전격 방문... 日·러 '영토 갈등'도 재점화."
    ≪조선일보≫, 2010.11.2.

67 Ibid.

68 캄차카 주정부 사이트에 게시된 뉴스 보도. "На Камчатке торжественно встретили грамоту
    «Город воинской славы»." www.kamchatka.gov.ru/?cont=news_infor&menu=&menu2=
    0&news_id=19341.

69 Ibid.

70 Ibid.

71 날치크시 홈페이지, *История Нальчика. Нальчик - столца Кабардино-Балкарии.*
www. nalchik.ru/home/history?tmpl=component&print=1&page=

72 날치크시 홈페이지 http://www.nalchik.ru/ 참조. 공화국 홈페이지 http://www.na. adm-kbr.ru/ 참조.

73 *Вручены грамоты о присвоении звания «Город воинской славы».* 2010.5.4.
Президент России. http://news.kremlin.ru/news/7623

74 러시아 부국방장관 니콜라이 판코프 장군은 2009년 2월 21일 라디오 인터뷰에서 2008년 8월 8일부터
24일까지 계속된 러시아-조지아 전쟁에서 러시아 병사 64명이 사망하고 283명이 부상당했다고 밝혔다.
반면 조지아 측은 민간인 228명, 군인 169명이 사망했다. 전장이 되었던 남오세티아 지역에서는
남오세티아인 2,000명이 사망했다. "Russia Lost 64 Troops In Georgia War, 283 Wounded."
Dalje.com, 2009.2.21. http://dalje.com/en-world/russia-lost-64-troops-in-georgia-war-283-
wounded/236375

75 "A Year After Russia-Georgia War -- A New Reality, But Old Relations." 2009.8.5, Radio Free
Europe Radio Liberty, http://www.rferl.org/content/A_Year_After_RussiaGeorgia_War__A_
New_Reality_But_Old_Relations/1793048.html; "조지아 방송국 폭탄 2개 발견…" 러시아 소행"".
≪조선일보≫, 2011.2.24.

76 "Старой Руссе и Феодосии присвоено звание 'Город воинской славы'." РИА
Новости, 2015.4.6.

77 "ФЕОДОСИЯ." Победа! 1945-2020(Российское военно историческое общество).
https://may9.ru/victory/glory-cities/feodosia/

78 "Путин подписал документы об аннексии четырех оккупированных регионов
Украины в состав РФ." Настоящее Время, 2022.9.30.

제10장

1 Ю.Г. Иванов, *Город-герой Смоленск. 500 вопросов и ответов о любимом городе*
(Смоленск: Русич, 2011). p.121.

2 Lev Lopukhovsky, *The Vyaz'ma Catastrophe, 1941: The Red Army's Disastrous Stand against
Operation Typhoon* (Solihull, Helion & Company, 2013), p.65.

3 "Сергей Антуфьев: Доходы смолян выросли на девять процентов." Смоленская
газета, 2010.11.3. http://www.smolgazeta.ru/vlast/5216-sergej-antufev-doxody-smolyan-
vyrosli-na-devyat.html

4 송준서, 「'러시아의 방패,' 스몰렌스크를 다녀와서」. *Russia & Russian Federation*, 제14호(2013.6),
7쪽.

5 필자 인터뷰. 스몰렌스크. 2014.7.29. 개인정보 보호를 위해 인터뷰에 응한 현지인의 이름은 밝히지
않았다. 다만 이미 지역 언론에 실명이 공개된 경우는 이름을 명시했다.

6   필자 인터뷰. 스몰렌스크. 2014.7.22.

7   1976년 작 소련 영화 〈과부(Вдовы)〉는 이 같은 전쟁에 대한 공식 기억과 개인의 사적 기억 간 충돌과 상이성을 잘 묘사하고 있다.

8   Юрий Бухалов, "Нам не нужно звание «Город Воинской Славы»?" Ярцево, 2016.12.28. http://www.yartsevo.ru/news/2073-nam-ne-nuzhno-zvanie-gorod-voinskoy-slavy.html.

9   필자 인터뷰. 스몰렌스크. 2014.7.21.

10 필자 인터뷰. 뱌지마. 2014.7.25.

11 "За смоленские дороги ответят муниципалитеты." Рабочий путь, 2009.2.10. https://www.rabochy-put.ru/society/6750-za-smolenskie-dorogi-otvetjat-municipalitety.html

12 필자 인터뷰. 옐냐 시청 관리. 2014.7.23; "Зачем бюджету дефицит." Рабочий путь, 2008. 10.17. https://www.rabochy-put.ru/economy_and_business/339-zachem-bjudzhetu-deficit.html; Дмитрий Раичев, "Звание 'Город воинской славы' денег Ельне не принесет." Российская газета, 2009. 3.25. https://www.rg.ru/2009/03/25/reg-roscentr/elnya-anons.html

13 "Госдума завершит рассмотрение поправок в бюджет-2011." РИА Новости, 2010. 5.20. https://ria.ru/20110520/377222346.html

14 필자 인터뷰. 옐냐 시청 관리. 2014.7.23.

15 Раичев, "Звание 'Город воинской славы'..."

16 송준서, 「'바흐타 파마티' 러시아의 전몰병사 유해 발굴과 애국교육」. *Russia & Russian Federation*, 제19호(2014.9), 30쪽.

17 "В Ельне открыта часовня-памятник всем погибшим на Смоленщине." Регнум, 2010. 6.24. https://regnum.ru/news/1297695

18 "Сергей Антуфьев: Доходы смолян выросли на девять процентов." Смоленская газета, 2010.11.3. https://www.smolgazeta.ru/vlast/5216-sergej-antufev-doxody-smolyan-vyrosli-na-devyat.html; "70-летие освобождения Вязьмы." Безформата, 2013.3.13. https://smolensk.bezformata.com/listnews/70-letie-osvobozhdeniya-vyazmi/10138856/

19 "Быть достойными памяти первогвардейцев." Знамя, 2006.9.6.

20 Г. Рябков, А. Смирнова, "Ельня." В. Маслов, Ю. Сынкин (ред.), *Смоленская область. Энциклопедия. Том 2* (Смоленск: СГПУ, 2003), p.152.

21 Ю.Г. Иванов, Щит России. *Памятники и памятные места Смоленщины* (Смоленск: Русич, 2006), p.233.

22 "Список воинских захоронении, памятников и памятних мест." Культурное наследие земли Смоленской. http://nasledie.admin-smolensk.ru/memorialy-voinskie-zahoroneniya/elninskij-rajon-1/spisokvoinskih-zahoronenij-pamyatnikov-i-pamyatnyh-mest1/

23 Андрей Аметистов, "Ельня готова заплатить за салют." Рабочий путь, 2007.2.8. https://www.smolnews.ru/news/10948

24 "Для жителей Ельни Сергей Миронов стал последней надеждой на справедливость." Smolnews.ru, 2007.9.7. https://www.smolnews.ru/news/16004

25 А. Захарченко, "Не понятно, почему Ельня не достойна носить президенское звание 'Город войской славы'." Smolnews.ru, 2007. 10.1. http://www.smolnews.ru/news/16772

26 필자 인터뷰. 벨리시. 1926년생 여성. 2014.7.29.

27 필자 인터뷰. 벨리시. 2014.7.29.

28 "Прогремят ли в Велиже салюты?" Рабочий путь, 2008.6.4. https://www.rabochy-put.ru/news/31842-progremjat-li-v-velizhe-saljuty.html?sphrase_id=562731

29 "Велиж должен получить звание Города Воинской славы!" Аргументы и Факты-Смоленск, 2008.7.23. http://gorodnews.ru/aif/item.php?id=551

30 А. Снегина, "Их зарыли в шар земной..." Рабочий путь. 2007.5.16. https://www.rabochy-put.ru/news/5688-ih-zaryli-v-shar-zemnoj.html

31 "Велиж должен получить звание..."

32 В. Королёв, Е. Недбайлова, А. Шилкин, О. Чулкова, "Кардымовский район – бренд России." Смоленская газета, 2011.2.14. https://www.smolgazeta.ru/vlast/5958-kardymovskij-rajon-brend-rossii.html

33 "Из-за Смоленского сражения перепишут учебники." Рабочий путь, 2012.7.31. https://www.rabochy-put.ru/news/15335-iz-za-smolenskogo-srazhenija-perepishut-uchebniki.html

34 Татьяна Жевак, "Глава региона Сергей Антуфьев дал интервью журналу «Отдых в России»." Smolnews.ru. 2011.9.7. https://www.smolnews.ru/news/103367

35 "Мемориал, просвещенны сражениям при Лубино." Администрация муниципального образования Кардымовский район Смоленской области; "Добро пожаловят!, Могло ли быть Вородино, кольне было бы Лубион?" https://kardymovo.admin-smolensk.ru

36 "Смоляне привезли в Храм Христа Спасителя Лубинское Чудо." Инфорноагенство о чём говорит Смоленск, 2012.12.27. https://smolensk-i.ru/society/culture/smolyane-privezli-v-hram-hrista-spasitelya-lubinskoe-chudo_15587

37 П. Василенко, История Соловьевой переправы. Исследовательская работа по краеведению (Соловьево, Соловьевская муниципальная основаная общеобразавательная школаб 2011). http://solov.cardymovo.ru/index/quot_istorija_solovevoj_perepravy_quot/0-24

38 Ю. Александров, *Смоленск. Путеводитель* (Москва: Московский рабочий, 1974), p.24.

39 Евгений Максимов, *Смоленск. Страницы героической защиты и освобождения города 1941-1943* (Москва: Политиздат, 1990) pp.84-99.

40 "Соловьево — старинная русская деревня с огромным багажом героического прошлого." Smolnews.ru, 2009.10.30. https://www.smolnews.ru/news/44928

41 "Фестиваль "Соловьева переправа" - новый бренд Смоленской области." Рабочий

путь, 2010.8.5. https://www.rabochy-put.ru/culture/10481-v-smolenskojj-oblasti-proshel-festival-soloveva.html

42 "Фестиваль Соловьева переправа..."

43 Королёв, Недбайлова, Шилкин, Чулкова, "Кардымовский район..."

44 "Обращение к В.В. Путину (21 Февраля 2012 года)." Мемориальный комплекс Соловьева переправа, http://solov.cardymovo.ru/index/ehlektronnye_podpisi/0-12

45 필자 인터뷰. 솔로비요보. 2014.7.21.

46 Edith Clowes, "'Branding Tiumen': Official Image and Local Initiatives." *REGION: Regional Studies of Russia, Eastern Europe, and Central Asia* 5, No.2 (July 2016), p.151.

제11장

1 Tsuyoshi Hasegawa, *Racing the Enemy: Stalin, Truman, and the Surrender of Japan* (Cambridge, MA: Harvard Univ. Press, 2005), p.35.

2 "Указ Президиума Верховного Совета СССР. Об объявление 3 сентября ПРАЗДИНКОМ ПОБЕДЫ над Японией." Правда, 1945.9.3.

3 "Приказ Министра Вооружённых Сил Союза ССР." Правда, 1946.9.3.

4 "В России предлагают учредить День победы над Японией." РИА Новости, 2017.10.31. http://ria.ru/20171031/1507880978.html

5 예를 들어 "Победа над Японией и задачи укрепления мира на Дальнем Востоке." Правда, 1947l.9.3; "Историческая победа." Правда, 1951.9.3; "Митинг в Пекине, посвященный шестой годовщие победы нод Японией." Правда, 1951.9.3; "Победа исторического значения." Правда, 1952.9.3; "Победа на востоке." Правда, 1960.9.3.

6 Nina Tumarkin, *The Living and the Dead: The Rise & Fall of the Cult of World War II in Russia* (New York: Basic Books, 1994), p.104.

7 "Приказ министра обороны СССР." Правда, 1965, 1975, 1985.9.3.

8 소련-일본 간 전투 중 소련군 사망자는 대부분 전쟁 개시 후 첫 2주 동안 발생했다. 일본군의 사망자 수는 8만 4,000명이었고 60만 명이 포로로 잡혔다. "День окончания Второй Мировой Войны — День воинской славы." Армия России, http://russianarmya.ru/den-okonchaniya-vtoroj-mirovoj-vojny.html; "Historians: Soviet Offensive, key to Japan's WWII surrender, was eclipsed by A-bombs." Fox News World, 2010.8.14. http://www.foxnews.com/world/2010/08/14/historians- soviet-offensive-key-japans-wwii-surrender-eclipsed-bombs.html

9 Dmitry Streltsov, "Russian Views of Japanese history." The Asan Forum, 2016. 8.29. http://www.theasanforum.org/russian-views-of-japanese-history/

10 Ibid.

11 Ibid.

12 Федеральный закон от 23.07.2010 N 170-ФЗ "О внесении изменения в статью 1.1

Федерального закона "О днях воинской славы и памятных датах России."
http://ivo.garant.ru/#/document/198857/

13 예를 들어 Tumarkin, *The Living and the Dead*; Tatiana Zhurzhenko, "Heroes into Victims: The
Second World War in Post-Soviet Memory Politics." Eurozine, 2012.10.31, https://www.eurozine.
com/heroes-into-victims/; Joonseo Song, "Symbolic Politics and Wartime Front Regional
Identities: The 'City of Military Glory' Project in the Smolensk Region." *Europe-Asia Studies* 70,
No.2 (2018.3).

14 예를 들어 Hasegawa, *Racing the Enemy*; 홍완석, 「러·일 북방영토분쟁: 그 역사와 전망」,
≪동북아연구≫, 제5권(2000); Д.Ю. Алексеев, "'Курильская проблема' и национальные
интересы России, Вестник ТГЭУ, 2005, No.4. pp.106-124; Ю.М. Лжков, И.Б. Титов,
Курильский синдром (М. 2008); 박종효, 「러시아 쿠릴열도에 관한 러-일 분쟁사 연구」, ≪군사≫,
제80권(2011.9); 김인성, 「러시아 쿠릴열도 정책의 변화와 함의: 2009년 이후를 중심으로」,
≪영토해양연구≫, 제3권(2012.6); 남상구, 「남쿠릴열도 영토분쟁의 역사적 경위와 현황: 일본 정부
대응을 중심으로」, ≪영토해양연구≫, 제4권 (2012.12); В.О. Кистанов, В.Н. Павлятенко, Т.И.
Суркова, *Советский Союз и Япония во второй мировой войне: участие и
последствия* (М. 2016); 심헌용, 「제2차 세계대전 전후 동북아 영토의 귀속에 대한 소련의 입장」,
≪국가전략≫, 제28권 1호(2018).

15 Markku Kangaspuro, Jussi Lassila. "Naming the War and Framing the Nation in Russian Public
Discussion." *Canadian Slavonic Papers* 53, no.3−4(2012. Sept.-Dec.), p.396.

16 "О мероприятиях, посвященных 55-й годовщине окончания второй мировой
войны. Правовые акты(Нормативная база)" Москвы Распоряжение мэра Москвы.
No. 922-РМ, 2000.8.30. MosOpen.ru: http://mosopen.ru/document/922_rm_2000-08-30

17 "Тюменские ветераны отметят 60-летие окончания Второй мировой войны."
Вслух.ru: www.vsluh,ru/news/society/59985

18 "Венки поплывут по Амуру." Амурская правда, 2004. 9.2. http://ampravda.ru/2004/
09/02/018221.html; Татьяна Ларина, "Благовещенск отметил осенний День Победы."
Амурская правда, 2006.9.5, https://www.ampravda.ru/2006/09/05/04860.html

19 "День освобождения Сахалина и Курил отметили большим военным парадом."
SakhalinMedia.ru, 2013.9.2. https://sakhalinmedia.ru/news/299861/

20 "Третье сентября считается днем окончания Второй мировой войны." ГТРК
Сахалин, 2002. .4. (Sakhalin.info): https://sakhalin.info/news/12897

21 Любовь Груздева, "Жители области празднуют 58-ю годовщину освобождения
Южного Сахалина и Курильских островов от японских милитаристов."
Sakhalin.info, 2003. 9.3. https://sakhalin.info/politics/list267/18873

22 "К пятидесятипятилетию победы над Японей Сахалинское книжное издательство
выпустило книгу-альбом «От Берлина до Курил»." ГТРК Сахалин, 2002. 9.4.
(Sakhalin.info). http://sakhalin.info/search/12894/

23 Пояснительная записка к проекту закона Сахалинской области «О внесении

изменения в статью 1 Закона Сахалинской области «О памятных днях Сахалинской области»(2008.6.17), https://yuzhno-sakh.ru/files/duma_docs/916266398.pdf

24 "2 сентября в Хабаровске торжественно отметили 64-ю годовщину окончания Второй мировой войны." *РИА «27 Регион»*, 2009.9.2. https://27r.ru/news/khabarovsk/17982-2------64------

25 М.С. Высоков, *История Сахалина и Курильских островов с древнейших времен до начала XXI столетия* (Южно-Сахалинск, 2008), p.396.

26 1990년대와 2000년대 초중반 러시아 지방정부의 이러한 노력에 대해서는 Joonseo Song, "Branding Local Towns in Post-Soviet Russia through Reinventing Local Symbols." *Siberian Socium*(2018.6).

27 S. M. 두다료노크 외, 『러시아 극동지역의 역사』, 양승조 옮김(진인진, 2018), 154~155쪽, 162~172쪽.

28 대조국전쟁과 관련된 군대명예의 날은 다음과 같다. ① 1월 27일(1944년)-레닌그라드 봉쇄가 종식된 날 ② 2월 2일(1943년)-스탈린그라드 전투 승리의 날 ③ 5월 9일(1945년)-전승기념일 ④ 8월 23일(1943년) 쿠르스크 전투에서 소련군이 나치독일군을 패배시킨 날 ⑤ 12월 5일(1941년)-모스크바 근교에서 소련군이 독일군에게 반격을 시작한 날.

29 Сергей Пономарев, "День Победы над Японией." *Regnum*, 2017.9.2. https://regnum.ru/news/2316594.html

30 Ibid.

31 Ibid.

32 Ibid.

33 Постановление САХАЛИНСКОЙ ОБЛАСТНОЙ ДУМЫ от 18.09.97 No.11/222-2 "О законодательной инициативе Сахалинской областной думы в Государственную думу Федерального собрания РФ по внесению дополнений в Федеральный закон «О днях воинской славы (победных днях) России»." Lawru: http://old.lawru.info/base43/part8/d43ru8553.htm

34 Пономарев, "День Победы над Японией."

35 Ibid.

36 홍완석, 「러·일 북방영토 분쟁」, 113쪽.

37 박종효, 「러시아 쿠릴열도에 관한 러-일 분쟁사 연구」, 197쪽.

38 "Japan-Russia Intergovernmental Committee on Trade and Economic Issues." Ministry of Foreign Affairs of Japan, 2011.7. www.mofa.go.jp/regoin/europe/russia/economy/jric.html

39 Ibid.

40 남상구, 「남쿠릴열도 영토분쟁의 역사적 경위와 현황」, 128쪽.

41 "Россия впервые отмечает День окончания Второй мировой войны." PPT.RU, 2010.9.2. http://ppt.ru/news/85354

42 Пономарев, "День Победы над Японией."

43 Ibid.

44 Ibid.

45 Федеральный закон от 23.07.2010 N 170-ФЗ.

46 "Japanese schoolbooks to claim Russia's Southern Kuril Islands." *Russia Today*, 2008.7.16. http://www.russiatoday.ru/news/news/27606; "Russia hopes to solve territorial dispute with Japan by strengthening trust." *Xinhuanet*, 2008.7.19. http://news.xinhuanet.com/english/ 2008-07/19/content_8571164.htm

47 А. А. Нестеренко, "В связи с высказываниями Премьер-министра Японии Т. Асо, Брифинг официального представителя МИД России." 2009. 5.21. http://www.mid.ru/ ru/foreign_policy/news/-/asset_publisher/cKNonkJE02Bw/content/id/798132

48 "Японский парламент подтвердил суверенитет над Курилами." Лента.ру, 2009.6.11. https://lenta.ru/news/2009/06/11/kurils/

49 송준서, 「기억의 정치학」, 196쪽.

50 Ibid.

51 "Россия впервые отмечает День окончания Второй мировой войны."

52 송준서, 「기억의 정치학」, 196쪽.

53 남상구, 「남쿠릴열도 영토분쟁의 역사적 경위와 현황」, 132쪽; 박벨라, 「러시아 쿠릴열도의 영토정치학」, ≪이사부와 동해≫, 제7호.(2014), 125쪽.

54 송준서, 「기억의 정치학」, 199쪽.

55 박벨라, 「러시아 쿠릴열도의 영토정치학」, 125-126쪽; 아제이 카말라카란, "러시아가 남쿠릴열도를 일본에 돌려주지 않는 이유". Russia Beyond, 2015.8.6. http://russiafocus.co.kr/politics/2015/08/ 06/347015

56 "Владивосток в годы Великой Отечественной войны." Союз Городов воинской славы. http://srgvs.ru/vladivostok-v-gody-velikoy-otechestvennoy-voyny

57 "Петропавловск-Камчатский в истории." Союз Городов воинской славы, http:// srgvs.ru/petropavlovsk-kamchatskiy-v-istorii

58 "Хабаровск в годы ВОВ." Союз Городов воинской славы. http://srgvs.ru/habarovsk-v-gody-vov

59 송준서, 「기억의 정치학」, 195쪽.

60 "День окончания Второй мировой войны отметили в Хабаровске возложением цветов к Стеле Героев Статья полностью." Новости Хабаровска на DVHAB.RU, 2014.9.2. https://www.dvnovosti.ru/khab/2014/09/02/24415

61 "Праздник победы над Японией должен быть возвращен народу России!." Regnum, 2017. 10.31. https://regnum.ru/news/society/2340246.html

62 Ibid.

63 Ibid.

64 "Памятник Василевскому Александру Михайловичу в Южно-Сахалинске." Руспех.ru, 2015.9.1. https://ruspekh.ru/events/item/pamyatnik-vasilevskomu-aleksandru-mikhajlovichu

65 Памятник Василевскому Александру Михайловичу в Южно-Сахалинске.

칼리닌그라드의 바실렙스키 장군 동상은 2000년에 건립되었다.

66 "Памятник Александру Василевскому открыт на Сахалине." Руспех.ru, 2015.9.1. https://ruspekh.ru/events/item/pamyatnik-marshalu-osvoboditelyu-aleksandru-vasilevskomu-ot kryt-na-sakhaline. 모스크바에는 2016년 12월 7일 처음으로 바실렙스키 장군의 흉상이 세워졌고, 5년 후인 2021년 12월 4일에는 전신 동상이 국방성 앞에 세워졌다. https://www.m24.ru/galleries/ skulptury/07122016/5829; https://www.grekovstudio.ru/news/2021-news/pamyatnik-marshalu-sovetskogo-soyuza-vasilevskomu-otkryli-v-moskve

67 "На месте будущего памятника маршалу Александру Василевскому в Хабаровске установили камень." Губерния, 2016. 9.30. https://www.gubernia.com/news/society/na-meste-budushchego-pamyatnika-marshalu-aleksandru-vasilevskomu-v-khabarovske-ustanovili-kamen/?sphrase_id=405459

68 "Памятник маршалу Василевскому открыли в Хабаровске." Губерния, 2015.9.30. https://www.gubernia.com/news/society/pamyatnik-marshalu-vasilevskomu-otkryli-v-khabarov ske-fotoreportazh/

69 "Муаровая лента стала символом акции 'Дальневосточная победа,'" Амурпресс, 2017. 8.31. http://amurpress.ru/society/7398/; "Праздник победы над Японией должен быть возвращен народу России!"

70 "Муаровые ленты." Вести-Хабаровск. 2011. 9.1. Youtube.com: https://www.youtube.com/ watch?v=5WQKKLwYjVI#action=share

71 "Десять тысяч муаровых лент раздали хабаровчанам в роамках акции Дальневосточная победа." DVHAB.ru, 2015.9.2. www.dvnovosti.ru/khab/2015/09/02/38844

72 Муаровая лента стала символом акции 'Дальневосточная победа.'

73 "В Хабаровском крае раздадут 55000 муаровых лент." Комитет по молодежной политике Правительства Хабаровского края, 2018. 8.31. https://kmp.khabkrai.ru/ events/Novosti/1756

74 Ibid.

75 이 리본 달기 캠페인은 드문 경우이지만 5월 9일 전승기념일의 '불멸의 연대' 행사처럼 지방에서 만들어진 전쟁기억 상징이 모스크바나 상트페테르부르크 같은 중앙 도시에 영향을 미치는 예를 보여준다. '불멸의 연대' 행사는 5월 9일에 대조국전쟁에서 전사한 가족사진을 들고 거리를 행진하는 행사로 2012년 톰스크에서 처음 시작되어 전국 행사로 자리 잡게 되었다. Марина Набатникова, "С портретом прадеда. Как встать в ряды «Бессмертного полка»?" *Аргументы и факты*. 2014.4.23. No.17(1746), p.58.

76 Юрий Вязанкин, "Стена Памяти и Дружбы в Хабаровске: Мир вошему дом." Еженедельник 'Молодой Дальневосточник' http://khabarovsk.md/war_vic/9260-stena-pamyati-i-druzhbyv-habarovske-mir-vashemu-domu.html

77 "Живую стену из хабаровчан выстроили на городской набережной." Habinfo.ru, 2017.9.4. https://habinfo.ru/zhivuyu-stenu-iz-habarovchan-vystroili-na-gorodskoj-naberezhnoj/

78 "Благовещенская набережная превратилась в поле боя." Порт Амур. 2015.9.2.

https://portamur.ru/news/detail/blagoveschenskaya-naberejnaya-prevratilas-v-pole-boya/

79 "В Смоленской области пройдет «День доброхотов»." *Рабочий путь*. 2019.8.29. https://www.rabochy-put.ru/news/119395-v-smolenskoy-oblasti-proydet-den-dobrokhotov.html

80 "День гордости и скорби: Благовещенск отмечает 73-ю годовщину окончания Второй мировой войны." *Amur News*, 2018. 9.2. https://www.amurnews.ru/society/221865/

81 "Review of the year with President of Russia." President of Russia, 2010.12.24. http://en.kremlin.ru/events/president/news/9888

82 "Plenary session of the Eastern Economic Forum." President of Russia, 2017.9.7. http://en.kremlin.ru/events/president/news/55552

83 "О внесении изменений в статьи 1 и 1 Федерального закона 'О днях воинской славы и памятных датах России'." Российская Федерация. Федеральный закон. 2020.4.24.

84 "Галина Мисливская, Важно для ветеранов." *Российская газета*, 2020.4.19.

85 송준서, "세계에 보내는 푸틴 대통령의 2차 세계대전 승전 75주년 메시지의 함의." Russia-Eurasia Focus, 2020.7.27.

86 "러 승전기념일 변경에 日 '발끈'…'아베, 기념식 참석 불가." ≪연합뉴스≫, 2020.4.28.

87 Наталья Голубкова, "Сахалинские депутаты продолжают биться за "победу" в названии дня воинской славы." Sakhalin.info, 2020. 7.8. https://sakhalin.info/news/191965/

88 "Дума отказалась переименовать День окончания Второй мировой в День Победы над Японией." ТАСС, 2022. 6.21. https://tass.ru/obschestvo/14988899

89 Наталья Голубкова, "Сахалинские депутаты продолжают биться за "победу" в названии дня воинской славы." Sakhalin.info, 2020. 7.8. https://sakhalin.info/news/191965/

90 "Сенатор Карасин не видит проблемы в отсутствии Дня Победы 3 сентября." Sakhalin.info. 2020. 10.15. https://sakhalin.info/search/196995.

91 "В Госдуме прдложил назвать 3 сентября Днем победы над Японией", *Известия*. 2022.6.22.

92 "러, 일본제재에 맞서 소련시절 '대일전승일' 부활 추진." ≪연합뉴스≫, 2023.6.21. https://www.yna.co.kr/view/AKR20230621082500009?section=search

93 "Россия будет официально отмечать День Победы над Японией." Новый День, 2023.6.20.

94 "Россия будет официально отмечать День Победы над Японией."

95 "Sakhalin welcomes another Ship of Friendship from Japan." *TASS*, 2017.8.2. http://tass.com/world/958671

96 Любовь Груздева, "В День Победы в сахалинское небо взлетит тысяча голубей." Sakhalin.info, 2003.5.8. https://sakhalin.info/news/17200

97 "Sakhalin welcomes another Ship of Friendship from Japan."

제12장

1   "BTS '한국전쟁 고난의 역사' 수상소감에 中누리꾼 격앙", KBS, 2020.10.12.

2   "日외무상 직접 나서자… 獨, 소녀상 철거명령", ≪조선일보≫, 2020.10.12.

3   유의정, 「발트 해 연안 국가 내 러시아인 문제와 러시아의 정책(1992-1997)」, ≪슬라브학보≫, 제14권 1호(1999), 432쪽.

4   김인성, 「발트 3국의 러시아인들」, ≪민족연구≫, 제32권(한국민족연구원, 2007), 67쪽.

5   Ibid.

6   유의정, 「발트 해 연안 국가 내 러시아인 문제와 러시아의 정책」, 430~431쪽.

7   김인성, 「발트 3국의 러시아인들」, 63쪽.

8   Martin Ehala, "The Bronze Soldier: Identity Threat and Maintenance in Estonia." *Journal of Baltic Studies* 40, No.1(2009.3), p.151.

9   Ibid., p.152.

10 Ibid., p.154.

11 Ibid., p.142.

12 정근식, 「발트에서의 탈사회주의 문화정치」, 『탈사회주의 체제전환과 발트3국의 길』, 정근식 외 (서울대학교출판부, 2018), 365쪽.

13 Ehala, "The Bronze Soldier." p.141.

14 Ibid., p.142.

15 Ibid.

16 정근식, 「발트에서의 탈사회주의 문화정치」, 352쪽; "Estonia to remove Soviet memorial." *BBC News*, 2007.1.12

17 "Persecution committed by the Soviet Union in Estonia in 1940-1941." Estonica, http://www.estonica.org/en/Persecution_committed_by_the_Soviet_Union_in_Estonia_in_1940-1941/ 소련이 합병한 1940년 6월부터 이듬해 7월 독일군의 공격으로 퇴각할 때까지 1년 동안 총 9,400명의 에스토니아 시민들이 소비에트 당국에 의해 체포되었고, 그중 2000여 명이 처형되었다. 이 외에도 약 1만 명의 에스토니아인이 1941년 6월 14일 시베리아 지역 등으로 강제 이주당했다.

18 David Smith, "'Woe from Stones': Commemoration, Identity Politics and Estonia's 'War of Monuments'." *Journal of Baltic Studies* 39, No.4(2008.12), p.420.

19 Ibid.

20 Ibid.

21 "Estonia to remove Soviet Memorial."

22 "Estonia removes Soviet memorial." *BBC News*, 2007.4.27; "Soviet Memorial Causes Rift between Estonia and Russia." Spiegel, 2007.4.27.

23 Ehala, "The Bronze Soldier." p.154.

24 Ibid., pp.153-54.

25 Inge Melchoir and Oane Visser, "Voicing past and present uncertainties: The relocation of a

soviet world War II memorial and the politics of memory in Estonia." *Focaal-Journal of Global and Historical Anthropology* 59(2011), p.43; Smith, "'Woe from Stones'." p.424.

26 Ehala, "The Bronze Soldier." p.142.

27 Siobhan Kattago, "War Memorials and the Politics of Memory: the Soviet War Memorial in Tallinn." *Constellations* 16, No.1(2009), p.159.

28 송준서, 『프스코프주 이야기: 변방의 요새에서 북서 러시아의 관문으로』(한국외국어대학교 출판부, 2012), 108쪽.

29 Андрей Резчиков, "Гнусная попытка переписать историю." ВЗГЛЯД, 2011.4.4. https://vz.ru/politics/2011/4/4/481119.html

30 현승수, 「포스트소비에트 조지아의 국가건설: 국민주의와 제도화, 분쟁의 상관관계를 중심으로」, ≪동유럽연구≫, 제29권 (2012), 218쪽.

31 유진숙, 「그루지야의 러시아 디아스포라」, ≪민족연구≫, 제32권(2007), 138쪽.

32 현승수, 「포스트소비에트 조지아의 국가건설」, 224쪽.

33 유진숙, 「그루지야의 러시아 디아스포라」, 134쪽.

34 엄구호, 「남코카서스의 '신거대게임'과 그루지야의 친서구 정체성」, ≪中蘇硏究≫, 제113호(2007 봄), 139쪽.

35 Ibid., 140쪽.

36 현승수, 「포스트소비에트 조지아의 국가건설」, 232쪽.

37 "Russia Lost 64 Troops In Georgia War, 283 Wounded." 2009. 2.21. Dalje.com. http://dalje.com/en-world/russia-lost-64-troops-in-georgia-war-283-wounded/236375

38 "A Year After Russia-Georgia War — A New Reality, But Old Relations." 2009.8.5, Radio Free Europe Radio Liberty.

39 Nino Gachava, "Georgian President Blasted Over Monument's Demolition." 2009.12.21, Radio Free Europe Radio Liberty. 독-소전쟁에 참가한 그루지야(현 조지아)공화국 출신 병사는 70만 명이었는데, 그중 30만 명이 사망하고 24만 명이 소련 정부로부터 훈장을 받았다. 그중 137명은 최고영예의 '소련영웅 훈장'을 받았다. "Путин примет участие в открытии мемориала на Поклонной горе." 2010.12.20. РИА Новости.

40 "Saakashvili: 'Local Elections Huge Test'." Civil.ge, 2009.12.26.

41 "February 25 Declared Day of Soviet Occupation." Civil Georgia, 2010. 7.21.

42 Грузии помешал памятник красноармейцам. НТВ. 2012.2.24.

43 "Two More Arrested over Memorial's Deadly Blast. "Civil.ge, 2009.12.22.

44 Maria Lipman, Lev Gudkov, and Lasha Bakradze, *The Stalin Puzzle: Deciphering Post-Soviet Public Opinion* (Carnegie Endowment, 2013). p.52.

45 Ibid., p.64.

46 2010년 조지아의 인구는 443만 명 이었다. 러시아 내 조지아 디아스포라 수는 조지아 총리 가리바쉬빌리(Irakli Garibashvili)가 2013년 러시아 언론과 인터뷰 중 밝힌 것이다. "'Georgia not ready to join European Union yet' -PM." *Russia Today*, 2013.12.2.

47 "Soviet Memorial Causes Rift between Estonia and Russia."

48 Ibid.

49 송준서, 『프스코프주 이야기』, 108쪽.

50 Резчиков, "Гнусная попытка переписать историю."

51 "Two Die in Demolition of WWII Memorial." 2009.12.19, Civil.ge.

52 "ГД призывает мировое сообщество осудить снос мемориала в Кутаиси." 2009. 12.24. РИА Новости. https://ria.ru/20091224/201191521.html

53 Vadim Trukhachev, "Georgia's Saakashvili Explodes His Reputation." Pravda.ru. 2009.12.22.

54 "WWII memorial blown up in Georgia to be rebuilt in Moscow—Putin." RT, 2009.12.22.

55 Ibid.

56 Ibid.

57 Ibid.

58 Наталия Бурцева, "Владимир Путин: ≪В борьбе против фашизма мы действительно были вместе!≫." Forsmi.ru, 2010.12.21.

59 "Demolished Georgian WWII memorial rebuilt in Moscow park." Times of Malta.com, 2010.12.23.

60 Бурцева, "Владимир Путин."

61 "Demolished Georgian WWII memorial rebuilt in Moscow park." 한 러시아 언론은 이 기념비 재건에 일반 시민들도 많은 관심을 나타내면서 재정적 지원을 보내왔다고 밝히면서 총 6,235명과 371개의 단체가 후원금을 기부했고, 특히 러시아 거주 조지아 교포들이 후원금 모집에 적극 참여했음을 밝혔다. Бурцева, "Владимир Путин."

62 Lev Gudkov, "The fetters of victory: How the war provides Russia with its identity." 2005.5.3. Eurozine. https://www.eurozine.com/the-fetters-of-victory/

63 강봉구, 「'강대국'으로의 복귀? 푸틴 시대의 대외정책(2000-2014)」. ≪슬라브硏究≫, 제30권 1호(2014), 9쪽.

제13장

1 구자정, 『우크라이나 문제의 기원을 찾아서』(박영사, 2023). 196-212쪽.

2 Ibid., 506-507쪽.

3 송준서, 「우크라이나의 2차 세계대전 경험: 지역별 상이성과 분열의 씨앗」, ≪슬라브硏究≫, 제40권 1호(2024), 89쪽.

4 Ibid., 97쪽.

5 David R. Marples, *Heroes and Villains: Creating National History in Contemporary Ukraine* (Budapest, 2007), p.256.

6 Wilfried Jilge, "The Politics of history and the Second World War in Post-Communist Ukraine (1986/1991-2004/2005)." *Jahrbücher für Geschichte Osteuropas*, Vol.54, No.1(2006), p.57; Andrew Wilson, U*krainian Nationalism in the 1990s: A Minority Faith* (Cambridge: Cambridge

Univ. Press, 1997), pp.110-111.

7 Jilge, "The Politics of history." p.58; Catherine Wanner, *Burden of Dreams: History and Identity in Post-Soviet Ukraine* (University Park, 1998), p.164.

8 До питання про перевірку діяльності ОУН-УПА. (1993.2.1) Верховна Рада України.

9 Про статус ветеранів війни, гарантії їх соціального захисту. (1993.10.22), Верховна Рада України. 이 법조항은 소련 시기와 마찬가지로 '독-소전쟁'이 아닌 '대조국전쟁'이라는 용어를 사용하고 있다.

10 Natalia Danilova, "Veteran's Policy in Russia: a Puzzle of Creation." *Journal of Power Institutions in Post-Soviet Societies,* Issue 6/7(2007), p.4.

11 Про статус ветеранів війни, гарантії їх соціального захисту.

12 Jilge, "The Politics of history." p.59. 이 교과서는 Ф.Г. Турченко, *Новітня історія України. Частина перша (1917-1945). Підручник для 10 класу середньої школи* (1994).

13 Daria Bielinska, et. al, "Reintegration of veterans of ATO/JFO on a community level in Ukraine." Folke Bernadotte Academy(2015), p.11.

14 Jilge, "The Politics of history." p.58.

15 Peter W. Rodgers, "'Compliance or Contradiction'? Teaching 'History' in the 'New' Ukraine. A View from Ukraine's Eastern Borderlands." *Europe-Asia Studies*, Vol.59, No.3(May 2007), p.516.

16 Jilge, "The Politics of history." p.64.

17 Ibid., p.65.

18 Tatiana Zhurzhenko, "Legislating Historical Memory in Post-Soviet Ukraine." E. Barkan and A. Lang, ed., *Memory Laws and Historical Justice: The Politics of Criminalizing the Past* (London: Palgrave Macmillan, 2022), p.107.

19 Nikolay Koposov, *Memory Laws, Memory Wars: The Politics of the Past in Europe and Russia* (Cambridge: Cambridge Univ. Press, 2018), p.187.

20 Zhurzhenko, "Legislating Historical Memory." p.107; Про увічнення Перемоги у Великій Вітчизняній війні 1941 - 1945 років(2000), https://ips.ligazakon.net/document/JF3CZ 00B?an=10(검색일 2024.3.10)

21 Georgiy Kasianov, *Memory Crash: The Politics of History in and around Ukraine 1980s-2010s* (Budapest: CEU Press, 2022), p.292.

22 "МИД: Реабилитация воинов УПА - внутреннее дело Украины." Корреспондент.net, 2002.7.16. https://korrespondent.net/ukraine/politics/50761-mid-reabilitaciya-voinov-upa-vnutrennee-delo-ukrainy; Jilge, "The Politics of history." p. 74.

23 Zhurzhenko, "Legislating Historical Memory." p. 110.

24 Kasianov, *Memory Crash*, p.122.

25 УКАЗ ПРЕЗИДЕНТА УКРАЇНИ No. 965/2007. Про присвоєння Р.Шухевичу звання Герой України, Верховна Рада України.

26 УКАЗ ПРЕЗИДЕНТА УКРАЇНИ. Про присвоєння С. Бандері звання Герой України (2010.1.20), Верховна Рада України.

27 Serhii Plokhy, "When Stalin Lost His Head: World War II and Memory Wars in Contemporary Ukraine." Julie Fedor, Markku Kangaspuro, Jussi Lassila, Tatiana Zhurzhenko, eds., *War and memory in Russia, Ukraine and Belarus* (Cham: Palgrave Macmillan, 2017) p.181.

28 Oxana Shevel, "Memories of the Past and Visions of the Future: Remembering the Soviet Era and Its End in Ukraine." Michael Bernhard and Jan Kubik, ed., T*wenty Years After Communism: The Politics of Memory and Commemoration* (Oxford: Oxford Univ. Press, 2014), p.153.

29 Ibid., pp. 153-154.

30 "Party of Regions proposes legal move to strip Bandera of Hero of Ukraine title," *Kyiv Post*, 2010. 2.17. https://archive.kyivpost.com/article/content/ukraine-politics/party-of-regions-proposes-legal-move-to-strip-band-59788.html

31 Ibid.

32 "Yanukovych to strip nationalists of hero status." *Kyiv Post*, 2010. 3.5. https://archive.kyivpost.com/article/content/ukraine-politics/yanukovych-to-strip-nationalists-of-hero-status-61110.html

33 "Donetsk district administrative court cancels decrees on awarding Hero of Ukraine to Bandera." *Kyiv Post*, 2010. 4.2. https://archive.kyivpost.com/article/content/ukraine-politics/donetsk-district-administrative-court-cancels-decr-63083.html

34 "Donetsk court deprives Shukhevych of Ukrainian hero title." *Kyiv Post*, 2010.4.21. https://archive.kyivpost.com/article/content/ukraine-politics/donetsk-court-deprives-shukhevych-of-ukrainian-her-64630.html

35 "Ukrainian Court Rejects 'Hero' Status For Nationalist Leaders." *Radio Free Europe /Radio Liberty*, 2011. 8.3. https://www.rferl.org/a/ukrainian_court_rejects_hero_status_for_nationalist_leaders/24285334.html

36 "Yanukovych backs decisions stripping Shukhevych, Bandera of hero titles." *Kyiv Post*, 2011.8.4. https://archive.kyivpost.com/article/content/ukraine-politics/yanukovych-backs-decisions-stripping-shukhevych-ba-110072.html

37 Г.В. Касьянов, "Историческая политика и 'мемориальные' законы в Украине: Начало XXI в.." *Историческая эксперитиза* 2(2016) pp.30-31.

38 Ibid.

39 Koposov, *Memory Laws, Memory Wars*, p.198.

40 "Address by President of the Russian Federation." *President of Russia*, 2014.3.18., http://en.kremlin.ru/events/president/news/20603.

41 Ibid.

42 Zhurzhenko, "Legislating Historical Memory." p.101.

43 Указ Президента України. Про День захисника України. Верховна Рада України. (2014.10.14)

44 Kasianov, *Memory Crash*, p.101.

45 "Poroshenko's Independence Day remarks in Kyiv." *Kyiv Post*, 2014.8.24, https://www.kyivpost.com/post/9203; Csilla Fedinec and Istvan Csernicsko, "(Re)conceptualization of Memory in

Ukraine after the Revolution of Dignity." *Central European Papers* 1(2017. 2), p.54.

46   Zhurzhenko, "Legislating Historical Memory." p.112.

47   Ibid., p.113.

48   이 법조항에서 규정한 '억압기구'는 소비에트 시기 우크라이나공화국의 기구뿐만 아니라 소연방 차원의 사법, 행정, 경찰, 군기관 및 그 하부 조직까지 포함하는 그야말로 광범위한 기구를 포함하는 것으로 대법원, 국방인민위원부, 내무인민위원부, 1917년 볼셰비키혁명 직후 설립된 '반혁명-사보타주-투기와의 투쟁을 위한 비상위원회(ЧК)', 독-소전쟁 기간에 탈영병을 처단하고 스파이 등을 색출해 내기 위해 창설된 군방첩부대인 '스메르시(СМЕРШ)'까지도 포함하고 있다. Про доступ до архівів репресивних органів комуністичного тоталітарного режиму 1917-1991 років. (2015.4.9) Верховна Рада України.

49   Oxana Shevel, "The Battle for Historical Memory in Postrevolutionary Ukraine." *Current History* 115, No.783(2016), p.260.

50   Про правовий статус та вшанування пам'яті борців за незалежність України у XX столітті. (2015.4.9), Верховна Рада України.

51   Ibid.

52   Касьянов, "Историческая политика..." p.40.

53   Oksana Shevel, ""De-Communization Laws" Need to Be Amended to Conform to European standards." *Vox Ukraine*, 2015.5.7. https://voxukraine.org/en/de-communization-laws-need-to-be-amended-to-conform-to-european-standards

54   Ibid.

55   Про увічнення перемоги над нацизмом у Другій світовійвійні 1939-1945 років. (2015.4.9) Верховна Рада України.

56   Ibid.

57   Ibid.

58   Про відзначення Дня пам'яті та примирення. (2016.4.28). Верховна Рада України. 이탤릭체는 필자가 강조한 것이다.

59   Ibid.

60   Ibid.

61   Про внесення зміни до Кодексу України про адміністративні правопорушення щодо заборони виготовлення та пропаганди георгіївської (гвардійської) стрічки. (2017.5.16) Верховна Рада України. 성계오르기 리본(Георгиевская лента)은 제정러시아 시기부터 군(軍)의 상징으로 사용되는 것으로 검은색 세 줄과 오렌지색 두 줄로 되어 있다.

62   "Ukraine Bans Russian St. George Ribbon." *Radio Free Europe/Radio Liberty*, 2017.6.12., https://www.rferl.org/a/ukraine-bans-russian-st-george-ribbon/28542973.html

63   Про внесення зміни до Кодексу України...

64   Cnaan Liphshiz, "Ukraine celebrates Nazi collaborator, bans book critical of pogroms leader." *Times of Israel*, 2018.12.27, https://www.timesofisrael.com/ukraine-celebrates-nazi-collaborator-bans-book-critical-of-pogroms-leader/

65 Kasianov, *Memory Crash*, p.102.

66 Ibid., p.141.

67 폴 대니어리, 『우크라이나와 러시아: 차가운 결별에서 참혹한 전쟁으로』, 허승철 옮김(고려대학교 출판문화원, 2023), 357쪽.

68 Mike Eckel, "The Politics of Memory: A Struggle for an Institute and What It Means For Ukrainian Identity." *Radio Free Europe/Radio Liberty*, 2019.10.20. https://www.rferl.org/a/ politics-of-memory-a-struggle-for-an-institute-and-what-it-means-for-ukrainian-identity/30226 363.html

69 "В Запорожье Зеленский устроил встречу связной УПА и ветерана Советской арми." *061 Сайт міста Запоріжжя*, 2019.5.8. https://www.061.ua/amp/news/2388390/ v-zaporoze-zelenskij-ustroil-vstrecu-svaznoj-upa-i-veterana-sovetskoj-armii-foto

70 Sam Sokol, "Ukraine first historian criticised for rehabilitating wartime nationalists idolised by the far right." *The Jewish Chronicle*, 2019. 9.19, https://www.thejc.com/news/world/ukraine-fires-historian-criticised-for-rehabilitating-wartime-nationalists-idolised-by-the-far-right-aou2x v1h

71 대니어리, 『우크라이나와 러시아』, 363~364쪽.

72 "Бандера Степан Андрійович." Віртуальний некрополь української еміграці. SBS Україниською. http://necropolis.uinp.gov.ua; Jeremy Sharon, "Nazi collaborators included in Ukrainian memorial project." *Jerusalem Post*, 2021.1.21, https://www.jpost.com/diaspora/ antisemitism/nazi-collaborators-included-in-ukrainian-memorial-project-656253

73 "Бандера Степан Андрійович."

74 Олег Панфілович, "Окружний адмінсуд Києва скасував перейменування Московського проспекту на честь Бандери." *Бабель*, 2021.2.11. https://babel.ua/ news/59194-okruzhniy-adminsud-kiyeva-skasuvav-pereymenuvannya-prospektu-na-chest-band eri

75 Liza Semko, "Court cancels renaming capital's Moscow Avenue to Bandera Avenue." *Kyiv Post*, 2021.2.11, https://www.kyivpost.com/post/7370

76 "Міська рада Харкова втретє повернула проспекту Григоренка ім'я Жукова." *LB.ua*, 2021.2.24, https://lb.ua/news/2021/02/24/478476_miska_rada_harkova_vtretie_povernula.html

77 "Dynamics of Evaluation of the Activities of the OUN-UPA during the Second World War: The Results of A Telephone Survey Conducted on September 7~13, 2022." Kyiv International Institute Sociology. https://kiis.com.ua/?lang=eng&cat=reports&id=1146&page=1

78 "Dynamics of Evaluation of the Activities of the OUN-UPA."

79 Oleg Panfilovych, "In Dnipro, a street was renamed in honor of Stepan Bandera." *Бабель*, 2022.9.21. https://babel.ua/en/news/84535-in-dnipro-a-street-was-renamed-in-honor-of-stepan-bandera

80 Роман Петренко, "У звільненому Ізюмі з'явилася вулиця Бандери." *Українська правда*. 2022.12.3, https://www.pravda.com.ua/news/2022/12/3/7379110/

81 "Про засудження та заборону пропаганди російської імперської політики в Україні і деколонізацію топонімії" (2023. 3.21), Верховна Рада України.

82 Ibid.

83 Ibid.

84 Указ Президента України. Про День Європи. (2023.5.8). Верховна Рада України.

85 "Верховная Рада одобрила перенос Дня победы на 8 мая." *Радио Свобода*, 2023.5.29. https://www.svoboda.org/a/verhovnaya-rada-odobrila-perenos-dnya-pobedy-na-8-maya/32432889.html

86 Про День пам'яті та перемоги над нацизмом у Другій світовій війні 1939-1945 років. (2023.5.29), Верховна Рада України.

87 송준서, "낫과 망치에서 삼지창으로: 우크라이나의 역사기억 전쟁." Russia-Eurasia Focus(2023.12.4). https://rus.or.kr/70/12085413

88 2015년 4월 9일 법령 '공산주의 및 국가사회주의(나치) 전체주의 정권의 상징물 선전을 금하고 해당 정권에 대한 규탄' 제1조 및 2023년 3월 21일 법령 "우크라이나에서 러시아의 제국주의 정책 선전을 금하고 비판하는 것과 지명의 탈식민화에 대하여" 제2조 참조.

89 Про внесення змін до деяких законів України щодо особливостей формування Державного реєстру нерухомих пам'яток України (2023.5.3), Верховна Рада України.

90 "Батьківщини-мати!" Державна інспекція архітектури та містобудування України, Декомунізація, Facebook, 2023, 7.13, https://www.facebook.com/DIAM.Ukraine/posts/319064077121239?ref=embed_post

91 "Дробович хоче демонтувати герб СРСР з пам'ятника «Батьківщина-мати» в Києві." *ГЛАВКОМ*, 2020.2.9. https://glavcom.ua/country/society/drobovich-hoche-demontuvati-gerb-srsr-z-pam-jatnika-batkivshchina-mati-v-kijevi-658382.html

92 "Украинцы выбрали новый символ на щите монумента "Родина-мать" в Киеве." *VGORODE КИЕВ*, 2022.7.21. https://kiev.vgorode.ua/news/sobytyia/ukraintsy-vybrali-novyj-simvol-na-shchite-monumenta-batkivshchina-mat-v-kieve

93 Anna Malpas, 'War for Identity': Kyiv Pulls Hammer, Sickle from Giant WWII Statue," *Moscow Times*, 2023.8.1. https://www.themoscowtimes.com/2023/08/01/war-for-identity-kyiv-pulls-hammer-sickle-from-giant-wwii-statue-a82028

94 Veronika Melkozerova, "Kyiv's Motherland monument gets a makeover—but at what cost?" 2023. 8.1. Politico, https://www.politico.eu/article/russia-ukraine-war-kyiv-motherland-monument-makeover/(강조는 필자).

95 Jilge, "The Politics of History." p.74.

96 Zhurzhenko, "Legislating Historical Memory, p.109.

97 Ibid.

98 Kasianov, Memory Crash, p. 368; "Заявление МИД России в связи с антироссийскими проявлениями на Украине 2007." Министерство иностранных дел Российской

Федерации. 2007. 12.14. https://mid.ru/ru/foreign_policy/news/1644533/?lang=ru

99 "Комментарий Департамента информации и печати МИД России в связи с обращением старосты Русской общины Ивано-Франковской области (Украина) А.Н.Волкова к Президенту России Д.А.Медведеву." Министерство иностранных дел Российской Федерации, 2008. 6.23.
https://mid.ru/ru/foreign_policy/news/1729715/?lang=ru

100 Karina Korostelina, "War of textbooks: History education in Russia and Ukraine." *Communist and Post-Communist Studies* 43 (2010), p. 129.

101 Артем Скоропадский, "Однозначная реакция - МИД России прокомментировал присвоение Степану Бандере звания Героя Украины." Коммерсантъ Украина, No.13 (1061), 2010. 1. 27.
https://web.archive.org/web/20120724012214/http://kommersant.ua/doc/1311248

102 "Комментарий Департамента информации и печати МИД России в связи с предпринимаемыми на Украине шагами по борьбе с историей своего государства." Министерство иностранных дел Российской Федерации, 2015. 4.10.
https://mid.ru/ru/foreign_policy/news/1507158/?lang=ru

103 "Выступление Постоянного представителя Российской Федерации при ОБСЕ А.К.Лукашевича на заседании Постоянного совета ОБСЕ, Вена, 11 мая 2017 года." Министерство иностранных дел Российской Федерации, 2017. 5.12,
https://mid.ru/ru/foreign_policy/news/1546774/?lang=ru

104 "Комментарий Департамента информации и печати МИД России в связи с готовящимися провокациями украинских радикалов." Министерство иностранных дел Российской Федерации, 2017. 10.12,
https://mid.ru/ru/foreign_policy/news/1554923/?lang=ru

105 "Неонацизм – опасный вызов правам человека, демократии и верховенству права." Министерство иностранных дел Российской Федерации, 2018,
https://mid.ru/ru/foreign_policy/neonazi/

106 "Брифинг официального представителя МИД России М.В.Захаровой." Министерство иностранных дел Российской Федерации, 2022. 3.3.
https://mid.ru/ru/foreign_policy/news/1802683/?lang=ru; Georgiy Kasianov, "'Ukrainian Nazis' as an invented enemy." Russia.Post, 2022. 6.8.
https://russiapost.info/politics/ukrainian_nazis_as_an_invented_enemy

107 Брифинг официального представителя МИД России М.В.Захаровой," Министерство иностранных дел Российской Федерации, 2023. 7.6.
https://mid.ru/ru/foreign_policy/news/1895632/?lang=ru

108 "Брифинг официального представителя МИД России М.В.Захаровой." Министерство иностранных дел Российской Федерации, 2023. 8.2.
https://mid.ru/ru/foreign_policy/news/1899422/#3

찾아보기

지은이

송준서

한국외국어대학교 러시아연구소 교수이다. 한국외국어대학교 노어과를 졸업하고
동 대학원 동구지역학과에서 석사학위를, 그리고 인디애나대학교 사학과에서
석사학위를 받았다. 미시간주립대학교 역사학 박사이며, 미국 맨체스터대학교
역사/정치학과 초빙교수로 러시아사, 세계사, 제국의 역사 등을 강의했다. ≪서양
사론≫(한국서양사학회) 편집위원장과 토대연구사업(한국연구재단) 연구책임자를
역임했다.

한울아카데미 2553

전쟁은 어떻게 기억되는가
러시아의 제2차 세계대전 경험과 유산

© 송준서, 2024

지은이 | **송준서**
펴낸이 | **김종수**
펴낸곳 | **한울엠플러스(주)**
편집책임 | **조수임**
편집 | **정은선**

초판 1쇄 인쇄 | **2024년 12월 5일**
초판 1쇄 발행 | **2024년 12월 20일**

주소 | **10881 경기도 파주시 광인사길 153 한울시소빌딩 3층**
전화 | **031-955-0655**
팩스 | **031-955-0656**
홈페이지 | **www.hanulmplus.kr**
등록번호 | **제406-2015-000143호**

Printed in Korea.
ISBN 978-89-460-7553-5 93920(양장)
ISBN 978-89-460-8350-9 93920(무선)